うつのみやの地名と歴史散歩

Hanawa Shizuo
写真・文 塙 静夫

下野新聞社

うつのみやの地名と歴史散歩　目次

うつのみやの地名と歴史散歩

Ⅰ 古代「河内郡」の郷名

古代の下野国は、足利《あしかが》・梁田《やなだ》・安蘇《あそ》・都賀《つが》・寒川《さむかわ》・河内《かわち》・芳賀《はが》・塩屋《しおのや》・那須《なす》の九郡からなっていた。

古代の下野国（9郡）

河内郡は、県中央部よりやや南寄りに位置し、平成の合併以前は宇都宮市を挟んで北部の上河内町《かみかわちまち》・河内《かわち》町《まち》、南部の上三川町《かみのかわまち》・南河内町《みなみかわちまち》からなり、古くは今市市《いまいちし》東半・鹿沼市《かぬまし》東部に及ぶ地域を郡域としていたと推定される。

これらの郡域を踏まえて、一般に「河内」の郡名は、鬼怒川《きぬがわ》と黒川《くろかわ》の間に位置することに由来するといわれている。だが、これはカワチの当て字「河内」の「内《うち》」にとらわれた由来で承服できない。河内郡は郡内を南流している多くの大小河川（鬼怒川・黒川・姿川《すがたがわ》・山田川・田川・江川など）沿いに開けた地であるので、郡名は「カワ（川）・フチ（縁）」の転訛したものと思われる。

平安時代の承平《じょうへい》年間（九三一〜三八）に成立した源順《したごう》撰『倭名類聚鈔《わみょうるいじゅうしょう》』（略して『和名抄《わみょうしょう》』）に、国郡別に駅家《うまや》・餘部《あまるべ》などを含めた「郷《ごう》」名が記されている。駅家は、古代に中央（京）と地方との連絡のための幹線道路に、原則として三〇里《り》（約一六キロ＝四里）ごとに設けられた施設、餘部はアマリベ・ヨコともいい、五〇戸《こ》で一郷を編成したとき、余った端数の戸である。

この書によると、古代下野国の「郷」は七〇郷が記され、河内郡は次の一一郷の名が見える。

丈部《はせつかべ》・刑部《おさかべ》・大續《おおみ》・酒部《さかべ》・三《み》川《かわ》・財部《たからべ》・眞壁《まかべ》・軽部《かるべ》・池邊《いけのへ(べ)》・衣川《きぬかわ》・駅家《うまや》

これらのうち、郷の位置が推定できるのは、刑部・大續・酒部・三川・池邊の五郷と駅家に過ぎない。

〔刑部郷《おさかべごう》〕

刑部郷は、現在の宇都宮市西刑《にしおさか》部町《べまち》を中心として、東《ひがし》刑部町・瑞《みず》穂野《ほの》団地（瑞穂《みずほ》一～三丁目）・さるやま町《まち》・砂田町《すなたまち》などを含む一帯の地域と推定される。当地域内を古代の官道《かんどう》（東山道《とうさんどう》）が縦貫し、奈良・平安時代の大きな集落跡（瑞穂野団地内遺跡・猿山《さるやま》遺跡・砂田遺跡など）の存在が、発掘調査によってわかっている。

刑部は、『古事記』の允恭《いんぎょう》天皇（記紀《きき》系譜上の一九代天皇。五世紀中ごろ在位。仁徳《にんとく》天皇の皇子）の条に、「忍坂大中姫《おさかのおおなかつひめ》の名代《なしろ》として、刑部を定めた」とあり、『日本書紀』にも同じことが記されているので、「刑部」という郷名は、允恭天皇の皇后忍坂大中姫の経費・生活費にあてるために設けられた名代に由来するものであろう。

名代とは皇室の私有民のことである。大和朝廷に服属した地方首長（豪族）は、領有民の一部を割《さ》いて朝廷の私有民とし、その租税をもって皇室関係（ここでは忍坂大中姫）の経費とした。「刑部」の字を充《あ》てたのは、皇后の名のオサカ（忍坂）によるという説がある。

河内郡の刑部郷は、室町時代に東西に分かれており、応永《おうえい》一八年（一四一一）一一月八日の宇都宮持綱《もちつな》（一三代城主）寄進状《きしんじょう》に、持綱は「西刑部郷平塚村《ひらつか》」の替地《かえち》として、「西方《にしかた》（旧西方町）内大和田郷《おおわだ》（鹿沼市大和田町）半分」を一向寺《いっこうじ》に寄進したとあり（一向寺文書）、ここに「西刑部郷」の名がみえる。一向寺（宇都宮市西原二丁目）は建治《けんじ》二年（一二七六）、宇都宮景綱《かげつな》（七代城主）の開基で、一遍《いっぺん》上人の弟子一向《いっこう》を開山として創建された寺である。

なお、『倭名類聚鈔』によると、「刑部」という郷名は、下野国のほか河内《かわち》国（大阪府）・遠江《とおとうみ》国（静岡県）・駿河《するが》国（静岡県）・上総《かずさ》国（千葉県）・丹後《たんご》国（京都府）・因幡《いなば》国（鳥取県）・備中《びっちゅう》国（岡山県）・備後《びんご》国（広島県）にも見られる。

現在の西刑部町・東刑部町域には、琴平塚《ことひらづか》古墳・成願寺《じょうがんじ》・刑部城跡や大関《おおぜき》観音堂の聖観音菩薩立像《しょうかんのんぼさつりゅうぞう》などの文化財が豊富に存在している。

〔大續郷《おおおみごう》〕

この郷は、田川《たがわ》上流域左岸の沖積地とこれに接する丘陵地からなる宇都宮市大網町《おおあみまち》付近と思われる。大網（オオアミ）は、オオオミ（大續）の転訛した地名と考えられるが、中世の史料に「大續」「大網」の地名は見られない。

現在の大網町の集落（西方より）

『万葉集』東歌《あずまうた》に、天平勝宝《てんぴょうしょうほう》七年（七五五）、筑紫《つくし》に派遣された防人《さきもり》として「河内郡上丁《かみのよぼろ》神麻續部《かむおみべ》嶋《のしま》麿《まろ》」の名が見え、上神主《かみこうぬし》・茂原官衙《もばらかんが》遺跡（国史跡。上三川町・宇都宮市）出土の人名瓦に大麻部《おおおみべ》・大麻續若麻《おおおみわかま》呂《ろ》・大麻古万呂《おおおみこまろ》などがある。

これらの人名は大續郷との関連が考えられ、オオオミ（大麻・大麻續）は「オ（苧）・ウミ（績《つむ》）」と転訛して、麻を紡ぎ、麻布を織る機織《はたお》りを生業とした集団の居住地に関わる人名と思われる。しかし、現在のところ大網町からは奈良・平安時代の大きな集落跡や機織り関連の遺物は発見されていない。ここではとりあえず大網町を大續郷の比定地としておきたい。

〔池邊郷《いけのへ（べ）ごう》〕

次項で触れるので省略する。

〔衣川郷《きぬかわごう》・衣川駅家《うまや》〕

下野国内を縦貫していた東山道《とうさんどう》の駅家《うまや》について、『延喜式《えんぎしき》』兵部省《ひょうぶしょう》諸国駅伝馬《えきてんま》の項に、足利《あしかが》・三鴨《みかも》・田部《たべ》・衣川《きぬかわ》・新田《にいた》・磐上《いわかみ》・黒川《くろかわ》の七駅が記されている。

これらのうち、衣川駅の位置については定かでないが、近年、宇都宮市平出町《ひらいでまち》内の上野《うわの》遺跡（平出町四一四四—一ほか）付近説が浮上してきた。発掘調査によってこの遺跡で東山道の道跡がはっきり確認され、その道幅は、側溝間の心心《しんしん》距離おおよそ八・五〜九・五メートルである。

この遺跡は田部《たべ》駅家跡が想定される上神主《かみこうぬし》・茂原官衙《もばらかんが》遺跡（国史跡。

河内郡衙《ぐんが》跡）から約一五キロ、次の新田《にいた》駅家跡と思われる長者ヶ平官《ちょうじゃがだいらかん》衙《が》遺跡（国史跡。那須烏山市鴻野山《こうのやま》）まで約一六キロのほぼ中ほどに位置しているので、衣川駅家はこの付近にあったと推定してもよさそうである。そして衣川郷は、衣川駅家が置かれた付近に求めることが妥当と思われる。

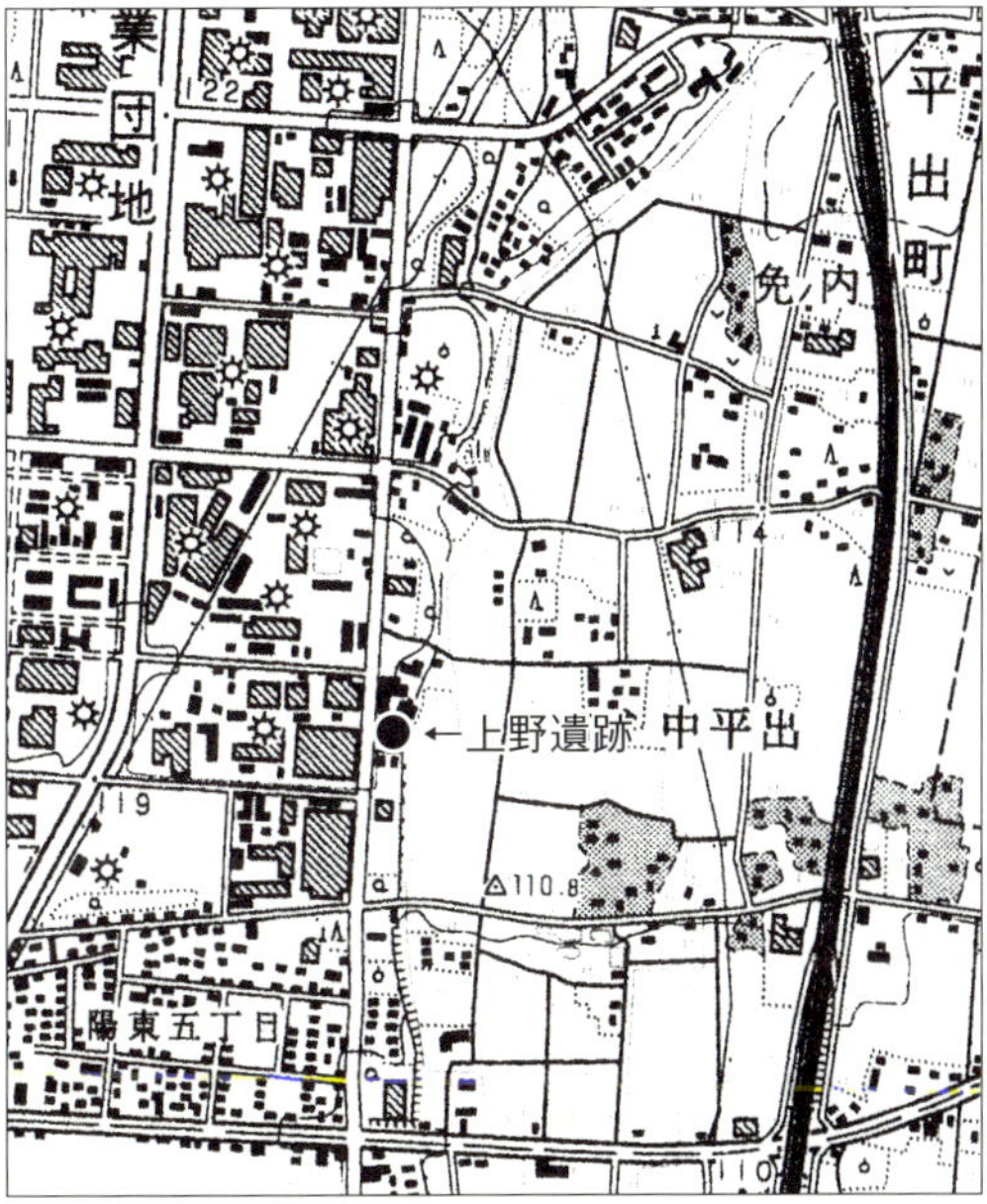

「衣川駅跡」付近に想定される上野遺跡（●印、平出町）。「宇都宮東部」1:25,000（平成14）

〔酒部郷《さかべごう》・三川郷《みかわごう》〕

酒部郷は、上三川町坂上《かみのかわまちさかうえ》付近と思われる。坂上は江川《えがわ》右岸に位置し、地内には坂上古墳群（町史跡）や古墳時代から平安時代にかけての集落跡（坂上北原《きたはら》遺跡・坂上南《みなみ》遺跡・西志部《にししべ》遺跡）がある。サカベ（酒部）は「サカノベ」ともいい、「サカ（坂）・ノ（助詞）・ウヘ（上）」という地勢に由来する郷名で、これがサカウエ（坂上）に転訛したのであろう。

　三川郷は上三川町上三川付近であろう。中心街の上三川は、鬼怒川右岸の低い台地上に位置し、地内には古墳時代後期から終末期にかけての古墳や、古墳時代から平安時代にかけての大きな集落跡（島田《しまだ》遺跡・大《おお》町《まち》遺跡・愛宕町《あたごまち》遺跡）がある。

　三川郷の位置について、上三川町多功《たこう》地内の南原《みなみはら》遺跡から、奈良時代の「三川」という墨書《ぼくしょ》土器が出土したので、ここを三川郷とする説があるが、間違っている。これは三川郷内から持ち込まれたものである。三川郷は田川《たがわ》・無名瀬川《むなせがわ》・江川《えがわ》によって形成された地であるので、これらの三河川に由来するものであろう。

Ⅱ 宇都宮の古名「池邊郷」

『倭名類聚鈔《わみょうるいじゅうしょう》』（和名抄《わみょうしょう》）に記されている河内郡一一郷の一つに「池邊郷《いけのへ(べ)ごう》」がある。

池邊郷について河野守弘《こうのもりひろ》は、著『下野国誌』（嘉永《かえい》三＝一八五〇年刊）の中で、「池ノ辺《いけのべ》は宇都宮の古名にて、同所の池上《いけがみ》街その名残なり、宇都宮は二荒《ふたあら》神社（二荒山《ふたあらやま》神社のこと）のことなれば、地名はもとより池辺郷なるべし、池も鏡か池とて今あり」と記している。

これを踏まえて吉田東吾《とうご》は、著『大日本地名辞書（坂東）』（明治四〇＝一九〇七年刊）の中で、「今宇都宮市及び豊郷《とよさと》村是《これ》なり、田川左右に渉《わた》り、横田郷の北、衣川郷《きぬかわごう》の西とす。国誌（『下野国誌』のこと）云」と記し、上記の内容を記している。

『角川日本地名大辞典（栃木県）』（昭和五九年刊）は、『大日本地名辞書』を参考にして「現在の宇都宮中心街一帯に比定される」とし、平凡社の『栃木県の地名』（昭和六三年刊）も、「一般に現宇都宮市池上町を遺称地《いしょうち》とし、宇都宮中心部に比定する」としている。強ち間違ってはいないが、もう少し「郷」の範囲をしぼりこむ必要があるだろう。

池邊（イケノへ＝べ）は、字義通りに解釈すれば、「池の辺《ほとり》、池の岸辺」であるが、これは「イケ・ノ（助詞）・へ」という郷名と思われる。地名の場合、イケ（池）の多くはイケ（生）の義で、イク（生）と同じく水気のある所、つまり川とか湿地を意味する。へ（べ。邊・辺）は辺《ほとり》とか傍《そば》の意のほかに、ウへ（上）の上略から、高い所の意もあろう。

これらのことから「池邊郷」は、市内を流れる田《た》川に注ぐ釜《かま》川と、当時二荒山《ふたあらやま》神社近くを流れていた求食《あさり》川沿いの低台地上にあった郷で、それは荒尾崎《あらおざき》（下之宮《しものみや》付近）以西の地で、現在の馬場《ばば》通り二丁目・曲師《まげし》町《ちょう》・江野町《えのまち》・池上町《いけがみちょう》辺りと思われる。

蛇足だが、二荒山神社（式内社《しきないしゃ》）が最初に鎮座していた荒尾崎は、「アラ・オザキ」という地名。アラは動詞アラケル（粗・散）の語幹で、崖などが崩れ落ちるの意、オザキは「オ（峰）・ザ（サ）キ（崎・先）」から、丘陵などの先端の意である。だから臼《うす》が峰《みね》（現・二荒山神社地）から南傾斜していた丘陵先端の荒尾崎は、「崖崩れを起こす丘陵の先端」

に由来する地名といえる。
「MEGAドン・キホーテラパーク長崎屋宇都宮店」（馬場通り二丁目）の南壁際に、「鏡《かがみ》が池《いけ》」碑（碑高約一・六メートル）がある。昭和二六年（一九五一）一二月の建碑だが、碑文の上段に「玉くしの二荒の山の神垣《みずがき》を鏡が池にうつしてぞ見る」と刻み、中段以下に次のように陰刻している。

往古宇都宮は池邊郷と呼ばれ馬場《ばば》鉄砲曲師《てっぽうまげし》三町あたりに廣き沼ありき。一歳《ひととせ》この沼より古鏡一面現れ出てたが之を二荒山神社に奉納し爾来《じらい》この沼を鏡が池と稱《しょう》せり。日光登拝の徒《と》この池に行《ぎょう》をなし漁夫漁師あまた集《つど》ひしと傳ふ。然る後某年大暴風雨ありて四周の丘を崩し沼は大方埋もれぬ。今や時移り星換《かわ》りそのかみの野趣溢《やしゅあふ》るる風致跡をかくし小池名残を留めて花屋《はなや》敷《しき》の一隅に年毎の花を咲かす。茲《ここ》に碑を建てその由来を記し古を偲ぶよすがとなす。

「鏡が池」碑（馬場通り２丁目）

この碑文によると、古く荒尾崎以西には廣い沼（水気のある湿地帯）があったが、大暴風雨で丘（荒尾崎）が崩落し、大方の沼は埋まったという。かつてこの沼から古鏡が出土したと記しているが、これは二荒山神社（下之宮《しものみや》）の報賽品《ほうさい》であろう。
なお、碑文中の「花屋敷」とは、二荒山神社門前の仲見世《なかみせ》街《がい》脇に、明治四三年（一九一〇）に開館した映画館「寿座《ことぶきざ》」（宇都宮における最初の映画館で、入館料大人八銭）が、のち「花屋敷」と改め、動物園を兼ねた活動小屋（「活動写真小屋」）として、親子連れで賑わった仲見世街の名所の一つ。神社鳥居内には、「大川座」（のちの「宮枡座《みやますざ》」）があり、招魂社《しょうこんしゃ》入口の左側には「電気館」があった。昭和三四年（一九五九）、仲見世街は撤去され、以後、中心街の空洞化は加速していった。
なお仲見世街は、明治三〇年（一八九七）代ころにはバラック風の建物で営業され、大正～昭和時代前半にかけて大変な賑わいを呈したので、「バンバよいとこ　泣く子も笑う　私しゃバンブラ　夜が好き」と歌われ、「宇都宮の浅草」とまでいわれた。

Ⅲ　二荒山神社の別称「宇都宮」

二荒山《ふたあらやま》神社は、『延喜式《えんぎしき》』神名《じんみょう》帳《ちょう》に「河内郡一座《いちざ》　大《だい》　二荒山神社　名神大《みょうじんだい》」と記されている式内社《しきないしゃ》である。

式内社とは、『延喜式』神名帳に記載されている神社のこと。下野国の式内社は、はじめ一一社（大社《たいしゃ》一・小社《しょうしゃ》一〇）であったが、元禄《げんろく》年間（一六八八～一七〇四）に下総国《しもうさ》結城《ゆうき》郡高椅《たかはし》郷が下野国都賀《つが》郡に編入したので、結城郡内の式内社高椅神社が加わり一二社となった。

一二社とは、大神《おおみわ》神社（栃木市惣《そう》社町《じゃまち》）・大前《おおさき》神社（旧藤岡町大前《おおまえ》）・村檜《むらひ》神社（旧岩舟町小野寺《おのでら》）・二荒山神社（宇都宮市）・大前《おおさき》神社（真岡市東郷《ひがしごう》）・荒樫《あらかし》（橿）神社（茂木町小井戸《こいど》）・健武山《たけぶやま》神社（旧馬頭町健武）・温泉《ゆぜん》神社（那須町湯本《ゆもと》）・三和《みわ》神社（旧小川町三輪《みわ》）・安房《あわ》神社（小山市粟宮《あわのみや》）・胸形《むなかた》神社（小山市寒《さむ》川《かわ》）・高椅神社（小山市高椅）のことである。

式内社には、神祇官《じんぎかん》より幣帛《へいはく》を捧げて祀った官幣社《かんぺいしゃ》（歴代天皇・皇族を祀った神社と皇室の崇敬の厚い神社）と、国司《こくし》より幣帛を祀った国幣《こくへい》社《しゃ》があり、さらにそれぞれ大社《たいしゃ》・小《しょう》社《しゃ》の別があった。「座」とは、神社に祀られている神（祭神《さいじん》）を数える単位。「大」とは国幣大社《こくへいたいしゃ》。「名神」とは、国家の大事などのさい、大社の中から選ばれて、特に臨時の奉幣《ほうへい》を受ける神社で、全国に二八五座あったが、下野国では二荒山神社のみが名神大社であった。このため二荒山神社は、下野国の「一《いち》の宮《みや》」と称された。

二荒山神社の創祀年代は不詳だが、社伝によれば崇神《すじん》天皇（記紀《きき》系譜上の一〇代天皇）の命によって、豊城入彦命《とよきいりひこのみこと》は東国《とうごく》に下って当地を支配したが、その四世の孫奈良別《ならわけの》王《きみ》が仁徳《じんとく》天皇（一六代天皇）の代に

二荒山神社（馬場通り１丁目）

二荒山神社摂社『下之宮』(馬場通り3丁目)

下毛野国《しもつけぬのくに》の国造《くにのみやつこ》（地方首長）になると、現在の摂社《せっしゃ》「下之宮《しものみや》」の地（荒尾崎《あらおざき》）に祖神豊城入彦命を祀ったのが、神社のはじめという。そして承和《じょうわ》五年（八三八）、奈良別王の子孫温左麿《おさまろ》が荒尾崎から高燥な現在地（臼が峰《うすがみね》）へ遷座したと伝えている。

「宇都宮」の地名由来については、古くから諸説あって定かではない。例えば、一般に（一）「一の宮」（イチノミヤ）が「ウツノミヤ」に転訛したという説が、もっともらしく流布している。しかし、古代には全国六〇余国に「一の宮」があったから、下野国の「一の宮」のみが、「ウツノミヤ」に転訛して「宇都宮」になったとは考えられない。（二）蝦夷《えみし》征討の宮とする「討《う》つの宮」説や、（三）神徳顕現《しんとくけんげん》（神の功徳《くどく》がはっきり現れる）する「現《うつ》の宮」説、（四）神聖（穢《けが》れなく尊いこと）な宮としての「稜威《いつ》の宮」説、（五）樹木が鬱蒼《うっそう》と茂っていた「鬱《うつ》の宮」説、（六）日光二荒山《ふたらさん》神社を遷《うつ》した「遷宮《うつのみや》」説、その他の説がある。これらはいずれも、「宇都宮」の語源をよくぞ熟考したものだと感心するが、裏を返せば都合のいい理屈をこじつけたもので、これらの説を支持することはできない。

「宇都宮（ウツノミヤ）」の地名は、二荒山《ふたあらやま》神社が鎮座する「二荒山」に由来するものであろう。二荒山（フタアラヤマ）は「フタ・アラ・ヤマ（山）」と解される。フタは副詞フタフタから、激しく暴れるとか急いで移動するの意から、崩落・崩れ落ちるの意、アラは動詞アラケル（散ける・粗ける）の語幹で、離ればなれになる・散りぢりになるの意から、共に崩落・崩崖を意味しよう。

二荒山神社の拝殿(馬場通り1丁目)

従って、神社名は「崩落・崩崖を起こす山丘の宮（神社）」に由来するものと思われる。これが何故「宇都宮（ウツノミヤ）」に転じたのであろうか。

宇都宮は「ウツ・ノ（助詞）・ミヤ」という語源であろう。ウツ（落・棄・打）は、落ちる・棄てる・ばさっと落とす・切り取るなどの意から、崩落・崩崖を意味し、ミヤは「御屋《みや》」の意で、神を祀ってあるところ（神社）であるから、「ウツノミヤ」は「フタアラヤマ神社」と同じく、崩落・崩崖を起こす山丘上の神社と解される。この神社の門前に人家がたち並び、次第に門前町が形成されたので、門前一帯を「宇都宮」と称したのであろう。従って、「宇都宮」は「二荒山神社」の別称といえよう。

蛇足だが、「ウツノミヤ」が崩落・崩崖を起こしやすい山丘であることを裏づけるものとして、県内の山間地方に「ウツノ（宇津野・宇都野）」地名が散在している。

旧今市市佐下部《さげぶ》字宇津野
旧粟野《あわの》町上粕尾《かみかすお》字宇津野
旧葛生《くずう》町会沢《あいさわ》字宇津野
旧田沼町白岩《しらいわ》字宇津野
旧足尾町足尾字宇津野
旧黒羽町須賀川《すかがわ》字宇津ノ
日光市日光字宇都野
旧塩原町宇都野
旧粟野町上粕尾字宇都野
那須町高久《たかく》字宇都ノ向フ
鹿沼市下大久保字宇都沢
茂木町九石《さざらし》字宇都ノ
旧田沼町岩崎字打野《うつの》
宇都宮市篠井町ウツノ川

なお、旧葛生町会沢地内の宇津野集落は、鍾乳洞《しょうにゅうどう》（宇津野洞窟）のある山地東側斜面の麓に立地している。これと同じような地勢を呈しているのが、旧田沼町白岩地内の宇津野集落で、旗《はた》川段丘上には宇都宮神社が鎮座している。因みに、当社は天文《てんぶん》元年（一五三二）の創祀で、地元では神社の北西方に白岩が聳え立っているので、白岩大明神とか宇都宮大明神と称しているが、二荒山神社（宇都宮大明神）との関わりはなく、主祭神は大己貴神《おおなむちのかみ》である。明治五年（一八七二）の社格《しゃかく》改変によって村社「宇都宮神社」となっている。

旧塩原町宇津野は、箒川《ほうきがわ》右岸の段丘上に位置しているが、西部は山地で、標高一〇〇〇メートルの嶽山《たけさん》山頂に豊城入彦命《とよきいりひこのみこと》を主祭神とする嶽山箒根神社《たけさんほうきねじんじゃ》が鎮座している。境内は老杉《ろうさん》に囲まれ、樹齢一〇〇〇年に及ぶ大杉の神木もある。例大祭は一一月二三・二四日の両日で、若者たちによって威勢よく梵天《ぼんてん》が奉納されている。

Ⅳ 宇都宮城下の町名

（1）宇都宮城と城下町の形成

宇都宮城は、中世（鎌倉時代～戦国時代）に下野三大豪族（宇都宮氏・小山氏・那須氏）の一家として活躍した宇都宮氏の居城であった。

宇都宮城（当初は居館《きょかん》）が築かれた年代などは明らかでないが、一説によれば天慶《てんぎょう》三年（九四〇）、藤原秀郷《ひでさと》（生没年不詳。平安中期の武将）が、現在の御本丸跡《ごほんまるあと》辺りに出先の別館を築き、その後、康平《こうへい》六年（一〇六三）、宇都宮氏の祖と伝える藤原宗円《そうえん》（生没年など不詳）が、本格的な居館を築いたという。また別の説によれば、宗円が都より下野に下り、奥州平定の祈禱成就《きとうじょうじゅ》の功績によって、宇都宮大明神《だいみょうじん》（二荒山《ふたあらやま》神社）の社務職《しゃむしき》（神職の長）になったのを機に、康平六年、大明神の真南に居館を構えたのが、宇都宮城の起こりともいう。

宇都宮氏初期の居館の規模は不明だが、小山氏の曲輪《くるわ》跡（小山市神鳥《ひととの》谷《や》）・源姓《げんせい》足利氏の館跡（鑁阿寺《ばんなじ》境内）が、ほぼ二町《ちょう》（約二二〇メートル）四方の方形館《ほうけいかん》であるところから、宇都宮氏の居館もほぼこれに準じた広さで、近世宇都宮城における二の丸辺りまでの範囲と想定される。

宇都宮大明神と居館は南北に馬場《ばば》道でつながり、居館の東側を南流する田川《たがわ》右岸には奥大道《おくのおおみち》（「おくのだいどう」とも。奥州道・鎌倉道）が通っていて、これに沿って宿《しゅく》（左岸の今泉町《いまいずみちょう》付近か）・上河原《かみがわら》・中河原《なかがわら》・古多橋《こたはし》の四宿（町場《まちば》）があり、古多橋には駅《うまや》があった。

南北朝時代の宇都宮公綱《きんつな》（九代城主）・氏綱《うじつな》（一〇代城主）のころ、宇都宮氏の勢力伸長と合戦に備えて、これまでの館的な構えから堅固な土塁と幅広く深い堀を設け、郭《くるわ》を拡張・増設するなど、城郭《じょうかく》へと変貌し、戦国時代ころには近世の三の丸辺りまで拡張して、平城《ひらじろ》であっても戦国城郭としての威容が整ったと思われる。

戦国時代末期の天正《てんしょう》一八年（一五九〇）、小田原《おだわら》の北条氏を滅ぼした豊臣秀吉《とよとみひでよし》は、同年七月～八月にかけて延べ一一日間、宇都宮城に滞在し、関東の最終的な戦後処理の「宇都宮仕置《しおき》」を行った。このとき、徳《とく》川家康《がわいえやす》・伊達政宗《だてまさむね》・最上義光《もがみよしみつ》ら、関

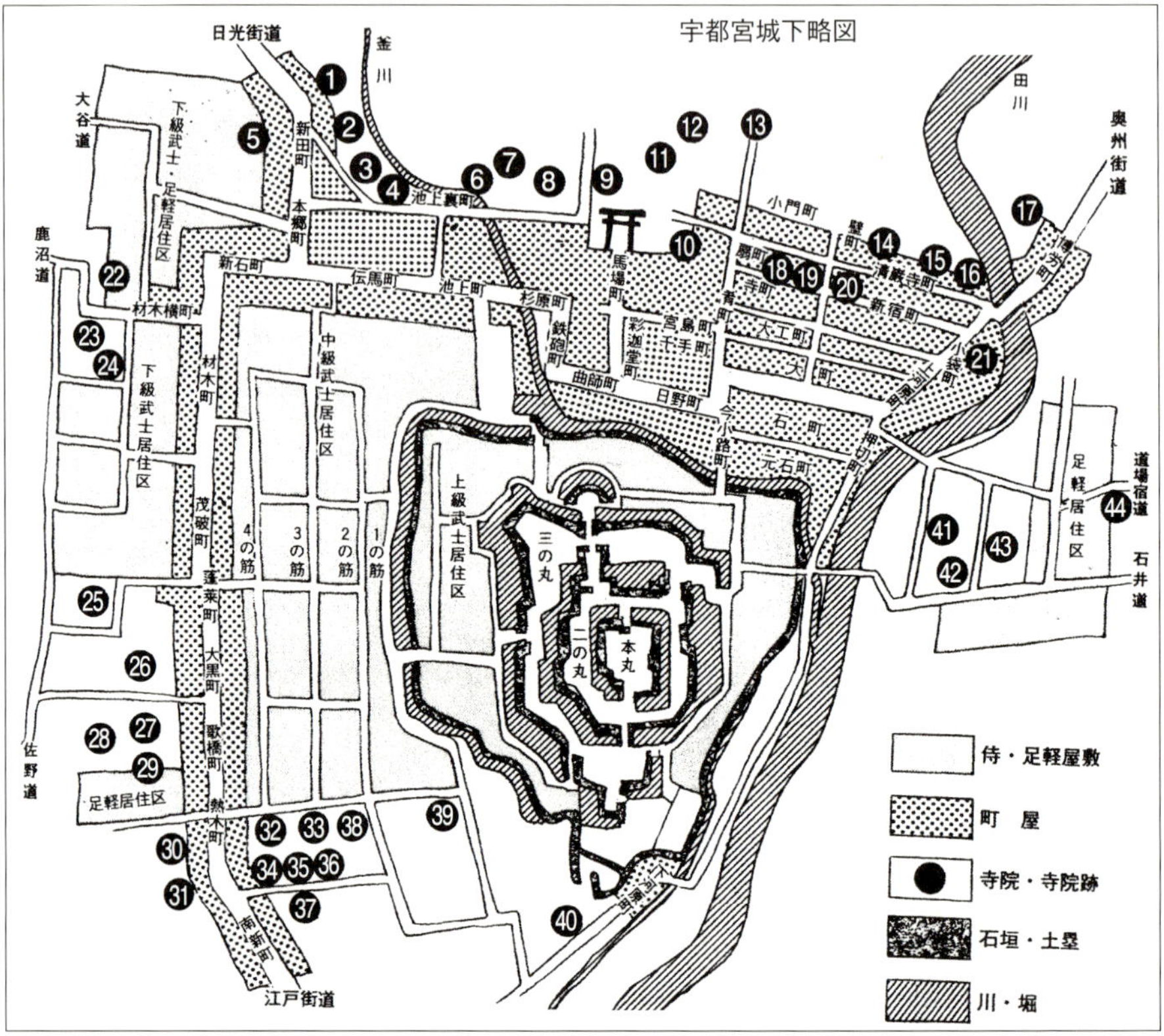

1 桂林寺　2 延命院　3 真福寺　4 正行寺　5 宝勝寺　6 心光寺　7 光明寺
8 粉河寺　9 浄鏡寺　10 能延寺　11 本願寺　12 慈光寺　13 成高寺　14 天勢寺
15 清巌寺　16 妙正寺　17 興禅寺　18 生福寺　19 法華寺　20 妙金寺　21 宝蔵寺
22 大運寺　23 安養寺　24 観専寺　25 光琳寺　26 報恩寺　27 一向寺　28 龍松寺
29 長楽寺　30 地蔵寺　31 台陽寺　32 大慈院跡　33 栄林寺　34 長福寺　35 盛久寺
36 宗見寺　37 松岩寺跡　38 万松寺　39 英厳寺　40 常念寺　41 善願寺　42 生善寺
43 応願寺　44 林松寺

（宇都宮市教育委員会編「宇都宮の古道」より）

東・奥羽の諸大名が宇都宮城に集結し、秀吉への忠誠を誓っている。この仕置で小田原攻めに功績のあった宇都宮国綱《くにつな》（二二代城主）は、所領を安堵《あんど》され、「羽柴侍従《はしばじじゅう》」の称号を許された。しかし、慶《けい》長《ちょう》二年（一五九七）一〇月七日、国綱は突然「不慮《ふりょ》の子《し》細《さい》」があったとして秀吉の怒りに触れ、宇都宮氏一族一門の所領はすべて没収され（改《かい》易《えき》）、備前《びぜん》（岡山）の宇喜多秀《うきたひで》家《いえ》（一五七二～一六五五。秀吉の五大老《ごたいろう》の一人）のもとに預けられ、ここに名族宇都宮氏は滅亡した。

国綱の改易後、浅野長政《あさのながまさ》（一五四七～一六一一。秀吉の五奉行《ごぶぎょう》の筆頭）が城代《じょうだい》として宇都宮城に入部した。そして慶長三年（一五九八）一月、蒲生秀行《がもうひでゆき》（一五八三～一六一二）が会津九一万石から減ぜられて宇都宮一八万石で入部し、在城三年余の間に近世城下町の基礎づくりを行った。特に宇都宮城下の出入口として不動口《ふどうぐち》・歌《うた》の橋《はし》口・佐野《さの》口・伝馬《でんま》町《ちょう》口を開き、不明門《あかずのもん》を設けたりして、武家屋敷地と町人町の区分をはっきりさせ、さらに近江《おうみ》国（滋賀県）日野《ひの》の商人を東勝寺《とうしょうじ》跡地に居住させた（日野町の起こり）。東勝寺は、日野町通り北側一帯にあった宇都宮城下第一の巨刹であったが、慶長二年（一五九七）宇都宮氏の改易によって廃寺となっていた。

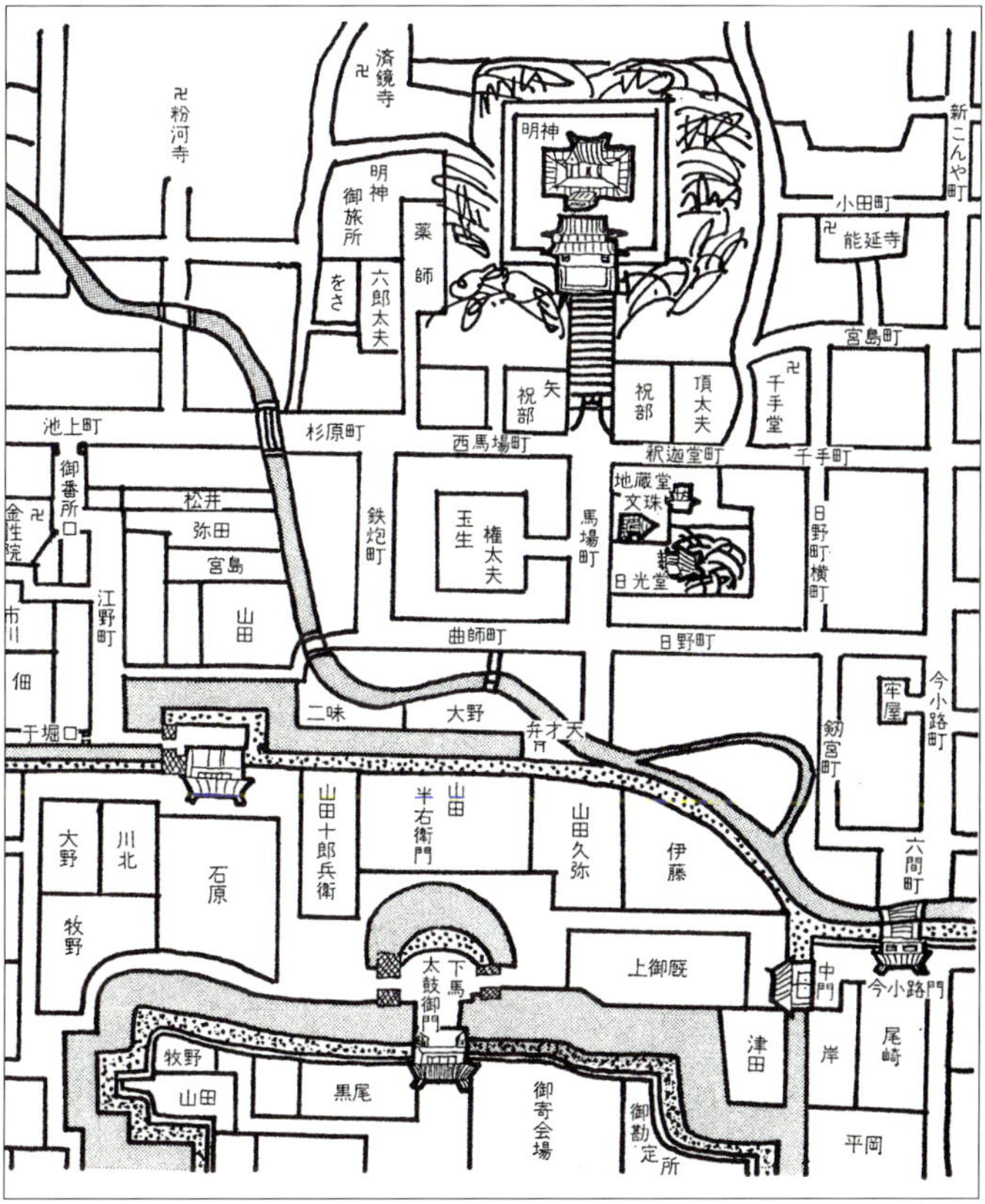

宇都宮城大手付近図（『栃木県史』通史編４より）

慶長六年（一六〇一）、奥平家昌《おくだいらいえまさ》（徳川家康の外孫）が一〇万石の藩主として入部、以後幕末まで、宇都宮城には譜代《ふだい》大名が配置された（江戸城北方の守りとして重視）。元和《げんな》三年（一六一七）、家昌の子忠昌《ただまさ》（亀《かめ》姫《ひめ》の孫）藩主のとき、日光東照社《とうしょうしゃ》（のち東照宮《とうしょうぐう》）が造営されると、宇都宮城は徳川将軍の日光社参《にっこうしゃさん》のさいの宿城として重きをなした。

元和五年（一六一九）一〇月、本《ほん》多正純《だまさずみ》（一五六五～一六三七）が一五万五〇〇〇石の藩主として入部すると、在城三年弱の間に城内を通っていた奥州街道を、城下入口南西端の不動堂《ふどうどう》前から北へ向かうように付けかえ、伝馬町《でんまちょう》で北への日光街道と東への奥州街道とに分岐させ、宇都宮大明神前から千手町《せんじゅまち》までの切り通しをつくって、城下北部を東西に通る奥州街道とした。

また、これまで三の丸まであった宇都宮城の城域を約二倍に拡張し、東は田川縁《たがわふち》まで、北は釜川《かまがわ》岸まで、西は松ヶ峰《まつがみね》（現松が峰一～二丁目）の外郭《がいかく》に新たに土塁を拡張した。この拡張にともない、松ヶ峰にあった桂林寺《けいりんじ》は日光街道東側の現在地（清《きよ》住《すみ》一丁目）へ移され、松ヶ峰は城郭内の最上級の武家屋敷地となり、一屋敷は一〇〇〇～一三〇〇坪の広さをもっていた。正純は、さらにこれまで城の大手《おおて》と宇都宮大明神が直結していたのを、三の丸太鼓門《たいこもん》（太鼓御門）前に三日月堀《みかづきぼり》（馬出堀《うまだしぼり》とも）を設けて遮断し、北西部外郭の江野《えの》町口《まちぐち》に移した。三日月堀（東西約一五〇メートル、幅約二二メートル、深さ約八メートル）は三日月形に長く湾曲して太鼓門に面していた。

※蛇足だが、上級武家屋敷地であった松が峰一丁目に、宇都宮市の象徴的な建造物の一つであるカトリック松が峰教会（国登録）がある。昭和六年（一九三一）に起工し、翌年に大聖堂が完成した国内では珍しい双塔《そうとう》（二つの尖塔《せんとう》）をもつもので、本格的なロマネスク様式の意匠が刻まれており、一見に値するので付記しておきたい。

江戸時代の絵図などによれば、宇都宮城は本丸・二の丸・三の丸・外郭を四重の堀で囲み、本丸は不整形だが東西・南北ともおよそ一三〇メートルの広さで、二つの門（表門の清水門《しみずもん》、裏門の伊賀門《いがもん》）と五つの櫓《やぐら》（北櫓・東櫓・辰巳《たつみ》櫓・富士見櫓・清明台《せいめいだい》）があった。二の丸内の北西部には藩主の居所と藩《はん》庁舎《ちょうしゃ》を兼ねた二の丸御殿があり、この二の丸には三つの櫓と六つの門があった。三の丸にははじめ上級武士の屋敷があったが、のちには寺社《じしゃ》方役所《かたやくしょ》・郡奉行所《こおりぶぎょうしょ》・勘定所《かんじょうしょ》・金《かね》蔵《ぐら》などの藩の役所が建てられ、幕末には藩主の家族を迎え入れる御殿が建てられた。三の丸を囲む外郭に

カトリック松が峰教会（松が峰１丁目）

は、大手門など六つの門があり、上級武士の屋敷や牢屋《ろうや》・御用米蔵《ごようこめぐら》・厩《うまや》などがあった。太鼓門左右の土塁と塀はさらに左右に延びて、東は蓮《はす》池《いけ》（上《かみ》蓮池・下《しも》蓮池）から南館《みなみだて》へ、西は百間堀《ひやっけんぼり》から地蔵堀《じぞうぼり》へと続いて三の丸を囲んでいた。

なお、上蓮池・下蓮池辺りは宇都宮城の東と南東を守る役目をもち、南には南を守る南館堀があり、その内側に武家屋敷が建ち並んでいた。また西には三の丸を守る百間堀と、西を守る西館堀が設けられていた。百間堀は幅約四三メートル、深さ約六メートルで、北は太鼓門《たいこもん》から南は宇田門《うだもん》まで約一〇〇間（約一八〇メートル）あったので、この名が付けられ、三の丸の土塁《どるい》上には今に見られる大イチョウ（市指定）が植えられていた。南館堀の西側には地蔵堀があった。ここは地蔵堂門と英巌《えいがん》寺《じ》（戸田氏の墓所）を結ぶ道路の南側に位置し、近くに延命地蔵堂があったので、地蔵堀の名が付された。

宇都宮城の東方は田川《たがわ》を控えるという地の利があったが、西方は松ヶ峰台地と平地が広がっていて、防御上の弱点となっていた。このため松ヶ峰門の外側に一ノ筋・二ノ筋・三ノ筋・四ノ筋を設けて、中小級以上の武家屋敷を配し、その西側に日光街道沿いに熱木《ねぎ》（贄木《にえぎ》）町《まち》・歌橋《うたのはし》町《まち》・大黒町《だいこくちょう》・伊賀町《いがまち》・蓬莱町《ほうらいちょう》・茂《も》破町《やぶりちょう》・挽路町《ひきじちょう》・材木町《ざいもくちょう》などを配し、さらに西側に代官屋敷《だいかんやしき》を配した。また日光街道沿いの北部に武家屋敷町として小幡町《おばたまち》を設け、特に西側に接する西原村《にしはらむら》との間を中心に足《あし》軽《がる》などの組屋敷《くみやしき》が設けられた。このほか足軽組屋敷は城下東方の川《かわ》向《むこう》、南部の不動堂《ふどうどう》付近などにも設けられた（不動組）。

こうして宇都宮城は、江戸幕府の北方の防衛基地として重視されたので、奥平《おくだいら》・本多《ほんだ》・松平《まつだいら》・阿部《あべ》・戸《と》田《だ》氏という徳川譜代《ふだい》の臣が配置され、一方、頻繁に藩主の交替がなされた。また、宇都宮城は将軍の日光社参《にっこうしゃさん》のさいの宿城として重きをなしたので、伝説〝宇都宮釣天井〟が生まれた。さらに宇都宮は日光・奥州両街道の分岐する宿場町としても栄えたので、宇都宮大明神の門前町

旭町の大イチョウ（中央１丁目）

「下野国宇津宮城下之図」、「宇都宮古図」、「幕末宇都宮城下復元図」などによって推定して作成

と相まって、宇都宮城下は特異な街並みを形成した。

しかし、こうした宇都宮市街の街並みは、戊辰《ぼしん》戦争（一八六八）のさいの宇都宮城攻防戦によって、有形・無形の歴史的文化遺産を失い、さらに第二次世界大戦末期の昭和二〇年七月一二日の深夜、米軍による宇都宮大空襲によって市街の大半は灰燼に帰してしまった。

その後、幾多の変遷をへて、御本丸跡を中心とした学術的な発掘調査を踏まえ、さらに文書・記録・絵図などを細かく検討・吟味し、できるだけ史実に近い状態に復元することに腐心して、とりあえず宇都宮城のごく一部を、平成一九年（二〇〇七）三月、宇都宮城址公園（御本丸跡）としてオープンした。ここに市民のひとりとして、宇都宮城跡のさらなる復元を願ってやまない。

（2）宇都宮城下の町名

慶長《けいちょう》七年（一六〇二）、幕府から地子免許《じしめんきょ》（宿駅《しゅくえき》補助策の一つとして、伝馬役《てんまやく》負担者の屋敷の地子を免じたこと）を受けた対象となった町名は、次の三二町であった。

熱木《ねぎ》（贄木《にえぎ》）町《まち》・歌橋町《うたのはしまち》・大黒《だいこく》町《ちょう》・蓬莱町《ほうらいちょう》・茂破町《もやぶりちょう》・挽路《ひきじ》町《ちょう》・材木町《ざいもくちょう》・材木横町《ざいもくよこちょう》・池上裏《いけがみうら》町《まち》・池上町《いけがみちょう》・杉原町《すぎはらちょう》・鉄砲町《てっぽうちょう》・曲師町《まげしちょう》・馬場町《ばばちょう》・日野町《ひのまち》・今小《いまこう》路町《じまち》・剣宮町《つるぎのみやまち》・石町《こくちょう》・押切《おしきり》町《ちょう》・上河原町《かみがわらまち》・小袋町《こぶくろちょう》・大《おお》町《まち》・日野町横町《ひのまちよこちょう》（日野横町《ひのよこちょう》・日《ひ》野小路町《のこうじまち》ともいう）・大工町《だいくちょう》・宮《みや》島町《じまちょう》・小田町《おだちょう》・小門町《こかどちょう》・扇《おうぎ》町《ちょう》・清巌寺町《せいがんじまち》・寺町《てらまち》・新宿《しんじゅく》町《ちょう》・博労町《ばくろうちょう》

その後の元和《げんな》五年（一六一九）、本多正純のとき、池上町を分けて伝《でん》馬町《まちょう》と西石町《にしこくちょう》（のち新石町《しんこくちょう》）とし、さらに池上裏町を分けて小伝馬《こでんま》町《ちょう》ができた。

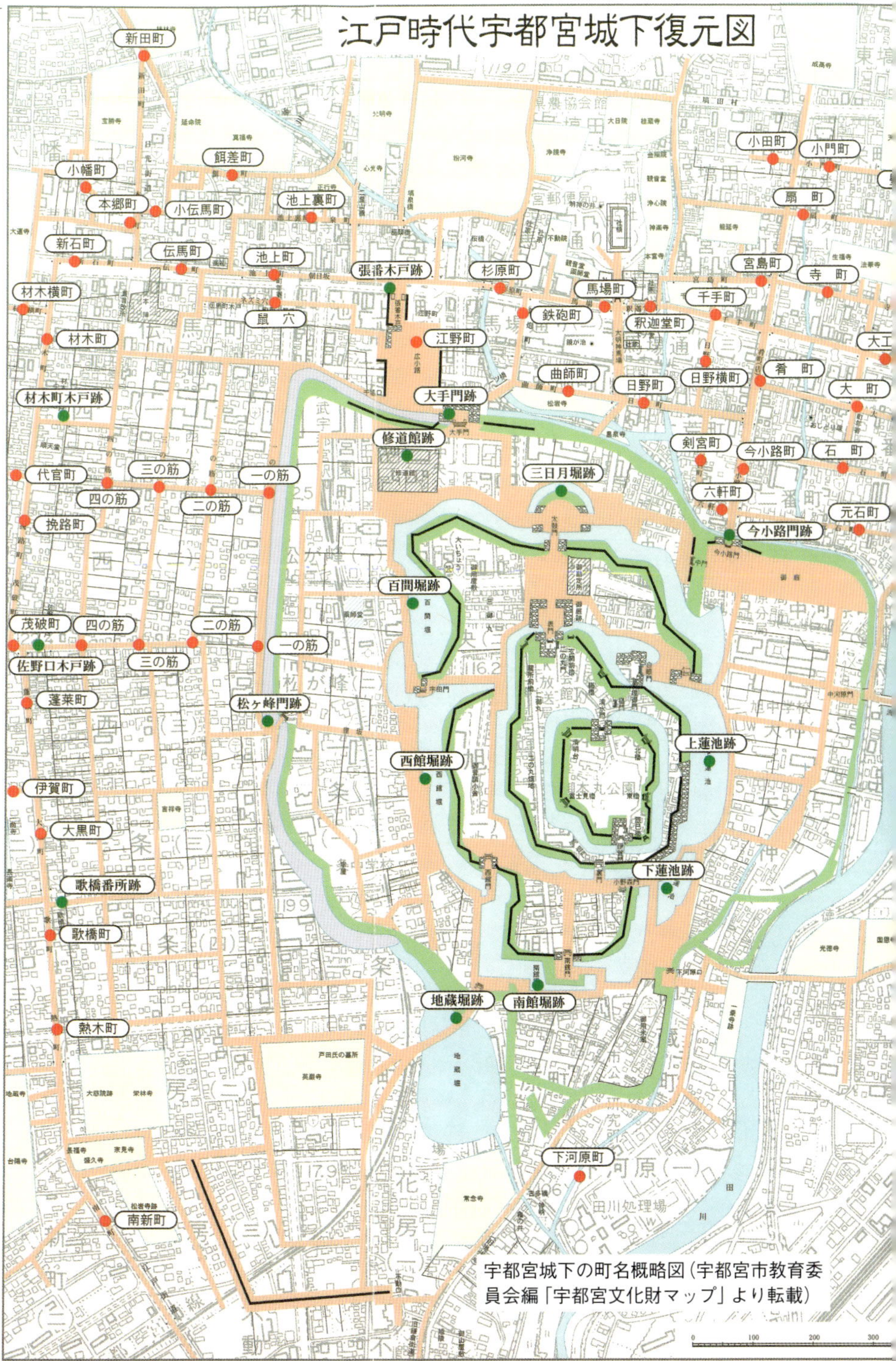

宇都宮城下の町名概略図（宇都宮市教育委員会編「宇都宮文化財マップ」より転載）

　慶長七年から約一三〇年ほど経た元文《げんぶん》年間（一七三六〜四一）の史料「地子免許之町々」に、伝馬町と西石町（新石町）・小伝馬町の三町が加わって三五町が記され、地子免許を持たない町として南新町《みなみしんまち》・本郷町《ほんごうちょう》・新田町《しんでんちょう》・下河原町《しもがわらまち》・元石町《もとごくちょう》の五町が記されている。これを合わせると四〇町となる。さらに元文年間から約三〇年後の明和《めいわ》八年（一七七一）の史料「宇都宮町々」に四二町とあり、江野町《えのまち》と東新町《ひがししんまち》が加わっている。

　これらの四二町に含まれない町もあった。餌差町《えさしまち》・尾上町《おのえちょう》・六軒町《ろっけんちょう》・肴町《さかなまち》がそれである。この四町は、それぞれ新田町・杉原町・今小路町・大町の支配下にあった。

　また、紺屋町《こんやまち》・壁町《かべちょう》・北新町《きたしんまち》・猿《さる》が町《ちょう》・釈迦堂町《しゃかどうまち》・鷹匠町《たかじょうちょう》などの町名もあったが、これらは他町や社寺の支配を受けていて、町年寄《まちどしより》が支配する一般の町扱いを受けていなかった。

　町年寄の管轄外の武家屋敷には、一《いち》ノ筋《すじ》・二《に》ノ筋・三《さん》ノ筋・四《よん》ノ筋・小幡《おばた》（旗）町《まち》・代官町《だいかんちょう》・伊賀町《いがまち》・川《かわ》向《むこう》（町）があった。

※参考資料（宇都宮城下の戸数と人口）

　慶長七年（一六〇二）の戸数一四五七戸、人口六六九四七

　元禄八年（一六九五）の人口九七四四人（男五二五四、女四四九〇）、ほか約一〇〇〇人の藩士とその家族約二〇〇〇人。総人口約一二〇〇〇人。

　天保一四年（一八四三）の戸数一二一九戸、人口六四五七人

　慶応元年（一八六五）の戸数二一六六戸、人口九四九一人（男四九九五、女四四九六）

（3）町名の由来と見どころ

○南新町《みなみしんまち》　現花房《はなぶさ》二〜三丁目・新《しん》町《まち》一〜二丁目

　元和《げんな》六年（一六二〇）、本多正純《ほんだまさずみ》の日光・奥州両街道のつけ替えによって新たに開かれた町人町で、宇都宮城下町の南端に位置するので、町名はこれに由来する。

　これまでの旧奥州街道と新たな奥州街道の分岐するところに不動明《ふどうみょう》王《おう》を祀った不動堂《ふどうどう》があったので、このお堂は宇都宮城下に入る目印となった。不動堂ははじめ現在地より東方（旭陵《きょくりょう》通りを少し入った辺り）にあったが、のちに現在地へ移され、昭和四二年（一九六七）に「不《ふ》動前《どうまえ》」という町名が設けられたのは、この不動堂に由来する。

　ここは日光街道の城下への出入口であったので、南端に警備・見張人

の詰める番所《ばんしょ》が設けられ、台陽寺《たいようじ》（曹洞宗）・地蔵寺《じぞうじ》（時宗。廃寺）・天祥寺《てんしょうじ》（天台宗。廃寺）・盛久院《せいきゅういん》（曹洞宗。廃寺）・宗見寺《そうけんじ》（曹洞宗）など多くの寺院が建てられていた。

台陽寺は慶長《けいちょう》一〇年（一六〇五）、藩主奥平家昌《おくだいらいえまさ》が宇都宮城内に建立したが、本多正純の城下町割《まちわり》によって現在地（新町一丁目）へ移された。境内の墓地に藩の儒官長沢粋《すい》庵《あん》・不尤所《ふゆうしょ》（楽浪《らくろう》）父子や奥平氏家臣の墓などがある。

不動堂前から日光街道（不動前通り）を北上すると、右側に蒲生君平《がもうくんぺい》勅旌碑《ちょくせいひ》（市史跡。花房三丁目）がある。明治二年（一八六九）一二月、明治天皇は蒲生君平（一七六八〜一八一三）の偉功《いこう》を追賞《ついしょう》されて、それを衆人《しゅうじん》に知らせる里門旌表《りもんせいひょう》（村の入口に偉功を褒めて広く世間に示す）のことを、宇都宮藩知事《はんちじ》戸田忠《ただ》友《とも》に命じた。忠友は早速その奉行《ぶぎょう》となって、日光街道沿いの城下の入口（南新町）に勅旌の碑を建てた。

碑の正面に「勅旌　忠節《ちゅうせつ》　蒲生君平」、左側面に「明治二年　己巳《つちのとみ》冬十二月　漢文学教授戸田誠謹書《きんしょ》」と陰刻されている。

旧奥州街道（鎌倉街道とも）（花房１丁目付近）

現在の不動堂（不動前）

（左）蒲生君平勅旌碑、（右）「蒲生君平勅旌碑」覆屋（花房３丁目）

○熱木《ねぎ》（贄木《にえぎ》）町《まち》　現西原《にしはら》三丁目・新町《しんまち》一丁目・一条《いちじょう》四丁目・花房《はなぶさ》二丁目

日光街道沿いの街並みで、町名は地内に不動尊《ふどうそん》が祀られ、「贄木の不動尊」として崇敬されていたことによると伝える。将軍の日光社参《にっこうしゃさん》のさいには街道沿いのため臨時に番所《ばんしょ》が設けられ、足軽《あしがる》が詰めていた。

「熱木（贄木）」の呼称について、『角川日本地名大辞典』は「ねいき」、平凡社『栃木県の地名』は「にえぎ」、宇都宮市編『うつのみやの歴史』『宇都宮の軌跡』と日光街道ルネッサンス二一推進委員会編『栃木の日光街道』は「ねぎ」、徳田浩淳著『宇都宮の歴史』は「にえき」と記している。

文明《ぶんめい》九年（一四七七）正月一一日の宇都宮正綱《まさつな》（一六代城主）の記名のある日光山並当社縁起《とうしゃえんぎ》絵巻（愛媛県宇都宮神社蔵）に、鳥居の両側に「贄木《にえぎ》」と注記した神木が描かれているというから、「贄」は神への供物《くもつ》をとるところから、神事を行う所と解される。従って、贄木とは鳥居脇の神木で神事を行ったことを意味しよう。

○歌橋《うたのはし》（歌ノ橋《うたのはし》）町《まち》　現西原《にしはら》三丁目・一条《いちじょう》三〜四丁目

日光街道沿いの町人町で、熱木町とともに七の日に市《いち》が立ち、両町の間には木戸《きど》はなかったが、歌橋町から武家屋敷に通ずる入口には木戸があった。「下野国宇津宮城下之図」には宇田橋町《うたのはしまち》と見える。町名の由来は不詳。伝承では、当地に住んでいた仕丁《しちょう》（律令《りつりょう》制で三年間、中央官庁の雑役に従事するもの）が歌を詠み、その歌が万葉集に載ったことに由来するというが、何の根拠もなく信じがたい。

○大黒町《だいこくちょう》　現西《にし》三丁目・一条《いちじょう》三丁目・西原《にしはら》二丁目

日光街道沿いの町人町で、北隣りの蓬莱町《ほうらいちょう》とともに、七の日には市《いち》が開かれた。街道沿いの両側には木賃《きちん》宿《やど》が多く、夕刻には旅人の姿で町中は賑わった。町名は三面大黒天《さんめんだいこくてん》を祀った祠堂《しどう》があったことに由来するという。

○伊賀町《いがまち》　現西原《にしはら》一〜二丁目

宇都宮城下の西端に位置する武家屋敷地。宇都宮氏時代に芳賀伊賀守《いがのかみ》の屋敷があったことから付された町名で、江戸時代に戸田《とだ》氏は楡木《にれぎ》・栃木への道の六道口《ろくどうぐち》を警備するため、徒士《かち》（騎乗《きじょう》を許されない軽格《けいかく》の武士＝下級武士）屋敷をここに置いたので、御歩行《おかち》（士）町《まち》ともいわれ、伊賀門・伊賀曲輪《くるわ》があり、町分《まちぶん》とは別扱いであった。六道口は佐野道口より南寄り、六道閻魔堂《ろくどうえんまどう》の南、新川《しんかわ》の東、報恩寺《ほうおんじ》の西の辻《つじ》をいう。

　この辻は、栃木・壬生・佐野・楡《にれ》木《ぎ》の各方面から城下へ入る要衝の地であったので、江戸時代には城下への出入りを厳しく取り締まる、六道口と呼んだ木戸《きど》が設けられていた。また、この地は宇都宮城を奪還しようとする新政府軍と、これを迎え撃つ旧幕府軍との間で、激闘が展開された戊辰《ぼしん》戦争の戦場跡であったので、六道辻の一角には明治七年（一八七四）六月に建てられた墓碑「戊辰役戦士《ぼしんえきせんし》墓《ぼ》」がある。

六道口（六道町）

戊辰役戦士墓（西原１丁目）

　現在の西原一丁目には、光琳寺《こうりんじ》（浄土宗）・報恩寺《ほうおんじ》（臨済宗）、二丁目には一向寺《いっこうじ》（時宗）などがある。六道辻近くにある閻魔堂は元禄《げんろく》一四年（一七〇一）、光琳寺の専誉《せんよ》上人が建立して閻魔大王を祀ったのが創始だが、戊辰戦争（一八六八）の戦禍と明治一〇年（一八七七）の火災で焼失し、現在のお堂は明治三九年（一九〇六）に建立されたものである。厄除け閻魔として今でも信仰されている。

六道辻の閻魔堂（六道町）

　光琳寺の開基・開山は不詳だが、応永《おうえい》三二年（一四二五）、松が峰《まつがみね》に創建され、その後伊賀町に移ったが堂宇を焼失し、慶長一〇年（一六〇五）に藩主奥平家昌《おくだいらいえまさ》が大檀那《だいだんな》となって、佐野口《さのぐち》の現在地に再建し

光琳寺（西原１丁目）

た。しかし、戊辰戦争で諸堂は焼失し、現在の本堂は昭和四年（一九二九）に再建されたもので、境内に鳥《とっ》取《とり》藩士の墓、桑名《くわな》藩士の墓がある。

報恩寺は寛永《かんえい》一六年（一六三九）、奥平家昌の室仙遊院《せんゆういん》の寄進を受けて創建。寛政《かんせい》年間（一七八九～一八〇一）と明治二年（一八六九）の火災で、山門を残して全焼し、現在の本堂・庫裡《くり》などは明治年間に再建されたもの。境内に「戊辰薩藩《ぼしんさつはん》戦死者墓」「戊辰役戦士記」碑、「戦死《せんし》烈士《れっし》の墓」などがある。茅葺きの山門は禅寺に相応しく簡素だが、市内では最も優美な山門である。

報恩寺の山門（西原１丁目）

一向寺は建治《けんじ》二年（一二七六）、宇都宮景綱《かげつな》（七代城主）の開基で、宇都宮氏の位牌所《いはいしょ》。「汗《あせ》かき阿弥陀《あみだ》」の名で知られる応永《おうえい》一二年（一四〇五）鋳造の銅造阿弥陀如《あみだにょ》来坐像《らいざぞう》（国重文）がある。作者は宇都宮を中心に東北地方にかけて活躍した鋳物師《いもじ》秦景重《はたかげしげ》で、室町時代の作だが、鎌倉時代の作風を遺し、全身に多数の結縁《けちえん》者名や浄土宗関係の高僧名が刻まれている。境内には宇都宮を中心に活躍した画家菊地愛山《きくちあいざん》（一八一九～一九〇六）の墓や官修墓《かんしゅうぼ》がある。

一向寺の銅造阿弥陀如来坐像（宇都宮市教育委員会提供）

六道の地名由来に二説がある。一つは仏語の六道説、もう一つはこの地が六方向から道が合わさることに由来する説であるが、閻魔堂の南に六方向からの道が合わさるので、閻魔に因んで六道と呼ばれたのであろう。

○蓬莱町《ほうらいちょう》　現西原《にしはら》一丁目・西《にし》三丁目

　日光街道沿いに町家《まちや》が並ぶ町人町で、七の日に市《いち》が開かれた。町名は、古くこの地を「蓬莱《ほうらい》の庄《しょう》」と呼んだことに由来するとか、南接する大黒町《だいこくちょう》に対して目出度い名をつけたことによる、といった説があるが、一般には宇都宮城の西方の守護《しゅご》仏《ぶつ》として、この地に蓬莱観音を祀るお堂があったことに由来するといわれている。この蓬莱観音堂は、後に報恩寺に移したとか、馬場町《ばばちょう》へ移したともいわれているが明らかではない。

○茂破町《もやぶりちょう》　現大寛《だいかん》二丁目・西《にし》二丁目・西原《にしはら》一丁目

　日光街道沿いの町人町で、二のつく日に市《いち》が開かれた。当町の北に接する挽路町《ひきじちょう》から材木町《ざいもくちょう》にかけての街道は真っ直ぐだが、南接する蓬莱町の境で街道は斜めに筋交《すじか》い、町家に突き当たって見通しが悪かった。近年、道路の拡幅工事によって筋交った道は改変されてしまったが、わずかにその痕跡を残している。

　町名の由来は不詳だが、伝承では本多正純《ほんだまさずみ》が日光街道を開くまでは、竹藪《たけやぶ》や雑草が生い茂るところであったが、街道をつくるとき、竹藪を切り開いて（「茂を破る」）町づくりをしたことに由来するという。明治六年（一八七三）以降に茂登町《もとまち》と改称した。

○挽路町《ひきじちょう》　現西《にし》二丁目・大寛《だいかん》二丁目

　日光街道筋の町人町で、「下野国宇津宮城下之図」に引地町《ひきじちょう》と見える。古く奥州街道は中河原《なかがわら》を通っていたが、本多正純《ほんだまさずみ》が元和《げんな》六年（一六二〇）、日光街道のつけ替えを行ったとき、奥州街道も城の東から城下の西へ移し、これに伴って当町付近の道を西側へ挽《ひ》（曳）いて町づくりを行ったので、町名を引路町（挽路町）としたことに由来するというが、また一説には町内に轆轤《ろくろ》を挽《ひ》く家が多かったので、この町名が起こったという根拠のない由来説もある。

○代官町《だいかんちょう》　現大寛《だいかん》一～二丁目・西《にし》大寛《だいかん》一～二丁目・材木町《ざいもくちょう》・桜《さくら》一丁目・桜三丁目・操町《みさおちょう》・西原《にしはら》一丁目

　宇都宮城下の西端に置かれた武家屋敷地。「下野国宇津宮城下之図」に、日光街道西側に「御代官町」と記され、のち江戸時代を通じて「代官町」と書かれた。だが武家屋敷地のため正式な町名はなく、「代官町」

は町方《まちかた》からみた通称であった。町名は宇都宮藩領内の村々を管轄する代官の屋敷があったことに由来する。代官の数は時期によって増減はあるが、おおよそ八〇人ほどで、一屋敷の大きさは六〇〇～八〇〇坪位であった。明治一一年（一八七八）に「大寛町」に改称され、同じころに新《しん》川《かわ》を境にして東側を「大寛町」、西側を「西大寛町」とした。

○材木町《ざいもくちょう》　現材木町・西《にし》一～二丁目・大寛《だいかん》一～二丁目・小幡《おばた》一丁目・伝馬町《でんまちょう》

宇都宮城下の北西に位置する南北に通る日光街道沿いの町人町。

町名は城中の用材を調達する材木問屋があったことに由来するという。町の中ほど東側に、城内に通じる「不明門《あかずのもん》」という木戸番所《きどばんしょ》があった。ここは代官町の武士が城内へ通勤する朝晩だけ開門し、日中は常に締め切っていたのでこの名がある。

江戸時代中ごろから女郎屋《じょろうや》が建ち並び、一五軒ほどの遊郭《ゆうかく》を形成し、東側に色町《いろまち》の信仰仏「聖天《しょうでん》（歓喜《かんき》天《てん》）」が祀られ、化政《かせい》年間（一八〇四～三〇）ころは大変な賑やかさを呈し、参道を「雀坂《すずめざか》」と称した。遊郭は明治二七年（一八九四）、宇都宮城跡の南館《みなみだて》へ移転した。

○材木横町《ざいもくよこちょう》　現材木町《ざいもくちょう》

日光街道沿いの材木町から西に延びる町人町で、町名は材木町の横《よこ》丁《ちょう》であったことに由来する。町内には元和《げんな》八年（一六二二）、奥平忠昌《ただまさ》を開基とする大運寺《だいうんじ》（浄土宗）が建立され、横丁通りに面して山門があったから、本町は寺の門前町として開けた。明治四一年（一九〇八）に大谷《おおや》街道が開通すると、寺は北向きとなって大谷街道に面し、元の参道は閉ざされた。また、本町の西端には安養寺《あんようじ》（浄土真宗）・観専寺《かんせんじ》（浄土真宗）がある。

安養寺は、元仁《げんにん》元年（一二二四）、親鸞《しんらん》が花見ヶ岡《はなみがおか》（現下野市）に建てた草庵《そうあん》を、弟子の順信房《じゅんしんぼう》に譲って安養寺としたのが寺の始まりと伝えている。その後、元和八年（一六二二）山田村《やまだむら》（現矢板市）に移転、さらに寛永《かんえい》年間（一六二四～四四）に宇都宮二里山《にりやま》（現塙田《はなわだ》）に移り、

安養寺の本堂（材木町）

正保《しょうほ》年間（一六四四～四八）現在地へ移ったという。寺の山門と道を挟んだ南側にある墓地に、高宮雲僊《たかみやうんせん》の墓がある。彼は宇都宮を代表する書家で、蒲生君平《がもうくんぺい》らと親交があった。また、墓地内には宇都宮藩士・土佐藩士の墓（官修墓《かんしゅうぼ》）がある。

観専寺は、建永《けんえい》元年（一二〇六）、佐竹隆義《さたけたかよし》の二男稲木義清《いなぎよしきよ》が西原《にしはら》の地に一宇《いちう》を草創し、稲木観専寺と称したと伝える。その後、寺は衰退したが、慶安《けいあん》年間（一六四八～五二）宇都宮藩主奥平忠昌《ただまさ》が堂宇《どうう》を建てて再興したという。二二世黙蕾《もくらい》上人は宇都宮藩の新田開発に尽力したことで知られ、大橋訥菴《とつあん》や菊池教中《きょうちゅう》と親交があった。境内には靄厓山人碑《あいがいさんじんひ》（市指定）があり、境内の墓地には藩主戸田氏の家臣で島原《しまばら》（島原市）の関係者の墓や、戊辰戦争の戦死者の墓などがある。

観専寺の山門（材木町）

○一ノ筋《いちのすじ》～四ノ筋《よんのすじ》　現伝馬町《でんまちょう》・西《にし》一～三丁目・一条《いちじょう》一～四丁目・花《はな》房《ぶさ》二丁目・江野町《えのまち》・宮園町《みやぞのちょう》・松《まつ》が峰《みね》一～二丁目

宇都宮城外堀の西側に位置する武家屋敷地で、外堀の近くから南北通りを順に一ノ筋・二ノ筋・三ノ筋・四ノ筋と呼んでいた。宇都宮城の西側は平坦地のため要害をなしていないので、一ノ筋から四ノ筋の武家屋敷は南北に走る帯状をなし、これが城を防御する役割を果たしていた。

これらの屋敷地（町並み）の成立は、宇都宮在城中に近世城下町の基礎づくりを行った蒲生秀行《がもうひでゆき》（一五九八～一六〇一在城）時代と思われる。彼は特に西方から城下に通る各方面からの通路出口に木戸《きど》を設けて防御を固め、不明門《あかずのもん》を設けたりしている。武家屋敷地の北は町人町の池《いけ》上町《がみちょう》・伝馬町《でんまちょう》・新石町《しんこくちょう》と接し、西は日光街道沿いの材木町《ざいもくちょう》・挽路《ひきじ》町《ちょう》・茂破町《もやぶりちょう》などの町家《まちや》と境していた。

「下野国宇津宮城下之図」によれば、一ノ筋は堀を囲むようにして道がめぐり、道に面して約三〇家の武家屋敷が並び、二ノ筋に約四三家、三ノ筋に約四〇家、四ノ筋に約六五家があり、各筋の屋敷は背中合わせに家が建ち並び、その間に竹藪《たけやぶ》があった。この竹藪は外から城中が見えないようにするため植えられたものである。一屋敷は六〇〇~八〇〇坪位で、建家は一五~三〇坪程度であった。間口は城に近いほど広く、北が家格《かかく》の高い上士《じょうし》、南へ行くほど下級武士となる傾向がみられる。明治一一年（一八七八）、京都にならって一条町・二条町・三条町・四条町と改めた。

○新石町《しんこくちょう》　現小幡《おばた》一丁目・伝馬町《でんまちょう》

日光街道沿いの町人町。享保《きょうほう》九年（一七二四）の「宇都宮城下地子《じし》免許町書上《めんきよまちかきあげ》」に、「池上町《いけがみちょう》、後ニ伝《でん》馬町《まちょう》・西石町《にしこくちょう》分ル、今新石町」とあるので、当町は池上町から分かれて成立した西石町が、その後、新石町になったことがわかる。西石町の町名は、元和《げんな》五年（一六一九）ころ、下町《したまち》の米穀商三軒が当地に移住して商《あきな》ったことに由来する。

なお、地子免許とは、屋敷地年貢である地子を、他の役《やく》負担などの代償として、領主がとくに免じることである。

寛保《かんぽう》三年（一七四三）、町の南側材木町《ざいもくちょう》寄り（材木町へ曲がる角）に幕府直轄《ちょっかつ》支配の貫目改所《かんめあらためしょ》が設置されており、日光街道を往来する規定外の過重な荷物の取り調べを行っていた。この貫目改所は全国の主要街道の要所に設けられたが、日光街道では街道最初の宿場千住《せんじゅ》と宇都宮の二か所に置かれた。

○本郷町《ほんごうちょう》　現泉町《いずみちょう》・小幡《おばた》一丁目

奥州街道が伝馬町《でんまちょう》で分岐し、北上する日光街道沿いの最初の町人町で、北は新田町《しんでんまち》に続き、西は小幡町《おばたまち》の武家屋敷に接している。宇都宮城の北を流れる釜川《かまがわ》の西側一帯は、古く西原郷《にしはらごう》（村）と呼んでいたが、この付近は西原郷の本村であったので、本郷という町名にしたという。

日光社参《しゃさん》のときは臨時に番所《ばんしょ》が設けられた。当町は材木町とともに上《かみ》町《まち》の中心街であったので賑わいを呈し、寛政《かんせい》年間（一七八九~一八〇一）ころの諸職人・商人は、穀物屋が最も多く六軒、ほかに古着屋・質屋・紺屋・糀《こうじ》屋・足袋屋・石屋・桶《おけ》屋などがあった。

○小幡《おばた》（旗）町《まち》　現小幡《おばた》一~二丁目・清住《きよすみ》二~三丁目・材木町《ざいもくちょう》

宇都宮城下の北西端に位置し、日光街道西側の城郭外に配置された武家屋敷地で、小旗町・御幡町とも書いた。町名は街道口の防備にあたった徒士組《かちぐみ》の住んだ武家屋敷町に由来する。徒士組（徒組《かちぐみ》・歩行組《かちぐみ》とも）は小旗組《おばたぐみ》ともいわれ、騎馬《きば》を許されない軽輩《けいはい》の武士のことである。

明治五年（一八七二）の「大小区画及正副戸長《こちょう》一覧表」に、小幡町

の名が見える。同二一年（一八八八）、始審《ししん》裁判所が曲師町《まげしちょう》から移転し、町域の約半分（約一万坪）が裁判所敷地となり、これに伴って弁護士代書人《だいしょにん》の事務所が増え、町域は武家屋敷地の雰囲気を受けついだ閑静な住宅街となっていった。昭和五年（一九三〇）一〇月の建碑だが、寛《かん》政《せい》の三奇人の一人といわれた蒲生君《がもうくん》平《ぺい》の生家辺りを示す「蒲生君平先生誕生之地」碑（小幡一丁目）がある。

○新田町《しんでんちょう》　現清住《きよすみ》一〜二丁目・小《お》幡《ばた》一丁目

　日光街道が南北に通る町人町で、南は本郷町《ほんごうちょう》、北と東は戸祭村《とまつりむら》、西は西原村《にしはらむら》に続いている。宇都宮城の北を流れる釜川《かまがわ》の西側一帯は、古く西原郷《にしはらごう》と呼ばれていた。町名はその西原郷に開発された新田を昇格して町としたことに由来する。

　町北端の街道への出口に番所《ばんしょ》があった。ここは宇都宮城下北西の交通要所で通行人を厳しく取り締まったので、俗に関所といわれた。また、町の中ほどに日光街道の一里塚《いちりづか》があった。ここは江戸から二七里の地点で、宝勝寺《ほうしょうじ》（時宗）入口の南側辺りである。当町には油屋・米屋・蒟蒻屋《こんにゃくや》などがあった。

「蒲生君平先生誕生之地」碑（小幡１丁目）

町の北東に桂林寺《けいりんじ》（曹洞宗）、西に宝勝寺《ほうしょうじ》（時宗）を配している。

　桂林寺は、応永《おうえい》三年（一三九六）、宇都宮満綱《みちつな》（一二代城主）の内室祖《そ》心院殿《しんいんでん》が開基し、美濃《みの》国今須《います》（岐阜県関ヶ原）の妙応寺《みょうおうじ》（曹洞宗）三世竺山《ちくざん》和尚を招いて開山として、城内の松《まつ》が峰《みね》に創建したが、元和《げんな》六年（一六二〇）、本多正純《ほんだまさずみ》の城郭拡張によって、日光街道沿いの現在地へ移された。境内の墓地には蒲生君平《がもうくんぺい》の墓があり、墓の脇に「贈正四位《しょうしい》修《しゅう》静院《せいいん》殿文山《ぶんざん》義章《ぎしょう》大居士」の墓碑がある。

桂林寺（清住１丁目）

蒲生君平の墓（清住１丁目）

宝勝寺は、寺伝によれば弘安《こうあん》五年（一二八二）、宇都宮景綱《かげつな》（七代城主）のとき、城内東の蓮池《はすいけ》より毎夜瑞光《ずいこう》を放つので、水底を探ったところ阿《あ》弥陀如来像《みだにょらいぞう》が出たので、近くに草堂《そうどう》を設けて安置した。その後、慶長《けいちょう》元年（一五九六）、応願寺《おうがんじ》（時宗。南大通り一丁目）の教道《きょうどう》和尚の弟子真歴《しんれき》を招いて開山し、現在地に寺院を建立したという。縁日は毎月二三日で、「日限《ひぎり》地蔵尊」の名で知られている。

○伝馬町《でんまちょう》　現伝馬町・泉町《いずみちょう》・小幡《おばた》一丁目

「てんまちょう」ともいう。日光街道と奥州街道の分岐点（追分《おいわけ》）に位置する町人町。近世初めは池上《いけがみ》町《ちょう》の内であったが、元和《げんな》五年（一六一九）、本多正純《ほんだまさずみ》が大手《おおて》入口を江野町《えのまち》へ移したとき、池上町《いけがみちょう》東方の東石町《ひがしこくちょう》（のちの元石町《もとごくちょう》）にあった人馬継ぎ立てなどを行う問屋場《といやば》を池上町西側に移し、池上町を分けて伝馬町とした。これが町の起こりである。享保《きょうほう》年間（一七一六〜三六）ころ、問屋場は新石町《しんこくちょう》へ移された。

交通の要衝であった宇都宮宿は、将軍一行の日光社参《しゃさん》や奥州諸大名の参勤交代《さんきんこうたい》、一般庶民の通行などで賑わったので、日光・奥州両街道の各宿場に常置される人馬は、人足二五人・馬二五疋《ひき》とされたが、宇都宮宿は特例として人足一〇〇人・馬一〇〇疋の多数であった。

本陣《ほんじん》は伝馬町と池上町に各一軒、脇本陣《わきほんじん》は伝馬町に一軒があった。当町東端の北側に高札場《こうさつば》があり、この高札場の南側には、各藩の使者が宇都宮藩を来訪したときに面会する対面場があって、御逢場《おあいば》と称され、郷《ごう》村《そん》から出てきた一般人の面会場でもあった。

当町は西は新石町、東は池上町に接し、南側に鼠穴口《ねずみあなぐち》があり、大手門《おおてもん》前の広小路《ひろこうじ》へ続いていた。町の西端に日光街道口があり、ここには「左日光道右奥州道」という道標があった。町の商人・職人の業種は多種多様で、旅籠《はたご》屋一五軒を筆頭に小間物屋・肴《さかな》屋・造酒屋・足袋屋・材木屋・薬種屋・仕立屋・八百屋・木綿屋などがあった。伝馬町や池上町の旅籠屋には飯盛女《めしもりおんな》（宿場女郎《じょろう》とも）

日光・奥州両街道の追分（伝馬町）

を抱えるものが六軒あった。分岐点の南側の本陣跡地に、現在もイチョウの巨木が残っている。

○小伝馬町《こでんまちょう》　現泉町《いずみちょう》

当町の南は奥州街道沿いの伝馬町、北は餌差町《えさしちょう(まち)》に接した町人町で、中央に南北に通じる筋違いの小路があり、これが本多正純《ほんだまさずみ》による付け替え以前の日光街道である。本町は元和《げんな》五年（一六一九）、本多正純の町割《まちわり》によって池上裏町《いけがみうらまち》（裏町《うらまち》とも。池上町《いけがみちょう》の北裏の町人町）の西方が分かれて成立した町だが、町が小さいので小伝馬町といった。伝馬町・池上町などの表通りに勤める町人が多く住んでいた。寛政《かんせい》年間（一七八九～一八〇一）の商人・職人の業種に糀《こうじ》屋・大工・油屋などがあった。

○餌差町《えさしちょう(まち)》　現泉町《いずみちょう》

餌指町とも書く。池上裏町《いけがみうらまち》（裏町）の北裏に町並みが東西に続く町で、「宇都宮町名起源考」に「餌差町は延《えん》命院《めいいん》の西方、本郷町《ほんごうちょう》の東裏なり。又小幡町《おばたまち》への通路あり」と見え、元文《げんぶん》年間（一七三六～四一）の「町方書《まちかた》上帳」には「新田町名主《なぬし》支配、小伝馬町裏通り」として餌指町と見える。町名は鷹《たか》の餌《えさ》となる小鳥をとる餌差人《えさしにん》がこの地に住んでいたため町名が起こったという。

真福寺前の餌差町（泉町）

町内には延命院《えんめいいん》（真言宗）と真福《しんぷく》寺《じ》（黄檗宗《おうばくしゅう》）が東西に並び、延命院の西側を南北に通じる道の西側を延命院前、延命院東の真福寺門前を真福寺前と呼んでいた。明治八年（一八七五）ころ、餌指町の一部が新田《しんでん》町《ちょう》と合併して清住町《きよすみちょう》、一部は真福寺前・延命院前を合併して寿町《ことぶきちょう》となり、昭和三九年（一九六四）泉町となる。

延命院の地蔵堂（泉町）

延命院は、はじめ宇都宮城内にあったが、元和《げんな》六年（一六二〇）、本《ほん》多正純《だまさずみ》の城内拡張と町割《まちわり》によって現在地へ移された。ここは蒲生君平《かもうくんぺい》が少年のころ、住職良快《りょうかい》から四書五《ししょご》経《きょう》を学んだ寺として知られる。

延命院は、安永《あんえい》二年（一七七三）の大火や戊辰《ぼしん》戦争の兵火で堂宇《どうう》を焼失したが、兵火を免れた地蔵堂《じぞうどう》（市指定）は、享保《きょうほう》一九年（一七三四）、芳賀郡田野辺《たのべ》（市貝町《いちかいまち》）の宮大工永《なが》野万右衛門《のまんえもん》の手になるもので、宇都宮市内では最古の木造建築。堂内には鎌倉時代の木造地蔵菩《じぞうぼ》薩立像《さつりゅうぞう》（県指定）が安置され、毎月二四日の縁日に開帳されている。境内墓地には樹齢推定約四〇〇年のトチノキ（市指定）がある。

真福寺は、正徳《しょうとく》三年（一七一三）、藩主戸田忠真《とだただざね》の開基。はじめ天台宗であったが、のち宇治《うじ》の黄檗山万福寺《おうばくさんまんぷくじ》の末寺となって黄檗宗に改宗した。開山は竜山《りゅうざん》禅師《ぜんじ》。安永三年（一七七四）、藩主松平忠祇《ただまさ》と入れ替えに、再び戸田氏（戸田忠恕《ただゆき》）が宇都宮へ復帰したとき、真福寺は臨時の役所に当てられた。

延命院の木造地蔵菩薩立像（泉町）（宇都宮市教育委員会提供）

○池上町《いけがみちょう》　現池上町・本町《ほんちょう》・泉《いずみ》町《ちょう》・伝馬町《でんまちょう》

奥州街道沿いの町人町で、おおよそ東は杉原町《すぎはらちょう》、西は伝馬町に接する範囲で、地勢は西に高く東へ緩やかに傾斜し、西端の台地の坂を朝日《あさひ》坂《ざか》（旭坂）といった。坂を上った南側に観音像を安置したお堂があり、像が朝日に当たって光るところから朝日観音堂と呼ばれ、坂の名が付された。町名は、古代の「池邊郷《いけのへ(べ)》」が転訛して池上町になったと思われる（詳細は前述「池邊郷」参照）。

元文《げんぶん》年間（一七三六～四一）の「町方書上帳《まちかたかきあげちょう》」に、町家《まちや》は南側と北側にそれぞれ四三軒、木戸《きど》三か所、番所《ばんしょ》二か所あったことを記している。町の南側には大手門《おおてもん》に続く大手張番所《はりばんしょ》があって、江野町《えのまち》との境をなしていた。また、町並み両側には揚屋《あげや》（太夫《たゆう》・格子《こうし》など上級の遊女を呼んで遊ぶ家）五軒・遊郭《ゆうかく》二〇軒ほどが並んでいた。ほかに飯盛女《めしもりおんな》を抱えた旅籠《はたご》屋が二〇軒ほどあって、大変な賑わいを呈していた。

寛政《かんせい》年間（一七八九〜一八〇一）ころの商人・職人の業種に、旅籠屋・多葉粉入《たばこいれ》屋・綿屋・醤油屋・古着屋・造酒屋・大工・紺屋・小間物屋・鍛冶屋・米屋などがあった。

○池上裏町《いけがみうらまち》（裏町《うらまち》） 現泉町《いずみちょう》

池上町《いけがみちょう》から分かれてできた町人町で、池上町の北裏にあたるので、池上裏町とか裏町と呼ばれた。町並みは西から東に向かって緩やかに下る坂道沿いにみられ、西は小伝馬町《こでんまちょう》に接し、東は釜川《かまがわ》に面して座頭橋《ざとうばし》を通じて粉河寺《こかわでら》門前（粉河寺前《まえ》とも）へと続いた。粉河寺（廃寺）は、現在の県庁南庁舎・栃木会館・栃木県総合文化センター一帯にあった天台宗の大寺で、永徳《えいとく》二年（一三八二）、宇都宮氏綱《うじつな》（一〇代城主）の菩提を弔《とむら》うため、満綱《みちつな》（一二代城主）が建立したが、慶長《けいちょう》二年（一五九七）宇都宮氏の改易《かいえき》によって廃寺となった。その後、藩主奥平忠昌《おくだいらただまさ》によって再建されたが、明治二四年（一八九一）春の火災で全焼し、再び廃寺となった。

○広小路《ひろこうじ》 現江野町《えのまち》

ここはもと江野町の一部であったが、元禄《げんろく》一四年（一七〇一）、城内大《おお》手門《てもん》の入口前は重要であったので、道路の拡張が行われ、大手門前の通りを広小路と呼んだ。町名はこれに由来する武家屋敷地で、大手門前は広場のようであった。なお、道路拡張前、ここにあった家屋は城下西郊の西原村《にしはらむら》へ移転させられた。広小路の北は江野町、南は大手門と接し、東は釜川《かまがわ》に架かる一ツ橋《ひとつばし》を通じて曲《まげ》師町《しちょう》、西は鼠穴《ねずみあな》を通じて伝馬町《でんまちょう》とつながっていた。

○鼠穴《ねずみあな》 現伝馬町《でんまちょう》

広小路《ひろこうじ》から西へ江野町《えのまち》・池上《いけがみ》町《ちょう》・伝馬町と続く表通りと並行して、大手張番所《おおてはりばんしょ》の南裏から西へ入って、細長い上り坂を西へ進むと伝馬町の木戸口《きどぐち》まで続く道があった。この細い道は広小路から伝馬町へ抜ける近道で、鼠穴のような小路であっ

変貌した鼠穴（伝馬町）

たので、町名はこれに由来する。鼠穴の北側は町屋《まちや》の裏塀、南側に町方《まちかた》同心《どうしん》屋敷（鼠穴同心組）が二〇軒ほどが並んでいた。現在も小路の一部が残っている。

○江野町《えのまち》　現中央本町《ちゅうおうほんちょう》・中央《ちゅうおう》一丁目・江野町・宮園町《みやぞのちょう》・池上町《いけがみちょう》・伝《でん》馬《ま》町《ちょう》

奥州街道沿いの池上町・伝馬町の南裏、西から緩やかに下る東西に細長い町で、南は宇都宮城と武家屋敷地、東は釜川《かまがわ》を挟んで鉄砲町《てっぽうちょう》・曲《まげ》師町《しちょう》に接し、西は武家屋敷地の三《さん》ノ筋《のすじ》入口に続く。北は大手《おおて》張番所《はりばんしょ》を挟んで池上町、南は広小路《ひろこうじ》を通じて大手門へ通じる重要なところであった。

町名は、元和《げんな》五年（一六一九）本《ほん》多正純《だまさずみ》によって町割《まちわり》がなされたとき、「江戸町《えどまち》」と名づけたが、のち宇都宮の名木の一つ榎《えのき》の大木があったので、「榎《え》の町《まち》」と改称し、「江《え》ノ《の》町《まち》」になったという。これは無理やりに理屈をつけて町名の由来とした説で、誤っている。ここは本多正純《ほんだまさずみ》の町割《まちわり》のさい、これまで堀通りであったところを整理し、古い水堀を埋めて町場《まちば》にしているので、町名は「エ（江＝水堀）ノ（助詞）・マチ（町）」に由来するものであろう。

○杉原町《すぎはらちょう》　現馬場通《ばばどお》り一～二丁目・本町《ほんちょう》・塙田《はなわだ》二丁目

宇都宮大明神《だいみょうじん》（二荒山《ふたあらやま》神社）の西側から釜川《かまがわ》にかけての大通り北側の一角を町域とする町人町で、この辺りは大明神の社地《しゃち》から続いて杉の木が多かったので、町名の由来になったという。寛政《かんせい》年間（一七八九～一八〇一）ころの商人・職人の業種に、古着屋・木綿屋・合羽屋・桶屋・畳屋・大工・焙烙師《ほうろくし》などがあった。大明神の北西下に浄鏡寺《じょうきょうじ》（浄土宗）がある。

浄鏡寺は、慶長《けいちょう》七年（一六〇二）、藩主奥平家昌《おくだいらいえまさ》の開基、観蓮社《かんれんしゃ》良意《りょうい》の開山による。芳賀郡七井《なない》村（益子町）大沢《おおさわ》の名刹円通寺《えんつうじ》の末寺。現在の本堂は昭和三三年（一九五八）に再建されたもの。山門を入ってすぐ右側に、自然石に大きく蘭英《らんえい》先生墓と刻んだ墓碑がある。本名は荒川文禮《ぶんれい》（一七五四～一八〇

浄鏡寺の本堂（塙田２丁目）

五）といい、宇都宮の人で書の大家。本堂左方の墓に高田家累代《るいだい》の墓がある。高田家一門は、一七世紀後半から一九世紀末にかけた約二〇〇年間、宇都宮を中心に活発に造仏《ぞうぶつ》活動を行った仏師《ぶっし》として著名である。

○鉄砲町《てっぽうちょう》　現馬場《ばば》通《どお》り一～二丁目・曲師町《まげしちょう》

　奥州街道沿いの町人町。天文《てんぶん》一二年（一五四三）鉄砲が伝来してから、鉄砲鍛冶《かじ》をこの地に居住させたのが町名の起こりと伝えている。寛《かん》政《せい》年間（一七八九～一八〇一）には塗物師《ぬりものし》・絵師《えし》・鋳物師《いもじ》・表具師《ひょうぐし》・研屋《とぎや》・米屋・菓子屋など、様々な職人や商人が住んでいた。

○曲師町《まげしちょう》　現曲師町・中央本町《ちゅうおうほんちょう》

　奥州街道が池上町《いけがみちょう》から鉄砲町《てっぽうちょう》に入り、曲師町を経て日野町《ひのまち》から大町《おおまち》方面に進んでいたころ、当町は街道沿いの町人町として栄えた。町名は天和《てんな》年間（一六八一～八四）ころ、新宿町《しんじゅくちょう》から曲物師《まげものし》が当町へ移住してきたことによるという（徳田浩淳『宇都宮の歴史』）。曲物師とは檜《ひのき》・杉の薄い板（折《へ》ぎ板）を湾曲させて木製容器を作る職人のことである。

　当町の西端には釜川《かまがわ》にかかる一ツ《ひとつ》橋《ばし》があり、大手門《おおてもん》前の広小路《ひろこうじ》に通じていた。また東端には御橋《みはし》がかかっていたが、これは宇都宮城内とつながっていて、城主が城内大手口から宇都宮大明神（二荒山神社）へ参詣するさいに使われた橋で、一般人は渡ることができなかった。一般人の通行は、元和《げんな》六年（一六二〇）、本多《ほんだ》正純《まさずみ》が大手門を江野町《えのまち》へ移してからである。元文《げんぶん》年間（一七三六～四一）ころの町家《まちや》は街道の南側に四〇軒、北側に三五軒であった。また、寛政《かんせい》年間（一七八九～一八〇一）ころには、桶屋・檜物屋・研屋・材木屋・紺屋・仕立屋・畳屋・素麺屋・菓子屋などの職人・商人が住んでいた。

○馬場町《ばばちょう》　現馬場《ばば》通《どお》り一～三丁目・二荒町《ふたあらまち》・曲師町《まげしちょう》

　本町は、宇都宮大明神《だいみょうじん》（二荒山《ふたあらやま》神社）の南門前に位置している。「下野国宇津宮城下之図」に、大明神前の南北の通りを馬場町、この通りから池上町《いけがみちょう》の方へ延びる通りを西《にし》馬場町と記している。のち西馬場

二荒山神社の門前（旧仲見世街）

町を馬場町、南北の通りを大明神道とか大明神馬場と呼ぶようになった。大明神の門前町として開けた本町は、流鏑馬《やぶさめ》などを行う「馬場《ばば》」に由来する町名で、後世、門前一帯を「バンバ」と呼んだのは、「ババ（馬場）」が転訛したものである。

　元文《げんぶん》年間（一七三六～四一）の町《まち》方書上帳《かたかきあげちょう》に、門前の大明神道は、南北の長さ一町一五間、道幅二間五尺とある。また、寛政《かんせい》年間（一七八九～一八〇一）ころの当町には、道者《どうじゃ》宿《やど》・大工・材木屋・多葉粉入屋《たばこいれや》・菓子屋・穀物屋・傘屋・畳屋・建具屋・檜物屋などの職人や商人が住んでいた。道者宿とは、社寺や霊場を参詣・参拝するために連れだって歩く旅人宿で、ここでは大明神参詣者の宿のことである。

○釈迦堂町《しゃかどうまち》　現馬場通《ばばどお》り三～四丁目・宮町《みやまち》・二荒町《ふたあらまち》

　宇都宮大明神《だいみょうじん》（二荒山神社）の別当寺《べっとうじ》であった東勝寺《とうしょうじ》は、大明神から荒尾崎《あらおざき》にいたる丘陵の主に東斜面に位置していた。その境内に地蔵尊を安置した釈迦堂《しゃかどう》があったが、慶《けい》長《ちょう》二年（一五九七）、宇都宮氏の改《かい》易《えき》によって東勝寺が廃寺になると、これに伴って釈迦堂が取り壊された。この跡地に成立した町が釈迦堂町である。元和《げんな》六年（一六二〇）、本《ほん》多正純《だまさずみ》によって大明神と荒尾崎との間の丘陵が切り開かれて開通した。現在の大通《おおどお》りにあたるが、町はこの通りに沿って発達し、当初は「切り通し」と呼ばれていた。

　当町は、西は宇都宮大明神馬場《ばば》、東は千手町《せんじゅまち》に接していた。寺社奉《ぶ》行《ぎょう》の支配地であったので無高《むだか》（石高《こくだか》のない土地）で、城下町に含まれないこともあった。元文《げんぶん》年間（一七三六～四一）の「町方《まちかた》書上帳」に寺社分として釈迦堂町の町名が見える。明治二二年（一八八九）に当町の北側と南側が合わさって相生町《あいおいちょう》となった（昭和四九年まで）。

○日野町《ひのまち》　現二荒町《ふたあらまち》・馬場通《ばばどお》り三丁目

　慶長《けいちょう》三年（一五九八）蒲生秀行《がもうひでゆき》が宇都宮城主として入部すると、出身地の近江国日野《おうみひの》（現滋賀県蒲生郡日野町）の商人が城下への居住を求

日野町通り（二荒町）

めたので、当時廃寺となっていた東勝寺《とうしょうじ》の跡地へ住まわせたのが、町名の起こりといわれている。「下野国宇津宮城下之図」に宇都宮城下の北部、馬場町《ばばちょう》と今小路町《いまこうじまち》を東西に結ぶ通りに日野町の町名が見え、当町から宮島町《みやじまちょう》に向けて南北に袋小路《ふくろこうじ》が見える。

当町は奥州街道沿いの東西の町人町で、寛政《かんせい》年間（一七八九〜一八〇一）ころ、小間物屋・八百屋・瀬戸物屋・薬種屋・呉服屋・紙屋・元結《もとゆい》屋・大工などの商人・職人が住み、大明神参詣者の宿（道者宿《どうじゃやど》）などもあった。

○日野町横町《ひのまちよこちょう》　現馬場通《ばばどお》り三丁目

この地は古くは東勝寺《とうしょうじ》の境内であった。元和《げんな》六年（一六二〇）に宇都宮大明神から大工町《だいくちょう》へ抜ける通りが設けられるまでは、日野町《ひのまち》から宮島町《みやじまちょう》に向けて南北にのびる袋小路《ふくろこうじ》のようになっていたので、日野町横町とか日野横町《ひのよこちょう》、あるいは日野小路町《ひのこうじまち》と呼ばれていた。

○千手町《せんじゅまち》　現馬場通《ばばどお》り三〜四丁目・二荒町《ふたあらまち》

南は日野町《ひのまち》、東は大町《おおまち》、北は宮島町《みやじまちょう》、西は釈迦堂町《しゃかどうまち》に接する町人町。この地は慶長《けいちょう》二年（一五九七）に廃寺になった東勝寺《とうしょうじ》の跡地で、元和《げんな》六年（一六二〇）、宇都宮大明神《だいみょうじん》より東へ通りが開削されると、この通り沿いに釈迦堂町・千手町ができた。町名は、廃寺となった東勝寺の境内に千手観音を祀った千手観音堂が残っていたので、東西にのびる通りを千手町といった。

江戸時代中期には日野町横町《ひのまちよこちょう》と千手町を合わせて千手町と呼んでいたようである。寛政《かんせい》年間（一七八九〜一八〇一）ころの商人・職人の業種に、古着屋・鍛冶屋・桶《おけ》屋・小間物屋・荒物屋などが見える。

○小田町《おだちょう》　現塙田《はなわだ》三丁目・宮町《みやまち》

「下野国宇津宮城下之図」に、城下の北部、宇都宮大明神の東側に小田町の名が見え、北側は塙田村《はなわだむら》になっている。当町は東の扇町《おうぎちょう》から続く東西の小さな町人町であった。町名は大明神の御供米《おくまい》の田地（神田《しんでん》）があったので「御田《おだ》」といい、これが「小田町」になったというが、この辺りは湿地形であったので、オダはウダ（ウタの濁音化）の転で、湿地（泥田・湿田）に由来する町名と思われる。

○宮島町《みやじまちょう》　現仲町《なかまち》・宮町《みやまち》・馬場通《ばばどお》り四丁目・大通《おおどお》り一丁目

当町は北の小田町《おだちょう》と南の千手町《せんじゅまち》との中ほどに位置し、西は宇都宮大明神、東は寺町《てらまち》に続く東西の町人町で、古着屋・穀物屋・造酒屋・荒物屋・小間物屋・呉服屋などが軒を並べていた。
町名は戸祭村《とまつりむら》方面から細い川が鏡ケ池《かがみがいけ》に流れ落ち、また、大曽村《おおぞむら》方面から細い川が町を挟んで流れていたので、あたかも湿地で囲まれた島のようであったので、「宇都宮の島」というべきを略して「宮島」と称したことに由来するという。全くのこじつけである。ミヤジマ（宮島）は「ミヤ・ジマ（シマの濁音化。島）」という町名で、ミヤは「ミ（水）・ヤ（萢）」で、湿地の意。だから町名は湿地に囲まれた島状の地に由来するものであろう。

○下河原町《しもがわらまち》　現河原町《かわらまち》・花房《はなぶさ》一丁目・下河原一丁目・下河原町

宇都宮城下の南東端に位置する町人町。下川原町とも書き、単に「下河原」ともいった。「下野国宇津宮城下之図」に、三の丸御門の一つである下川原門を出た東側に、釜川《かまがわ》と田川《たがわ》に挟まれて下川原町の名があり、また、下川原町の南西部の通称「鎌倉道《かまくらどう》」と呼ばれた旧奥州街道沿いに武家屋敷地の一つ「御中間町《おちゅうげんまち》」が見える。中間は仲間とも書く。足《あし》軽《がる》と小者《こもの》の間に位置する雑卒《ざっそつ》として、藩の職制に組み込まれ、城門の警固や行列の供回《ともまわ》りなどに使役《しえき》された。

『吾妻鏡《あづまかがみ》』に、文治《ぶんじ》五年（一一八九）七月一九日、源頼朝《よりとも》は奥州の藤原泰衡《やすひら》を征討するため平泉《ひらいずみ》に向け鎌倉を発《た》ち、七月二五日、**古多橋《こたはしの》駅《うまや》**に着いたことが記されている。駅に着いた頼朝は、先ず宇都宮大明神（二荒山《ふたあらやま》神社）に詣《もう》でて戦勝祈願を行っている。この「古多橋」について『宇都宮弘安式条《こうあんしきじょう》』は「小田橋《こたはし》」と記している。もともと地名の漢字は大半が当字であるので、古多・小田についてはこだわる必要はないが、『下野風土記』（元禄年間初めころ刊）は、ハシ（橋）を石橋《いしばし》と解し、「宇都宮、ヲンタと言う所なり、川幅二間の川に石橋あり、是《これ》をコダ橋という。古への奥州海道なり」と記している。この解釈は間違っている。

古多橋駅は旧奥州街道（鎌倉街道）の道筋近くで、宇都宮氏の居館《きょかん》（現宇都宮城址公園辺り）にもほど

推定「古多橋駅跡」（田川右岸の「下河原水再生センター」付近か）

近い所にあったと思われるので、常《じょう》念寺《ねんじ》（浄土宗）・「亀井《かめい》の水《みず》」の東方、田川の畔（現下河原水再生センター付近＝下河原一丁目）辺りと思われる。蛇足だが、コタハシ（古多橋）は「コタ・ハシ」という地名で、コタは「カワ（川）・タ（処）」がコウタ→コタに転訛したもの。ハシは「橋」ではなく「端」と解されるので、古多橋とは田川の端（畔）に由来する地名である。

下河原町は、明和《めいわ》年間（一七六四～七二）に釜川の大洪水で町家《まちや》が押し流されたので、南接する御中間町の高台に移住した。このころ御中間町は下河原町に吸収されたようである。町内には鎌倉道の西側に常念寺、その東側に七水《しちすい》の一つ「亀井の水」がある。

常念寺は、慶長《けいちょう》一七年（一六一二）、良正《りょうせい》上人の開基で、門前にある「亀井の水」に因んで亀井山《かめいさん》清水《しみず》院《いん》と号し、芳賀郡大沢《おおさわ》（益子町）の名刹円通寺《えんつうじ》（浄土宗）の末寺。境内の墓地入口に「彰義隊《しょうぎたい》数士之墓」碑がある。この墓碑はもと宇都宮城南館《みなみだて》跡地にあったものだが、明治二七年（一八九四）、池上町《いけがみちょう》の貸座《かしざ》敷《しき》（遊女屋《ゆうじょや》）が移ってきたので、ここにあった墓石を寺の墓地に移したものである。

常念寺の山門（花房１丁目）

「亀井の水」には次のような説話がある。平氏滅亡後、源頼朝と不和になった義経《よしつね》は、従者弁慶《べんけい》らとともに平泉の藤原秀衡《ひでひら》を頼って落ちていった。すると義経の側室《そくしつ》（妾《めかけ》）静《しずか》御前《ごぜん》は、義経のあとを追って従者亀井六郎・駿河《するが》次郎らに護られて平泉に向かった。静御前は宇都宮のこの地に差しかかったとき、長旅の疲れによって喉《のど》の渇《かわ》きがひどくなったの

旧奥州街道沿いの「亀井の水」（花房１丁目）

で、従者に水を求めると、亀井六郎は神仏に祈り、持っていた槍《やり》で地面深く突き刺すと、不思議にもそこから良質の清水が湧きだした。これを飲んで喉の渇きをいやし、静御前の一行は義経のもとへ向かったという。以来、いかなる旱《ひでり》にも清水は涸《か》れることなく、付近の田んぼを潤したので、亀井六郎の苗字をとって「亀井の水」と呼ぶようになったという。

下河原の町名は、もと田川と釜川に挟まれた河原地にあったので、上河原・中河原に対して付されたものである。

○不動組《ふどうぐみ》　現花房本町《はなぶさほんちょう》・花房一〜三丁目・不動前《ふどうまえ》一丁目

宇都宮城下の南端に位置する武家屋敷地で、北は四ノ筋《よんのすじ》、西は南新町《みなみしんまち》、東は下河原町《しもがわらまち》に接している。城下町の周辺、特に西・南部の諸街道口付近を中心に足軽組《あしがるぐみ》屋敷が配置されたが、この不動組はその一つである。「下野国宇津宮城下之図」に、城下南端の曲輪《くるわ》外木戸《きど》の一つに不動《ふどう》口《ぐち》があり、南東に不動堂《ふどうどう》が記されている。不動組の組名はこれによるものである。

滝沢病院に接した東側に英巌寺跡《えいがんじあと》（花房本町二）がある。ここに宇都宮藩主だった戸田氏《とだし》の墓所《ぼしょ》（市史跡）となっている。英巌寺は戸田氏の菩《ぼ》提寺《だいじ》で、寺名は宇都宮戸田氏の祖戸田忠次《ただつぐ》（?〜一五九七）の法号《ほうごう》「英巌寺殿」による。戸田氏は転封《てんぽう》（国《くに》替《がえ》）になると、それぞれその転封先に英巌寺（臨済宗）を建立した。宝《ほう》永《えい》七年（一七一〇）、戸田忠真《ただざね》は越《えち》後《ご》の高田《たかだ》から宇都宮城へ入部すると、高田の英巌寺を宇都宮城内に移した。この寺には位牌堂《いはいどう》に位牌のみを安置し、回向《えこう》（供養）するだけであったから墓地はなかった。このため藩主や特定の藩士が亡くなったときだけ、寺で葬儀を執《と》り行い、藩主は戸田氏歴代の墓のある松源寺《しょうげんじ》（臨済宗。江戸牛込《うしごめ》＝東京都新宿区）に埋葬され、藩士はそれぞれ所属する寺院に葬られた。明治時代になって松源寺の墓地が中野《なかの》（東京都中野区）に移転することになったので、明治四一年（一九〇八）四月、戸田

英巌寺跡（花房本町2）

氏の墓は由緒のある英巌寺跡内に移され今に至っている。

「花房」の町名は、英巌寺の「英」を「はなぶさ」と訓じ、花房の文字をあてたものである。

○今小路町《いまこうじまち》　現一番町《いちばんちょう》・二番町《にばんちょう》・二荒町《ふたあらまち》

元和《げんな》六年（一六二〇）、本多正純《ほんだまさずみ》が城下の町割《まちわり》を行ったとき、奥州街道のつけ替えを行い街道を上町《かみまち》に移したので、宇都宮城北東部の釜川《かまがわ》の橋の南に今小路門《いまこうじもん》を築き、ここから北へ向かう小路が初めて開かれ、小路沿いに町人町が成立した。これが今小路町である。今小路の通りの東側は石町《こくちょう》への入口となっている。今小路門前の西側にあたるところに六《ろっ》軒《けん》（間）町《ちょう》があった。これは釜川に面して魚店が六軒あったことに由来するが、今小路門が築造されるとき、魚店はすべて肴町《さかなまち》に移され、のち六軒町は今小路町に吸収され、町名は消滅した。天和《てんな》二年（一六八二）まで今小路町西側北角の日野町《ひのまち》入口に牢屋敷《ろうやしき》があり、ここには武士以外の罪人が収容されたが、城内の松《まつ》が峰《みね》に牢屋敷が移ったので、その跡地は同年以降、牢守権兵衛《ろうのかみごんべえ》の屋敷となった。

当町の寛政《かんせい》年間（一七八九～一八〇一）の商人・職人の業種は、材木屋・質屋・桶《おけ》屋・畳屋・大工・鍛冶屋・仕立《したて》屋などであった。

○剣宮町《つるぎのみやまち》　現二荒町《ふたあらまち》・中央《ちゅうおう》五丁目

宇都宮城下の北東部に位置し、今《いま》小路町《こうじまち》の西側に南北に並行する町人町。日野町《ひのまち》が成立したころ、この地は藪地《やぶち》であったが、そこに古い剣を納め祀った祠《ほこら》（剣宮稲荷《つるぎのみやいなり》）があった。その後、剣宮は宇都宮大明神へ移されたが、「剣宮」の名は町名として残った。

○元石町《もとこくちょう》　現二番町《にばんちょう》・三番町《さんばんちょう》

本町は江戸初期には東石町《ひがしこくちょう》と称した。「下野国宇津宮城下之図」に、西の今小路町《いまこうじまち》から東の押切町《おしきりちょう》まで、石町《こくちょう》の南側に並行した裏通りとして元石町の名が見える。元和《げんな》五年（一六一九）、本多正純の町割《まちわり》によって東石町にあった問屋場《といやば》を伝《でん》馬町《まちょう》に移しているので、問屋場は当初東石町にあったことがわかる。また、このころ米穀商三軒が新石町《しんこくちょう》へ移ったので、元の石町《こくちょう》の意味から元石町と称した。

○石町《こくちょう》　現一番町《いちばんちょう》・二番町《にばんちょう》・三番《さんばん》町《ちょう》

当町は今小路町《いまこうじまち》より押切町《おしきりちょう》へ東西に通る町人町で、北の大町《おおまち》通りに並行している。正徳《しょうとく》元年（一七一一）に石町の穀問屋が藩に差し出した書付《かきつけ》に、宇都宮氏時代の永禄《えいろく》年間

（一五五八〜七〇）から穀類を一手に販売することが認められ、慶長《けいちょう》六年（一六〇一）から寛文《かんぶん》八年（一六六八）までの奥平家昌《いえまさ》・忠昌《ただまさ》時代には、藩主より枡《ます》を与えられ商《あきな》ったと記されている。町名は穀類の専売を認められた人びとが住んでいたことに由来する。

元文《げんぶん》年間（一七三六〜四一）の町《まち》方書上帳《かたかきあげちょう》に、町家《まちや》は通りの南側に二九軒、北側に三二軒とあり、寛政《かんせい》年間（一七八九〜一八〇一）ころには穀問屋二一軒を筆頭に、穀物屋・造酒屋・荒物屋・油屋などが軒を並べていた。

現在「おしどり塚公園」（一番町一丁目）となっている公園の北東隅に、明治二七年（一八九四）八月に建立された鴛鴦塚之略記碑《おしどりづかのりやっきひ》（通称「おしどり塚の碑」）。撰文戸田香園《とだこうえん》がある。この地は『沙石集《しゃせきしゅう》』（無住《むじゅう》著）に載っている説話「鴛殺事《おしころすこと》」の跡地おしどり塚（市史跡）と伝えている。昭和三九年（一九六四）に市史跡に指定された。指定の根拠は不詳だが、恐らく、「塚の碑」に刻まれた次の碑文によるものであろう。

おしどり塚碑に、「此処《ここ》の小流を求食川《あさりがわ》と呼び、其水上《みなかみ》を求食沼と云昔此邊に猟師あり或時《あるとき》鴛《おしどり》の雄《おす》の首を射《い》りて躰《からだ》のみを射たり、明朝雌《めす》を射とめけるに其羽かひの下に雄の首を抱《いだ》けり猟師これを見て発心し此処に埋めてしるしの石塔を建てしと在り、此物語は梶原景時《かじわらのかげとき》の孫宇都宮頼綱《よりつな》の室《しつ》の甥《おい》なれば梶原一家亡びの後當所に来りて在りし故に聞書せしものなるべし、今此所の人々相はかり其要を摘み石に彫て後の人に告ぐ」とある。

今さら市史跡指定を取り消す気持ちはないが、『沙石集』記載の「あそ沼」は、安蘇《あそ》郡安蘇郷（佐野市浅沼《あさぬま》町《ちょう》）にあった安蘇沼《あそぬま》のことで、無住法師が仮に宇都宮にやって来たとしても、「あそ沼」を「求食川・求食沼」と解すことは無理な話である。因みに浅沼町の八幡宮境内に、天保《てんぽう》二年（一八三一）、藤原盛房《もりふさ》によって建碑された「おしどり塚歌碑」（佐野市指定）がある。

おしどり塚公園内には「児島強《こじまきょう》

おしどり塚公園（一番町1）

介《すけ》誕生の地」碑がある。児島強介（一八三七～六二）は、天保《てんぽう》八年（一八三七）、宇都宮城下の大町《おおまち》（一番町）で秤《はかり》商を営む小島四郎左衛門の二男として生まれた。小島家の祖先は戦国時代、佐野《さの》氏に仕えた武将であった。元弘《げんこう》の変（一三三一）にさいし、隠岐《おき》に配流《はいる》された後醍醐《ごだいご》天皇を奪回する計画を立てて果さず、美作院庄《みまさかいんのしょう》（岡山県津山《つやま》市）の行在所《あんざいしょ》に潜入し、桜樹に一篇の詩を書いてその真情を述べたという児島高徳《こじまたかのり》（南北朝時代の武将）を慕って、強介は自ら高徳の子孫を名のり、姓を児島に改めた。

　強介は一四歳のとき、水戸の藤田東湖《とうこ》の門に入り、さらに江戸へ出て徳川斉昭《なりあき》の近侍茅根伊予之介《ちのねいよのすけ》や大橋訥菴《とつあん》（一八一六～六二。菊池教中《きくちきょうちゅう》の義兄）に師事し、尊王攘夷《そんのうじょうい》の志を立てた。訥菴の影響を強く受けた強介は、安政《あんせい》の大獄《たいごく》（一八五八）で刑死した師の茅根伊代之介の墓を建て、さらに坂下門外《さかしたもんがい》で老中安藤信正《のぶまさ》を襲撃する実行組の長に選ばれたが、決行のとき病に倒れ、意を果たすことができず、事件後、自宅で療養しているところを捕らえられ、江戸伝馬《てんま》町《ちょう》の牢獄に送られ、文久《ぶんきゅう》二年（一八六二）六月、獄中で病死した。享年二六歳。江戸の小塚原回向院《こづかはらえこういん》（東京都墨田区両国《りょうごく》）に埋葬されたが、清巌寺《せいがんじ》（大通り五丁目）に分骨されたので、この寺の墓地に児島強介の墓がある。

「児島強介誕生の地」碑（一番町１）

○大町《おおまち》　現一番町《いちばんちょう》・大通《おおどお》り二丁目・馬場通《ばばどお》り三丁目

　奥州街道沿いの東西の町人町で、西は日野町《ひのまち》、東は上河原町《かみがわらまち》、北は大工町《だいくちょう》、南は石町《こくちょう》に接し、交通量が多く、城下下町《したまち》の中心街として大いに賑わい、慶長《けいちょう》一九年（一六一四）、藩主奥平大膳大夫家昌《だいぜんのだいぶいえまさ》のとき、当町で大膳市《だいぜんいち》が開かれたので、大町の町名が起こったという。市《いち》は毎月一・五の日に開かれる六斎市《ろくさいいち》で、生活必需品や食料品などを扱ったので活気を呈した。

　大町西端を北に折れた南北の通り沿いに、魚屋が集まった肴町《さかなまち》があった。この魚問屋は、もと今小路《いまこうじ》門《もん》前の西側にあったが（六軒町《ろっけんちょう》）、本多正純《ほんだまさずみ》の町割《まちわり》によって今小路門が設けられたため、魚店はすべて肴町へ移された。この魚屋は寛永《かんえい》元年（一六二四）に城下の魚商売の独占権を得たので、魚問屋はそのお礼として藩主に毎年暮れには塩引きの鮭《さけ》や鱈《たら》などを献上したという。

元文《げんぶん》年間（一七三六〜四一）の町《まち》方書上帳《かたかきあげちょう》に、町家《まちや》は通りの南側に三〇軒、北側に四八軒と記し、寛政《かんせい》年間（一七八九〜一八〇一）には肴屋一一軒が最も多く、桶屋・木綿屋・八百屋・大工・畳屋・鍋屋・提灯屋《ちょうちんや》・荒物屋・塗物師・研屋などが軒を連ねていた。

○大工町《だいくちょう》　現大通り一〜二丁目

本町は西の千手町《せんじゅまち》、東の上河原町《かみがわらまち》に接する東西の平坦な通りの町人町。町名の由来は不詳だが、一般に宇都宮城を築くとき（改修か）、この辺りに大工を住まわせたことに由来するといわれている。

元文《げんぶん》年間（一七三六〜四一）の町《まち》方書上帳《かたかきあげちょう》に、町家《まちや》は通りの南側に三七軒、北側に三八軒と記し、寛政《かんせい》年間（一七八九〜一八〇一）には穀物屋が最も多く一六軒、続いて干鰯《ほしか》屋《や》六軒・鍛冶屋四軒で、以下荒物屋・薬種屋・屋根枝屋・車細工・大工・材木屋・左官・研屋などが住んでいた。石町《こくちょう》の穀問屋以外では、当町に穀物屋が多く集まり、近隣の農村相手に肥料用の干鰯を扱う店が多くみられる。大工職人は少なくわずか一軒である。

○寺町《てらまち》　現大通《おおどお》り一丁目・仲町《なかまち》

大工町《だいくちょう》通りの一筋北側で、東は新宿町《しんじゅくちょう》、西は宮島町《みやじまちょう》に続く東西の町で、町の北側に西から生福寺《しょうふくじ》（真言宗）・法華寺《ほっけじ》（日蓮宗）・妙金寺《みょうきんじ》（日蓮宗）の三つの寺が並んでいる。町名はこれらの寺に由来し、南側はすべて門前地であった。寛政《かんせい》年間（一七三六〜四一）ころ、この町には一五軒の古着屋が軒を並べ、門前町として古着屋の多かったことがわかる。

生福寺は、永享《えいきょう》一〇年（一四三八）、宇都宮等綱《ひとつな》（一四代城主）の開基で、芳賀（清原《きよはら》）高盛《たかもり》の祈禱所であった。本尊は大日如来《だいにちにょらい》。寺の草創期の様子は不詳だが、江戸時代に隆盛をきわめ、宇都宮大明神（二荒山神社）の供僧《ぐそう》（神社に所属して仏事を修した僧）を勤めた。京都の醍醐《だいご》寺光台院《じこうだいいん》を本寺としている。本堂前に宝暦《ほうれき》一三年（一七六三）造立の青銅製宝篋印塔《ほうきょういんとう》（市指定）があり、境内の墓地には菊地（池）淡雅《たんが》・教《きょう》中《ちゅう》の墓がある。

法華寺は、永正《えいしょう》一三年（一五一六）、日戒《にっかい》上人の開山で、久遠山《くおんさん》法華寺と号し、本尊は十界大曼荼羅《じっかいだいまんだら》（日蓮宗の曼荼羅）。会津若松の妙《みょう》

菊池教中の墓（仲町1丁目）

法寺《ほうじ》の末寺。境内に武田信玄《しんげん》の家臣と伝える多田淡路守《ただあわじのかみ》の墓がある。妙金寺は、徳治《とくじ》二年（一三〇七）、宇都宮景綱《かげつな》（七代城主）の臣君島備中《びっちゅうの》守綱胤《かみつなたね》の母妙金尼《みょうきんに》が日印《にちいん》を招いて創建したという。境内に開山日印と妙金尼の墓がある。

○新宿町《しんじゅくちょう》　現大通《おおどお》り一丁目・同五丁目・仲町《なかまち》

　東は奥州街道沿いの上河原町《かみがわらまち》、西は寺町《てらまち》に接する東西の町人町。これまで上河原町の奥州街道沿いで「市《いち》」が開かれていたが、ここは奥州諸大名の通行に支障があったので、寛永《かんえい》一一年（一六三四）、上河原町の市を当地へ移し、大町《おおまち》の市に対して新しいので「新宿市《しんじゅくいち》」と呼ばれ、これが町名の由来となった。新宿市は毎月三と八の日に開かれる六斎市《ろくさいいち》で、昼間開かれることを通例とした。この市では木綿座・紙座・小間物座などが店を並べた。商品は農民や町人・武士たちの生活品が主で、城下の内外から買い求める客が集まり賑わった。

　ところが、これまで上河原町で「市」を開いていた商人たちが、「市」の移転に抗議したので、話し合いによって、年に一回、一月一一日、奥州街道の通行に支障のない夕刻六時から夜中にかけて、「市」を開くことで決着した。これが今に続く「上河原町の初市《はついち》」である。

○扇町《おうぎちょう》　現仲町《なかまち》・栄町《さかえちょう》・宮町《みやまち》・塙《はなわ》田《だ》三丁目

　「おうぎまち」ともいう。南は寺町《てらまち》に接する東西の町人町だが、東は鉤《かぎ》の手に折れて清巌寺町《せいがんじまち》、西は小田《おだ》町《ちょう》に接している。町名は扇・団扇《うちわ》職人が住んでいたことに由来するという。寛政《かんせい》年間（一七八九～一八〇一）ころには、大工・左官・木挽《こびき》（木材を大鋸《おが》でひき切る職人）・鍛冶屋・仕立屋・足袋屋などが住んでいた。

○小門町《こかどちょう》　現栄町《さかえちょう》

　宇都宮城下の最北東端に位置し、南は扇町《おうぎちょう》に接し、西・北・東の三方は塙田《はなわだ》村に囲まれた東西の町人町である。当町は場末の町で、町名は間口の小さい（小割《こわり》）家が多く並んでいたことに由来するという。

　町の東北角に天勢寺《てんせいじ》（曹洞宗）がある。開基などは不詳だが、恵心僧《えしんそう》都源信《ずげんしん》を開基と伝える名刹璉光院《れんこういん》（曹洞宗。さくら市喜連川）の末寺で、本尊は釈迦牟尼仏《しゃかむにぶつ》。境内に諸国古戦場亡霊魂碑の五輪塔や官修《かんしゅう》墳墓などがある。

○壁町《かべちょう》　現栄町《さかえちょう》

「かべまち」ともいう。扇町《おうぎちょう》と清《せい》巌寺町《がんじまち》との間に位置し、町名は壁職人が住んでいたことに由来するという。当町は近世後期になると町名が消えてしまう。おそらく塙田村《はなわだむら》へ吸収されたのであろう。

○清巌寺町《せいがんじまち》　現大通《おおどお》り五丁目・仲《なか》町《まち》・千波町《せんなみまち》

新宿町《しんじゅくちょう》の一筋北に位置し、東は妙正寺《みょうしょうじ》（日蓮宗）に接し、西は扇《おうぎ》町《ちょう》に続く東西の町である。天正《てんしょう》元年（一五七三）、芳賀（清原《きよはら》）高継《たかつぐ》が宿郷村《しゅくごうむら》にあった念仏堂を現在地に移し、芳賀氏の本姓の清原氏の一字「清」を冠《かん》して清巌寺《せいがんじ》と称した。町名はこの寺院の門前に町が開けたので、寺院名を付して清巌寺町とした。門前の町家《まちや》は南側に二四軒、北側は門前家で、横町の東側に五軒、西側に四軒あった。当町は明治になって清水町《しみずちょう》と改称した。

清巌寺（浄土宗）は、建保《けんぽう》三年（一二一五）の創建と伝える。開基は宇都宮頼綱《よりつな》（五代城主）。本尊は木造阿弥陀如来坐像《あみだにょらいざぞう》（市指定）。正《しょう》和《わ》元年（一三一二）造立のわが国最古の**鉄塔婆**《てっとうば》（国重文）が覆堂《おおいどう》に安置されている。これは宇都宮貞綱《さだつな》（八代城主）が亡母の一三回忌《かいき》供養のため、宇都宮氏の菩提所《ぼだいしょ》であった東《とう》勝寺《しょうじ》に造立したものだが、慶長《けいちょう》二年（一五九七）、宇都宮氏の滅亡によって廃寺になったので、鉄塔婆は清巌寺に移された。境内墓地には**蓮**《れん》**生法師**《しょうほうし》（宇都宮頼綱）の墓と**芳賀高照**《たかてる》**・高継**《たかつぐ》**の墓**と伝える供養塔の宝《ほう》篋印塔《きょういんとう》がある。

清巌寺（大通り5丁目）

頼綱（一一七二?～一二五九。五代城主）は、父業綱《なりつな》（四代城主）の死後、祖父（三代城主）にかわって御家人《ごけにん》として鎌倉幕府に仕え、はじめ梶原景時《かじわらのかげとき》の娘を妻にむかえたが、のち北条時政《ときまさ》の娘を妻とし、御家人のなかでも重要な地位にあった。のち出家して名を蓮生と号し、承元《しょうげん》二年（一二〇八）、上京して嵯《さ》峨野《がの》の小倉山《おぐらやま》の麓に山荘を構えて法《ほう》然《ねん》（浄土宗の開祖）に師事した。

和歌を好んだ頼綱は、小倉山近くに住んでいた藤原定家《さだいえ》と親交を深め、やがて定家の子為家《ためいえ》のところに娘を嫁《とつ》がせた。頼綱は定家との交わりによって宇都宮《うつのみや》歌壇《かだん》の基礎を築き、「小倉百人一首《おぐらひやくにんいつしゅ》」が出来上がるのに、大いに関係したことはいうまでもない。頼綱は京都で没し、墓は三鈷寺《さんこじ》（浄土宗。京都右京《うきよう》区）にあるので、清巌寺の墓と伝えるものは、のちに造立された供養塔である。

宇都宮頼綱（蓮生法師）の墓（供養塔。大通り5丁目）

〇上河原町《かみがわらまち》　現大通《おおどお》り一～五丁目・駅前通《えきまえどお》り一～二丁目・一番町《いちばんちょう》

宇都宮城下の北東部に位置し、田《た》川《がわ》に沿った奥州街道筋の南北に細長い町人町だが、もとは田川の河原地であったので、町名はこれに由来し、中河原《なかがわら》・下河原《しもがわら》に対して上河原と称した。上川原とも書いた。

寛永《かんえい》一一年（一六三四）まで当町で「市《いち》」が開かれていたが、奥州街道沿いのため諸大名などの往来が多いので、市は新宿町《しんじゅくちょう》へ移された。このため紛争が起こったので、毎年正月一一日夜の初市《はついち》は、当町で開くことで決着した。これが今に続く上河原町の初市である。

寛文《かんぶん》年間（一六六一～七三）、当町内の田川に土橋（のちの幸橋《みゆきばし》）が架けられ、これまでの歩行《ほこう》渡《わた》しや渡し舟に代わって交通の便がよくなった。また、橋の袂《たもと》に奥州《おうしゅう》口《ぐち》の木戸《きど》・番所《ばんしょ》が設けられた。町家《まちや》は街道西側に二八軒、東側に四〇軒あった。町並みは大変賑わい、荒物屋一八軒・造酒屋五軒・穀物屋三軒・質屋三軒や石屋・鍛冶屋・小間物屋などが軒を連ねていた。

「上河原町の初市」（平成27年）

町の東端の旧奥州街道西側に、「樋爪氏《ひづめし》の墓」（市史跡）と伝えるものがある。墓と伝える五輪塔二基は、三峰山《みつみねさん》神社の中に安置されている。『吾妻鏡《あづまかがみ》』に、源頼朝《よりとも》は奥州藤原氏征討の帰路、宇都宮大明神に祈願成就の報賽《ほうさい》として、樋爪俊衡《としひら》の一族を神職として献上したとある。

（左）三峰山神社、（右）樋爪氏の墓（大通り５丁目）

樋爪氏の墓については二説がある。二基の五輪塔は、（一）樋爪俊衡と弟季衡《すえひら》の墓、（二）季衡とその子経衡《つねひら》の墓という説である。一般的な伝承では、季衡は故郷恋しさのあまり逃げ帰ろうとして上河原まで走ったが、追《お》っ手《て》に捕らえられて殺害された。殺された所を樋爪坂《ひづめざか》といい、首は上河原に、胴は今泉《いまいずみ》に葬むられたが、その後、土地の人はその死を哀れんで、子の経衡と一緒に墓碑を建てて冥福を祈った。これが今に遺る樋爪氏の墓だという。

清巌寺の東側、田川右岸の旧奥州街道沿いに妙正寺《みょうしょうじ》（日蓮宗）がある。文永《ぶんえい》二年（一二六五）、宇都宮景《かげ》綱《つな》（七代城主）の姉が日蓮《にちれん》に帰依《きえ》し、妙正尼《みょうしょうに》の法号を受けて開山したという。『下野国誌』によると、文永一一年（一二七四）、城南の熱木《ねぎ》（贄木《にえぎ》）町《まち》に宇都宮貞綱《さだつな》（八代城主）によって諸堂伽藍《がらん》が建立されたが、宝徳《ほうとく》年間（一四四九～五二）に中葦《なかあし》原《はら》（中河原《なかがわら》）へ移転し、さらに永禄《えいろく》年間（一五五八～七〇）、上河原町の現在地（大通り五丁目）に移転したという。境内に妙正尼の墓がある。

田川に架かる「宮の橋」

○小袋町《こぶくろちょう》　現大通《おおどお》り三～四丁目・駅前通《えきまえどお》り一～二丁目

宇都宮城下の北東部に位置し、北・東・南の三方を大きく蛇行する田川《たがわ》に囲まれ、西は上河原町《かみがわらまち》に接す

〈余録〉探訪樋爪氏の故地

　樋爪氏の故地（岩手県紫波《しわ》郡紫波町日《ひ》詰《づめ》字箱清水《はこしみず》）を平成二二年九月、鷹嘴《たかのはし》利夫《としお》氏（紫波町出身。宇都宮市在住）のご教示をえて訪ねた。国道四号線沿いに農業用溜池として使われている五郎沼《ごろうぬま》がある。沼近くの明石《あかいし》小学校付近に樋爪太郎俊衡《としひら》・五郎季衡《すえひら》らが居を構えていたという居館跡（樋爪館跡《ひづめだてあと》）がある。館跡は、明石小学校辺りから学校南方の薬師神社にかけた一帯で、発掘調査の結果によれば、掘立柱《ほったてばしら》建物跡・柵列《さくれつ》遺構・井戸跡・倉庫跡などが掘り出され、国産陶器・中国産青磁・土器《かわらけ》などが出土している。薬師神社の近くに季衡が好んで遊泳したという伝承の五郎沼がある。

　樋爪氏の始祖は、奥州藤原氏の初代清衡《きよひら》の子清綱《きよつな》といわれているが、清綱の事蹟は明らかでない。清綱の嫡男《ちゃくなん》は樋爪太郎俊衡《としひら》といわれ、志波《しわ》郡（紫波郡）を治めていた。俊衡には太田冠者師衡《かんじゃもろひら》・樋爪次郎兼衡《かねひら》・河北《かほく》冠者忠衡《ただひら》の三子がおり、俊衡の弟が五郎季衡、季衡の子が新田《にった》冠者経衡《つねひら》である。

　さて、源頼朝の藤原泰衡《やすひら》攻略を知った樋爪俊衡は、頼朝追討をおそれ、樋爪館を焼いて北方に逃れたが、俊衡は間もなく子の師衡・兼衡・忠衡と弟季衡、季衡の子経衡《つねひら》の六人とともに、厨川柵《くりやがわのさく》（厨川村＝盛岡市天昌寺《てんしょうじ》町）に出て降伏した。ひとまず八田知家《はったともいえ》（生没年不詳。宇都宮氏一族で父は宗綱《むねつな》＝二代城主）に預けられたが、このとき俊衡は六〇歳を超えており、信心深い法華経持教者であったので本領を安堵《あんど》され、『吾妻鏡』によれば、俊衡以外の師衡・経衡は相模《さがみ》国、兼衡は駿河《するが》国、季衡は下野国へ配流されたという。

　五郎季衡に関わる伝承をもつ五郎沼は、春は沼縁に植樹された桜の名所として、冬は白鳥の飛来地として知られ、沼の一角には「古代ハス」がある。昭和二五年（一九五〇）中尊寺金色堂《こんじきどう》調査のとき、藤原泰衡の首桶《くびおけ》から見つかったハスの種子を、調査団の大賀《おおが》一郎博士が研究用に持ち帰り、博士の愛弟子長島時子氏（恵泉女学園短大教授。宇都宮市在住）が平成六年に発芽させて栽培し、同一一年に中尊寺に移植して開花させた。五郎沼のハスは、同一四年に中尊寺から株分けして移植したものである。紫波町日詰付近は、樋爪氏の故地として古代の歴史ロマンを秘めているので、探訪することをお勧めしたい。

五郎季衡の伝承をもつ「五郎沼」（岩手県紫波町日詰）

る半月形の町人町で、「下野国宇津宮城下之図」に小袋町の名が見える。町名は袋小路《ふくろこうじ》になっていることに由来し、町家《まちや》は南北の町並みの東側に二九軒、西側に二八軒見られる。寛政《かんせい》年間（一七八九〜一八〇二）の商人・職人の業種に、大工・車細工・紺屋などがあった。

田川に架かる「宮《みや》の橋《はし》」の西隣り近くに、宝蔵寺《ほうぞうじ》（天台宗）がある。「宮の橋」は明治一八年（一八八五）七月、宇都宮駅が開業すると、翌一九年、駅と市街中心を結ぶために、木橋が田川に架けられた。木橋は田川の洪水で氾濫する度ごとに流されたので、明治四二年（一九〇九）、欄《らん》干《かん》に鉄材を用いた橋に改められ、さらに昭和三二年（一九五七）、コンクリート橋に改められた。

宝蔵寺は、天安《てんあん》元年（八五七）、慈《じ》覚大師円仁《かくだいしえんにん》が芳賀郡下高根沢《しもたかねざわ》（芳賀町）の地に長命寺《ちょうめいじ》を創建したが、建《けん》久《きゅう》三年（一一九二）、明達《みょうたつ》が田川東の畔《ほとり》（簗瀬村《やなせむら》）に移し、さらに明応《めいおう》元年（一四九二）、慈明《じみょう》が現在地へ移したという。当寺には江戸時代に時の鐘として使われた「およりの鐘」（市指定）が鐘楼を兼ねた楼門に吊ってある。この鐘はもと東勝寺《とうしょうじ》（廃寺。馬場通り一丁目）のものであった。当寺には木造普賢菩薩坐像《ふげんぼさつざぞう》（市指定）が安置されており、拝観することができる。胎内《たいない》の墨書《ぼくしょ》銘（「文《ぶん》和《な》三年甲午《かのえうま》」）から南北朝時代の作であることがわかっている。なお、境内の不動堂《ふどうどう》（観音堂）は天明《てんめい》八年（一七八八）の創建で唐様《からよう》を基調とし、小さい仏堂だが彫刻類が豊富で一見の価値がある（市認定建造物第一号）。

およりの鐘（大通り４丁目）

○押切町《おしきりちょう》　現大通《おおどお》り三丁目・一番《いちばん》町《ちょう》・三番町《さんばんちょう》・天神《てんじん》一丁目・駅前通《えきまえどお》り二丁目・南大通《みなみおおどお》り一〜二丁目

本町の北は上河原町《かみがわらまち》、西は石町《こくちょう》に続く町人町で、東は田川《たがわ》の押切橋《おしきりばし》（現旭橋《あさひばし》）を渡って八日市場《ようかいちば》に続き、道場宿《どうじょうじゅく》街道に通じている。町名は某書に「簗城の際に鏡《かがみ》が池《いけ》の水を荒らすために、川原地を掘って田川に押し切って流したことから〝押し切りの町〟といった」とあるが、誤っている。田川は古くから氾濫する河川として知られているので、洪水などによって自然堤防や土手が決壊したり、押し切られて、付近一帯が浸食した災害地に由来する町名である。蛇足だが、県南の小山市・佐野市・栃木市などの河川沿いにも「押切」地名が見られる。

　元文《げんぶん》年間（一七三六～四一）の町《まち》方書上帳《かたかきあげちょう》に、本町の町家《まちや》は南北の町並み東側に二三軒、西側に一九軒、田川橋道の南側・北側にともに一軒とある。寛政《かんせい》年間（一七八九～一八〇一）には荒物屋四軒をはじめとして、小間物屋・米屋・穀物屋・大工・材木屋・鍛冶屋・仏師《ぶっし》などの商人・職人が住んでいた。

○博労町《ばくろうちょう》　現駅前通《えきまえどお》り一丁目・今《いま》泉《いずみ》一丁目

　奥州街道沿いの宇都宮城下最北端の町人町で、田川《たがわ》に架かる上河原橋《かみがわらばし》の東部に位置し、奥州街道の出口にあたる。「下野国宇津宮城下之図」に「馬喰町《ばくろう》」と見える。当地は古く今泉《いまいずみ》村の小字であったようで、明《めい》暦《れき》二年（一六五六）の今泉村の検地《けんち》帳《ちょう》に坪名として「ばくろう町」が見え、屋敷一四軒が記されている。当町はほかの城下各町とは隔てており、享保《きょうほう》八年（一七二三）の五十里《いかり》洪水のさいには田川が氾濫し、大きな水害を被っている。

　田川に橋が架けらた寛文《かんぶん》年間（一六六一～七三）以前は渡船《とせん》によって渡り、田川岸から博労町へは少しばかり坂になっているので、これを「樋爪坂《ひづめざか》」と呼んでいたという。田川に架かる上河原橋（現幸橋《みゆきばし》）は、明治一四年（一八八一）、明治天皇が鬼怒川河畔の陸軍大演習を天覧《てんらん》されたのを機に、「幸橋」と改められた。

　幸橋を渡って進んだ突き当たり、ホテル東横《とうよこ》イン宇都宮駅前の西隣りに、旧奥州街道に面した角地に旧篠《しの》原家《はらけ》住宅《じゅうたく》（国重文。今泉一丁目）がある。宿郷村《しゅくごうむら》（宿郷町）の篠原家本家四代譽兵衛《よへえ》（一七八八年没）の三男が分家し、博労町で篠原友吉《ともきち》（初代）を名のり、一八世紀終わりころ（江戸時代後期）、醤油醸造《じょうぞう》業をおこしたのが始まりである。以後、第二次世界大戦終結（昭和二〇＝一九四五年）まで代々醤油醸造・小売業と肥料販売業を営み、宇都宮を代表

田川に架かる幸橋

旧篠原家住宅（今泉１丁目）

する豪商であった。屋号を堺屋《さかいや》と称し、家紋《かもん》は「丸に横木斛《よこもっこく》」、二代友《とも》右衛門《えもん》より代々友右衛門を襲名し、四代に限り初代と同じ友吉を名のった。大正一三年（一九二四）当時、田畑一一町余歩、小作人一五〇人を数え、大戦前、小作米約二〇〇〇俵・小麦五〇〇俵といわれ、これらを原料として醤油醸造業を営み、米・小麦類は敷地内の土蔵に貯蔵されていた。

昭和二〇年七月の宇都宮空襲によって、醤油醸造蔵や米蔵などの多くの建物を焼失し、母屋《おもや》と石蔵《いしぐら》三棟がわずかに残った。これらの建物は平成八年（一九九六）二月、篠原家から宇都宮市に寄贈された。母屋と石蔵三棟のうち一棟は明治二八年（一八九五）の建築、他の石蔵一棟は嘉永《かえい》四年（一八五一）の建築で、もう一棟も嘉永四年ころの建築と推定されている。

博労町の名は、当町に腕のよい伯《ばく》楽《ろう》（馬医《ばい》）が住んでいたので伯楽町といい、これが博労町になったといわれるが、次のような作り話も伝わっている。鎌倉時代に樋爪秀衡《ひづめひでひら》がこの地で大病したとき、これを鎌倉幕府に知らせるため馬を飛ばした樋爪季衡《すえひら》の子経衡《つねひら》が、この地に戻るや否や「労《つか》れ転んだ」ところから、転《てん》労町《ろうちょう》といったのを「ばくろう町」と読み違えたという伝承。滑稽なつくり話だ。

○猿《さる》が町《ちょう》　現南大通《みなみおおどお》り二丁目

本町は簗瀬村《やなせむら》と宿郷村《しゅくごうむら》の境で、町支配ではなく、両村の内に入っていた。宇都宮城の中河原門《なかがわらもん》の方から田川に架かる洗橋《あらいばし》を渡り、簗瀬村の用水路に架かる「猿《さる》が橋《はし》」を渡った東付近が当町である。

町名は一般に猿引《さるひ》き（猿回《さるまわ》し）が住んでいたことに由来するといわれているが、この地は田川《たがわ》沿いに位置し、田川から引いた用水路が流れているので、「サル・ガ（接尾語）」という町名であろう。サルは猿ではなく「去ル」の意。ガはカの濁音化で、アリカ（在り処）・スミカ（住み処）などのカで、処・場所を示す接尾語である。従って、町名は田川や用水路が増水すると、堤防や土手な

猿が町（現南大通り２丁目）。「猿が橋」から猿が町を望む

どが決壊して土砂が押し流された地に由来するものと思われる。

○八日市場《ようかいちば》　現駅前通《えきまえどお》り二丁目・南大通《みなみおおどお》り一丁目

宇都宮城の北東部に位置し、城下の各町とは田川《たがわ》に架かる押切橋《おしきりばし》（現旭橋《あさひばし》）で隔てられ、東は川向町《かわむこうちょう》、西は押切町《おしきりちょう》に接している。町並みは道場宿《どうじょうじゅく》街道沿いにみられる。はじめ城の東部の奥州街道沿いに八日ご

八日市場通り（駅前通り２丁目）

とに市《いち》が開かれていたが、元和《げんな》六年（一六二〇）、本多正純《ほんだまさずみ》の城郭拡張によって当地に移転したという。八日市場は江戸時代後期には八日市場村とも称され、家数は四八軒で、旅籠《はたご》屋《や》・荷鞍《にぐら》屋・油屋・醤油造・水車屋などがあった。

○紺屋町《こんやまち》　現駅前通り二丁目

紺屋町は道場宿《どうじょうじゅく》街道沿いの八日《ようか》市場《いちば》の北側に位置し、「下野国宇津宮城下之図」に「こんや（紺屋）町」と見える。当町は慶長《けいちょう》五年（一六〇〇）、城主蒲生秀行《がもうひでゆき》のとき、宇都宮城下にあった紺屋（染物屋）を道場宿街道北側の田川《たがわ》左岸の宿郷村《しゅくごうむら》地内に移して紺屋町とし、紺屋の市《いち》が立ったという。しかし、江戸時代後期になると紺屋町の町名は消えるので、おそらく八日市場あるいは宿郷村に吸収されたものと思われる。

○川向《かわむこう》　現駅前通《えきまえどお》り一～三丁目・南大通《みなみおおどお》り一～四丁目・東宿郷《ひがししゅくごう》二丁目・川向町《かわむこうちょう》

田川《たがわ》左岸（東岸）にある武家下屋《しもや》敷《しき》や足軽組屋敷《あしがるぐみやしき》で、川向侍屋敷《かわむこうさむらいやしき》と呼ばれていた。城下町からみて田川の向こう側にあったことから単に「川向」と称し、藩の直接支配地であった。明治一一年（一八七八）に川向町となる。明治一八年（一八八五）、日本鉄道大宮《おおみや》―宇都宮間が開

川向（駅前通り３丁目）

通して宇都宮駅が開業すると、翌一九年、田川に駅と市街中心を結ぶ「宮の橋」が架けられ、交通の要地となった。現在、川向町の町名はJR宇都宮駅構内にのみ残っている。

○東新町《ひがししんまち》　現駅前通《えきまえどお》り三丁目・南《みなみ》大通《おおどお》り四丁目

　当町は、田川《たがわ》左岸の八日市場《ようかいちば》の東、道場宿《どうじょうじゅく》街道沿いの東西に長い武家屋敷地であったが、正徳《しょうとく》四年（一七一四）、奉行人《ぶぎょうにん》屋敷《やしき》を町家《まちや》として新しく成立した。これは城下の町家に対して田川東にできた町家であるので、東新町と称した。元文《げんぶん》年間（一七三六～四一）の町方書上《まちかたかきあげ》帳《ちょう》に、町家は街道北側に七軒、南側は宿郷《しゅくごう》村林松寺《りんしょうじ》分とある。林松寺（曹洞宗）は天正《てんしょう》一一年（一五八三）、松が峰《まつがみね》の桂林寺《けいりんじ》（元和《げんな》六年、現清住《きよすみ》一丁目に移転）一一世長山練《ちょうざんれん》

東新町（南大通り４丁目）

林松寺（南大通り４丁目）

道《どう》禅師が簗瀬《やなせ》村長《むらおさ》倉田浅右衛門《あさえもん》の招請《しょうせい》によって堂宇を建立したという。安永《あんえい》二年（一七七三）の類火と戊辰戦争の兵火、さらに昭和二〇年（一九四五）七月の空襲によって、古記録などすべてを焼失した。

　当町は明治初年に川向《かわむこう》（後の川向町）に吸収されたようである。

V　城下に隣接する村々

○塙田村《はなわだむら》　現本町《ほんちょう》・昭和《しょうわ》一～三丁目・塙田一～五丁目・東塙田《ひがしはなわだ》一～二丁目・千波町《せんなみまち》・栄町《さかえちょう》・宮町《みやまち》・今泉《いまいずみ》二～三丁目

当村は田川《たがわ》中流の右岸に位置し、北は大曽村《おおぞむら》・戸祭村《とまつりむら》、東は田川を境に今泉村《いまいずみむら》、南は宇都宮城下の町々、西は釜川《かまがわ》を境に日光街道沿いの新田町《しんでんちょう》に接している。宇都宮丘陵の南端に位置する八幡山《はちまんやま》丘陵が、現県庁裏手から東方の慈光寺《じこうじ》（浄土宗）あたりまで南傾斜して迫っている。近世を通じて宇都宮藩領で、天保《てんぽう》年間（一八三〇～四四）の家数三一軒。明治一九年（一八八六）に塙田町となる。

村名の塙田について、『角川日本地名大辞典（栃木県）』（昭和五九年刊）は、「塙《はなわ》とは山の差し出た所という意味で、地名の由来は、慈光寺の山が田の中に突き出ていたことによるとされる」と記し、平凡社『栃木県の地名』（昭和六三年刊）もほぼ同じで、「八幡山の岩膚《いわはだ》が田の中に突き出ていたことによると伝える」と記している。両書とも村名の漢字「塙田」の「田」にこだわった説を支持している。大きな間違いである。

「塙田」は、「ハナワ・ダ（タ）」＝接尾語」という村名である。「塙（ハナワ）」は、「圷（アクツ）」に対する国字で、突き出た小高い所とか一段高い所の意。「ダ」は「タ」の濁音化で、カナタ（彼方）、コナタ（此方）、ハタ（端）、ヘタ（辺）などの「タ」から、方向・場所・位置などを示す接尾語。従って、「塙田」は八幡山の丘陵が突き出た地に由来するもので、農耕地の「田（田圃《たんぼ》）」とは無関係である。

村内には八幡宮《はちまんぐう》・蒲生《かもう》神社・慈光寺（浄土宗）・成高寺《じょうこうじ》（曹洞宗）・能延寺《のうえんじ》（真言宗）などの社寺がある。八幡宮は八幡山の中腹に鎮座する。

八幡宮（八幡山公園。塙田５丁目）

社伝によると、寛永《かんえい》一八年（一六四一）、宇都宮藩主奥平昌章《おくだいらまさあき》が北の守《しゅ》護神《ごじん》として創建したというが、寛永年間（一六二四〜四四）に奥平忠昌《ただまさ》の再建ともいう。明治四二年（一九〇九）には塙田村の鎮守として、地域住民から篤く信仰され、八幡山公園の名はこの社名に由来する。主祭神は誉田別命《ほんだわけのみこと》（応神《おうじん》天皇）である。八幡山公園は、明治三九年（一九〇六）、塩田蓬一郎《ほういちろう》が塩田園として開園したものを、大正一四年（一九二五）に宇都宮市が買収し、昭和二年（一九二七）四月、市民のための公園として開園し、市は係員と園《えん》丁《てい》（庭師）をおいて管理した。

　公園の南西部に御蔵山古墳《みくらやまこふん》（市史跡）が築かれている。全長約六二メートルの前方後円墳《ぜんぽうこうえんふん》で、古墳時代後期前半ころの築造と推定されている。この古墳の墳丘《ふんきゅう》上に雷神社《らいじんじゃ》が鎮座している。寛永年間ころ、塙田村の農民たちが嵐除《あらしよ》け、雷除けの守護神として創祀したもので、主祭神は大雷神《おおいかずちのかみ》、配神は大物主神《おおものぬしのかみ》である。

　また、公園内には蒲生君平《がもうくんぺい》（一七六八〜一八一三）の徳を追慕《ついぼ》する人たちによって、大正一五年（一九二六）七月、君平を主祭神として創祀された蒲生《かもう》神社（塙田五丁目）が鎮

蒲生神社（塙田５丁目）

座している。社殿前の鳥居東側には「日下開山《ひのしたかいさん》初代横綱力士明石志賀之《あかししがの》助碑《すけひ》」がある。

　通称「赤門通《あかもんどお》り」の北端に慈光寺《じこうじ》（浄土宗。塙田一丁目）がある。本寺は永正《えいしょう》一三年（一五一六）、宇都宮成綱《しげつな》（一七代城主）が開基し、鎮誉《ちんよ》上人が中興《ちゅうこう》開山したといい、これより先、宇都宮築城のとき、鬼門《きもん》固めのため百目鬼山《どうめきさん》といわれ、寺名も単に山《やま》ノ寺《てら》とよんでいた。この寺は、安永《あんえい》四年（一七七五）、城下の目明《めあかし》役《やく》から江戸で侠客《きょうかく》となった枝源五《えだげんご》郎《ろう》の尽力で建立された赤門《あかもん》（仁王《におう》門《もん》）で知られていたが、昭和二〇年（一九四五）七月、米軍の宇都宮空襲によって焼失したので、現在のものは平成二〇年（二〇〇八）に再建されたものである。境内の墓地への上り口左側に、源五郎の逆修墓《ぎゃくしゅぼ》がある。また墓地には幕末に宇都宮藩

再建された慈光寺の赤門（塙田１丁目）

家老《かろう》として活躍した県六石《あがたりくせき》の墓、その脇に戊辰《ぼしん》戦争で戦死した新政府軍の墓（官修墓《かんしゅうぼ》）がある。

成高寺は、文明《ぶんめい》八年（一四七六）、宇都宮正綱《まさつな》（一六代城主）が父成高《しげたか》の菩提のため、傑伝《けつでん》和尚を開山として中葦原《なかあしはら》（中河原《なかがわら》）に創建を企てたが、竣工前に病死したので、文明一八年（一四八六）、子の成綱《しげつな》（一七代城主）が受け継いで創建し、成高の菩提を祈って名を寺号とした。慶長《けいちょう》二年（一五九七）、宇都宮氏の改易《かいえき》によって一時衰退したが、藩主奥平家昌《いえまさ》によって堂宇《どうう》が再建され、本多正純《ほんだまさずみ》のとき城郭拡張のため塙田村の田圃の中に移され、田中成高寺《たなかじょうこうじ》と称した。昭和三三年（一九五八）、区画整理によって寺中が道路になるため、本堂を寺内の北西方に移し、これまで南向きであった参道を東向きに替えた。

枝源五郎の逆修墓（塙田１丁目）

能延寺（宮町）は、伝承によれば、宇都宮氏の祖宗円《そうえん》が宇都宮城を築くさい、城の鬼門《きもん》にあたる下田原《しもたわら》（旧田原村）に一寺を建てて密興寺《みつこうじ》（明治初年に廃寺）としたものを、永《えい》禄《ろく》元年（一五五八）、宇都宮広綱《ひろつな》（二一代城主）が宇都宮城下へ移して能延寺と称したという（「田原村」の項参照）。

成高寺の山門（塙田４丁目）

○大曽村《おおぞむら》

（註）後述の「豊郷村」の項参照。

○今泉村《いまいずみむら》　現今泉町・今泉一～五丁目・元今泉《もといまいずみ》一～七丁目・駅前通《えきまえどお》り一丁目・川向町《かわむこうちょう》・東宿郷《ひがししゅくごう》一丁目・同四～六丁目・泉《いずみ》が丘《おか》一～七丁目・東今泉《ひがしいまいずみ》一～二丁目

当村は田川《たがわ》左岸の平坦な地に位置し、南は宇都宮城下の博労町《ばくろうちょう》や宿《しゅく》郷村《ごうむら》と接し、西は田川を境に塙田《はなわだ》村《むら》と接している。明治二二年（一八八九）に宇都宮町の町名、今泉町《いまいずみちょう》となる。

「元禄郷帳《げんろくごうちょう》」「天保郷帳《てんぽうごうちょう》」に、今泉村の枝郷《えだごう》として今泉新田《いまいずみしんでん》が見える。近世を通じて宇都宮藩領で、天《てん》保《ぽう》年間（一八三〇～四四）の家数四八軒。村内の東部に博労町から続く奥州街道が走っているので、街道筋にはわずかながら商家が軒を並べ、茶屋・餅屋・荷車屋・鍛冶屋などがあり、街道の出口には大木戸《おおきど》、番所《ばんしょ》があった。

村内には宇都宮氏の祖宗円《そうえん》が建立したという八坂《やさか》神社（今泉四丁目）、宇都宮貞綱《さだつな》（八代城主）が開基の興《こう》禅寺《ぜんじ》（臨済宗。今泉三丁目）などがある。

八坂神社は、社伝によると康平《こうへい》年間（一〇五八～六五）、宗円が築城のさい、宇都宮城の鬼門除けとして

八坂神社の拝殿（今泉４丁目）

今泉郷に創祀したという。はじめ神《しん》明宮《めいぐう》と称し、興禅寺の近くに鎮座し、藩主戸田忠真《ただざね》、松平忠祇《ただまさ》など、代々の藩主から崇敬されていた。神職は京都吉田家の支配に属していたが、宝暦《ほうれき》二年（一七五二）に吉田を葭田《よしだ》に改めたという。明治一〇年（一八七七）ころ、社殿を現在地へ遷座《せんざ》し、同四三年（一九一〇）に博労町にあった天王社《てんのうしゃ》の社殿をひき遷し、ほかの数社も合祀《ごうし》して八坂神社と改称した。当社の例大祭は七月一五～二〇日の天王祭《てんのうさい》（夏祭り）で、期間中は多くの露天商が軒を並べて賑わい、神輿《みこし》の渡御《とぎょ》も行われる。春祭りと秋祭りには神楽殿《かぐらでん》で太々神楽《だいだいかぐら》が奉納される。

興禅寺は、正和《しょうわ》三年（一三一四）、宇都宮貞綱《さだつな》（八代城主）が雲巌《うんがん》寺《じ》（臨済宗。旧黒羽町雲岩寺《うんがんじ》）開山の仏国国師《ふっこくこくし》に師事した真空妙応《しんくうみょうおう》を

興禅寺（今泉3丁目）

開山として創建したという。宇都宮氏の保護をうけ、寺領一四八石をもつ大寺であったが、宇都宮氏の改易《かいえき》によって廃されたのを、慶長《けいちょう》八年（一六〇三）、奥平家昌《おくだいらいえまさ》によって再建された。境内には宇都宮貞綱・公《きん》綱《つな》（九代城主）の墓という五輪塔や、奥平家昌・忠昌《ただまさ》の墓という五輪塔がある。いずれも後に造立された供養塔である。また、境内の墓地には奥平内蔵允正輝《くらのすけまさてる》夫妻の墓もある。

（右）宇都宮貞綱・（左）公綱の墓（供養塔。今泉3丁目）

今泉村は平坦な田川《たがわ》の左岸にあったので、田川の氾濫によってしばしば水害を受けてきた。中でも享保《きょうほう》八年（一七二三）の五十里《いかり》洪水、宝暦《ほうれき》七年（一七五七）の宇都宮大洪水、明和《めいわ》元年（一七六四）・同三年（一七六六）の洪水など、たびたび田川の氾濫による洪水によって、田畑の冠水、家屋への土砂流入など大きな被害を被ったが、奥州街道筋は台地上のため家屋浸水は免れた。

（右）奥平家昌・（左）忠昌の墓（供養塔。今泉3丁目）

村名の由来について『角川日本地名大辞典（栃木県）』は、「源義家《よしいえ》が奥州征討の時、平泉《ひらいずみ》の降人を連れてきて当地に置いたので、平泉に対して今泉《いまいずみ》と称したという。また、一説には、上三川《かみのかわ》城主今泉但馬守《たじまのかみ》の子孫が、落城後に逃れきて住んだので今泉となったともいう」と記している。全くのこじつけである。当地は度々水害を受けてきたことを踏まえて由来を探ると、今泉（イマイズミ）は、「イマ（今）・イズミ」という村名で、イマ（今）は新しいの意、イズミは「イヅ（出）・ミ（水）」から、しょっちゅう田川の氾濫（出水）で水害を受けてきた地に由来する村名と思われる。

○宿郷村《しゅくごうむら》　現宿郷町《しゅくごうちょう》・東宿郷《ひがししゅくごう》一～六丁目・元今泉《もといまいずみ》一丁目・駅前通《えきまえどお》り一～三丁目・川向町《かわむこうちょう》・南大通《みなみおおどお》り一～四丁目

田川《たがわ》左岸に位置し、北は奥州街道沿いの博労町《ばくろうちょう》・今泉村《いまいずみむら》、東は今泉村・嶺《みね》（峰）村《むら》、南は簗瀬村《やなせむら》、西は田川を挟んで宇都宮城下に接している。村内を東西に道場宿《どうじょうじゅく》街道・石《いし》井《い》街道（水戸北街道）が通り、周辺に足軽組《あしがるぐみ》屋敷・下《しも》屋敷・寺などが配置されていた。明治二二年（一八八九）、宇都宮町の町名となる。

「宿郷」の郷名はすでに室町時代に見え、応永《おうえい》九年（一四〇二）四月の宇都宮満綱《みちつな》（一二代城主）寄進《きしん》状写《じょううつし》に「宿之郷《しゅくのごう》」とある。近世を通じて宇都宮藩領で、田川の東部を本村とし、八日市場《ようかいちば》（八日市場村とも）・紺屋町《こんやまち》・猿《さる》が町《ちょう》をも含むことがある。天保《てんぽう》年間（一八三〇～四四）の家数二三軒。村内に善願寺《ぜんがんじ》（天台宗）・応願寺《おうがんじ》（時宗）・林松寺《りんしょうじ》（曹洞宗）がある。

善願寺（南大通り一丁目）は、寺伝によれば、延暦《えんりゃく》年間（七八二～八〇六）、坂上田《さかのうえのた》村麻呂《むらまろ》が如意輪観世音像《にょいりんかんぜおんぞう》を捧持《ほうじ》して蝦夷《えみし》の反乱を鎮定するさい、この地で日が暮れたので宿をとり、観世音菩薩の霊夢《れいむ》をみたので、翌朝、草庵《そうあん》を結んで観世音像を安置した。これが善願寺の創始という。境内には享保《きょうほう》二〇年（一七三五）に鋳造された露坐《ろざ》の銅造盧舎那仏《るしゃなぶつ》坐像（市指定）があり、「大豆三粒の金仏《かなぶつ》」とか「托鉢《たくはつ》の大仏」として知られている。

応願寺（南大通り一丁目）は、養和《ようわ》元年（一一八一）、宇都宮朝綱《ともつな》（三代城主）が城内に称念仏堂《しょうねんぶつどう》を創建し、宗円《そうえん》から伝わった阿弥陀如来《あみだにょらい》立像《りゅうぞう》を安置したといい、はじめ天台宗であったが、遊行《ゆぎょう》上人二世真教《しんきょう》の教化によって時宗に改めたと

銅造盧舎那仏坐像（南大通り１丁目）

いう。

林松寺（南大通り四丁目）は、天《てん》正《しょう》一一年（一五八三）、桂林寺《けいりんじ》（曹洞宗。清住《きよすみ》一丁目）の長山練道《ちょうざんれんどう》禅師の開山で、本尊は釈迦牟尼仏《しゃかむにぶつ》。桂林寺の末寺である。

宿郷の村名由来について、某書は「一一世紀のころから一五、一六世紀にかけて、宇都宮近在には宿が無かった。この間、八幡太郎義家《よしいえ》など奥州に向かう旅人たちは、村人（郷人）の家に宿泊していたので、この名が起こったといわれる」と記している。果たしてそうであろうか。

平坦な宿郷地域は、昭和三〇年（一九五五）代ころまで低湿地の多い所であったことを踏まえて村名の由来を探ると、宿郷（シュクゴウ）は「シュク・ゴウ（郷）」という村名であろう。シュクはジュクの清音化で、副詞ジュクジュクなどから、「湿気を含んだ様子」の意に解されるので、湿地を意味しよう。ゴウはそのまま「郷」から地名語尾の「～の里」であろう。従って、村名の宿郷は、低湿地の村に由来するものと思われる。今でも豪雨のさいには冠水しやすいので、注意しなければならない。

○簗瀬村《やなせむら》　現簗瀬町・下河原《しもがわら》一丁目・南大通り《みなみおおどお》一～三丁目・川向町《かわむこうちょう》

田川《たがわ》沿岸に位置し、北と北東は宿郷村《しゅくごうむら》、西は田川を越えて城下に接し、南東は平松村《ひらまつむら》に接する平坦地で、かつては水田が展開していた。

「簗瀬」の郷名《ごうめい》はすでに南北朝時代に見え、応安《おうあん》元年（一三六八）一〇月と推定される一向寺《いっこうじ》（時宗。西原《にしはら》二丁目）への宇都宮氏綱《うじつな》（一〇代城主）寄進状《きしんじょう》に「簗瀬郷」とある。

当村は近世を通じて宇都宮藩領であったが、寺領として一向寺領五石があった。天保《てんぽう》年間（一八三〇～四四）の家数五〇軒。元和《げんな》六年（一六二〇）、田川の押切《おしきり》に堰《せき》を設け、これより南東へ恩光寺《おんこうじ》東側に掘割《ほりわり》を行って簗瀬村用水《やなせむらようすい》（恩光寺用水）とし、簗瀬村南東地域一帯の水田を潤した。村内北部の石井《いしい》街道（水戸北街道）沿いに猿《さる》が町《ちょう》があったが、後にこの町名は見えなくなるので、江戸時代のうちに簗瀬村に吸収されたのであろう。

村内に光徳寺《こうとくじ》（天台宗。簗瀬一丁目）がある。建久《けんきゅう》三年（一一九二）、簗瀬村田川の東にあった宝蔵《ほうぞう》寺《じ》（天台宗）の中に光徳寺を創建したが、明応《めいおう》元年（一四九二）、宝蔵寺は小袋町《こぶくろちょう》（現大通り四丁目）に移ったので、定伝《じょうでん》は光徳寺を独立寺院として寺内を整備した。境内の墓地に戊辰戦争の戦死者の墓や、簗瀬村の名主《なぬし》増淵五郎左衛門などの墓がある。
「簗瀬」の村名由来について某書は、「田川の瀬に簗《やな》をかけて鮭《さけ》を捕獲し、毎年城主に献上していたので、簗ヶ瀬村《やながせむら》というようになった。別説に、慶長《けいちょう》七年（一六〇二）、宇都宮大明神領として高一五〇〇石、簗《やな》一瀬《せ》との御朱印状《ごしゅいんじょう》があり、大明神の簗をかけた村のため簗瀬と称した」と記している。これは漢字の

光徳寺（簗瀬１丁目）

「簗」にとらわれたため、魚を捕獲する仕掛けに拘った村名由来となっている。

簗瀬（ヤナセ）は魚を捕獲する「簗」ではなく、「ヤナ・セ」という村名であろう。ヤナは「ヤヌ」の転から、ヤツ（谷津）・ヤチ（谷地）・ヤタ（谷田）などと同じ湿地の意、セは川などの浅い所の意。従って、「簗瀬」は田川沿いの水害の受けやすい湿地形に由来する村名と思われる。因みに田川流域には、水害を受けてきた「ヤナ」地名が、上三川町梁《やな》、小山市梁などがある。魚を捕獲する簗（梁）地名の場合は、宇都宮市下欠町簗場《しもかけまちやなば》・小山市網戸《あじと》字梁場・那須烏山市谷浅見《やあざみ》字簗場・旧都賀《つが》町家中《いえなか》字梁場などのように、「簗（梁）場」という地名になっている。

○下戸祭村《しもとまつりむら》　現戸祭《とまつり》一～四丁目・戸祭元町《とまつりもとちょう》・下戸祭一～二丁目・清《きよ》住《すみ》一丁目・星が丘《ほしおか》一～二丁目・松原《まつばら》一～三丁目・中一《なかいち》の沢町《さわまち》・桜《さくら》二丁目・同四～五丁目・中戸祭《なかとまつり》一丁目・東宝木町《ひがしたからぎちょう》・東戸祭《ひがしとまつり》一丁目・昭和《しょうわ》三丁目・大曽《おおぞ》二丁目・塙田《はなわだ》五丁目・戸祭町

戸祭村は、田川《たがわ》中流右岸の洪積台地上に位置する。当村は寛文《かんぶん》二年（一六六二）、北部の上《かみ》戸祭村と南部の下《しも》戸祭村とに分かれ、庄屋《しょうや》・組《くみ》頭《がしら》など村役人もそれぞれ任命されたが、「元禄郷帳《げんろくごうちょう》」「天保《てんぽう》郷帳」などでは、江戸時代を通じて一貫して戸祭村一村として扱っている。近世を通じて宇都宮藩領であった。

下戸祭村は、北は上戸祭村、南は塙田村《はなわだむら》・西原村《にしはらむら》に接する農村地であった。当地には宇都宮氏の一族戸祭氏が住し、文明《ぶんめい》二年（一四七〇）、宇都宮正綱《まさつな》（一六代城主）の弟戸祭備中守《びっちゅうのかみ》高定《たかさだ》が館《やかた》を構えたと伝え、

地内の戸祭山祥雲寺《とまつりさんしょううんじ》（曹洞宗。東戸祭一丁目）境内の墓地に、石碑「戸祭備中守高定公之墓」と刻んだ墓がある。

祥雲寺は、寺伝によると文明二年、戸祭高定が開基し、鹿沼玉田《たまだ》（鹿沼市玉田町）の瑞光寺《ずいこうじ》（曹洞宗）二世雪江良訓《せっこうりょうくん》を招いて開山し、戸祭氏の菩提寺とした。慶長《けいちょう》二年（一五九七）、宇都宮氏の改易《かいえき》に伴い、寺領三石を没収されたが、同六年（一六〇一）、幕《ばく》臣《しん》の大河内秀綱《おおこうちひでつな》（通称金兵《きんべ》衛《え》）が城代《じょうだい》として当地を領したとき、寺領三石の朱印《しゅいん》状《じょう》を受けた。寛永《かんえい》年間（一六二四～四四）に堂宇《どうう》を焼失したが、その後再建され、戊辰《ぼしん》戦争後、藩主戸田忠恕《ただゆき》は仮本陣《かりほんじん》としてしばらく居住した。

（左）祥雲寺の山門、（右）戸祭備中守高定公之墓（東戸祭１丁目）

境内の戸祭高定の墓近くに、全長約四〇メートルの祥雲寺境内古墳《しょううんじけいだいこふん》（前方後円墳）がある。古墳時代後期（六世紀代）の古墳だが、寺ではこれを天子塚《あましづか》とよんでいる。伝承によれば、この塚は二荒山《ふたあらやま》神社を父とし、雷《らい》神社（塙田五丁目）を母として生まれたので、天子塚といい、別名を雨子塚《あましづか》といって、旱《ひでり》が続いたとき、境内の龍神《りゅうじん》様の前で祭祀を行うと、必ず雨が降ったという。この雨乞《あまご》い伝説は、戸祭村一帯が農村地帯であったので、郡部にみられる農村習俗と相通ずるものがあ

祥雲寺境内古墳（天子塚。東戸祭１丁目）

る。なお、境内には推定樹齢三五〇年というしだれ桜（県指定）がある。

しだれ桜（東戸祭1丁目）

祥雲寺の西方約〇・五キロの地に高龗《たかお》神社（下戸祭一丁目）がある。境内に戸《と》祭《まつり》産《さん》石《せき》之《の》碑《ひ》が建っている。明治二六年（一八九三）三月の建碑だが、その内容は「古くから戸祭の山中には、白い戸祭石が露出し採掘されていたが、その後久しく採掘が途絶えていた。これを天保《てんぽう》年間（一八三〇～四四）に坂本治平《じへい》なる者が採掘を盛んにしたので、五〇余年を経た今、採掘業者は五〇余戸に達して販路を拡大した。これは治平が採掘を始めたからである。この恩を後世に伝えるため建碑した」というものである。今では開発によって、戸祭石を露出している箇所は少なくなってしまった。

戸祭産石之碑（下戸祭1丁目）

桜通りの東方近くに宇都宮聖公《うつのみやせいこう》教会礼拝堂《きょうかいれいはいどう》（国登録。桜二丁目がある。日本聖公会《にほんせいこうかい》（イギリス国教会系）が組織されたのは明治二〇年（一八八七）だが、宇都宮でこの聖公会が布教を始めたのは同二六年（一八九三）ころといわれ、同四五年（一九一二）、現在地に礼拝堂が建てられた。現在の教会堂は昭和七年（一九三二）に起工し、翌八年に竣工した鉄筋コンクリート造りで、外壁に大谷石《おおやいし》を用いている。外観は

宇都宮聖公会教会礼拝堂（桜2丁目）

全体的に簡素だが、内部はリズミカルな空間を創出している。屋根は切《きり》妻《づま》で銅板葺《どうばんぶ》きである。礼拝堂の北東部に柱状の突出部をつくっている角型平面の塔屋《とうや》は、ゴシック風のデザインで、落ち着いた雰囲気を醸《かも》し出している。

「戸祭」村名の由来について、(一)宇都宮築城のさい、城の乾《いぬい》(北西)に民戸《みんこ》を祀り(雷電宮《らいでんぐう》)、城の繁栄を祈ったことによる。(二)この地が戸祭備中守高定《びっちゅうのかみたかさだ》の城地であったことによる。(三)土を祀る土祭《どまつり》が転訛して「戸祭《とまつり》」になったという説などがある。いずれもこじつけた説である。

戸祭地域の地勢を大まかに観察すると、東部の宇都宮丘陵と西部の宝木《たからぎ》台地が南北に連なり、中央部は丘陵と台地に挟まれて釜川《かまがわ》が形成した沖積低地になっている。これらの地勢を踏まえて「戸祭」の村名を考えると、この釜川流域の地勢に由来するものと思われる。つまり、戸祭(トマツリ)は、「トマ・ツリ」という地名で、トマはドバ(土場)・ドブの転と思われる。ドバは「ドロ(泥)・バ(場)」の約で、湿地・泥地と解される。またドブは泥地とか泥濘《ぬかるみ》の意。ツリはツラ・ツルの転で、ツラ(連)は動詞ツラナル(連なる)と同じ意から、連なった状態をいう。ツル(鶴・蔓)も連なった様と解される。鳥類の鶴、植物の蔓から連想すると、細長く曲がった地形ということになる。従って、「戸祭」村名は、釜川流域の南北に長く延びた低湿地に由来するものと思われる。この沖積低地(水田地帯)を含む一帯を領有した宇都宮氏の一族は、この地名を姓として戸祭氏を名のったのである。

釜川流域(下戸祭2丁目付近)

なお、この釜川流域は、昭和三〇年代まで帯状を呈した狭長な水田地帯であったが、同四〇年代以降、埋め立てが盛んに行われて宅地化が進み、今では往時の田園風景は薄れてしまった。もともとこの釜川流域は低湿地で地盤が軟弱であるから、長雨や豪雨のさいには水害を受けやすいので、細心の注意が必要であることを付記しておきたい。

VI 宇都宮市郊外（旧村）の大字名

（1）上河内《かみかわち》地区（旧上河内村）

明治二二年（一八八九）に宮山《みややま》田《だ》・冬室《ふゆむろ》・関白《かんぱく》・今里《いまざと》・松田新田《まつだしんでん》・中里《なかざと》・免ノ内《めんのうち》・高松《たかまつ》・金田《かねだ》・上田《うわだ》の一〇か村が合併して「羽黒村《はぐろむら》」が成立し、同年、上小倉《かみこぐら》・下小倉《しもこぐら》・芦沼《あしぬま》の三か村が合併して「絹島村《きぬしまむら》」が成立した。昭和三〇年（一九五五）、羽黒村と絹島村が合併して「上河内《かみかわち》村《むら》」となる。

宇都宮の旧村略図

　上河内《かみかわち》地区（旧上河内村）は、河内郡の北端に位置し、北境から東境を鬼怒川《きぬがわ》が、西部の山裾を山田川《やまだがわ》が、両河川の間を西鬼怒川《にしきぬがわ》が南流している。鬼怒川は地区の北部では東流し、上小倉《かみこぐら》あたりからは流路を南にとって流下し、西鬼怒川は高間木《こうまぎ》で鬼怒川から分水して北部山地の山麓に沿って流れ、今里《いまざと》から南東の芦《あし》沼《ぬま》に向かって河川改修による流路を流れている。山田川は北部山地と西側山地に源を発して、宮山田《みややまだ》から関《かん》白《ぱく》・今里を経て金田《かねだ》に向かって流れている。

　地区の東部は関東平野の北端で、台地と低地が段差をもって並列し、鬼怒川と西鬼怒川沿いに平坦な沃地を展開している。山田川を境にして地区の西部は、北から羽黒山《はぐろさん》（四五八メートル）・矢倉山《やくらやま》（四〇九メートル）・妙見山《みょうけんさん》（三二〇メートル）・高舘山《たかだてやま》（四七七メートル）など、傾斜一五度以上の山が連なって山地をなしている。また、傾斜一〇度内外の緩やかな起伏の丘陵が山田川流域に、北部の羽黒山を中心とする山地と西側山地のそれぞれの山麓部にみられる。

明治二二年（一八八九）四月　宮山田・冬室・関白・今里・松田新田・中里・免ノ内・高松・金田・上田の一〇か村が合併して、羽黒村が成立する。

明治二二年（一八八九）四月　上小倉・下小倉・芦沼の三か村が合併して、絹島村が成立する。

昭和三〇年（一九五五）四月　羽黒村と絹島村が合併して上河内村が成立する。

平成七年（一九九五）四月　町制施行して上河内町となる。

平成一九年（二〇〇七）三月　宇都宮市に編入する。

〔羽黒村《はぐろむら》〕

羽黒山を南東方より望む

明治二二年（一八八九）四月、一〇か村が合併して羽黒村が成立した。この地には地域のシンボル羽黒山（四五八メートル）に羽黒山神社が鎮座しているので、村名は羽黒山と神社に因んで付された。羽黒山は椀《わん》を伏せたような美しい山容を呈し、遠方からも容易に望むことができる。当村は河内郡の北東部に位置し、村内の南東部に沖積地が開け、西鬼怒川を越えて絹島村の沖積地に連なっている。ほぼ中央を流れる山田川流域の沖積地以外の北部・西部・南西部は、山々が重なりあって起伏している。

当村北西端の宮山田《みややまだ》の高間木《こうまぎ》で鬼怒川から分流した西鬼怒川（逆木用《さかさぎよう》水《すい》とも）は、本流の西側を流れているので、西鬼怒川の川名が付された。高間木から逆木《さかさぎ》—今里《いまざと》—芦《あし》沼《ぬま》—下ケ橋《さげはし》（旧河内村）を経て南東流し、東岡本《ひがしおかもと》（旧河内村）で鬼怒川に合流している。『逆木工事沿革誌』（大正八年）に「歳月を経るに従い、幾多出水のため、川身又幾度か変じ、遂に今日の西鬼怒川を形成するに至れり」とあり、本来は農業用水を目的に人工的に開削《かいさく》されたが、河床や洪水の影響で次第に河川化したことがわかる。逆木用水の名は、宝暦《ほうれき》四年（一七五四）の水組、逆木組合によるものである。明治二九年（一八九六）、同三五年（一九〇二）の大洪水などによる被害は大きかったが、その都度復旧工事がなされ、現在の逆木用水路となっている。

羽黒山の山頂に鎮座する羽黒山神社（今里《いまざと》）は、明治初年までは羽黒山大権現《だいごんげん》と称し、神仏混淆《しんぶつこんこう》（神仏《しんぶつ》習合《しゅうごう》）の修験道場《しゅげんどうじょう》であった。近在一八郷の総鎮守《そうちんじゅ》として、「おはぐろさん」の尊称で崇敬され、現在に至っている。登拝道は今里集落北方の主要地方道六三号線（藤原宇都宮線）脇の参道入口から登る急坂の本《ほん》道口《どうぐち》、南は関白《かんぱく》から登る正面口で、途中に七曲りの坂道があり、西は宮《みや》山田《やまだ》から、北は小室《こむろ》から登ることができる。急坂を登ると羽黒山荘前の平坦地に出る。ここは十国を望むことができるという十国平《じっこくだいら》で、関東平野が一望できる。ここに駐車場やトイレが完備している。ここから石段を上がれば山頂に羽黒山神社が鎮座している。

羽黒山神社（今里町）

神社の創祀は不詳だが、一説では康平《こうへい》年間（一〇五八～六五）、藤原宗円《そうえん》が宇都宮城北方の守護神《しゅごじん》として、出羽《でわ》国（山形県）の羽黒山大神《おおかみ》の分霊を勧請《かんじょう》して創祀したといい、主祭神は五穀《ごこく》をつかさどる倉稲魂《うかのみたまの》命《みこと》である。近世になって当社は代々藩主奥平《おくだいら》氏の崇敬を受け、奥平氏が他に移封《いほう》（国替え）になった後も、宇都宮藩主代々の崇敬があつかった。

元禄《げんろく》一四年（一七〇二）、今里村の庄屋篠沼《ささぬま》（のち笹沼《ささぬま》）長左衛門正《ちょうざえもんまさ》春《はる》は、社殿と梵鐘《ぼんしょう》を奉納し、その後、しばしば修理や再建がなされたが、文政《ぶんせい》年間（一八一八～三〇）に焼失したので、宇都宮藩主戸田忠温《とだただはる》によって再建されたという。現在の本殿（市指定）は文政一三年（一八

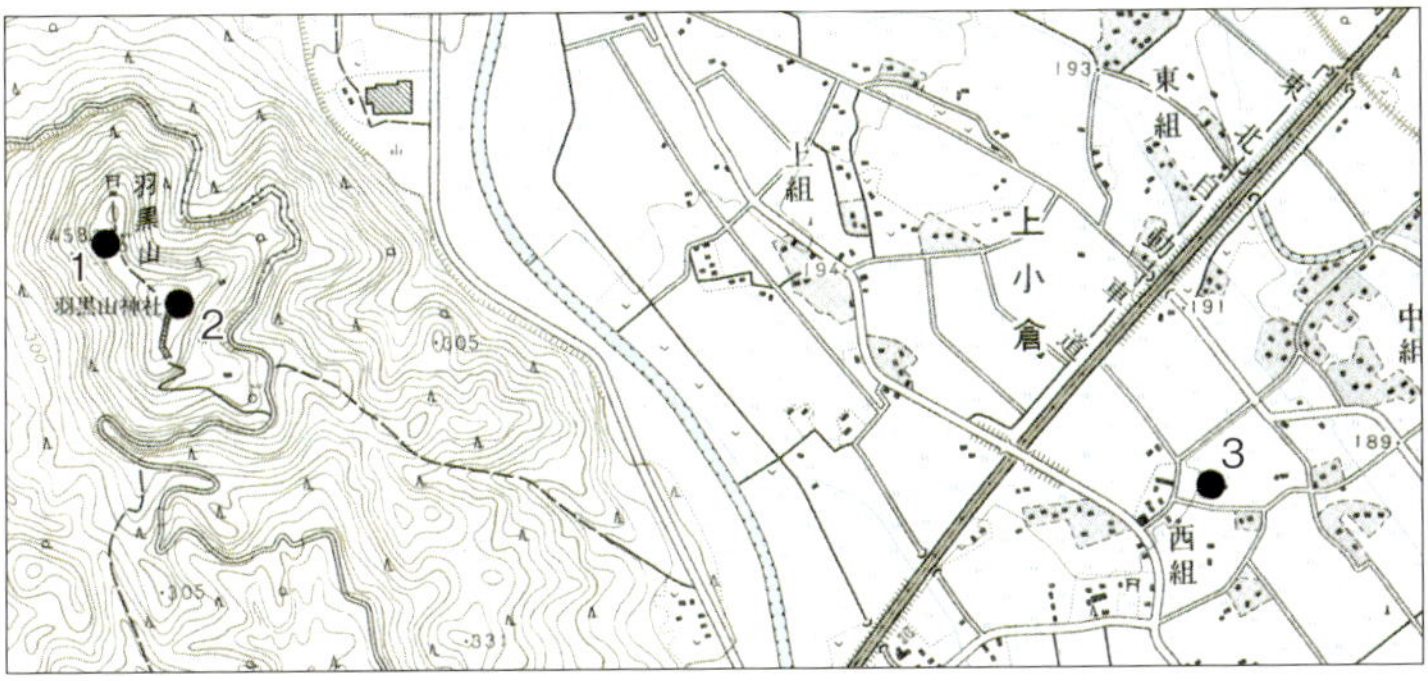

上小倉付近「氏家」2万5千分の1(平成14)。●印　1.密嶽神社(宮山田町)　2.羽黒山神社　3.延寿寺(上小倉町)

三〇)、塩谷郡高根沢《たかねざわ》住の棟梁《とうりょう》山本飛騨《ひだ》によって建てられたものである。鐘撞堂《かねつきどう》と梵鐘(ともに市指定)は、はじめ元禄一四年(一七〇一)に建立、鋳造され、特に梵鐘は佐野天明《てんみょう》鋳物師《いもじ》忠兵衛の作であったが、現在のものは文政元年(一八一八)に鋳物師戸室《とむろ》将監《しょうげん》によって改鋳されたものである。

神社境内に鐘撞堂があるのは、神仏混淆の権現社《ごんげんしゃ》であったことを示す貴重な文化財だが、明治元年(一八六八)の神仏分離令《しんぶつぶんりれい》によって、これまでの羽黒山大権現は羽黒山神社と改称された。例祭日は春五月五日、秋一一月二三・二四の両日で、特に秋の祭りは収穫を感謝する「梵天祭《ぼんてんまつ》り」が広く知られ、この祭りは江戸時代中ごろから行われ今に至っている。

次に羽黒村の明治二二年(一八八九)~昭和三〇年(一九五五)までの大字名(江戸時代~明治二二年までの村)について記しておこう。

〇宮山田《みややまだ》

西鬼怒川右岸に位置する山間地で、面積は広大であるが耕地は狭小で、用水は山沢よりの出水を利用している。宮山田の北は塩谷町風見《かざみ》、北西は清水川《しみずがわ》を挟んで旧今市市小《こ》林《ばやし》に接している。北境の一部を鬼怒川が東流し、当地の高間木《こうまぎ》で鬼怒川から分流した西鬼怒川(逆木用水《さかさぎようすい》)が南東流している。地内の西部山地を一般県道一五九号線(小林逆面《さかづら》線)が通っている。自治会は山田・高間木・小室《こむろ》・謡《うとう》から成っている。

当地は、中世には宇都宮氏の支配下であったが、宇都宮氏改易《かいえき》後の変遷を経て宇都宮藩領となり、寛延《かんえん》三年(一七五〇)に下総《しもうさ》佐倉《さくら》藩領となったが、明和《めいわ》元年(一七六四)から再び宇都宮藩領となって幕末に至った。天保《てんぽう》年間(一八三〇~四四)の家数は五四軒。明治二二年(一八八九)、羽黒村の大字となり、昭和三〇年（一九九五）、上河内村の大字となる。

羽黒山神社の北方近くに、元亨《げんこう》二年（一三二二）の創祀と伝える倉稲魂命《うかのみたまのみこと》を祭神とする蜜嶽神社《みつだけじんじゃ》の本殿（市指定）がある。当社は「隠《いん》居《きょ》羽黒山」といわれ、嶽の頂上に三神を祭祀したので、はじめ羽黒三社《はぐろさんしゃ》大権現《だいごんげん》といった。寛延《かんえん》三年（一七五〇）二月、野火によって全焼し、現在の本殿は天保《てんぽう》一一年（一八四〇）に再建されたものである。明治元年（一八六八）の神仏分離令によって、権現を蜜嶽神社と改称し今に至っているが、本殿の彫刻は農民の春の種まきから秋の収穫までの農作業をモチーフとしたもので、作者は不明だが一見に値する貴重な民俗資料である。

密嶽神社本殿の彫刻（宮山田町）

宮山田の村名は、「ミ（水）ヤ（萢）・ヤマ（山）・ダ（接尾語）」から、山間の湿地形に由来するとも解されるが、地内の南東方に羽黒山神社が鎮座し、同神社への西側からの参道は宮山田からであるので、「ミヤ（宮）・ヤマ（山）・ダ（接尾語）」という村名で、神社と深く結びついた山間地に由来するものと思われる。「ダ」はタの濁音化で、カナタ（彼方）・コナタ（此方）などの場所・位置などを示す接尾語で、耕作地・水田を意味するものではない。

当地には珍しい小字名「謡辻《うとうつじ》」がある。一見当て字にとらわれると、謡曲《ようきょく》に関わる地名のようだが全く関係はない。「ウトウ」という地名は、語源的にはウトと同じで、ウツ（空）の転と思われる。方言としてのウトウ（ウドウ）・ウト（ウド）・ウツには、（一）川岸の抉《えぐ》れた窪んだところ、（二）谷・狭い谷、（三）両側が高く切り込んだ道、（四）山の奥深いところなどの意があるので、一様に地名の由来を解くことはできない。「謡辻」は、旧今市市小林から吹上《ふきあげ》・関白《かんぱく》をへて旧河内村の上田原《かみたわら》方面と、高間木をへて今里《いまざと》・金田《かねだ》方面に至る分岐する辻で、この辻は小谷の狭隘《きょうあい》な坂道を上る入口にあたるので、これが地名の由来であろう。蛇足だが、「ウトウ」地名は県内の旧塩原町上塩原に善知鳥沢《うとうざわ》、旧岩《いわ》舟《ふね》町小野寺《おのでら》に謡坂《うとうざか》、那須町蓑沢《みのざわ》字打尾木《うとうぎ》などがある。

○冬室《ふゆむろ》

冬室は、宮山田《みややまだ》の南に位置し、山田川右岸の丘陵地で、東は関白《かんぱく》、南は中里《なかざと》、西は高舘山《たかだてやま》（四七七メートル）などを隔てて大網《おおあみ》に接している。地内の山地に源をもつ前川《まえかわ》が東流し、南東流する山田川に注いでいる。集落は主に樹枝状の谷の北側に見られ、狭長な水田は山田川とその支流域に限られる。当地ははじめ宇都宮藩領であったが、寛延《かんえん》三年（一七五〇）に下総佐倉《しもうささくら》藩領となり、明《めい》和《わ》元年（一七六四）から再び宇都宮藩領となった。天保《てんぽう》年間（一八三〇～四四）の家数二九軒。明治二二年（一八八九）、羽黒村の大字となり、昭和三〇年（一九五五）、上河内村の大字となる。

山田川右岸の冬室集落（冬室町）

地内字西山《にしやま》の丘陵麓近くに**龍昌《りゅうしょう》寺《じ》**（曹洞宗）がある。寺縁起（信ずることはできないが）によれば、大《だい》同《どう》年間（八〇六～八一〇）、藤原諸時《もろとき》なる者が下野国司《こくし》として冬室に在住し、その父諸氏《もろうじ》とともに仏門に帰依《きえ》して一宇《いちう》を構えて仏像を安置したのが草創といい、当初龍性寺《りゅうしょうじ》といったが、のち龍昌寺に改称したという。その後、幾星霜をへて堂宇が廃《すた》れたので、成高寺《じょうこうじ》（宇都宮市塙田四丁目）一六世によって再興されたが、天保《てんぽう》六年（一八三五）の野火によって焼失、同一一年（一八四〇）再建された。境内に三三年ごとに開帳されるという薬師如来像を安置した薬師堂がある。現在、無住のため成高寺住職が兼帯《けんたい》している。

龍昌寺の薬師堂（冬室町）

字西山の山田川右岸の丘陵上に**冬《ふゆ》室城跡《むろじょうせき》**がある。当城は丘陵の山頂（一五〇メートル）に築かれた長方形単郭《たんかく》のユウカイ（要害）山城と、その裾の台地上に築かれた長方形単郭の館《やかた》（西山城）を総称している。中世武将の居城であったことは確かだが、築城者や築城年代などは不詳である。

冬室の村名について、一般に天然の氷を夏まで保存しておくための貯《ちょ》蔵室《ぞうむろ》（氷室《ひむろ》）に由来するといわれている。確かに天然氷の製造とその貯蔵・販売を行っていたようであるが、村名の由来とは関係がない。冬室地内の地勢から考えると、冬室（フユムロ）は、「フユ・ムロ」という村名で、フユは動詞フヤケルの語幹フヤの転で、水を吸って柔らかくなった地、湿地の意。ムロはモリ（森）・ムレ（牟礼）と同じく、山に囲まれた所の意と解されるので、村名は山間の樹枝状の谷地《やち》に由来するものと思われる。

地内には新谷前《にいやまえ》・大ヌカリ・菖《しょう》蒲沢《ぶさわ》・梅《うめ》ノ内《うち》・沼田など、谷地に関わる字名が散在している。

○関白《かんぱく》

関白は、羽黒山《はぐろさん》の南南西麓に位置し、南南東流する山田川左岸の丘陵地である。

北は宮山田《みややまだ》、東は今里《いまざと》、南は中《なか》里《ざと》、西は冬室《ふゆむろ》に接し、集落は羽黒山南西麓の崖下と舌状台地の尖端部に見られ、稲作を中心とした農業地域である。山田川に沿って一般県道一五九号線（小林逆面《さかづら》線）が通っている。

江戸時代初期に今里村から分村し、「元禄郷帳《げんろくごうちょう》」「天保郷帳《てんぽうごうちょう》」に今里村枝郷《えだごう》と見える。近世初めは宇都宮藩領、寛延《かんえん》三年（一七五〇）から下《しも》総《うさ》佐倉《さくら》藩領となり、明和《めいわ》元年（一七六四）から再び宇都宮藩領となる。天保年間（一八三〇～四四）の家数一〇軒。明治二二年（一八八九）、羽黒村の大字となり、昭和三〇年（一九五五）、上河内村の大字となる。

関白集落南方の丘陵西縁の崖上に、明治一二年（一八七九）の創建で鎮守府《ちんじゅふ》将軍藤原朝臣利仁《あそんとしひと》を祭神とする関白山神社《かんぱくさんじんじゃ》が鎮座している。社伝によると、延喜《えんぎ》一二年（九一二）、高座山《たかくらやま》（高原山《たかはらやま》か）の賊蔵宗《くらむね》・蔵安《くらやす》は群盗《ぐんとう》数千人と結んで掠奪《りゃくだつ》を行っていたので、勅命を受けた利仁はこ

関白流獅子舞が演ぜられる関白山神社（関白町）

の地に遠征して群盗を平定し、その武威は遠近に轟《とどろ》いた。平定後間もない同年一〇月一八日、利仁は当地で没し葬られたという。明治一一年（一八七八）になって土地の人たちは、利仁の偉大な事蹟の湮滅《いんめつ》を憂《うれ》えて、関白村堀《ほり》の内《うち》が葬られた地であると信じ、ここに有志の寄付によって翌一二年、社殿を創建したという。

　社殿の裏手に藤原利仁公の墓（市指定）という永和《えいわ》二年（一三七六）銘の宝篋印塔《ほうきょういんとう》がある。陰刻《いんこく》された銘は今はほとんど判読できない。果たして利仁の墓であろうか。『河内郡誌』（大正六年刊）は、「墳墓ハ老《ろう》杉《さん》二株、古桜一株トノ間ニ立テル古墳ニシテ、梵字《ぼんじ》様ノ文字アレトモ、全ク見ルコトヲ得ズ、辛《かろ》ウジテ十月十八日ノ五字、其形髣髴《ほうふつ》トシテ認ムベシ」と記し、「果シテ信ナリヤ否ヤ、疑ヒナキ能ハズ」と付記している。利仁の墓とは思われないので供養塔であろう。

伝「藤原利仁公の墓」（関白町）

　関白神社の境内では、毎年八月の第一土曜日に獅子舞が演ぜられる。県内に分布する関白流《かんぱくりゅう》の始祖といわれる一人立三匹《ひとりだちさんびき》の獅子舞で、「関白流獅子舞《かんぱくりゅうししまい》」として県無形民俗文化財に指定されている。口碑によれば、利仁は群盗を平定した後、この地で亡くなったので、その亡骸《なきがら》を葬るとき、一天《いってん》にわかに曇り、辺り一帯が暗闇のようになってしまった。そこで臣下の青木角太夫正利《かくだゆうまさとし》・青木左近将監一角《さこんしょうげんいっかく》が、雌雄子《しゆうし》三頭の獅子を家人《けにん》に舞わせたところ晴天になった。それ以来、この舞は悪魔退散・国家安全の祈りの舞になったという。

　関白（カンパク）は、「カン・パク」という村名である。カンはカムの転で、動詞カム（嚙む・咬む）から、物を挟み砕くとか、水などが岩・砂・土などを激しく抉《えぐ》るの意に解されるので、地名の場合、崩崖・浸食された地と解される。パクはハグ（剝ぐ）から崩崖などの崩壊地を意味する。従って、カンとパクは類義語を重ねたもので、山田川の浸食によって崩崖・崩壊した地に由来する村名と思われる。

○今里《いまざと》

　今里は、羽黒山の南東麓に位置

羽黒山麓の宿街（今里町）

し、北は宮山田《みやまだ》、東は上小倉《かみこぐら》、南は松田新田《まつだしんでん》・免ノ内《めんのうち》、西は関白《かんぱく》に接している。東方近くを西鬼怒川が南東流している。地内の三分の二は山林地帯であるが、南部の平地部は羽黒山神社の参道口にあたるので、現在の主要地方道六三号線（藤原宇都宮線）沿いの集落は、江戸時代に門前町としての宿街《しゆくがい》を形成していた。

当地ははじめ宇都宮藩領であったが、寛延《かんえん》三年（一七五〇）に下総佐倉《しもうささくら》藩領となり、明和《めいわ》元年（一七六四）に再び宇都宮藩領となり幕末に至った。江戸時代初期に関白・松田新田が分村し、「元禄《げんろく》郷帳《ごうちょう》」「天保《てんぽう》郷帳」に今里村の枝郷《えだごう》として関白村・松田新田村が見える。天保年間（一八三〇～四四）の家数三二軒。明治二二年（一八八九）、羽黒村の大字となり、昭和三〇年（一九五五）、上河内村の大字となる。

元和《げんな》六年（一六二〇）、宇都宮藩主本多正純《ほんだまさずみ》が開削した御用川《ごようがわ》は、今里地内の西鬼怒川（逆木用水《さかさぎようすい》）を取水口とするもので、はじめ新筏川《しんいかだがわ》とよばれたが、地域住民は御用堀《ごようぼり》とも称した。川幅九尺（約二・七メートル）の水路であったといわれ、正純は宇都宮城の普請と城下町の大改革にさいし、必要な木材運搬のために舟路として開いたが、年貢米や麦などを宇都宮城下へ輸送するための物資輸送水路でもあった。しかし舟運はおもわしくなく、後には灌漑用水路として使われた。これは享保《きょうほう》八年（一七二三）の五十里《いかり》洪水で荒廃し、翌年の修理で逆に水量が増して舟運に適さなくなったからである。この御用川は、当地内から南流して岡本《おかもと》台地の西側、旧河内村の中央部を流れ、宇都宮市の海道町《かいどうまち》から竹林町《たけばやしまち》を経て今泉《いまいずみ》で田川《たがわ》に注いでいる。

五穀豊穣《ごこくほうじよう》、無病息災《むびようそくさい》などを祈願して梵天《ぼんてん》を羽黒山神社に奉納する祭り（羽黒山の梵天祭り）は、江戸時代中ごろから始まり、今では晩秋の風物詩として遠近に知られ、万を超える参拝・見物客が押しかけるが、その祭りの中心は神社の麓今里宿である。祭り当日は数知れぬ露店《ろてん》が道路脇に所狭しと軒を並べ、特産のユズ（柚子）は祭りにいっそう彩りを添えている。梵天を担《かつ》いだ威勢のよい若い衆たちは、今里宿の下《しも》から目抜き通りをねり歩き、やがて参道入口から神社までの坂道一・六キロを駆け上って神社へ奉納し、勇壮なこの神事は終わる。

今里（イマザト）は、「イマ・ザト（里）」という村名である。イマは本・元・古に対する「今」かも知れないが、この村は羽黒山神社の参道口に開けたので、形容詞イマシイ（忌しい）の語幹から、穢《けが》れを避けて慎《つつし》むとか、斎戒《さいかい》（心身を清浄にすること）の意と思われるので、今里は「斎戒の里」に由来する村名と思われる。

羽黒山神社の「梵天祭り」（今里町）

○松田新田《まつだしんでん》

西鬼怒川の右岸に位置し、北は今里《いまざと》、東は下小倉《しもこぐら》、南と西は中里《なかざと》に接している。

地内中央部を主要地方道六三号線（藤原宇都宮線）が南北に通っている。寛文《かんぶん》一〇年（一六七〇）、今里村内より一五町歩を申し受けて開発されたもので、「元禄郷帳《げんろくごうちょう》」「天保《てんぽう》郷帳」に今里村枝郷《えだごう》松田新田村と見える。開村より宇都宮藩領であるが、寛延《かんえん》三年（一七五〇）より明和《めいわ》元年（一七六四）まで下総《しもうさ》佐倉《さくら》藩領となり、以後、宇都宮藩領に復し幕末に至った。天保年間（一八三〇〜四四）の家数七軒。明治二二年（一八八九）、羽黒村の大字となり、昭和三〇年（一九五五）、上河内村の大字となる。

松田新田（マツダシンデン）は、「マツダ・シンデン（新田）」という村名だが、その由来は不詳。何故ならばこの地域に、「松」の木が茂っていたという記録はない。実は本県はもとより全国的に「松」の字を用いた地名は大変多い。例えば松川・松木・松倉・松島・松沼・松野・松原・松山・高松などという地名の多くは、その由来が皆目わかっていない。「松」は古くから日常生活に関係が深く、一種の聖樹《せいじゅ》（松竹梅、正月の松飾りなど）として扱われたので、他の樹木よりは地名になりやすかったのかも知れない。特に松田新田の場合は、今里から分村して「新田村」としたので、縁起のよい「松」を村名に用いたのであろうか。

○中里《なかざと》

中里は、西部を山田川が南東流し、この河川に並行して東側に一般県道一五九号線（小林逆面《さかづら》線）が通り、東部には西鬼怒川が南東流し、主要地方道六三号線（藤原宇都宮線）が南北に通っている。また南部を国道二九三号線が南東から北東に向かっている。中里の北は松田新《まつだしん》田《でん》、東は上田《うわだ》、南は免ノ内《めんのうち》・金田《かねだ》、西は高松《たかまつ》に接している。宿組《しゆくぐみ》・西組・中組・東組・原組の五自治会がある。

当村は、室町時代から戦国時代に中里《なかざと》郷《ごう》といった。応永《おうえい》八年（一四〇一）の記録に「興禅寺《こうぜんじ》（宇都宮市今泉三丁目）りょう中さとの郷」と見える。下って永正《えいしょう》九年（一五一二）、宇都宮忠綱《ただつな》（一八代城主）は中里領を興禅寺領として安《あん》堵《ど》し、大永《たいえい》八年（一五二八）には興《おき》綱《つな》（一九代城主）が、興禅寺の仏殿修造のため、同寺に中里郷の田面銭七貫五〇〇文と諸公事《くじ》を免除している。また、天文《てんぶん》三年（一五三四）にも宇都宮俊綱《としつな》（二〇代城主尚綱《ひさつな》）が興禅寺造営のため、同寺に中里郷の夫役《ぶやく》を同年から五年間免除している。従って中里領は宇都宮氏の支配下にあって、室町時代から戦国時代には興禅寺領であったことがわかる。

当村は近世初め宇都宮藩領であったが、寛延《かんえん》三年（一七五〇）から明《めい》和《わ》元年（一七六四）まで下総佐倉《しもうささくら》藩領、天保《てんぽう》一二年（一八四一）からは宇都宮藩領・牧野《まきの》領・吹上《ふきあげ》藩領の相《あい》給《きゅう》（複数の領主が分割して知行《ちぎょう》すること）として幕末に至った。天保年間（一八三〇～四四）の家数二四軒。「元禄郷帳《げんろくごうちょう》」「天保郷帳」に中里村の枝郷《えだごう》として免之内村《めんのうちむら》が見える。明治二二年（一八八九）、羽黒村の大字となり、昭和三〇年（一九五五）、上河内村の大字となる。

地内の峰山《みねやま》に中里城《なかざとじょう》（峰山城《みねやまじょう》）跡《せき》がある。築城時期・築城者は不詳だが、『下野国誌』所収の「氏家系図」によれば、氏家氏の祖公頼《きみより》（宇

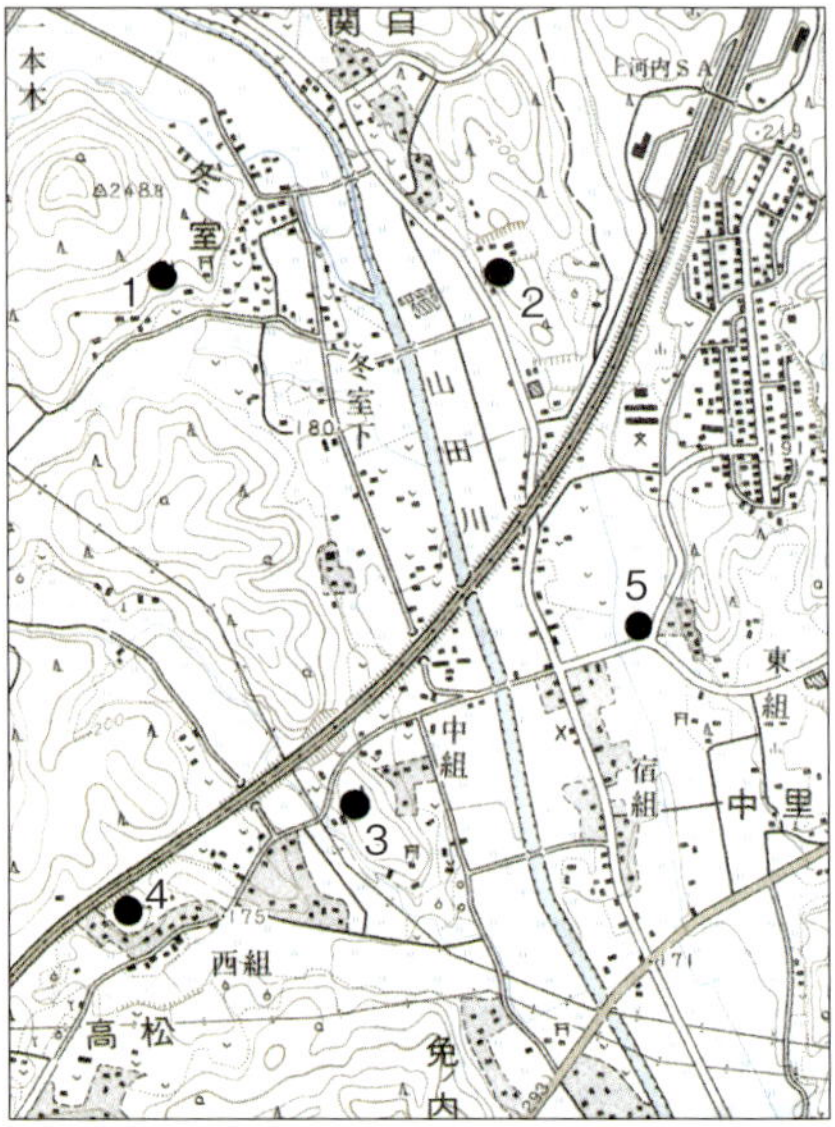

関白町・中里町・免ノ内付近「氏家」2万5千分の1（平成14）。●印　1.龍昌寺（冬室町）　2.関白山神社（関白町）　3.中里城跡（中里町）　4.右岡城跡（中里町）　5.姫神社（中里町）

中里城跡（中里町）

都宮朝綱《ともつな》の三男）の二男高信《たかのぶ》が中里郷を領したとあるので、鎌倉時代前期に氏家氏から分家して中里郷を領有して中里氏を名のり、峰山に築城したのかも知れない。当城跡の南西約〇・五キロの地、中里西組《にしぐみ》の丘陵舌状部山腹には右岡城跡《みぎおかじようせき》がある。

　中里城は峰山丘陵の突端部、低地からの比高約二五メートルのところに築かれた平山城で、大きさ東西約四〇メートル、南北約五〇メートル、周囲に土塁・堀が巡っている長方形を呈した単郭《たんかく》である。構造的に到底戦闘には耐えられるものではないので、おそらく中里氏の居館《きよかん》であったろう。この中里城跡の南西方約〇・五キロの地、高舘山《たかだてやま》（四七七メートル）の東へ延びる尾根の東端舌状《ぜつじよう》部山腹に右岡城跡がある。通称城山《しろやま》に築かれているので城山城ともよばれ、主郭《しゆかく》（本丸）・副郭《ふくかく》・外郭《がいかく》からなり、いかにも城郭《じようかく》といった構えを呈している。築城時期・築城者は不詳だが、中里城（居館か）と至近の距離にあるので、居館に住した中里氏は戦時に耐えられる右岡城を築いたのであろう。

　地内では中里西組《なかざとにしぐみ》獅子《しし》舞《まい》（関白流獅子舞。市指定）が、毎年八月一五日午前九時〜午後四時、白山《はくさん》神社・中里西組公民館で演ぜられている。

　中里には白山神社・琴平《ことひら》神社・姫《ひめ》神社などがある。このうち東組の姫神社は、通称姫宮様《ひめみやさま》ともいわれ、祭神は鎮守府《ちんじゆふ》将軍藤原利仁《としひと》にまつわる伝説の利仁夫人である。利仁が群盗を鎮めてこの地に滞在していたとき、京師《けいし》（都）より夫人が来訪したが亡くなられたので、この地に葬って姫神《ひめがみ》の社《やしろ》として崇敬したといい、

姫神社（中里町）

ここは浮島《うきしま》の社ともいわれている。

中里の村名は、村の中央に位置していることに由来するといわれているが、これは誤っている。中里（ナカザト）は、「ナカ・ザト（里）」という村名で、ナカは付近の地勢から、東側の羽黒山から南に延びる丘陵と、西側の南北に延びる丘陵との間を意味するので、村名は両丘陵の間に開けた集落（里）に由来するものであろう。

○免ノ内《めんのうち》

免ノ内は、北は中里《なかざと》、東は南流する山田川を挟んで金田《かねだ》に接し、南は逆面《さかづら》、西は高松《たかまつ》に接している農業地域で、南西から北東へ進む国道二九三号線沿いに集落がみられる。「元《げん》禄郷帳《ろくごうちょう》」「天保郷帳《てんぽう》」に中里村枝郷《えだごう》と見える。慶長《けいちょう》七年（一六〇二）旗本神保定宗《じんぼさだむね》に与えられ、以後、幕末まで神保領であった。天保年間（一八三〇～四四）の家数一三軒。名主《なぬし》は慶長七年より明治元年（一八六八）まで代々小野《おの》家が世襲していた。明治二二年（一八八九）に羽黒村の大字となり、昭和三〇年（一九五五）、上河内村の大字となる。

「免ノ内」の村名は、付近の地勢から考えて、山田川の浸食による崩壊した地に由来するようである。免ノ内（メンノウチ）は、「メン・ノ（助詞）・ウチ」という村名で、メンは「免」ではなく「面」で、ほぼ平坦な広さをもった地の意。ウチはウツ（打つ、または棄つ）の転で、切り取るとか、敲《たた》いたり切ったりして傷つける、棄てるの意と思われる。従って、山田川の氾濫によって浸食を受けた地に由来する村名と思われる。

○高松《たかまつ》

高松は免ノ内《めんのうち》の南西に位置し、北は高舘山《たかだてやま》（四七七メートル）・妙見《みょうけん》山《さん》（三三〇メートル）などの山々を境に冬室《ふゆむろ》に接し、南は逆面《さかづら》、西は大《おお》網《あみ》に接し、多くは丘陵地である。地内を国道二九三号線が迂回しながら北東から南を通り、集落は丘陵下や舌状台地の南斜面などにみられ、樹《じゅ》枝状《しじょう》の谷が入り込んでいる。明治二二年（一八八九）に羽黒村の大字となり、昭和三〇年（一九五五）、上河内村の大字となる。

慶長《けいちょう》七年（一六〇二）、当地の八二石余が宇都宮大明神領《だいみょうじんりょう》であったが、おおむね宇都宮藩領として幕末に至った。藩領分は寛延《かんえん》三年（一七五〇）より明和《めいわ》元年（一七六四）まで下総佐倉《しもうささくら》藩領、天明《てんめい》三年（一七八三）より寛政《かんせい》一〇年（一七九八）まで一時天領《てんりょう》（代官《だいかん》飯塚伊兵衛の支配）となった以外は宇都宮藩領であった。天保《てんぽう》年間（一八三〇～四四）の家数は宇都宮藩領分二五軒、宇都宮大明神領分六軒であった。

当地は古くは高徳村《たかとくむら》といったが、塩谷郡高徳村（旧藤原町高徳）と紛《まぎ》らわしいため、正保《しょうほう》元年（一六四四）に高松村に改称した。だから当地の本来の村名由来は、「タカ・トク」である。タカは形容詞タカシ（高し）の語幹で高い所の意、トクはトコ（床）の転で、高くなって平らなところ（『岩波古語辞典』）の意である。トコ（床）は「床の間」などと同源で、タカ（高）に通ずる。従って、タカ（高）とトク（徳）は類義語を重ねたもので、ともに高い丘陵地を意味しよう。改称された高松（タカマツ）は、本来の高徳という地勢を踏まえて付されたものと思われる。「高」は高い所、「松」は先に触れた「松田新田」と同じように、縁起のよい「松」の一字を付して高松村としたのであろう。

○金田《かねだ》

地内の南西部を流れる山田川左岸の低湿地に位置する。北は中里《なかざと》、東は上田《うわだ》、南は逆面《さかづら》に接し、東部を主要地方道六三号線（藤原宇都宮線）、西部を逆面地内で六三号線から分岐した一般県道一五九号線（小林逆面線）が、北西から南東に通っている。

地内の墓地から元徳《げんとく》二年（一三三〇）・貞和《じょうわ》二年（一三四六）の年号をもつ板碑《いたび》が出土しているので、鎌倉時代末期以前には集落が存在したことは確かであろう。当地ははじめ宇都宮藩領であったが、寛延《かんえん》三年（一七五〇）より明和《めいわ》元年（一七六四）まで下総佐倉《しもうささくら》藩領となり、天明《てんめい》三年（一七八三）から一時幕府領、まもなく寛政《かんせい》一一年（一七九九）に再び宇都宮藩領に戻り幕末に至った。天保《てんぽう》年間（一八三〇〜四四）の家数一五軒。明治二二年（一八八九）に羽黒村の大字となり、昭和三〇年（一九五五）、上河内村の大字となる。

金田（カネダ）は、「カネ・ダ（接尾語）」という村名で、カネは地内の地勢から考えて「カナ」の転であろう。カンナ（鉋）の古語カナの語源「カク（掻く）・ナグ（薙ぐ）」（『大言海』）と同じく、掻《か》き薙《な》がれたような地、つまり地名の場合、崩壊・浸食地を意味しよう。ダ（タ）は場所・位置を示す接尾語である。従って、当村は山田川の氾濫によって浸食された地に由来するものと思われる。

○上田《うわだ》

上田は、北は中里《なかざと》、東は下小倉《しもこぐら》・芦沼《あしぬま》、南は古田《ふるた》、西は金田《かねだ》に接し、今里《いまざと》で西鬼怒川から取水した御用川《ごようがわ》（新筏川《しんいかだがわ》）が南東流し、その西側に中心の集落がある。上田村は明治八年（一八七五）、上台新田村《かみだいしんでん》と土手《どて》下新田《したしんでん》村が合併して生まれた村で、同二二年（一八八九）に羽黒村の大字となり、昭和三〇年（一九五五）、上河内村の大字となる。

上台新田は土手下新田の北で、西鬼怒川流域に位置する。元和《げんな》六年（一六二〇）、御用川（新筏川）の開削によって元和八年（一六二二）に開発され、寛文《かんぶん》一一年（一六七一）、下田原《しもたわら》村枝郷《えだごう》として分郷、上台新田村となる。上台新田村の枝郷に土手下新田がある。上台新田は村成立から宇都宮藩領、土手下新田は寛文一二年（一六七二）から宇都宮藩領となる。二つの新田村が合併して上田村となったので、両方の一字を取って村名としたのであろう。つまり、上台《かみだい》新田の「上《かみ》」は「ウワ」、土手下新田《しんでん》の「田《でん》」は「田《た》」と訓ずるので、ウワダ（上田）が生まれたと思われる。

〔絹島村《きぬしまむら》〕

明治二二年（一八八九）四月、上《かみ》小倉《こぐら》・下小倉《しもこぐら》・芦沼《あしぬま》の三か村が合併して、絹島村が成立した。当村は河内郡の北東端に位置し、東部を鬼怒川、西部を鬼怒川本流から分かれた西鬼怒川（逆木用水《さかさぎようすい》）が流れ、両河川に挟まれた地域が絹島村である。三か村が合併のさい、両河川が幾筋にも分かれ集まり、大小の中州《なかす》を作っていることによって、これを「キヌシマ」と称し、村名を絹（鬼怒）島村とした。従って絹島村一帯が平坦な沖積地で、村の北部は鬼怒川を挟んで塩谷郡塩谷町、東部は旧氏家町、西部は旧羽黒村、南部は旧河内村に接している。

当村は古くから水利灌漑に富んでいるため、「米どころ絹島」「小倉米」として知られている。反面、河川に挟まれた沖積低地であるので、洪水による氾濫でしばしば甚大な水害を被ってきた。特に西鬼怒川が氾濫すると、集落の田地・家屋が浸水して大変な惨状を呈した。

次に絹島村の明治二二年（一八八九）～昭和三〇年（一九五五）までの大字名（江戸時代～明治二二年までの村）について記しておこう。

○上小倉《かみこぐら》・下小倉《しもこぐら》

上小倉は鬼怒川と西鬼怒川に挟まれた低地に位置している。当地の北は南東流する鬼怒川を挟んで塩谷郡塩谷町、北東は旧氏家町、南は下小倉、西は宮山田《みややまだ》・今里《いまざと》に接している。当地は鬼怒川と西鬼怒川が分かれる頭部にあるため、川中島《かわなかじま》の様相を呈し、河川敷であるので、砂地・小砂の上に砂質土壌がのっている。主要地方道六三号線（藤原宇都宮線）が北西から南東に通っている。

根川《ねがわ》用水・上小倉用水が南東流し、ほとんどが水田地帯である。集落は上組・東組・中組・西組の四区に分かれている。明治二二年（一八八九）に絹島村の大字となり、昭和三〇年（一九五五）、上河内村の大字となる。

　近世のはじめは宇都宮藩領であったが、寛延《かんえん》三年（一七五〇）から下《しも》総《うさ》佐倉《さくら》藩領、明和《めいわ》元年（一七六四）に再び宇都宮藩領となり幕末に至った。天保《てんぽう》年間（一八三〇～四四）の家数七〇軒。当地は鬼怒川と西鬼怒川に挟まれているので、両河川の氾濫によってたびたび水害を受けてきたが、特に享保《きょうほう》八年（一七二三）の五十里《いかり》洪水によって全村が冠水し、死者一三人がでた。しかし、上流から運び込まれた土砂によって田の地質が砂質土壌となり、以後、良質な小倉米《こぐらまい》を産出するようになったという。このためか『角川日本地名大辞典（栃木県）』は、上小倉の村名は「穀倉地帯であったことから生まれたという」と記している。これは「倉」の字にとらわれた由来で賛成できない。

　宮山田に接した上小倉の北西端に上河内《かみかわち》緑《りょく》水公園《すいこうえん》がある。この公園に接した南側に「川の一里塚」碑があり、この近くに逆木洞門跡《さかさぎどうもんあと》がある。宮山田の高間木《こうまぎ》で鬼怒川から分流した西鬼怒川（逆木用水）は、沿岸近郷の広域の水運・灌漑に重要な水流として役立っていたが、その反面、河川の増水によって氾濫し、沿岸の人びとは水害に悩まされ続けた。特に明治二九年（一八九六）の洪水は、付近住民に甚大な被害を与え、今里《いまざと》地区の水田はほとんど水没してしまったという。そこで県当局は巨費を投じて明治三〇年（一八九

上河内緑水公園（上小倉町）

逆木洞門跡（上小倉町）

六）から翌三一年にかけて、従来の分水口にかわり、鬼怒川本流から堤防上流端の岩山を刳《く》りぬいて二孔の隧道《ずいどう》（洞門）を掘って分水し、下流に新たな水路を設けてこれまでの西鬼怒川に合流させ、安定した水流維持をはかる工事を行った。こうして完成したのが逆木洞門である。

その後、鬼怒川中部土地改良事業の一環で新設された風見《かざみ》発電所の放水口から、鬼怒川本流をサイホンで横断して取水することにしたので、逆木洞門はこれまでの役目を終えて昭和四二年（一九六七）に閉鎖され、今では洞門は鼻の孔のような姿で遺され露呈しているので、地元の方は「ハナメド洞門」とも呼んでいる。

地内の西組に延寿寺《えんじゅじ》（浄土宗）がある。天授《てんじゅ》六年（一三八〇）の創始といい、開山は長沼《ながぬま》五郎（長沼氏の祖。小山宗政《むねまさ》の二男）の後裔良哲《こうえいりょうてつ》で名越善導《なこしぜんどう》流儀を伝え、壇所《だんしょ》（修法《しゅほう》のための壇を築いた所）一品寺《いっぽんじ》であった。寺内に歴代住職の墓碑が林立し、ほかに五輪塔・宝篋印塔《ほうきょういんとう》などが多くみられる。末寺に東芦沼《ひがしあしぬま》の来迎寺《らいごうじ》、西芦沼の浄蓮寺《じょうれんじ》、関白《かんぱく》の照明寺《しょうめいじ》などがあった。万治《まんじ》年間（一六五八〜六一）より江戸芝増上寺《しばぞうじょうじ》の末寺となり今に至っている。

延寿寺（上小倉町）

下小倉も上小倉と同じように、鬼怒川と西鬼怒川に挟まれた低地であるため、両河川の洪水によって水害を受けてきた地域である。北は上小倉、東は南東流する鬼怒川を挟んで旧氏家町、南は芦沼《あしぬま》、西は松田新田《まつだしんでん》に接し、南部を国道二九三号線が東

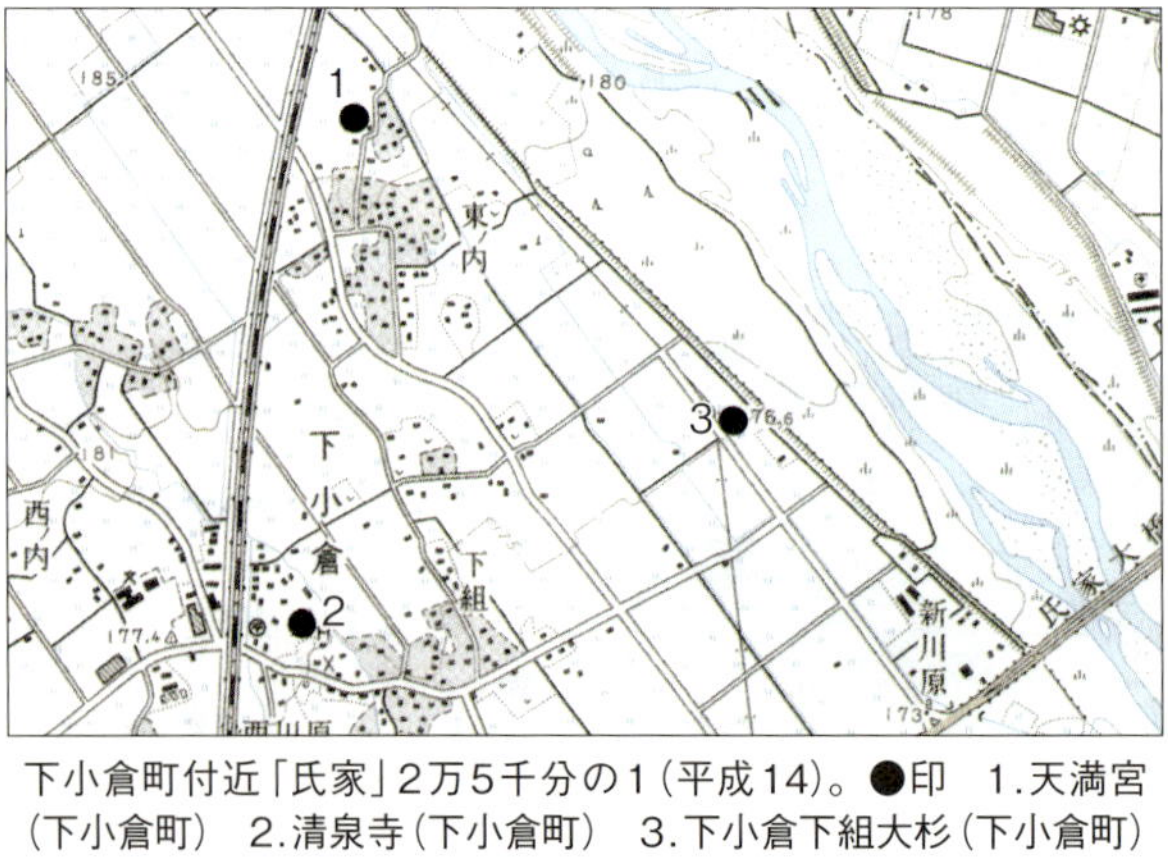

下小倉町付近「氏家」2万5千分の1（平成14）。●印　1.天満宮（下小倉町）　2.清泉寺（下小倉町）　3.下小倉下組大杉（下小倉町）

進して氏家大橋を通って旧氏家町に抜けている。集落は西ノ内・東ノ内・下組・滝ノ原の四自治会がある。明治二二年（一八八九）に絹島村の大字となり、昭和三〇年（一九五五）、上河内村の大字となる。

近世はじめ宇都宮藩領であったが、寛延《かんえん》三年（一七五〇）から下総《しもうさ》佐倉《さくら》藩領、明和《めいわ》元年（一七六四）に再び宇都宮藩領となり幕末に至った。天保《てんぽう》年間（一八三〇～四四）の家数七〇軒。慶安《けいあん》四年（一六五一）の「下野一国」に鬼怒川沿いに下小《しもこ》倉河岸《ぐらがし》が見える。河川舟運が行われていたことがわかるが、公認河岸ではなく、主に宇都宮藩御用材の筏《いかだ》流しの基地であったので、廻米《かいまい》（諸藩が備蓄した年貢米を主に江戸に廻《かい》漕《そう》すること）などを扱う河岸ではなかった。このため明暦《めいれき》三年（一六五七）に下小倉村久左衛門《きゅうざえもん》は河岸を開設しようとしたが、阿久津《あくつ》・板戸《いたど》などの河岸の反対で認められなかった。

地内堀ノ内《ほりのうち》に清泉寺《せいせんじ》（浄土宗）がある。寺伝によると、上小倉の延寿《えんじゅ》寺《じ》（浄土宗）の隠居寺《いんきょでら》として応永《おうえい》年間（一三九四～一四二八）良哲《りょうてつ》上人によって、下小倉字東ノ内《ひがしのうち》に創建し、浄法寺《じょうほうじ》と称したが、その後、土地所有者によって同字芳添《よしぞえ》に移転、

清泉寺（下小倉町）

さらに当寺一四世のとき、大桶《おおけ》氏が当地を領有すると現在地（堀ノ内）へ再移転し、この地は湧水が豊富であったので称名院《しょうみょういん》清泉寺と改め、この寺を菩提寺《ぼだいじ》にしたという。

大桶氏は、戦国時代に那須郡より移って宇都宮氏に仕え、小倉郷《こぐらごう》を領有して堀ノ内地内に大桶館《おおけやかた》を構えたので、清泉寺境内にある五輪塔（近世初期）二基は、下小倉村庄屋《しょうや》大桶氏の祖大桶備前《びぜん》（慶安《けいあん》三＝一六五〇年卒）と内室《ないしつ》（承応《しょうおう》二＝一六五三年卒）の墓といわれている。大桶備前は宇都宮国綱《くにつな》（二二代城主）の家臣であったので、慶長《けいちょう》二年（一五九七）、宇都宮氏の改易《かいえき》に伴い、大桶氏はこの地に土着して帰農したという。なお、境内の住職墓地には正《しょう》長《ちょう》二年（一四二九）銘《めい》の良哲上人の宝篋印塔《ほうきょういんとう》がある。

下小倉には西ノ内・東ノ内・下

組・滝ノ原四自治会があり、地元では西ノ内と東ノ内を中小倉《なかこぐら》とよび、西ノ内と東ノ内は塊状集村《かいじょうしゅうそん》で、東ノ内は南北に走る二本の道路沿いに家屋が配置され、北端に菅原道真《すがわらのみちざね》を主祭神とする天満宮《てんまんぐう》がある。当社は雷神の信仰と結びついて火雷天《ひかみなりてん》神《じん》ともいわれている。

清泉寺の北東東一・三キロの地に、樹齢約四五〇年という下《しも》小倉下組《ぐみ》大杉（市指定）がある。これは天《てん》文《ぶん》年間（一五三二〜五五）ころ、この付近に集落があったとき植栽されたものといわれている。享保《きょうほう》八年（一七二三）の五十里《いかり》洪水のさい、この大杉のところだけ渦《うず》巻く濁流《だくりゅう》から免れ、ここに避難した人たちの命を救ったという伝承をもつ由緒のある美しい古木である。

下小倉下組大杉（下小倉町）

下小倉も上小倉と同じく河川の氾濫によって洪水の被害を受けてきたところであるが、村名は「倉」の字にとらわれて、穀倉地帯に由来するといい、『上河内村史（上）』（昭和六一年刊）は、「往古、羽黒山神社祢《ね》宜《ぎ》、手塚家のみ西ノ内《にしのうち》に居住後、今市村（旧今市市）小倉《こぐら》より移住した者が村を開発したので、小倉の名が生まれたという」と記している。いずれも誤った村名由来である。

上小倉・下小倉ともに、鬼怒川と西鬼怒川に挟まれた低地に位置し、しばしば洪水の被害を受けてきた地域であるので、小倉（コグラ）は「コ（接頭語）・グラ」という村名である。コはココ（此処）・ソコ（其処）・アソコ（彼処）など、場所・位置を示す接頭語、グラはクラの濁音化で、動詞クル（刳る）の連用形クリの転、またはクユ（崩ゆ）から、崩壊・浸食地を意味しよう。従って、上小倉・下小倉の村名は河川の氾濫によって浸食された地に由来するものである。

○芦沼《あしぬま》

芦沼は、北は下小倉《しもこぐら》、東は南流する鬼怒川を挟んで旧氏家町、南は下ケ橋《さげはし》、西は上田《うわだ》に接している沖積低地である。中央部の低地帯を西鬼怒川が南流しているので、これまでたびたび洪水の被害を受けてきた。地内を一般県道二三九号線（白沢下小倉線）が北西から南東に向かって通っている。

「宇都宮家臣録」に芦沼城主として戸祭備中《とまつりびっちゅう》の名が見えるので、この村は宇都宮氏の支配下であったことがわかるが、芦沼地内に城跡は確認されていない。しかし、古屋敷《ふるやしき》・屋敷東・屋敷前などの字名がみられるので、このあたりに居館《きょかん》が築かれていたのかも知れない。

近世初期には宇都宮藩領となり、寛延《かんえん》三年（一七五〇）に下総佐倉《しもうささくら》藩領、明和《めいわ》元年（一七六四）から再び宇都宮藩領となり幕末に至った。天保《てんぽう》年間（一八三〇～四四）の家数七五軒。明治二二年（一八八九）に絹島村の大字となり、昭和三〇年（一九五五）、上河内村の大字となる。

東芦沼に応仁《おうにん》元年（一四六七）の創祀という高龗《たかお》神社がある。主祭神は水をつかさどる高龗神《たかおかみのかみ》である。

高龗神社（芦沼町）

伝承によると、当地では晴雨をつかさどる神として崇敬され、旱魃《かんばつ》のさいには氏子たちが社頭に集まって雨乞い祈願の風があったが、一方、水害を伴う所もあったので、雨乞いすることは稀であったという。境内には東芦沼神社大杉三本（市指定）がある。

高龗神社の南方近くに来迎寺跡《らいごうじあと》がある。来迎寺は南北朝時代に創建さ

来迎寺跡の山門（芦沼町）

れたと伝えられているが、現在は山門とお堂・墓地を遺すのみである。墓地には五輪塔二基と芦沼城より移した城主の墓と伝える宝篋印塔《ほうきょういんとう》四基がある。この寺は上小倉《かみこぐら》の延寿寺《えんじゅじ》の末寺であった。

芦沼の村名について、宝永《ほうえい》年間（一七〇四～一一）の洪水で沼ができ、人が窪地で足をとめたところから足沼《あしぬま》といい、のちに芦《あし》が繁茂した

ので芦沼になったとか、『上河内村史（上）』は「往古、沼沢が多く葦《あし》の生い茂る地であったので、これにちなむという。開発の進んだ現在も各所に沼沢の跡や、湧水地が見られる」と記している。いずれも芦（葦）の字にとらわれた村名由来で、誤っている。

当村は上小倉・下小倉両村と同じく、幾度となく水害を被ってきた地であるので、小字名に東河原・上河原・中河原・西河原・下河原・前河原・後河原・原河原などがある。村名由来はこれに求めなければならない。つまり、芦沼（アシヌマ）は「アシ・ヌマ」という村名で、アシはアス・アズの転で、アズ（坍）は崩れた崖・岸とか、崩れて危ない所の意。ヌマは「ヌ（沼）・マ（間）」で水気のある低湿地の意。これによって芦沼の村名は、鬼怒川・西鬼怒川などの洪水によって氾濫し、堤防などが決壊し、浸食を受けた低地に由来するものである。

（2）河内《かわち》地区（旧河内村）

明治二二年（一八八九）に白沢《しらさわ》・中岡本《なかおかもと》・下岡本《しもおかもと》・岡本新田《おかもとしんでん》・長峰新田《ながみねしんでん》・下ケ橋《さげはし》の六か村が合併して「古里村《ふるさとむら》」が成立し、同年に上田原《かみたわら》・下田原《しもたわら》・古田《ふるた》・逆面《さかづら》（連）・叶谷《かのうや》（屋）・立伏《りゅうぶく》・相野沢新田《あいのさわしんでん》・宝井《たからい》・大塚新田《おおつかしんでん》の九か村が合併して「田原村《たわらむら》」が成立する。昭和三〇年（一九五五）に古里村と田原村が合併して「河内村《かわちむら》」となる。

河内《かわち》地区（旧河内村）は、地区の東部を鬼怒川《きぬがわ》が南流し、同川を挟んで旧氏家《うじいえ》町・高根沢《たかねざわ》町と境し、同川の西側に西鬼怒川《にしきぬがわ》（逆木《さかさぎ》用水）が流れ、東岡本《ひがしおかもと》で鬼怒川に合流している。地区の西部には山田川《やまだがわ》が南流し、同川の以西は丘陵地になっている。

地区の東部は、鬼怒川・西鬼怒川の流路にほぼ並行して、芦沼《あしぬま》から下ケ橋・白沢・下岡本にわたり南北方向に低地が延び、低地の西側は段丘崖によって田原《たわら》、岡本《おかもと》台地と境している。岡本台地は白沢小学校の北部から台岡本《だいおかもと》、岡本駅にわたって北から南に延び、南部は宇都宮市の平出《ひらいで》、峰《みね》地域に続いている。この台地の東側は白沢から岡本駅南部に続く崖線で、下ケ橋―下岡本低地と境している。台地の西側は御用川《ごようがわ》（新筏川《しんいかだがわ》）沿いの崖線によって田原台地と境し、その比高は約一〇メートルである。

田原台地は長峰から下宝井《しもたからい》、上田原から下田原にわたる地域である。古田西部や西側の山田川の流路に沿った地域には、一段低い低地が北から南へ続き、田原台地を大きく二つに分けている。古田西部から宝井にわたる低地や山田川沿いの低地は、田原台地面が河川の浸食によってつくられた一段低い地形面である。山田川の西部は丘陵地で、宇都宮市の八幡山《はちまんやま》へ続く宇都宮丘陵の一部を占めている。

明治二二年（一八八九）四月　白沢・中岡本・下岡本・岡本新田・長峰新田・下ケ橋の六か村が合併して、古里村が成立する。※上岡《かみおか》本《もと》村は明治八年（一八七五）に白沢村に合併する。

明治二二年（一八八九）四月　上田原・下田原・古田・逆面（連）・叶谷（屋）・立伏・相野沢新田・宝井・大塚新田の九か村が合併して、田原村が成立する。

昭和三〇年（一九五五）四月　古里村と田原村が合併して河内村が成立する。

昭和四一年（一九六六）四月　町制施行して河内町となる。

平成一九年（二〇〇七）三月　宇都宮市に編入する。

〔古里村《ふるさとむら》〕

明治二二年（一八八九）四月、白沢・中岡本・下岡本・岡本新田・長峰新田・下ケ橋《さげはし》の六か村が合併して、新しい村名を付けるにあたって、「岡本村」案と「白沢町（白沢《しらさわ》宿《しゅく》）」案が浮上したが、「岡本村」という村名に抵抗感をもっていた北部各村は、「白沢町」にしたい意向であったので、激論が続き、容易に村名が決まらなかった。そこで全く旧村名に関係のない名称にしようということに落ち着いて、睦《むつみ》村・旭《あさひ》村・晃川《てるかわ》村・古里《こさと》村・桑園《くわぞの》村など一〇余の候補村名が挙がったが、最終的に「古来この辺は〈卯《う》の花《はな》の咲く里〉といわれた」という故事を考えて、「〈コサト〉でなく〈フルサト〉にしよう」ということで、村名「古里《ふるさと》村《むら》」が誕生したという（『河内町誌』昭和五七年刊）。

古里地域は鬼怒川の右岸、西鬼怒川（逆木《さかさぎ》用水）流域に位置し、東西に狭く、南北に細長い地勢で、中央部は北から南にわたって沖積低地が開け、東へ向かって低くなっている。

次に古里村の明治二二年（一八八九）～昭和三〇年（一九五五）までの大字名（江戸時代～明治二二年までの村）について記しておこう。

○白沢《しらさわ》

白沢は、北は下ケ橋、東は南流する鬼怒川を挟んで上阿久津《かみあくつ》（旧氏家《うじいえ》町）・中阿久津《なかあくつ》（高根沢町）、南は中岡本、西は長峰《ながみね》・下田原《しもたわら》に接し、中央部を西鬼怒川が南東流して東岡《ひがしおか》本《もと》（旧岡本新田《おかもとしんでん》）で鬼怒川に合流している。中央部を一般県道二三九号線（白沢下《しも》小倉《こぐら》線）が南北に、その西側に一般県道一二五号線（氏家宇都宮線。通称白沢街道）がほぼ南北に通り、さらに主要地方道七三号線（上横倉《かみよこくら》下岡本線）が下田原から東進し、一二五号線と交差し、まもなく白沢宿の南端で南に向きを変えている。

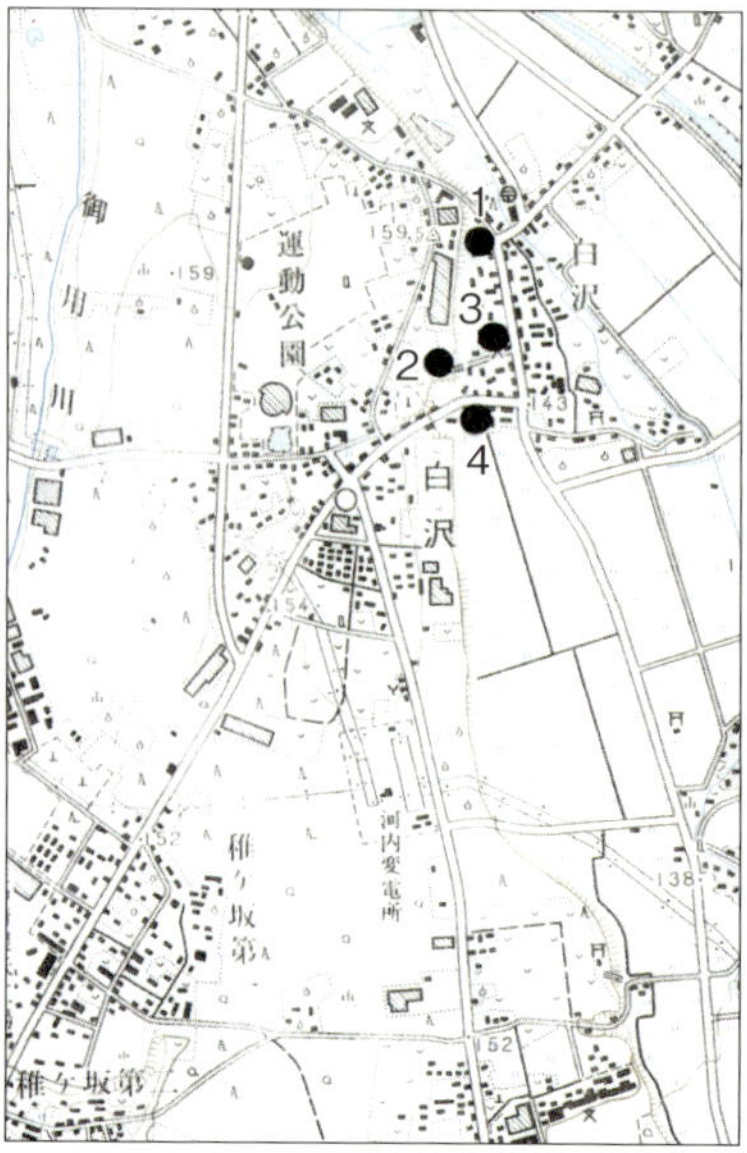

白沢町付近「宝積寺」2万5千分の1（平成14）。●印　1.明星院（白沢町）　2.白髭神社（白沢町）　3.本陣跡（宇加地家。白沢町）　4.白沢地蔵堂（白沢町）

白沢村はおおむね宇都宮藩領で、寛文《かんぶん》三年（一六六三）の家数九八軒、文《ぶん》化《か》三年（一八〇六）の家数八一軒、天保《てんぽう》年間（一八三〇～四四）の家数は七五軒であった。用水は九郷半用水《くごうはんようすい》を利用し、津《つ》出《だ》しは中岡本村の小森河岸《こもりがし》からであった。九郷半用水とは西鬼怒川右岸を南流する農業用水路であるが、下ケ橋の西《にし》下ケ橋上流の西鬼怒川から取水し、白沢の東部で矢川《やがわ》と合流して南流し、途中、字小枝川《こえだがわ》で根川《ねがわ》を分流して内川《うちかわ》となる。農業用水として九か村半の村々を潤したので、九郷半の名称が付された。灌漑の及ぶ村々とは、下ケ橋村・白沢村・上岡本《かみおかもと》村・中岡本《なかおかもと》村（上組・下組）・下岡本《しもおかもと》村・上平出《かみひらいで》村・中平出《なかひらいで》村・下平出《しもひらいで》村の八か村と芦沼《あしぬま》村半郷・石井《いしい》村半郷を加えた九か村と半郷である。この用水は文禄《ぶんろく》年間（一五九二～九六）に灌漑用水として開削されたといわれ、寛文年間（一六六一～七三）に宇都宮藩主松平忠弘《ただひろ》が用水の改修を行ったが、享保《きょうほう》八年（一七二三）の五十里《いかり》洪水で大被害を受け、現存するものはその後の修復によるもので

「白沢宿」東側を流れる九郷半用水（九郷半川）

ある。

　明治八年（一八七五）、白沢村の南にあった上岡本村を合併する。上岡本村は近世に白沢村とともに奥州街道の白沢宿《しらさわしゅく》を形成していた。明治二二年（一八八九）に古里村の大字となり、昭和三〇年（一九五五）、河内村の大字となる。

　宇都宮で日光街道と分かれた奥州街道最初の宿駅《しゅくえき》は、江戸より三〇里四町二〇間（約一二〇キロ）の白沢宿である。ここから宇都宮宿へは二里二八町余（約一一キロ）、氏家《うじいえ》宿へは一里半（約六キロ）で、白沢宿と氏家宿との間には、物資の集散地として重要な阿久津河岸《あくつがし》があり、ここは鬼怒川を渡って氏家宿にいたる渡船場《とせんば》（阿久津の渡《わた》し）でもあった。奥州街道の道中唄《どうちゅううた》に「明けの七つ（午前四時）を宇都宮　夜《よ》はほのぼのと白沢の……」とある。

旧白沢宿（白沢町）

　近世初期の白沢は「白沢　南町《みなみまち》並びに西町《にしまち》と申す谷津《やつ》にて候」（福田家文書）とあるように、集落はあったが低湿地帯で交通の要所ではなかった。白沢宿の成立は慶長《けいちょう》一〇年（一六〇五）だが、正式に白沢宿の町割《まちわり》がなされたのは同一四年（一六〇九）三月である。だがその序曲は同五年（一六〇〇）徳川家康《いえやす》の上杉景勝《かげかつ》攻めまでさかのぼる。家康は景勝攻めのため二男結城秀康《ゆうきひでやす》を先陣として出陣させ、先方の軍が氏家・櫻野《さくらの》・松山《まつやま》（以上、旧氏家町）まで進出したので、秀康は白沢に着陣した。このとき鬼怒川の瀬を案内して渡河《とか》させたのが、宇加地《うかじ》家の先祖因《いな》幡守《ばのかみ》と福田家の先祖源六郎《げんろくろう》と右京《うきょう》之進《のしん》であった。関ケ原《せきがはら》の戦い後、因幡守が公儀《こうぎ》（幕府）へ願い出て、往《おう》還馬継宿《かんうまつぎしゅく》を仰せつかったという（「宇加地家文書」）。
　白沢宿は南北に道路が通り、その両側に旅籠屋《はたごや》一三軒・茶店・商家などが軒を並べ、宿の南端と北端は鍵型に曲がっている。本陣《ほんじん》は白沢村の宇加地家、脇本陣《わきほんじん》は上岡本村の福田家で、ともに問屋《といや》・名主《なぬし》を兼ねていた。宿の家々には住吉屋《すみよしや》・丁子《ちょうじ》屋《や》・清水屋・相模《さがみ》屋・伊勢屋・井桁《いげた》屋《や》・仙台屋などという屋号が付され、宿内の方は今でも屋号で呼び合っているという。白沢宿（宿の長さ四町三〇間＝約四五〇メートル）は、白沢村と上岡本村に跨《また》っており、その村境は宿の中ほどの西方にある**白髭神社**《しらひげじんじゃ》であった。当社は慶長年間（一五九六〜一六一五）の初めころ、近江国《おうみ》の白髭神社（全国の白髭神社の根本社《こんぽんしゃ》）の分霊を勧請《かんじょう》して

本陣のあった宇加地家宅

創祀したと伝える。宿の北半左手奥に**明星院**《みょうじょういん》（真言宗）がある。金剛定寺《こんごうじょうじ》（上《かみ》桑島《くわじま》町）の末寺で、文明《ぶんめい》一〇年（一四七八）法師《ほうし》長《ちょう》弘《こう》の開基という。はじめ田《た》原《わら》郷に創建されたが、慶長年間（一五九六〜一六一五）に現在地へ移った。

　宇都宮方面から白沢宿に向かって進んだ宿手前の街道右側に、**白沢地**《しらさわじ》**蔵堂**《ぞうどう》がある。このお堂の後ろに「**菊**《きく》**丸**《まる》**の墓**」と伝える凝灰岩製の五輪塔がある。この塔について、次のような伝説が残っている。

　建久《けんきゅう》二年（一一九一）、伊沢家景《いえかげ》が奥州惣奉行《そうぶぎょう》に任命されると、妻子と多くの部下を引き連れて陸奥国《むつ》へ向かったが、宇都宮まで来ると子の菊丸《きくまる》が発病し、翌日、奥州街道の**稚**《ち》**児ヶ坂**《ごがさか》（王子マテリアkk日光工場付

菊丸の墓と伝える五輪塔（白沢町）

近）で病状が悪化して命を絶った。そこで街道脇に葬って供養し、一行は後ろ髪をひかれる思いで奥州へ向かった。里人はこれを哀れみ、誰いうとなく、この坂を「稚児ヶ坂」と呼ぶようになり、追善の供養塔ではあるが、白沢地蔵堂の五輪塔は亡くなった菊丸の墓だと伝えている。

　白沢（シラサワ）は「シラ・サワ」という村名であろう。前述の福田家文書に「谷津《やつ》」（低湿地）とあるので、シラはシル（汁＝液）に通じ、シルは形容詞シルシの語幹で、水気

の多い様子とか道などがぬかる状態、つまり湿地の意。サワ（沢）は現在の宿街に東接して流れる九郷半用水が整備される以前の沢と思われる。従って、白沢は低湿地に由来する村名であろう。

○岡本《おかもと》

中世の室町時代～戦国時代に「岡《おか》本郷《もとごう》」の郷名が見える。応永《おうえい》一八年（一四一一）一二月の宇都宮持綱《もちつな》（一三代城主）公事免除状《くじめんじょじょう》に、「一向寺《いっこうじ》領岡本郷内 給分《きゅうぶん》并西方大和田《にしかたおおわだ》半分諸役等事……」とあり、岡本郷の給分と西方大和田郷の半分の土地は、一向寺の領分であるので諸役を免除するという内容のものである。給分とは宇都宮氏から給与された土地のことで、この土地は年貢や公事が免除されていた。同様の公事免除状は宇都宮正綱《まさつな》（一六代城主）・成綱《しげつな》（一七代城主）・忠綱《ただつな》（一八代城主）からも出されており、室町時代から戦国時代にかけて岡本郷の一部は一向寺給分とされ、代々宇都宮氏から諸役が免除されていた。ここに西方とは旧西方町（上都賀郡）、大和田は鹿沼市大和田町、一向寺（時宗）は現宇都宮市西原二丁目にある寺院である。

中世の岡本郷は、江戸時代の元和《げんな》六年（一六二〇）の検地《けんち》によって、上岡本・中岡本・下岡本の三村に分かれたが、岡本郷はおおよそ中岡本・下岡本・東岡本と白沢の一部（上岡本）を含む一帯と思われる。

上岡本（明治八＝一八七五年に白沢村に合併）は、西鬼怒川右岸で白沢村の南に位置し、近世には白沢村とともに奥州街道の白沢宿を形成していた。近世はおおむね宇都宮藩領で、白沢村の宇加地家とともに上岡本村の福田家は代々問屋《といや》・名主《なぬし》・脇《わき》本陣《ほんじん》を務めていた。宿並みは東側裏は田畑、西側の南端は宇都宮方面へ右折する道と南の中岡本へ通ずる道とに分かれている。

中岡本は、鬼怒川右岸に位置し、北は白沢、東は東岡本、南は下岡本、西は海道町《かいどうまち》（宇都宮市）に接している。近世にはおおむね宇都宮藩領で、天保《てんぽう》年間（一八三〇～四四）の家数五四軒であった。鬼怒川右岸に小森河岸《こもりがし》があり、元禄《げんろく》一〇年（一六九七）には宇都宮藩領三一か村の津出《つだ》しを行っていた。明治二二年（一八八九）に古里村の大字となり、昭和三〇年（一九九五）に河内村の大字となる。

地内の根古屋《ねごや》に**岡本城跡**《おかもとじょうせき》（市史跡）がある。岡本台地の段丘崖上に築かれている平山城で、宇都宮氏の北方への守りとして、岡本信濃守富《しなののかみとみ》高《たか》が南北朝時代に築いたといわれる。富高は宇都宮景綱《かげつな》（七代城主）の孫で、芳賀高名《たかな》（入道禅可《にゅうどうぜんか》）の弟だが、岡本郷を領して岡本氏を名のり、岡本氏の祖となった。紀清両《きせいりょう》党《とう》の清党（芳賀氏）に属し、正平《しょうへい》六年（一三五一）、足利尊氏《たかうじ》が弟直義《ただよし》と不仲になって駿河《するが》国の薩埵山《さったやま》で戦ったとき、富高は高名とともに尊氏軍に加わり、その戦功によって高名は越後《えちご》の守護職《しゅごしき》になったが、富高

岡本城跡の土塁（中岡本町）

は討ち死にした。その後、天文《てんぶん》～天《てん》正《しょう》年間（一五三二～九二）ころ、塩谷《しおのや》氏の重臣として活躍している岡本讃岐守正親《さぬきのかみまさちか》の名が出てくるので、岡本氏の血縁は絶えていなかったことがわかる。慶長《けいちょう》二年（一五九七）、宇都宮氏の改易《かいえき》によって岡本城は廃城となった。

　なお、岡本城跡の台地東端麓に「根古屋《ねごや》」地名がみられる。これは岡本城と関わりをもったものである。もともとは中世城館《じょうかん》の麓などに近接した所に築かれた城番《じょうばん》の小屋をさしたが、戦国時代には城館周辺への家臣《かしん》団の集住が進み、城下の凝《ぎょう》集《しゅう》部に発展したものもあった。城番とは元来は城に詰めて警護する武士のことである。

　下岡本は、鬼怒川右岸に位置し、北は中岡本、東は鬼怒川を挟んで板《いた》戸町《どまち》、南は平出町《ひらいでまち》・上野町《うえのまち》、西は海《かい》道町《どうまち》に接している。岡本台地と鬼怒川の低地境を北東から南西に国道四号線が通り、国道四号線から分岐した一般県道一五八号線（下岡本上三三川線。通称辰《たつ》街道）が南に向かい、岡本駅付近で国道から分岐した一般県道一五七号線（下岡本上戸《かみと》祭《まつり》線）が西進している。当村は明治二二年（一八八九）に古里村の大字となり、昭和三〇年（一九五五）、河内村の大字となる。

　当地の一帯は中世に岡本郷《おかもとごう》であったが、元和《げんな》六年（一六二〇）の分郷によって下岡本村となる。近世はおおむね宇都宮藩領で、天保《てんぽう》年間（一八三〇～四四）の家数五四軒、用水は九郷半《くごうはん》用水を利用していた。地内東端の下岡本河岸《しもおかもとがし》は通称笛《ふえ》の目河岸といわれたが、これは文禄検地《ぶんろくけんち》の笛の面（免《めん》）にちなむという。この河岸は宇都宮藩主奥平忠昌《おくだいらただまさ》の命に

よって、藩米《はんまい》の積出《つみだ》しのため、正保《しょうほう》年間（一六四四〜四八）に開かれたといわれ、江戸方面からの荷物はここで陸揚げされ、ここから小荷駄《こにだ》で各地に分散された。同時に近郷各地からの物資が集荷されて、江戸をはじめ下流各地に送られたので、河岸付近には種々雑多な家屋が建ち並んで殷賑《いんしん》をきわめ、農間余業《のうかんよぎょう》として舟《ふな》稼《かせ》ぎが行われ、貞享《じょうきょう》二年（一六八五）には舟数八〇艘《そう》を数えたという。しかし、享保《きょうほう》八年（一七二三）の五十里《いかり》洪水によって川瀬《かわせ》が変わり、対岸の板戸河岸《いたどがし》（板戸町《いたどまち》）や道《どう》場宿河岸《じょうじゅくがし》（道場宿町《どうじょうじゅくまち》）に舟が着くようになって衰微したといわれる。

地内に岡本家住宅（国重文）がある。江戸時代中期に建てられたもので、切妻造《きりづまづく》りの長屋門《ながやもん》を構え、大きな母屋《おもや》はL字形の曲《まが》り屋《や》を呈し、屋根は寄棟造《よせむねづく》りの茅葺《かやぶ》きである。岡本家は下岡本の名主《なぬし》（庄屋《しょうや》）格組頭《くみがしら》の旧家で、享保《きょうほう》年間（一七一六〜三六）に「延《えん》寿救命丸《じゅきゅうめいがん》」などの家伝薬《かでんやく》を製造し、文《ぶん》化《か》・文政《ぶんせい》年間（一八〇四〜三〇）ころには販路が常陸《ひたち》にも及んだという。

岡本家住宅（下岡本町）

東岡本町付近「宝積寺」2万5千分の1（平成14）。東岡本町一帯は、「岡本新田」として開発されたところ。●印　岡本城跡（中岡本町）

岡本新田は、鬼怒川と西鬼怒川の合流点付近に位置し、東は南流する鬼怒川を挟んで宝積寺《ほうしゃくじ》（高根沢《たかねざわ》町）、北・南・西は中岡本に接している。地内の南端を国道四号線がかすめて通っている。明治二二年（一八八九）に古里村の大字、昭和三〇年（一九五五）四月に河内村の大字となり、同年八月、岡本新田を東岡《ひがしおか》本《もと》と改称した。

ここは近世を通して宇都宮藩領ではあるが、中岡本と鬼怒川に挟まれた荒蕪地《こうぶち》であった。

この地域は宝積寺村と中岡本村の境界が曖昧であったので、常に両村の争いが絶えなかったが、嘉永《かえい》四年（一八五一）七月、宇都宮藩庁《はんちょう》の裁許によって河内・塩谷両郡の境界が確定した。

「岡本新田」の現況（東岡本町）

この荒蕪地に開発の鍬が初めておろされたのは、安政《あんせい》二年（一八五五）一一月のことで、その開発の対象地域は、東は鬼怒川の岸辺から西は根《ね》川《がわ》の西側に及ぶ約一〇〇町歩という広大なものであった。これを宇都宮城下の佐野屋《さのや》を名のる豪商菊池教《きょう》中《ちゅう》（孝兵衛《こうべえ》）は資金を出し、宇都宮藩と協力して新田開発にのり出した。開発の当初、この地は中岡本村と宝積寺村の間にあったので宝岡《ほうおか》村とよばれたが、一般には「孝兵衛《こうべえ》新田」とか佐野屋孝兵衛を略して「佐《さ》孝《こう》新田」と称された。教中は宇都宮の観専寺《かんせんじ》（浄土真宗）住職黙雷《もくらい》の協力をえて新百姓を募《つの》り、加賀《かが》・越《えち》後《ご》・播磨《はりま》・因幡《いなば》諸国と宝積寺村より二九人を入植させて、ここに岡本新田村が成立した。これが現在の東岡《ひがしおか》本《もと》である。

岡本（オカモト）の村名は、岡本城が築かれている「中岡本」の地勢に由来するものと思われる。オカモトの「オカ」は小高い所の岡・丘で、岡本城が築かれている台地（岡）、「モト」は「下《もと》」から台地の麓の意。従って、岡本は岡本城が築かれた台地の麓に開けた地に由来するものであろう。岡本城の東方近くには「根古屋《ねごや》」という地名がある。これは岡本城と一体をなすもので、根古屋（ネゴヤ）は「ネ（根）・ゴヤ（小屋）」という地名。ネ（根）は根元《もと》・下の意から麓・裾《すそ》のこと。ゴヤ（コヤの濁音化。小屋）は粗末な小さい家とか仮に設けた小さい建物を意味する。根古屋は城館の麓など近接した所に設けられた城番《じょうばん》（城を警護する武士）の小屋のことだが、戦国時代にはこの付近に家臣団《かしんだん》が集住し、また、武器・食糧などを貯蔵することなどもあった。

○長峰新田《ながみねしんでん》

御用川《ごようがわ》（新筏川《しんいかだがわ》）右岸に位置し、北東は下ケ橋《さげはし》、東は白沢《しらさわ》、南は下田《しもた》原《わら》、西は古田《ふるた》に接している稲作を中心とした農業地域である。

この新田村は、寛文《かんぶん》元年（一六六一）に下田原古新田村《しもたわらこしんでんむら》から分村（分村は寛文五年とも）して成立し、「元禄郷帳《げんろくごうちょう》」「天保郷帳《てんぽう》」に下田原古新田村枝郷《えだごう》長峰新田村と見える。分村以降、幕末まで宇都宮藩領。天保年間（一八三〇～四四）の家数八軒。用水は御用川を利用し、江戸廻《かい》米《まい》は中岡本《なかおかもと》の小森河岸《こもりがし》を利用した。明治二二年（一八八九）に古里村の大字となり、昭和三〇年（一九五五）四月に河内村の大字、同年八月に長《なが》峰《みね》と改称する。

長峰（ナガミネ）は、字義通り南北に長く続いている峰（周辺より高くなっているところ）に由来する。

○下ケ橋《さげはし》

下ケ橋は鬼怒川右岸に位置し、ほぼ中央部を西鬼怒川（逆木用水《さかさぎ》）が南流している。北は芦沼《あしぬま》、東は南流する鬼怒川を挟んで上阿久津《かみあくつ》（旧氏家町）、南は白沢《しらさわ》、西は古田《ふるた》に接している。地内の西境を御用川《ごようがわ》が南流し、一般県道一二五号線（氏家宇都宮線。通称白沢街道）が白沢方面より北上して西下ヶ橋で方向を変えて北東進、鬼怒川に架かる阿久津大橋を通って上阿久津に向かっている。東下ヶ橋で一二五号線から分岐した一般県道二三九号線（白沢下小倉《しもこぐら》線）が北進している。

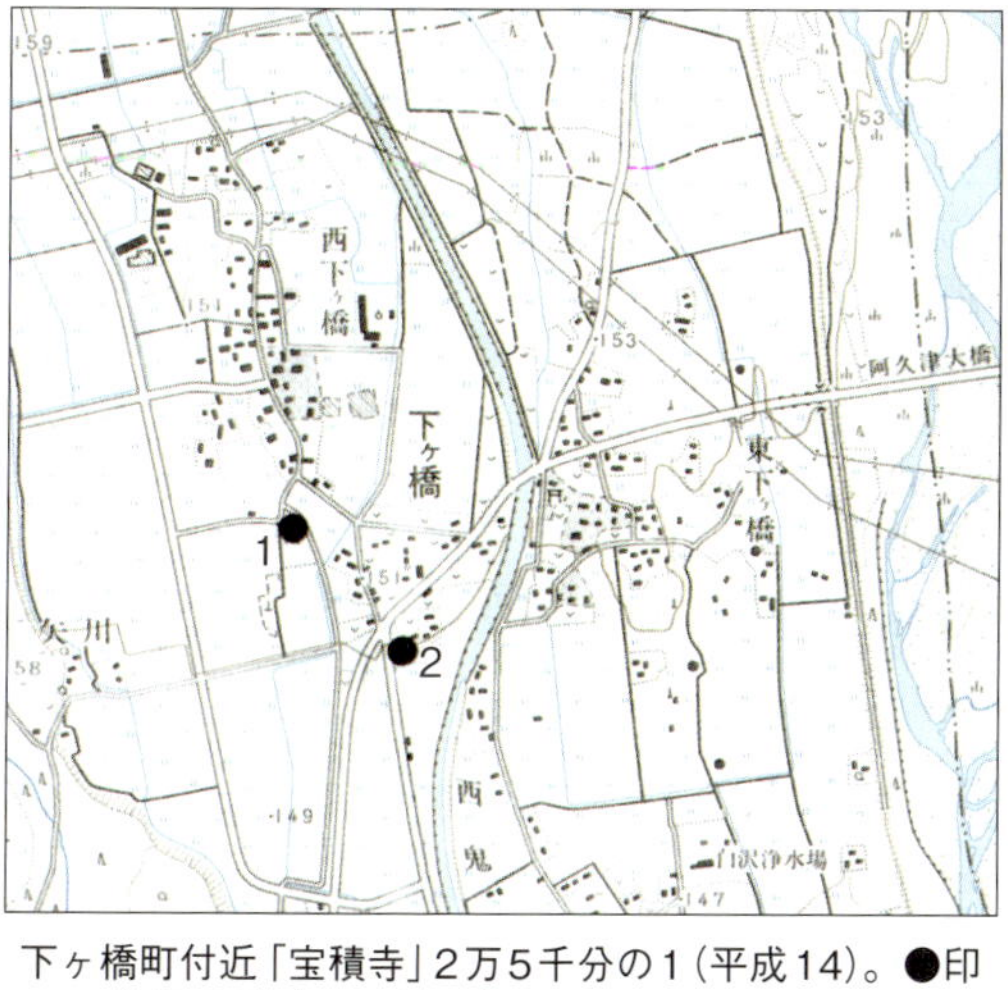

下ヶ橋町付近「宝積寺」2万5千分の1（平成14）。●印 1.養膳寺跡（下ヶ橋町） 2.下ヶ橋の三ツ股カヤ（下ヶ橋町）

この下ケ橋は、南接する白沢村に奥州街道の白沢宿が開設される以前は、鬼怒川渡河《とか》の宿《しゅく》であったことが、源義経《よしつね》の生涯を描いた軍記物語『義経記《ぎけいき》』（室町時代中期ころ成立）に記されている。

同書に「源頼朝謀反《よりともむほん》の事、奥州《おうしゅう》に聞えければ、九郎義経を卒《そっ》し云々、あつかし（阿津賀志《あつかし》＝福島県国見《くにみ》町）、安達ヵ原《あだちがはら》、行方ヶ原《なめかた》をうち通り、きつ川（喜連《きつれ》川《がわ》）をうち過して、さげ橋（下ケ橋）の宿《しゅく》について馬をやすめて、絹河《きぬがわ》（鬼怒川）の渡して、宇都宮の大明神伏拝《ふせおが》み参らせ」とある。これによって奥州藤原氏のもとにいた義経が、兄頼朝の伊豆《いず》での挙兵を知り、兄のもとに合流すべく奥州より上り、鬼怒川を渡河して下ケ橋の宿を通ったことがわかる。

当地は近世初めに宇都宮藩領であったが、寛延《かんえん》三年（一七五〇）下《しも》総佐倉《うささくら》藩領となり、明和《めいわ》元年（一七六四）再び宇都宮藩領となって幕末に至った。天明《てんめい》三年（一七八三）の家数九一軒、天保《てんぽう》年間（一八三〇〜四四）の家数四七軒。西鬼怒川から取水する九郷半《くごうはん》用水（九郷半川）が地内を流れ、この用水の灌漑は元文《げんぶん》年間（一七三六〜四一）には、下ケ橋・白沢・上岡本・中岡本・下岡本・上平出・中平出・下平出の八か村と芦沼・石井の半郷を加えた地域に及んだ。明治二二年（一八八九）に古里村の大字となり、昭和三〇年（一九五五）、河内村の大字となる。

地内の西下ケ橋《にしさげはし》に、近郷九か寺の本寺とされた格式のある養膳寺《ようぜんじ》（真言宗）があった。養膳寺について『下野国誌』（嘉永《かえい》三＝一八五〇年刊）は、

沼生山《しょうせいさん》地蔵院と号す。本尊は地《じ》蔵菩薩立像《ぞうぼさつりゅうぞう》にて二尺（約六〇センチ）、運慶《うんけい》の作という。腹籠《はらごも》り（胎内《たいない》）に銅仏の地蔵尊を納む。是《これ》は沼より出現するに依《より》て沼生山と号すといえり。さて当寺は寿永《じゅえい》のころ（一一八二〜八五）、源九郎義経主従《しゅじゅう》、奥州より登る刻《とき》、止《し》宿《しゅく》せしと言い伝えたり。那須郡沢《さわ》村《むら》（矢板市沢）観音寺末《まつ》にて真言宗なり。

と記している。

養膳寺跡の地蔵堂（下ヶ橋町）

しかし、養膳寺は財政的な裏づけがなかったことや、明治初年の廃仏《はいぶつ》毀釈《きしゃく》の嵐によって、明治三年（一八七〇）二月に廃寺となった。現在は廃寺境内に大正二年（一九一三）一〇月建立の地蔵堂があるにすぎず、堂内に寺の本尊だった木造延命《えんめい》地蔵菩薩立像《じぞうぼさつりゅうぞう》（市指定。鎌倉時代の作）が安置され、地蔵信仰に関する民俗資料として貴重な安産・子育ての祈禱札版木《きとうふだはんぎ》（県指定）を遺すのみである。境内の一角には宝篋印《ほうきょういん》塔《とう》や五輪塔などの碑塔がわずかに往

時の姿を伝えている。

　なお、この地蔵堂に接した南側に「西《にし》下《さ》ケ《げ》橋《はし》彫刻《ちょうこく》屋台《やたい》（市指定）」の収蔵庫がある。屋台は江戸時代末期から明治時代初期ころに作られた黒《くろ》漆塗彩色《うるしぬりさいしき》の逸品で、神山政五郎《まさごろう》の作といわれている。政五郎は文化《ぶんか》五年（一八〇八）、上久我《かみくが》村（鹿沼市上久我）に生まれた彫物師《ほりものし》で、菊の彫刻を得意としたので、通称菊政《きくまさ》で知られていた。

　東《ひがし》下ケ橋の郷間家《ごうまけ》屋敷の母屋北側に、享保《きょうほう》八年（一七二三）の五十里《いかり》洪水にかかわる伝承をもつ「下ケ橋の三ツ股《みつまた》カヤ」（県指定）がある。樹齢推定五五〇年、樹高一八・五メートル、目通《めどお》し周囲五・一メートル、根廻り九・一五メートルで、地上二・五メートルのところで三本に大きく枝分かれしているので、三ツ股のカヤといわれている。五十里洪水のとき、近在の一〇数人がこのカヤに登って水難を免れたという由緒ある古木である。

下ヶ橋の三ツ股カヤ（下ヶ橋町）

　下ケ橋（サゲハシ）は「サゲ・ハシ」という村名。サゲは動詞サグ・サゲル（下る）の連用形で、低くなった状態の意。ハシは「橋」ではなく「端」の意で、ここでは鬼怒川の縁辺部のことであろう。従って、下ケ橋は鬼怒川沿いの低地に由来する村名である。だから当地は古くから洪水の被害を受けてきた歴史をもっている。

〔田原村《たわらむら》〕

　明治二二年（一八八九）四月、上田原・下田原・古田・逆面（連）・叶谷（屋）・立伏・相野沢新田・宝井・大塚新田の九か村が合併して「田原村」が成立した。村名はこの地が古くから「田原の郷」と称されていたので、その郷名を採って付された（『河内町誌』）。おおむね山田川《やまだがわ》流域に位置しているが、村内の西部と北西部には丘陵が起伏し、その他は平坦地で、特に東部は沖積低地が開け古里村《ふるさとむら》に及んでいる。

　次に田原村の明治二二年（一八八九）～昭和三〇年（一九五五）までの大字（江戸時代から明治二二年までの村）について略記しておこう。

○田原《たわら》

古くは上田原《かみたわら》と下田原《しもたわら》を含む一帯を田原と称していた。東部は沖積低地、西部は丘陵地で、丘陵麓に山田川が南流している。

上田原は、北は逆面《さかづら》、東は相野《あいの》沢《さわ》・古田《ふるた》、南は下田原、西は叶谷《かのうや》・立伏《りゅうぶく》に接し、中央部を山田川が南流している。山田川の東側に主要地方道六三号線（藤原宇都宮線）が南北に走り、西部から東進してきた主要地方道七三号線（上横倉下岡本線）が、田原小学校近くで六三号線に合流している。

山田川流域の上田原町・下田原町付近
「宝積寺」2万5千分の1（平成14）●印
1.西方寺　2.慶雲寺　3.密興寺跡

上田原の地名はすでに戦国時代に見え、天文《てんぶん》一五年（一五四六）一〇月付の「西方寺《さいほうじ》文書」に「下野国宇都宮上田原西方寺」とある。ここに見える**西方寺**（真言宗）は、永享《えいきょう》一〇年（一四三八）、山城国《やましろ》醍醐寺《だいごじ》（真言宗醍醐寺派の総本山）無量寿院《むりょうじゅいん》の秀誉《しゅうよ》が田原郷《ごう》富士山（招魂社《しょうこんしゃ》付近）に草堂《そうどう》を結び、阿弥陀如来坐像《あみだにょらいざぞう》を安置したのが草創と伝えられている。当地は本田原《ほんだわら》村の一部であったが、慶安《けいあん》年間（一六四八～五二）から上田原村となり、近世はおおむね宇都宮藩領であった。「元禄郷帳《げんろくごうちょう》」「天保《てんぽう》郷帳」に当村の枝郷《えだごう》として相《あい》野沢《のさわ》新田村・広表《ひろもて》新田村の名が見える。

広表新田は下田原の東に位置し、「元禄郷帳《げんろくごうちょう》」「天保《てんぽう》郷帳」に、上田原村枝郷《えだごう》広表新田村と見える。なお、

西方寺（上田原町）

上田原村の天保年間（一八三〇～四四）の家数二〇軒、用水は山田川から取水し、津出《つだ》しは中岡本《なかおかもと》の小森《こもり》河《が》岸《し》を利用していた。明治二二年（一八八九）に田原村の大字となり、昭和三〇年（一九五五）に河内村の大字となる。

下田原は、山田川の左岸に位置し、北西は上田原・立伏《りゅうぶく》、東は宝《たから》井《い》・白沢、南・南西は上大塚町《かみおおつかちょう》（旧大塚新田《おおつかしんでん》）・岩本町《いわもとちょう》、西は横山町《よこやまちょう》に接しているが、下田原を二分するように宝井の地が北から中央部に突き出し、上大塚町が南から中央部にかけて細長く占めている。山田川に架かる山田橋で、中央部を南北に通る主要地方道六三号線（藤原宇都宮線）と交差している。明治二二年（一八八九）に田原村の大字となり、昭和三〇年（一九五五）に河内村の大字となる。

下田原は近世におおむね宇都宮藩領であった。江戸時代初期には当村域内に数多くの新田が開発され、下田原古新田《こしんでん》・広表《ひろもて》新田・下田原新々《しんしん》田《でん》・大塚新田が分村し、島のように南北に細長く存在している。また、上台《かみだい》新田（旧上河内村上田《うわだ》）も下田原村から分村している。

下田原古新田は、西鬼怒川と山田川の間に位置し、開発は慶長《けいちょう》二年（一五九七）、宇都宮氏の旧臣で上田原村住の日向大膳《ひなただいぜん》の一族菱沼家《ひしぬまけ》が下田原村内の原野に帰農したことに始まり、慶安《けいあん》四年（一六五一）まで本田原新田村と称した。承応《じょうおう》二年（一六五三）から下田原新田村と称し、寛文《かんぶん》元年（一六六一）には長峰《ながみね》新田が分村したという（分村は寛文五年とも）。寛文年間（一六六一～七三）から下田原古新田村と称した。宇都宮藩領で、天保年間（一八三〇～四四）の家数一七軒。明治九年（一八七六）から古田《ふるた》村と改称した。

下田原新々田は、山田川左岸に位置し、単に下田原新田ともいう。東・南・西の三方を下田原村に囲まれた地で、近世初期は本田原村の一部であったが、承応《しょうおう》二年（一六五三）に下田原村から分村し、「元禄《げんろく》郷帳《ごうちょう》」「天保《てんぽう》郷帳」に下田原村枝郷《えだごう》下田原新々田村と見える。宇都宮藩領。天保年間（一八三〇～四四）の家数三三軒。広表新田は下田原新々田の東に位置し、明暦《めいれき》元年（一六五五）に上田原村から分村し、「元禄郷帳」「天保郷帳」に上田原村枝郷《えだごう》広表新田村と見える。宇都宮藩領で、天保年間の家数一六軒。明治七年（一八七四）、下田原新々田村と広表新田村が合併して宝井《たからい》村となる。明治二二年（一八八九）に宝井村は田原村の大字となり、昭和三〇年（一九五五）に河内村の大字となる。

大塚新田村は、近世初期は下田原村の原野であったが、寛文八年（一六六八）に下田原村から分村、以後、幕末まで宇都宮藩領であった。「元禄郷帳」「天保郷帳」に下田原村枝郷大塚新田村と見える。天保年間（一八三〇～四四）の家数四軒であった。明治二二年（一八八九）に田原村の大字となり、昭和三〇年（一九五五）、河内村の大字となる（現宇都宮市上大塚町《かみおおつかちょう》）。

大塚新田村には、墳丘《ふんきゅう》が大きく崩れた高龗神社古墳《たかおじんじゃこふん》（市指定。上大塚町）がある。明治一八年（一八八五）七月、大宮《おおみや》―宇都宮間に日本鉄道が開通すると、次いで翌一九年三月、宇都宮以北の鉄道敷設《ふせつ》工事が始まった。このときは現在の路線とは異なり、矢板《やいた》への最短直線コースとして、宇都宮駅から下川俣《しもかわまた》、上川《かみ》俣（現川俣町）、大塚新田、下宝井《しもたからい》の東側を北上し、古田《ふるた》と長峰《ながみね》の間を芦《あし》沼《ぬま》へ向かう路線であった。この敷設工事によって高龗神社古墳が分断され、原形を損なって今に至っている。この古墳は前方後円墳《ぜんぽうこうえんふん》で、六世紀半ばから後半ころに築かれたものと思われる。

上台新田村は、元和《げんな》六年（一六二〇）、御用川《ごようがわ》（新筏川《しんいかだがわ》）の開削によって、同八年（一六二二）に開発され、寛文《かんぶん》一一年（一六七一）下田原村枝郷として分郷した（上河内地区で既述）。

下田原地内の字塚原《つかはら》に高山古墳《たかやまこふん》（市史跡）が築かれている。ここは北《きた》山古墳群《やまこふんぐん》（宇都宮市）と同じ丘陵上に立地し、直径二〇メートル前後の円墳と推定されるが、すでに墳丘《ふんきゅう》は削り取られ、天井石《てんじょういし》を失った横穴《よこあな》式石室《しきせきしつ》が露出している。築造時期はおおよそ六世紀後半ころのものと思われる。この古墳の丘陵東麓一帯に古墳時代後期ころに築かれた円墳《えんぷん》が群在していた（塚原古墳群《つかはらこふんぐん》）。平成一四～一五年、主要地方道六三号線（藤原宇都宮線）の拡幅工事によって、宅地内の円墳を除いて多くの古墳は湮滅してしまった。字名の「塚原」はこれらの古墳が群在していたことに由来する。

下田原上組《かみぐみ》に慶雲寺《けいうんじ》（曹洞宗）がある。寺伝によると、弘仁《こうにん》年間（八一〇～二四）、弘法大師《こうぼうだいし》空海《くうかい》は当地に錫《しゃく》を止《とど》めて一宇《いちう》を創立し、馬頭観世音を本尊として奉ったという。しかし寺は後に衰退して有名無実となったが、天正《てんしょう》一〇年（一五八二）、上三川《かみのかわ》（上三川町）の長泉寺《ちょうせんじ》（曹洞宗）第七世的堂鷲堂《てきどうしゅうどう》和尚が来訪して再興し、一三〇戸の檀徒《だんと》の浄財で本堂を再建して、馬頭観世音・

地蔵尊坐像・聖徳太子像各一体を安置したと伝える。

密興寺跡の薬師堂（下田原町）

下田原字坊ノ内《ぼうのうち》に密興寺跡《みっこうじあと》がある。現在は方二間四方の薬師堂が、往時の境内の一角に面影をとどめているにすぎないが、寺の草創は永《えい》承《しょう》年間（一〇四六～五三）というが、一説には康平《こうへい》六年（一〇六三）、宇都宮氏の祖宗円《そうえん》が宇都宮城の築城にさいし、鎮護国家《ちんごこっか》祈願の道場および城の鬼門《きもん》固めとして建立したとも伝えている。寺の略縁起に草創後約二〇〇余年間は、約一万坪におよぶ境内の中央に金堂、その左右に経《きょう》堂《どう》・鐘楼堂《しょうろうどう》・僧坊《そうぼう》などを配し、参道には杉木立が続いていたという。しかし、永禄《えいろく》元年（一五五八）に近くの山田川の洪水によって大きな水害を受けたので、宇都宮広綱《ひろつな》（二一代城主）は寺を宇都宮城下に移した。このため残った境内と堂宇《どうう》は、本尊仏不在の寺として江戸時代におよび、能延寺《のうえんじ》（真言宗。塙田《はなわだ》三丁目）の末寺として存続したが、明治初年の廃仏毀釈《はいぶつきしゃく》によって廃寺となった。なお、薬師堂には伝木造薬《もくぞうやく》師如来坐像《しにょらいざぞう》（県指定。南北朝時代の作）が安置されている。

田原の村名由来について、（一）日本武尊《やまとたけるのみこと》が東征《とうせい》の帰路、当地に足を止め、草薙《くさなぎ》の剣《つるぎ》で川を探って魚を獲ろうとしたところ、蛤《はまぐり》のような岩があったので、それを俵《たわら》につめて塚としたとするお伽噺《とぎばなし》のような説や、（二）藤原秀郷《ひでさと》が日光山《にっこうさん》に来たとき、当地でいろいろな調査監督にあたったことから、秀郷の俵藤太《たわらとうた》の姓をとって「田原」にしたという、こじつけた説がある。田原（タワラ）は「タ（接頭語）・ワ（ハ）ラ」という村名で、タは語調を整える接頭語と思われる。ワラはハラの転で、ハラはヒロ（広）・ヒラ（平）の意から広い平地を意味しよう。従って、村名は平坦な原野に由来するものであるから、近世に入ると原野の開拓が進み、軒並み新田が開かれていったのである。

○古田《ふるた》

下田原村から分村して、承応《じょうおう》二年（一六五三）から下田原新田村と称し、寛文《かんぶん》年間（一六六一～七三）

からは下田原古新田《こしんでん》村とし、明治九年（一八七六）に古田村に改称したことは、すでに「下田原村」の項で触れた通りである。

当地は御用川《ごようがわ》右岸に位置し、北は上田《うわだ》、東は下ケ橋《さげはし》・長峰《ながみね》、南は下田原・宝井《たからい》、西は相野沢《あいのさわ》・逆面《さかづら》に接している。明治一九年（一八八六）一〇月、旧東北本線（日本鉄道）が宇都宮より西那須野《にしなすの》まで開通すると、宇都宮—矢板間において最短コースとして古田・長久保《ながくぼ》（旧氏家町）の二停車場（駅）が設けられた。しかし、鬼怒川の増水でしばしば橋《きょう》脚《きゃく》が流されて運行中止が多かったので、路線変更によって明治三〇年（一八九七）新線開通によって古田・長久保両停車場は廃された。

古田の村名は古新田の「古」と「田」の各一字をとって、「古《こ》」をフル、「田《でん》」を夕と訓読みにし、フルタの村名が生まれた。明治二二年（一八八九）に田原村の大字となり、昭和三〇年（一九五五）に河内村の大字となる。

○逆面《さかづら》（連）

村域は東西に長く、中央部を山田川が南流している。北は金田・高松、東は古田・相野沢、南は叶谷《かのうや》・上田原、西は上横倉《かみよこくら》（宇都宮市）に接している。山田川の東側を南東進する一般県道一五九号線（小林逆面線）は、地内南部の通称「柿《かき》の木《き》」近くで南北に通る主要地方道六三号線（藤原宇都宮線）と接続している。

当村は逆連《さかづら》村とも記した。慶長《けいちょう》七年（一六〇二）に宇都宮大明神《だいみょうじん》領となり、近世を通して同社領で、天保《てんぽう》年間（一八三〇〜四四）の家数二二軒。明治二二年（一八八九）に田原村の大字となり、昭和三〇年（一九五五）、河内村の大字となる。

山田川右岸の逆面城跡（逆面町）

地内の白山神社《はくさんじんじゃ》裏の丘陵先端に逆《さか》面城跡《づらじょうせき》（市史跡）がある。築城年代などは不詳だが、宇都宮氏の家臣逆面氏が宇都宮城の支城として築いたことは確かであろう。康暦《こうりゃく》二年（一三八〇）、宇都宮基綱《もとつな》（一一代城主）が小山義政《よしまさ》と裳原《もばら》（茂原町《もばらちょう》）で合戦したとき、宇都宮勢の中に逆面阿波《あわの》守《かみ》の名がみえる。また、天正《てんしょう》一三年（一五八五）、宇都宮国綱《くにつな》（二二代城主）が皆川城《みながわじょう》（栃木市皆川城内《みながわじょうない》町《まち》）を攻めようとしたとき、武将たちは皆川氏方の大軍に不安を感じて、城攻めを思い止まらせようとしたが、逆面周防守《すおうのかみ》は「敵大勢なるに驚き合戦を止まるは、武士の本意ではない」と主帳し、勇将の名を高めたという。慶長二年（一五九七）、宇都宮氏の改易《かいえき》にともない廃城となったが、自然の丘陵を活かして築かれた本城は、空堀・土塁・郭《くるわ》（曲輪）・土橋などがよく遺っている。

　逆面城跡の近くに、菊理媛神《きくりひめのかみ》を主祭神とする白山神社《はくさんじんじゃ》が鎮座している。伝承によれば、豊城入彦命《とよきいりひこのみこと》が東国《とうごく》統治のため下野国に下向《げこう》し、のち従者は各地に分散して集落を拓《ひら》いて農耕を始めたが、加賀《かが》国出身の従者は、郷里の白山神社より分霊を勧請《かんじょう》して当社を創始したという。当社では毎年八月一五日と次の日曜日（風祭《かざまつ》り）の正午すぎころから、「天《てん》下一関白流逆面《かいちかんぱくりゅうさかづら》の獅子舞《ししまい》」（市指定）が奉納されている。

白山神社（逆面町）

　逆面の村名について、下《しも》野薬師寺《つけやくしじ》（下野市薬師寺）に配流された道鏡《どうきょう》（？～七七二）が当地を訪れたとき、古井戸をみつけ中をのぞくと、自分の顔が逆さに映ったので、この地を「逆《さか》面《づら》」と名づけたという。邪《じゃ》心《しん》ある者は、面《つら》が逆さに映るという故事によるものだが、地名の由来としては容認できない。ただ面白いことに白山神社の西方約一・四キロの山裾に、伝説を秘めた逆井戸《さかさいど》がある。

白山神社の獅子舞（逆面町）

　逆面（サカヅラ）は「サカ・ヅラ」という村名で、サカは「逆・倒」の意から、河流などが逆巻《さかま》く状態をいい、ヅラはツラ（面）の濁音化で、物の表面・辺り・近辺の意である。従って、逆面は山田川流域に位置しているので、同河川の氾濫によって浸食を受けた地に由来する村名であろう。

○叶谷《かのうや》（屋）

当村は山田川の右岸で、村内の西端に聳える笠松山《かさまつやま》（三二八メートル）麓の谷田《やた》に位置し、中央部を日《ひ》堀川《ぼりがわ》が南東流して山田川に注いでいる。北は逆面、東は上田原、南は立伏、西は上横倉《かみよこくら》（宇都宮市）に接している。当地はほとんどが谷地《やち》に沿った山村で、字沢入《さわいり》には単純泉の大石《おおいし》温泉がある。慶長《けいちょう》七年（一六〇二）より宇都宮大明神《だいみょうじん》領であった。天保《てんぽう》年間（一八三〇～四四）の家数二〇軒。明治二二年（一八八九）に田原村の大字となり、昭和三〇年（一九五五）に河内村の大字となる。

叶谷（屋）の村名について、伝承では宝亀《ほうき》四年（七七三）、穀物の価格を決めることがあって、そのときこの地の谷沢《やざわ》右衛門という者が、隣村の逆面《さかづら》の住人と地所《じしょ》のことで争論となった。しかし、谷沢の願いが叶《かな》って解決したので、姓の頭字をとって叶谷と呼ぶようになったという。全くのこじつけである。宝亀四年は道鏡《どうきょう》が死去した翌年にあたるので、逆面伝説と結びつけようとした意図がうかがえる。

叶谷（カノウヤ）は「カノウ・ヤ」という村名である。カノウはカノの長音化で、山間地方に多くみられる「鹿《か》野《の》・狩野《かの》」地名と同じく焼畑に関わる村名である。カノは「カリ（刈）・ノ（野）」で、草木を焼き払って耕地とした意であろう。焼切《やききり》・焼野《やけの》・刈《かり》切《きり》・刈生田《かりうだ》・鹿沼《かぬま》・刈沼《かりぬま》・鹿子畑《かのこはた》などの地名と同じである。村名は谷地に面した傾斜地を焼き払って開拓したことに由来するものと思われる。

○立伏《りゅうぶく》

当地は、東を除く三方を山に囲まれた山間地で、北は叶谷《かのうや》、東は上田原・下《しも》田原、南と西は横山町《よこやまちょう》・横倉町《よこくらまち》（宇都宮市）に接している。

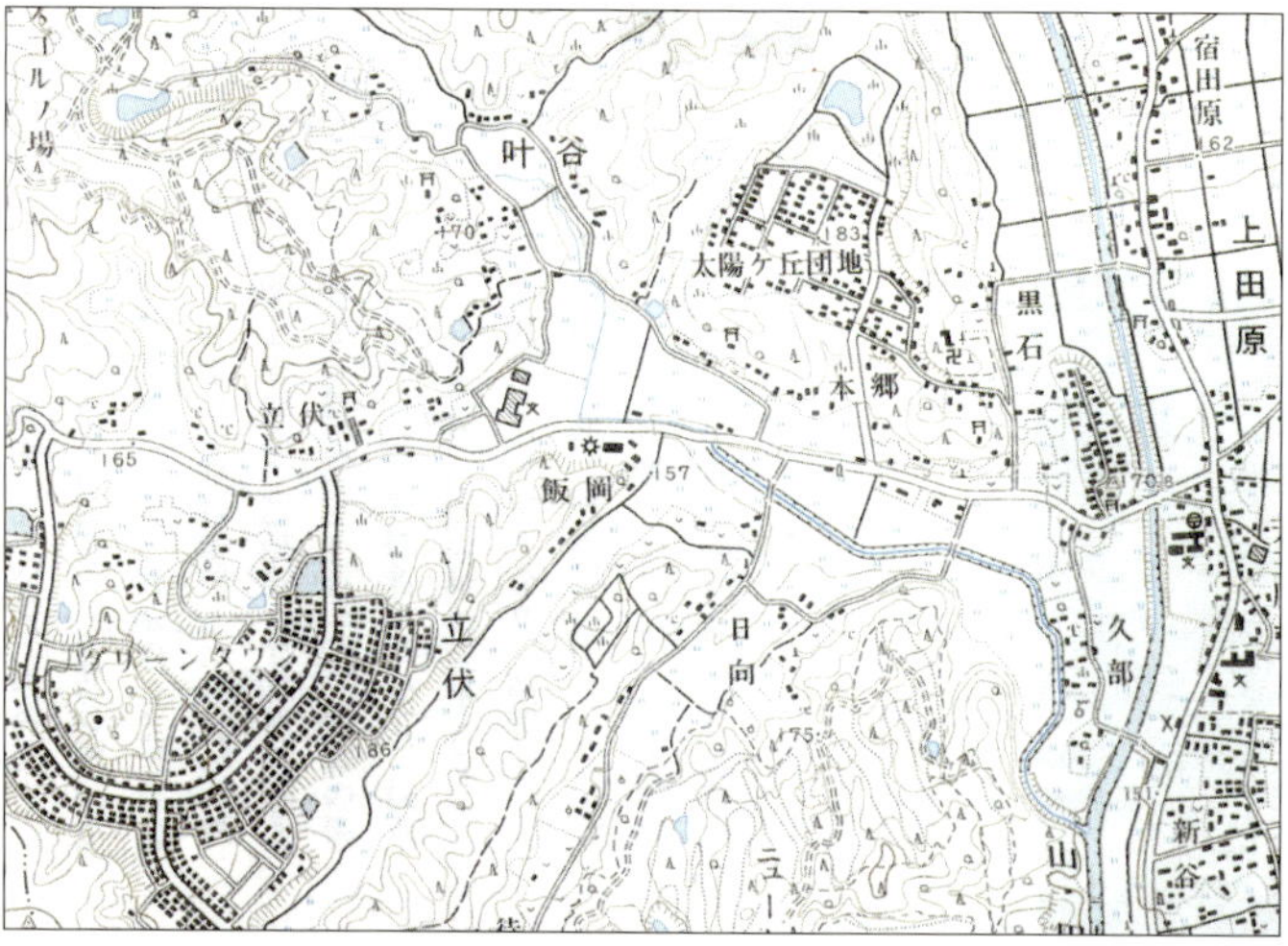

叶谷町・立伏町付近「宝積寺」2万5千分の1（平成14）

宇都宮丘陵の樹枝《じゅし》状の谷を挟んで集落があり、樹枝状の谷は水田になっている。地内の北部を主要地方道七三号線（上横倉下岡本線）が東西に通っている。近年、かつて山村であった当地の舌状台地や傾斜面は切り開かれてグリーンタウンとして造成され、付近一帯はすっかり変貌し、往時の自然景観は薄れてしまった。

　近世はおおむね宇都宮藩領で、天《てん》保《ぽう》年間（一八三〇～四四）の家数三〇軒。嘉永《かえい》七年（一八五四）に村内の秣場《まぐさば》（草刈場《くさかりば》。近世に農民生活に不可欠な肥料・飼料・燃料・屋根葺き材料などを採取した採草地）をめぐって、下徳次郎村《しもとくじら》（現徳次郎町《とくじろうまち》）との間に争論が起こっている。

　立伏の村名について、門前《もんぜん》トヤという岩山があり、その頂上に旱天《かんてん》が続いても水が涸《か》れず、大雨が続いても溢《あふ》れることのない溜池《ためいけ》があった。昔、この地に龍《りゅう》が飛来したが臥《ふ》して死んだので、この池を龍ケ池《りゅうがいけ》といい、村名も龍臥《りゅうふく》（伏）から立伏《りゅうぶく》になったと伝えている。だが当地は古く「立伏（タテブシ）」と呼んでいたので、村名の由来はここに求めなければならない。タテ（立）は動詞タツ（立）の連用形で、タチ・タテの転で、丘陵・台地などが高くなった所、ブシはフシの濁音化で、フチ（縁）の転であろう。従って、村名は往時の地勢から考えて、丘陵の縁（麓）に開けた地に由来するものであろう。

○相野沢新田《あいのさわしんでん》

　当村は、北は逆面《さかづら》、東は古田《ふるた》、南は宝井《たからい》、西は上田原《かみたわら》に接している肥沃な水田地帯である。近世初期は本《ほん》田原《だわら》村の原野であったが、寛文《かんぶん》年間（一六六一～七三）に上田原村から分村し、相野沢新田村となった。「元禄郷帳《げんろくごうちょう》」「天保《てんぽう》郷帳」に上田原村枝郷《えだごう》相野沢新田村と見える。宇都宮藩領で、用水は御用川《ごようがわ》を利用し、江戸廻米《かいまい》は中岡本《なかおかもと》村の小森河岸《こもりがし》を利用していた。天保年間（一八三〇～四四）の家数一一軒。明治二二年（一八八九）に田原村の大字となり、昭和三〇年（一九五五）四月に河内村の大字、同年八月に相野沢と改称する。

　相野沢（アイノサワ）は、「アイ・ノ（助詞）・サワ（沢）」という村名で、アイは「相」ではなく「合《あい》」で、二つ以上のものが合わさる意である。従って、地名は沢の合わさる地に由来する。類似の地名が宇都野《うつの》宇相野沢（那須塩原市）にみられる。

○宝井《たからい》

　宝井は、北は上田原《かみたわら》・相野沢《あいのさわ》・古《ふる》田《た》に、東・南・西は下田原《しもたわら》に接し、地内の北部を主要地方道七三号線（上横倉下岡本線）が通っている。当村は明治七年（一八七四）、下田原《しもたわら》新々田《しんしんでん》と広表新田《ひろもてしんでん》が合併して成立した村で、明治二二年（一八八九）田原村の大字となり、昭和三〇年（一九五五）に河内村の大字となる。

微高地上に江戸時代からの集落があり、相野沢からの湧水と西鬼怒川からの用水を引いて肥沃な水田地帯とした。宝井団地が造成されて付近の景観はすっかり変貌してしまった。下田原新々田と広表新田については、すでに記したので省略したい。

宝井は、その昔、金銀が湧き出たという井戸が、下田原新々田と広表新田の中央にあったことに由来する村名といい、その「宝の井戸」は埋没して今はないという。全くの作り話であるので、「宝の井戸」は今はないと逃げている。

『倭名類聚鈔《わみょうるいじゅうしょう》』（一〇世紀前半ころ成立）に、河内郡一一郷の一つとして「財部郷《たからべごう》」が見える。上神《かみこう》主《ぬし》・茂原官衙《もばらかんが》遺跡（国史跡）から、財部忍《たからべにん》という人名瓦が出土しているので、財部郷に住む者との関係がうかがわれる。そこで財部郷は「宝井」だろうする説『大日本地名辞書』（吉田東伍著。明治三三～三四年刊）がある。しかし、宝井地区が開発されたのは江戸時代中期以降であり、宝井が地名として成立するのは明治七年のことであるから、財部郷とは無関係である。

宝井（タカライ）は「タカラ・イ」という村名で、タカラは「タカ（高）・ラ（接尾語）」から高い所の意と思われる。ラは「そこら」「ここら」から漠然と場所を示す接尾語。イ（井）は、泉や流水から水をくみ取る所の意だが、地名の場合はほとんど水や川と同じように使われる。当地は微高地上に江戸時代からの集落がみられるので、水利に恵まれた微高地上に開けた地に由来する村名と解したい。ちなみに当地は良質の帯水《たいすい》層《そう》があるので、現在、宇都宮市水道局の水源地の一つになっている。

明治時代以降に付された村名には、「宝」という瑞祥《ずいしょう》地名のものがあるので、「宝」字の由来を深く探る必要はなかろう。これに似た地名に、たとえば明治八年（一八七五）に一〇か村新田が合併して生まれた宝木村《たからぎ》（現宝木町《たからぎちょう》）がある。明治時代以降に付された村名（地名）には、圧倒的に瑞祥地名の多いことを重ねて記しておきたい。

○大塚新田《おおつかしんでん》

大塚新田村については、「田原」項の中の下田原《しもたわら》で触れたので重複は避けたい。ただ古く当村から隣接する上川俣村《かみかわまたむら》にかけて、数基からなる古墳群が存在していたので、江戸時代にすでにこの古墳群が里人に注目され、下田原村から分かれて村名を付すとき、古墳名をとって「大塚新田村」としたことに注目したい。

明治時代以降の開発によって、古墳群は、今、田圃の中に高龗神社古墳《たかおじんじゃこふん》一基をぽつんと残して湮滅してしまった。湮滅した古墳の中に、恐らく村名の中心となったであろう大塚《おおつか》新田古墳《しんでんこふん》があった。この古墳は前方《ぜんぽう》後円墳《こうえんふん》であったといわれているが、出土遺物は一括して東京国立博物館に収蔵されているものの、古墳がどんな経緯で湮滅したのか、また失われた時期などは一切不明である。しかし、宇都宮近在の古墳の多くが明治時代初期から同三〇年（一八九七）前後ころにかけて、同博物館が深く関与しているので、大塚新田古墳もこのころに湮滅したのであろう。

高龗神社古墳（上大塚町）

明治二二年（一八八九）四月、新田村は田原村の大字となり、昭和三〇年（一九五五）四月に河内村大塚新田、同八月に同村大塚と改称する。平成一九年（二〇〇七）三月、宇都宮市に合併すると、大塚を「上《かみ》大塚町《おおつかちょう》」とした。これは宇都宮市内に昭和二七年（一九五二）に旧姿《すが》川《がわ》村西川田《にしかわた》（現西川田町）から分離して同市に編入して「大塚町《おおつかちょう》」とした町名があったので、これと区別して「上大塚町」と改称した。

（3）篠井《しのい》地区（旧篠井村）

明治二二年（一八八九）に塩野《しおの》室《むろ》・矢野口《やのくち》・小林《こばやし》・沓掛《くつかけ》・沢又《さわまた》・嘉多蔵《かたくら》・飯山《いいやま》・篠井《しのい》・上小池《かみこいけ》・下小池《しもこいけ》・石那田《いしなた》の一一か村が合併して「篠井村《しのいむら》」が成立した。この地域は河内郡の北端に位置し、宇都宮丘陵の北部にあって、北辺の村境を鬼怒川が流れ、北部地帯の平地には清水川《しみずがわ》が横切って東流している。南部には日光街道に沿って平地があり、田川《たがわ》の上流が西部から東部に流れている。合併の村名は、明治時代以前から採掘されていた篠井金山《しのいきんざん》が存在したので、江戸時代からの村名を踏襲して「篠井村」とした。

篠井金山は、東海寺《とうかいじ》（真言宗。篠《しの》

井町《いまち》）前から道なりに南東方に進むと、地元の方がガンガラ山と呼んでいる榛名山《はるなさん》（五二四メートル）があり、頂上に金山開発の経緯は明らかでないが、上野国《こうずけ》の榛名山神社より分霊を勧請《かんじょう》して創始したという榛名山神社が鎮座している。

榛名山のＶ字谷を奥へ進むと金山跡がある。金山開発の経緯は明らかでないが、戦国時代末期ころには採

榛名山（篠井町）

掘されていたようで、慶長《けいちょう》三年（一五九八）、宇都宮城代《じょうだい》浅野長政《あさのながまさ》は宇都宮領内黄金山《こがねやま》（篠井金山）からの黄金一八枚（四両《りょう》三分《ぶ》）を豊臣秀《とよとみひで》吉《よし》へ上納している。江戸時代に入ると、宇都宮藩は幕府の命によって金鉱石の採掘につとめ、とくに安政《あんせい》三年（一八五六）、藩主戸田忠恕《とだただゆき》は幕府に採掘の願いを出して採掘し、同年四月下旬までに九貫《かん》という意外に多くの産出をみている。そこで藩は鉱夫を増やして採掘するため、幕府に前資金《まえがしきん》の助成を求めて認められたから、篠井金山は一時脚光を浴び、これが金山千軒《かなやませんげん》・徒《かち》千軒と称された。しかし、その後、資金不足や採掘技術の未熟さなどによって廃坑同然となり、明治時代以降、幾多の変遷をへて、第二次世界大戦後は採算がとれないことから廃坑となった。

一七世紀半ばころの「慶安郷帳《けいあんごうちょう》」によると、村内北部の塩野室は武蔵《むさし》岩槻《いわつき》藩領、矢野口は日光神領、小林・沓掛は武蔵岩槻藩領、沢又は日光神領、嘉多蔵（片倉）は宇都宮藩領（明暦《めいれき》元＝一六五五年より日光神領）であったが、南部の飯山・篠井・小池（元禄《げんろく》一四＝一七〇一年に上小池・下小池に分村）・石那田は宇都宮藩領であった。石那田は「輪《りん》王寺《のうじ》文書」に元禄一三年（一七〇〇）宇都宮藩領から日光神領になったと見える。

「篠井」は上篠井・中篠井・下篠井に分かれている。『篠井南部郷土誌』（大正四年刊）によると、篠井地区の用地は、表層にクロボクという火山灰の腐植《ふしょく》層、下層は沖積層で透水《とうすい》性・保水《ほすい》性は比較的いいが、粘性を帯びて酸性が強く、地力が低く、農業上・生活上、最悪の土壌であったことを記している。地内には

逆川《さかさがわ》・寅巳川《とらみがわ》や辰巳川《たつみがわ》・赤堀川《あかぼりがわ》などが流れ、伏流水が湧水となってみられる。

村名「篠井」は、「金鉱山の跡に篠《しの》井《い》と称する井戸があり、鉱石を沈澱させるのに利用し、しかも水質が大変美良であったことに由来する」というが、これでは地名の由来とはいえない。また、中篠井地内に小さな弁天《べんてん》池がある。昔、弘法大師《こうぼうだいし》が男体山登頂のさい当地を通りかかったとき、喉《のど》の乾《かわ》きを潤《うるお》すため篠の生い茂る所を分け入ると、足下から水が湧き出し、篠の中に井戸を見つけたので、この辺りを篠井と呼び、村名の起こりと伝えている。無理に「篠」と「井」を結びつけた村名由来となっている。

篠井（シノイ）は「シノ・イ」という村名で、シノは副詞シノノニの語幹で、「びっしょりと濡れるさま」（『日本国語大辞典』小学館）を表すので、湿地を意味しよう。イ（井）は井戸ではなく、地名の場合、鬼怒川沿いの石井町《いしいまち》（宇都宮市）のように、ほとんど河川と解してよい。従って、「篠井」は逆川沿いに位置しているので、河川沿いの湿地に由来する村名と思われる。

明治二二年（一八八九）四月　塩野室・矢野口・小林・沓掛・沢又・嘉多蔵・飯山・篠井・上小池・下小池・石那田の一一か村が合併して、篠井村が成立する。
昭和二九年（一九五四）一一月　飯山・篠井・上小池・下小池・石那田の五大字が宇都宮市に編入し、塩野室・矢野口・小林・沓掛・沢又・嘉多蔵の六大字は今市《いまいち》市《し》に編入する。

○飯山《いいやま》

飯山は、北は嘉多蔵《かたくら》（旧今市市）、東は篠井《しのい》、南は上小池《かみこいけ》・下小池《しもこいけ》、西は根室《ねむろ》・山口《やまぐち》（旧今市市）に接し、西部の寅巳山《とらみやま》（四四六メートル）と東部の高《たか》へら山《やま》（四三三メートル）に囲まれた山村で、地内南西の寅巳山より湧出した寅巳川が北東に流れている。当地は室町時代から戦国時代に飯山郷《いいやまごう》とよばれていたことが、「輪王寺《りんのうじ》文書」に見え、輪王寺常《じょう》行堂《ぎょうどう》の衣服所であったので、当郷から衣服料一〇貫《かん》四一文《もん》が納められている。中世には日光神領であったが、近世初期には宇都宮藩領、元禄《げんろく》四年（一六九一）に旗本牧野《まきの》領となり、古くは舘山村《たてやまむら》とも称した。天保《てんぽう》年間（一八三〇～四四）の家数一七軒。明治二二年（一八八九）に篠井村の大字となり、昭和二九年（一九五四）、宇都宮市飯山町《いいやままち》となる。

村社は安蘇《あそ》神社で、主祭神は応神《おうじん》天皇・磐裂命《いわさくのみこと》。境内の八坂《やさか》神社では毎年八月一五日、天下一関白流《てんかいちかんぱくりゅう》の獅子舞《ししまい》（「飯山の獅子舞」市指定）が奉納される。これは藤原利仁《としひと》伝説と深く結びつくもので、一人立《ひとりだち》三匹の獅子舞である。伝承によると、延《えん》喜《ぎ》年間（九〇一～二三）、利仁は高《たか》座山《くらやま》に籠《こ》もって河内郡北部を荒らしまわった山賊蔵宗《くらむね》・蔵安《くらやす》兄弟を追討したが、病にかかって飯山の地で永眠してしまった。その死を悲しんだ飯山の人々は、利仁の守り神の三尊《さんぞん》神《がみ》獅子頭《ししがしら》を奉納し、あわせて神社に獅子舞を奉納したのが起源と伝えている。

飯山と山口《やまぐち》（旧今市市）との境に寅巳山がある。山頂へは飯山から根《ね》室《むろ》（旧今市市）に通ずる山道の途中を左折して登ると、頂上に貧弱ではあるが寅巳城《とらみじょう》という跡がある。『篠井村郷土誌』に「寅より巳の年まで四年間、源三位頼政《げんさんみよりまさ》とか神山監物《かみやまけんもつ》とかの城跡なりといふ。馬乗場、井戸其の他古城跡らしき所あり」と記しているが、城跡というよりは砦《とりで》跡のようなものであったろう。

飯山の村名ついて、（一）承平《じょうへい》の乱（一〇世紀前半）にさいし、平将門《たいらのまさかど》が当地を兵糧所《ひょうろうじょ》としたので飯盛《いいもり》山《やま》と称し、これが村名になったとか、（二）源頼政《よりまさ》が寅巳山に築城したとき、里人が協力して糧秣《りょうまつ》（食糧と秣《まぐさ》）を提供したので、頼政は大いに感じて「飯山」と名づけたという（『篠井村郷土誌』）。全く根拠のない由来である。

飯山は山間地であるので、「イイ・ヤマ（山）」という村名であろう。イイはイヒ（飯）を盛った形の意から、村名は飯《いい》を盛ったような山容に由来する。「飯」は付近の地より高くなった山や台地・岡などの地名に使われ、県内には例えば飯田町《いいだまち》（宇都宮市）、飯塚《いいづか》（小山市）、飯《いい》（茂木町）、飯岡《いいおか》（塩谷町）などの地名がある。

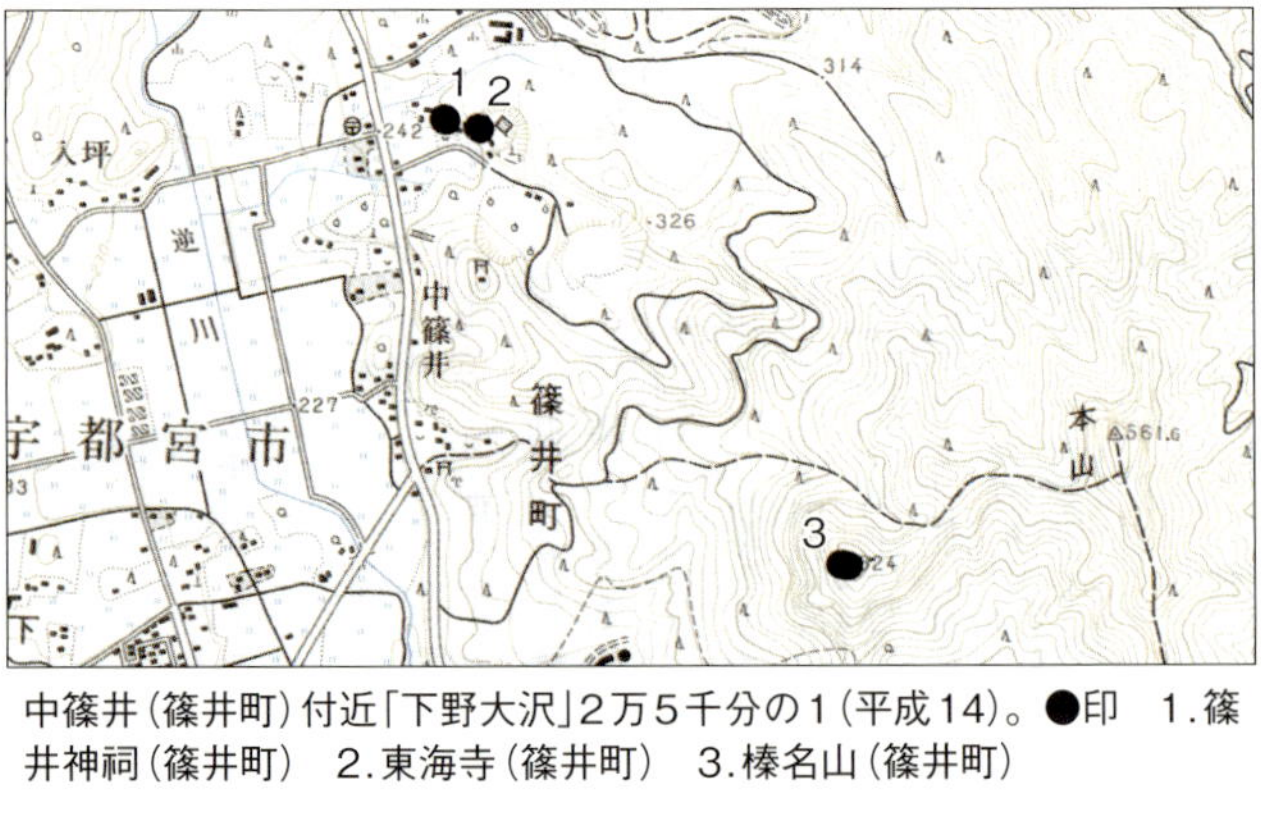

中篠井（篠井町）付近「下野大沢」2万5千分の1（平成14）。●印　1.篠井神祠（篠井町）　2.東海寺（篠井町）　3.榛名山（篠井町）

〇篠井《しのい》

当村は、北は沓掛《くつかけ》・小林《こばやし》（旧今市市）、東は山林を境に宮山田《みややまだ》・冬《ふゆ》室《むろ》・大網《おおあみ》、南は大網・石那田《いしなた》、西は飯山《いいやま》・下小池《しもこいけ》に接している。地内の北東部を水源とする逆川《さかさがわ》が、北部を西流したのち西境付近を南東流している。同河川の左岸沿いに主要地方道七七号線（宇都宮船生《ふにゅう》高徳《たかとく》線）が通り、河川と同七七号線沿いに水田が広がるが、東部の多くは山林となっている。

中世の篠井は明らかでないが、『那須記』（一六七六年成立）に、天《てん》正《しょう》四年（一五七六）宇都宮国綱《くにつな》（二二代城主）に従った武士の中に、志《し》野井《のい》城主大橋兵部掾《ひょうぶのじょう》の名が見える。

篠井城（志野井城）は大橋館《おおはしやかた》ともいわれ、高《たか》へら山《やま》（四三三メートル）の南麓に築かれたらしいが、現在はその遺構は見当たらない。しかし、宇都宮氏の家臣大橋氏の子孫という手塚氏の屋敷地あたりが館跡といわれている。

当地は近世を通じて宇都宮藩領で、近世中ごろから上篠井・中篠井・下篠井に分かれて村運営がなされていた。天保《てんぽう》年間（一八三〇～四四）の家数五七軒。篠井村は明治二二年（一八八九）に篠井村の大字となり、昭和二九年（一九五四）、宇都宮市篠井町《しのいまち》となる。町内は上篠井・中篠井・下篠井に分かれている。

中篠井に東海寺《とうかいじ》（真言宗）がある。創始年代などは不詳だが、伝承によれば長禄《ちょうろく》年間（一四五七～六〇）、水戸の佐竹《さたけ》氏が篠井金山を開発したとき、金山奉行《ぶぎょう》に命じて木造虚空蔵菩薩立像《こくうぞうぼさつりゅうぞう》（市指定）を遷座《せんざ》して堂宇を建立し、守護寺《しゅごじ》としたのが創始という。当地には金山採掘に当たった坑夫たちが歌い始めたという「佐竹奉行はおれらの主よ、恵み厚きで精が出る」の「篠井の金掘唄《かなぼりうた》」（市指定）が伝わっている。

東海寺（篠井町）

東海寺西隣りの阿久津氏母屋宅地の東側山裾に、「篠井神祠《しのいしんし》」（市指定）がある。阿久津の権現《ごんげん》とか箒根《ほうきね》権現ともいわれ、約一メートル四方の石祠《せきし》だが、銅製の扉表面右側上段に「日光山奉寄進覚《きしんおぼえ》」と陰刻《いんこく》され、日光山の寄進場所と寄進品目について、左右扉の上・下段に刻み込まれている。寄進品目の中には到底個人の財力では寄進しきれない高価なものも含まれているので、強い日光山信仰によって結ばれた講《こう》組織をもって寄進したものであろう。左側扉下段の最後に「寛文《かんぶん》七丁未《ひのとひつじ》年（一六六七）正月吉祥日」の銘があり、扉の裏面には「篠井村長峯《ながみね》悪久津《あくつ》兵《ひょう》庫《ご》」の名が刻まれている。寄進覚書の中に刻まれている「宇都宮外久次《とくじ》良《ら》大明神」とは、徳次郎町《とくじろうちょう》に鎮座している智賀都《ちかつ》神社のことである。

篠井神祠（篠井町）

「外久次良」については後述したい。

○上小池《かみこいけ》・下小池《しもこいけ》

小池（上小池・下小池）は、北は飯山《いいやま》、東は篠井《しのい》、南は石那田《いしなた》、西は山口《やまぐち》・猪倉《いのくら》（旧今市市）に接し、山林と原野が多い。中世に小池郷《こいけごう》といっていたことが「輪王寺《りんのうじ》文書」に見える。『那須記《なすき》』に天正《てんしょう》四年（一五七六）、宇都宮国綱《くにつな》（二二代城主）は鹿沼の壬生徳雪斎《みぶとくせつさい》（鹿沼城主）を攻めるため、小池城主福田右京助ら家臣二六三〇余騎を率いて多気山《たげさん》城《じょう》へ移ったと記している（現在のところ、上小池・下小池地内に小池城跡らしいものは見当たらない）。

当地は近世初期に宇都宮藩領であったが、「輪王寺文書」に小池村の名が見え、元禄《げんろく》一三年（一七〇〇）に宇都宮藩領から日光領（日光神領）になったというが、元文《げんぶん》年間（一七三六～四一）ともいう。日光領になったのは、幕府が困窮する日光山の財政を援助するため、はじめ「新御領《しんごりょう》」一六か村を日光領に加える措置を講じたが、翌一四年に日光領に隣接する宇都宮藩領の内の六か

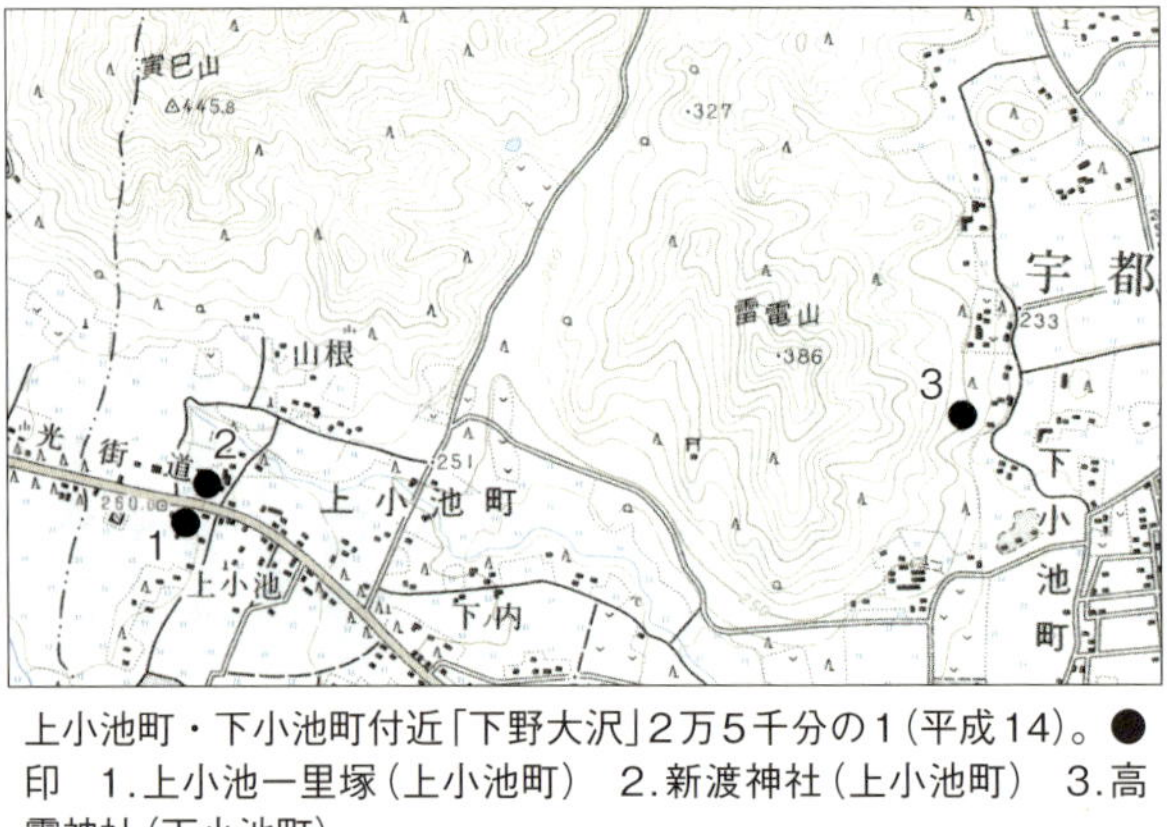

上小池町・下小池町付近「下野大沢」2万5千分の1（平成14）。●印　1.上小池一里塚（上小池町）　2.新渡神社（上小池町）　3.高龗神社（下小池町）

村に村替えし、ここに小池村と石那田村が新たに日光領になったからである（『篠井ガイドブック』）。「改革《かいかく》組合村《くみあいむら》」（幕府が文政《ぶんせい》一〇＝一八二七年に設置）では幕府領となって幕末まで続いた。小池村は元禄一四年（一七〇一）に上小池と下小池に分村したが、分村は天保《てんぽう》年間（一八三〇～四四）ころともいう（『角川日本地名大辞典（栃木県）』）。天保年間（一八三〇～四四）の家数は上小池村二七軒、下小池村二九軒であった。明治二二年（一八八九）、上小池・下小池両村は篠井村の大字となり、昭和二九年（一九五四）、宇都宮市上小池町《かみこいけまち》・下小池町《しもこいけまち》となる。

上小池村は、山根《やまね》・宿《しゅく》・原《はら》の三組に分かれ、中央を国道一一九号線（日光街道）が通り、地内には江戸から三一里の地に一里塚《いちりづか》（上小池一里塚）が設けられていた。塚は日光に向かう街道右側の新渡神社《にわたりじんじゃ》の反対側（街道左側）に、今でも僅かに痕跡を遺している。新渡神社（旧無格社）の創祀などは不詳だが、主祭神は日本武尊《やまとたけるのみこと》で、境内神社に稲《いな》荷神社（倉稲魂命《うかのみたまのみこと》）・大杉《おおすぎ》神社（大山祇神《おおやまつみのかみ》）がある。

新渡神社（上小池町）

上小池村と石那田村との堺の街道西側に、庚申塔《こうしんとう》が数基あるが、その先に屋根に覆われてうらない仏（占い仏）とよんでいる凝灰岩《ぎょうかいがん》でできた石仏がある。ひどく風化しているので尊像名は分からないが、「日光道中分間延絵図《ぶんけんのべえず》」に描かれている阿弥《あみ》陀石《だいし》かも知れない。この石仏の前には饅頭《まんじゅう》の形をした三個の玉石が置かれていて、里人が石仏に願いをかけてから、何れかの石を持ち上げて軽く感じれば、願いが叶うとされる珍しい石仏である。このため里人は古くから石仏を「占い仏」、玉石を「占い石」と呼んでいたと伝えてい

石那田と上小池町堺の「うらない仏」

る。台座の側面に「享保《きょうほう》十年十月吉祥日　念仏供養攸　施主石那田村原組中敬白」の銘が刻まれている。

下小池村に高靇神社《たかおじんじゃ》（旧村社）が鎮座する。社伝によると、久寿《きゅうじゅ》二年（一一五五）、源頼政《よりまさ》が那須野《なすの》に狐《きつね》狩《がり》に赴いた帰路、当地に滞在し、狩り満足の祈願として、香取弦目《かとりげんもく》お祈りの社壇《しゃだん》地を設けて勧請《かんじょう》したのが神社の創祀という。主祭神は雨をつかさどる高靇神《たかおかみのかみ》である。社殿は元《げん》禄《ろく》一二年（一六六九）の再建と伝えている。境内神社に稲荷神社（倉稲魂命）・新渡神社（素戔嗚尊《すさのおのみこと》）・山《やま》神社（大山祇神）がある。下小池村は良馬の産地といわれ、宇都宮藩主奥平忠昌《おくだいらただまさ》の愛馬は当地の産と伝えられている。

小池（コイケ）は「コ（接頭語）・イケ」という村名であろう。コはほとんど意味をもたない単なる接頭語。イケは「生《いけ》」で、イク（生）と同じく、水気のある所の意に解されるので、特に下小池地内の東部を南流する逆川《さかさがわ》沿いの低湿地に由来する村名と思われる。

○石那田《いしなた》

石那田は宇都宮市の北西部に位置し、北は上小池町《かみこいけまち》・下小池町《しもこいけまち》、南東は徳次郎町《とくじろうまち》、南は半蔵山《はんぞうやま》（五〇二メートル）の尾根を隔てて新里《にっさと》、西は猪倉《いのくら》（旧今市市）に接している。南部を田川《たがわ》が蛇行しながら流れ、中央部を赤堀川《あかぼりがわ》が東流している。地内の北部を国道一一九号線（日光街道）が北西進し、猪倉街道入口で国道から分岐した一般県道一四九号線（小来川文挟《おころがわふばさみ》石那田線）が西へ向かい、同じく船生《ふにゅう》街道入口で国道から分岐した主要地方道七七号線（宇都宮船生高徳《たかとく》線）が北上している。当地は稲作を主とする農業地域だが、リンゴの栽培も行われ、「石那田のリンゴ」として知られている。自治会は六本木《ろっぽんぎ》・仲内《なかうち》・坊村《ぼうむら》・岡《おか》坪《つぼ》・仲根《なかね》・原坪《はらつぼ》・桑原《くわばら》の七つに分かれている。

石那田村は、中世に石那田郷《いしなたごう》といわれていたことが、応永《おうえい》二二年（一四一五）の「輪王寺《りんのうじ》文書」に見え、日光神領であった。天正《てんしょう》四年（一五七六）、宇都宮国綱《くにつな》（二二代城主）は鹿沼の壬生徳雪斎《みぶとくせつさい》（鹿沼城主）を攻めるため、家臣石南田《いしなた》城主小池大《おお》内蔵助《うちくらのすけ》ら二六三〇余騎を率いて多《た》気山城《げさんじょう》へ移ったことが、『那須記《なすき》』に記されている。

ここに「石南田城」とは石那田字岡《おか》に築かれている石那田《いしなた》館跡《かんせき》のことである。この館跡は昭和四九年（一九七四）の日光宇都宮道路（日光道の建設工事にともない発掘調査が行われ、東西約一〇三メートル・南北

石那田館跡の遠景（石那田町）

約六〇メートルの長方形を呈した規模で、北・東・西側の三辺に土塁・堀を巡らし、北辺に土橋《どばし》、西辺に架《か》橋《きょう》の跡がみられるので、これを利用して郭外《かくがい》に通じていたことがわかる。また、館内の北東部に鬼門《きもん》の屋敷神を祀ったと思われる土壇《どだん》跡や、倉庫跡・住居跡・建物跡・井戸跡などが発掘されている。これによって戦国時代に宇都宮氏の家臣で在地土《ざいちど》豪《ごう》の小池氏が拠点としていたことがわかる。廃館の時期などは不詳だが、おそらく慶長《けいちょう》二年（一五九七）、宇都宮氏の改易《かいえき》にともない廃館になったのであろう。

当地は近世初期は宇都宮藩領であったが、「輪王寺文書」に元禄《げんろく》一三年（一七〇〇）に宇都宮藩領から日光神領となるとあるが、「改革組合村」では幕府領とある。石那田村は、すでに延宝《えんぽう》年間（一六七三〜八一）ころから上石那田・下石那田の二村に分かれていたようで、天保《てんぽう》年間（一八三〇〜四四）の家数は上石那田村三四軒、下石那田村二二軒であった。明治六年（一八七三）に両村は合併して石那田村となる。同二二年（一八八九）に篠井村の大字となり、昭和二九年（一九五四）、宇都宮市石那田町《いしなたまち》となる。

当地の仲内《なかうち》に石那田堰《いしなたぜき》がある。江戸時代に田川《たがわ》上流の石那田村と下流の徳次郎《とくじら》村との間に、田川からの用水をめぐって長い間争いが絶えなかった。しかし、嘉永《かえい》五年（一八五二）、二宮尊徳《にのみやそんとく》（一七八七〜一八五六）は当地を二度にわたって検分し、尊徳の監督指導によって工事をはじめ、まず石那田堰を設けて、上・中・下の徳次郎と西根《にしね》・田中《たなか》・門前《もんぜん》の六か郷の田を潤したので、両村の水争いは解決した。この工事の仮普請《かりふしん》の人夫九三九人、費用四七両二分余、本普請の人夫一六六四人、費用六五両二朱分を要したという。なお、この石那田堰によって田川の水を引き入れる用水を、徳次郎六郷《ろくごう》用水《ようすい》とか徳次郎新堀《しんぼり》とよんでいる。

篠井地区の日光街道沿いには、石那田と上小池《かみこいけ》地内に一里塚がある。石那田一里塚は地内の六本木《ろっぽんぎ》に設け

石那田堰（石那田町仲内）

られているので、通称六本木一里塚とよばれ、船生《ふにゅう》街道入口に塚の一基が整備復元されている。江戸から三〇里の位置である。

石那田字糠塚《ぬかづか》に素盞鳴尊《すさのおのみこと》（牛頭《ごず》天王《てんのう》）を主祭神とする八坂神社《やさかじんじゃ》が鎮座している。社伝によると、明暦《めいれき》元年（一六五五）疫病《えきびょう》が流行して村民を苦しめたので、この災厄を鎮めるため山城国《やましろ》八坂神社から御霊《ごりょう》を勧《かん》請《じょう》して、石那田上・下両村の中間に位置する糠塚に祀ったところ、疫病は治まったといい、これが神社のはじめという。その後、村人が祭祀を怠るようになると、享保《きょうほう》七年（一七二二）再び疫病が流行したので、村人は神の祟《たた》りと恐れ、以後、厚く祭祀を行うようになり、牛頭天王は疫病を支配する神として村人の信仰を集め、疫病が流行しやすい初夏に御霊を鎮める祭祀を行うようになった。これが今も行われている天王様《てんのうさま》という夏祭り（石那田八坂神社の天王祭）である。例祭は七月一七日、神社よりご神体を坊村《ぼうむら》の御仮屋《おかりや》へ遷すことから始まり、祭り最終日の二四日、御仮屋から仲内《なかうち》地区の猿田彦《さるたひこ》を先頭に、各地区（坊村・原坪《はらつぼ》・岡《おか》坪《つぼ》・桑原《くわばら》・仲根《なかね》・六本木《ろっぽんぎ》）の山車《だし》六台を伴って、賑やかにご神体が神社に上遷《じょうせん》し祭りは終わる。なお、六地

八坂神社仮殿（石那田町）

区の天王祭付祭《つけまつり》屋台と仲内の天王祭猿田彦面装束《しょうぞく》等一式は、市有形民俗文化財に指定されている。

石那田（イシナタ）は、「イシ・ナタ」という村名。イシ（石）とイソ（磯）は同語源とはいえないが、地名用語としては混用されている。石那田は田川沿いに開けているので、イシは波打ち際のイソ（磯）の意に解され、ナタはナダル（崩る）の連用形の清音化で、浸食・崩壊するの意と思われる。従って、石那田は川の氾濫によって浸食・崩壊した地に由来する村名であろう。ちなみに地内には欠《かけ》ノ上《うえ》とか河原《かわら》・道目鬼《どうめき》・蛇《じゃ》ケ入《いり》などの字名があるが、これらは浸食・崩壊に関わる地名である。特に道目鬼は百目鬼・道目木・百目貫・道土女木《どどめき》などとも表記され、いずれも洪水などによって響く水音に由来する地名である。

（4）富屋《とみや》地区（旧富屋村）

明治二二年（一八八九）に徳次《とくじ》郎《ら》・上金井《かみかない》・下金井《しもかない》・上横倉《かみよこくら》・下横《しもよこ》倉《くら》・大網《おおあみ》の六か村が合併して「富屋《とみや》村《むら》」が成立した。昭和二九年（一九五四）一一月、宇都宮市に合併する。旧富屋村は東部一帯が山地で、飯盛山《いいもりやま》（五〇一メートル）・高舘山《たかだてやま》（四七七メートル）・笠松山《かさまつやま》（三二八メートル）などの山々が起伏して旧羽黒村《はぐろむら》・田原村《たわらむら》との境界をなし、この山地西側の山沿い近くに田川《たがわ》が南流して流域一帯は沖積地で耕地が開け、西部は北西方に半蔵山《はんぞうやま》（五〇二メートル）、その南には元禄《げんろく》のころ（一七世紀末）、白沢宿《しらさわしゅく》（旧河内村）の「きし江」という乙女と、徳次郎《とくじら》村西根《にしね》に療養に来ていた江戸の「甚九郎」という妻子ある男との悲恋を伝える男抱山《おだきやま》（三三八メートル）の山塊《さんかい》が入り込んで旧篠井村《しのいむら》と境し、

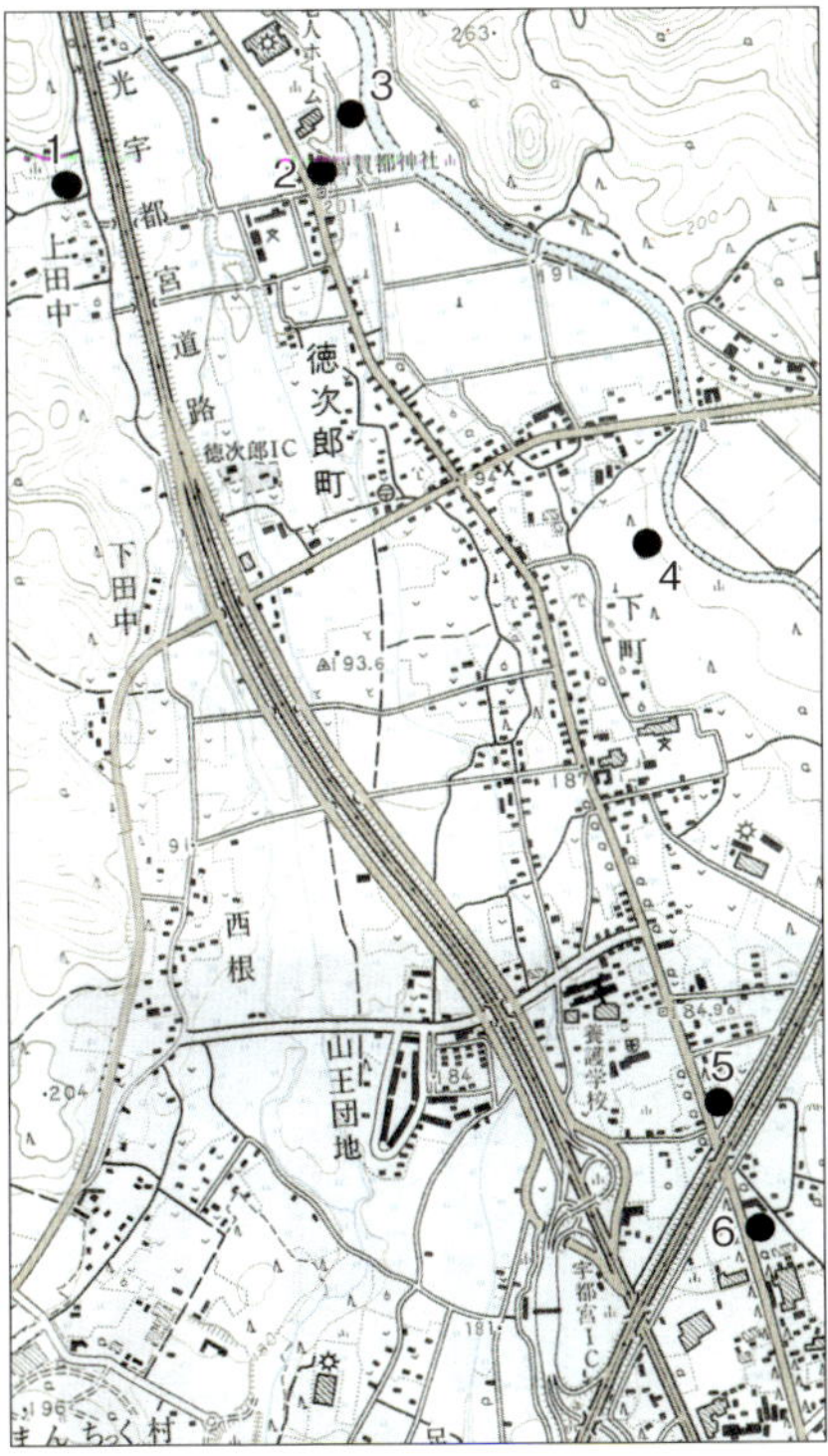

徳次郎町付近「大谷」2万5千分の1（平成14）
●印　1.守勝神社（徳次郎町）　2.智賀都神社（徳次郎町）　3.徳次郎堰（徳次郎町）　4.徳次郎城跡（徳次郎町）　5.今市水系第六接合井（上金井町）　6.高谷林一里塚（上金井町）

旧国本村《くにもとむら》に接する南西部は次第に平坦地となっている。

村名の「富屋《とみや》」は、裕福な富に恵まれた家が多く、村全体が発展するようにと願って付されたもので、明治時代に合併された村名には、このような願望を込めて付されたものが多く見られる。例えば後述する豊郷《とよさと》村《むら》・瑞穂野村《みずほのむら》などがその例である。

明治二二年（一八八九）四月　徳次郎・上金井・下金井・上横倉・下横倉・大網の六か村が合併して、富屋村が成立する。

昭和二九年（一九五四）一一月　富屋村が宇都宮市に編入する。

○徳次郎《とくじら》

徳次郎村は、南東流する田川《たがわ》右岸沿いの沖積地とそれに続く低台地および丘陵地に位置し、北は石那田《いしなた》、北東は大網《おおあみ》、東は上横倉《かみよこくら》、南は上金《かみかな》井《い》、西は新里《にっさと》に接している。地内の東部を国道一一九号線（日光街道）が南北に縦貫し、国道二九三号線が徳次郎宿の中ほどで一一九号線と交差している。集落は日光街道沿いの上・中・下徳次郎と、西部の門前《もんぜん》・田中《たなか》・西根《にしね》、南部に造成された山王《さんのう》団地などに分かれている。

徳次郎の呼び名は、歴史的に「とくじら」であるが、昭和二九年、宇都宮市に合併したとき「とくじろう」になってしまった。おそらく合併手続きの過程で、「徳次郎《とくじら》」の呼び名と歴史を全く知らない係担当者が、誤記してしまったことによるものであろう。今からでも旧に戻していただきたいものだ。

地内の門前に「カヂ打《う》ち」という地名があり、半蔵山《はんぞうやま》の東麓に守勝神《もりかつじん》社《じゃ》が鎮座している。当社は刀工守勝《もりかつ》一派を鍛冶神《かじがみ》として祀った小さな祠《ほこら》である。確証はないが、この付近に室町時代末期から守勝一派が住ん

（左）守勝鍛冶跡之碑（右）守勝神社（徳次郎町）

で、作刀していたといわれ、系譜は明らかでないが、一派には守勝・宗《むね》勝《かつ》・定勝《さだかつ》・勝広《かつひろ》・孝広《たかひろ》・重勝《しげかつ》らがおり、太刀《たち》・脇差《わきざし》などの作品を今日に遺している。一派の作には県有形文化財に指定されているものが少なくない。

守勝一派との関係は不詳だが、徳次郎にはすでに明応《めいおう》年間（一四九二～一五〇一）に広宗《ひろむね》なる者が住んで作刀し、その子親光《ちかみつ》は永正《えいしょう》年間（一五〇四～二一）に「下野国得次郎《とくじら》住親光」の銘を刻んだ作を遺し、永《えい》禄《ろく》年間（一五五八～七〇）には頼光《よりみつ》が「野州得次郎頼光」銘の作を遺している。さらに寛永《かんえい》年間（一六二四～四四）武吉《たけよし》なる者が「野州住武吉」「下野国得二郎《とくじら》住千子武吉」銘を刻んでいるので、室町時代から江戸時代にかけて、盛んに徳次郎の地で作刀していたことがわかる。

『那須記』に天正《てんしょう》四年（一五七六）、宇都宮国綱《くにつな》（二二代城主）は壬《み》生《ぶ》徳雪斎《とくせっさい》（鹿沼城主）を攻めるため、家臣徳次良《とくじら》城主新田徳次郎《にったとくじら》（昌《まさ》言《こと》）ら二六三〇余騎を率いて多気山《たげさん》城へ移ったと記されている。また同城《じょう》年一二月の多気山城普請《ふしん》後の記録「多気山城構築出陣名」に、新田徳次郎の名があり、『皆川正中録《みながわしょうちゅうろく》』の天正一三年（一五八五）八月の項にも、新田徳次郎の名が見える。

新田徳次郎が居城した徳次郎城《とくじらじょう》は、東側を流れる田川《たがわ》を活かして築かれた平城で、南北にやや長い東西約九〇メートル、南北約一〇五メートルの方形状を呈し、今も土塁・堀・郭《くるわ》などが比較的良好な状態で遺っている。宇都宮城を守る支城であったので、慶長《けいちょう》二年（一五九七）、宇都宮氏の改易《かいえき》に伴って廃城となった。

徳次郎城の堀・土塁跡（徳次郎町）

徳次郎城跡の北西方の半蔵山麓に、伝法寺《でんぽうじ》（曹洞宗）がある。この寺ははじめ臨済宗であった。貞和《じょうわ》四年（一三四八）、臨済宗仏光《ぶっこう》派の妙《みょう》哲禅師《てつぜんじ》が開山し、開基は新田徳次郎昌言という。妙哲は雲巌寺《うんがんじ》（旧黒羽町）の仏国国師《ぶっこくこくし》の高弟で、陸奥《むつ》国最《も》上《がみ》に生まれ、妙雲寺《みょううんじ》（旧塩原町）や同慶寺《どうけいじ》（宇都宮市竹下《たけした》町）を開き、さらに京都北郊に北禅寺《ほくぜんじ》や大休寺《だいきゅうじ》を開いた名僧で、特に南北朝時代の下野国に臨済宗を発展させた中心人物であった。開山後の歴史は不詳だがのち衰微したので、慶安《けいあん》年間（一六四八～五二）、大中寺《だいちゅうじ》（曹洞宗。旧大平《おおひら》町）の独歩《どっぽ》和尚が入山して復興し、臨済宗から曹洞宗に改めた。寺の北方、半蔵山の中腹に妙哲禅師の墓（県指定）がある。

国道一一九号線（日光街道）沿いに旧郷社智賀都神社《ちかつじんじゃ》がある。宝亀《ほうき》九年（七七八）、日光三社権現《さんしゃごんげん》（新宮《しんぐう》・本宮《ほんぐう》・滝尾《たきのお》）を千勝森《ちかつのもり》に勧請《かんじょう》したのが神社の起こりといい、主祭神は大己貴命《おおなむちのみこと》で、田心《たごり》姫命《ひめのみこと》・味耜高彦根命《あじすきたかひこねのみこと》を配祀《はいし》している。近世まで智《ち》賀都大明神《かつだいみょうじん》と称し、徳次郎六か郷（上徳次郎・中徳次郎・下徳次郎・西根・田中・門前）の鎮守としてあつく信仰され、江戸時代には徳川家の崇敬をうけ、社領五石が寄進されたと伝えている。鳥居の東・西側に樹齢約七五〇年、樹高約四〇メートルという大ケヤキ（県指定）があり、歴史の古さを物語っている。当社の例祭日は八月一日で、この日は派手と華美を競った祭りの彫刻屋台（市指定）に、数知れぬほどの提灯がともされ、日没の夕刻七時に六か郷（六町会）から繰り出される。しかし、近年は日光街道の交通事情により、彫刻屋台は三年に一度の引きまわしとなり、現在は七月の最終土曜日に繰り上げて行われている。

妙哲禅師の墓（徳次郎町）

智賀都神社の「大ケヤキ」（徳次郎町）

徳次郎村は、「元禄郷帳《げんろくごうちょう》」「天保《てんぽう》郷帳」に上徳次郎《かみとくじら》村と見えるが、「改革組合村」（近世における村連合）には上・中・下徳次郎村と見える。当地ははじめ宇都宮藩領であったが、嘉永《かえい》三年（一八五〇）から幕府領となる。

徳次郎宿《とくじらしゅく》は、日光街道一八番目の宿駅《しゅくえき》（宿場）であった。『日光道《にっこうどう》中略記《ちゅうりゃっき》』（天保一四＝一八四三年ころ成立）によれば、はじめ上徳次郎村の一村であったが、「中徳次郎村・下徳次郎村・門前村・田中村・西根村の六ヶ村に分てり、今にこれを徳次郎六郷と号す」とあり、また、「元和《げんな》三年（一六一七）、日光へ御鎮座《ちんざ》あらせられしは、上徳次郎宿のみにて人馬を継立《つぎたて》しが、中・下の二村も願ひにより、享保《きょうほう》一三年（一七二八）より上・中・下合宿を定められ、一月《ひとつき》を三分して上十日を中徳次郎、中十日を上徳次郎、下十日を下徳次郎と割て人馬継立を役す」と記しているので、徳次郎宿は上・中・下の三宿に分かれていた。

旧徳次郎宿（現徳次郎町の街並み）

　上徳次郎宿には本陣《ほんじん》一軒・脇《わき》本陣二軒、中徳次郎宿に本陣一軒・脇本陣一軒、下徳次郎宿に仮《かり》本陣一軒・仮脇本陣一軒があった。三宿合わせた家数一六八軒に対して旅籠《はたご》屋七二軒を数えたので、日光街道の宿駅としては小山宿《おやましゅく》七四軒に次いで多く、旅籠屋稼業で成り立っていたといえる。このため徳次郎宿は「徳次郎女郎衆《じょろうしゅう》」の名で遠近に知られ、近郷近在の寄り場として栄えた。この遊郭《ゆうかく》は中徳次郎宿にあって、明治・大正時代ころまで賑わったという。

また、日光を目前にした参宮の旅人に徳次郎宿の子供たちは、

お日光お参りおめでたいや！
お宮の前でつんもりやっても
（混み合っても）……
けへねえよろ（怪我のないように）
早くお下向《げこう》めされや

と、こんな「わらべ唄」を唱えて、いくらかの喜捨《きしゃ》に預かったという。

日光街道沿い近くに二宮尊徳に関わりの深い徳次郎堰《とくじらぜき》（二宮堰。宝木《たからぎ》

徳次郎堰（にのみやぜき公園。徳次郎町）

用水《ようすい》堰）がある。現在、付近一帯は「にのみやぜき公園」として整備されている。江戸時代に田川上流の石那田村と下流の徳次郎村との間で、田川からの用水をめぐって争いが絶えなかった。しかし、嘉永《かえい》五年（一八五二）、尊徳の監督指導によって石那田堰が設けられて、上・中・下の徳次郎と西根・田中・門前の六か郷の田が潤ったので、両村の争いはなくなった。この石那田堰によって田川の水を引き入れる用水を徳次郎六《とくじろろく》郷用水《ごうようすい》（徳次郎新堀《しんぼり》）とよんでいる。

この徳次郎六郷用水の完成によって、徳次郎村の田は潤ったが、西原《にしはら》十ケ新田《じゅかしんでん》（足次《あしつぐ》・高野林《こうやばやし》・藤岡《ふじおか》・仁良塚《にらつか》・野沢《のざわ》・西岡《にしおか》・山崎《やまざき》・細谷《ほそや》・江黒《えぐろ》・中丸《なかまる》）には及ばなかった。そこで仁良塚の名主《なぬし》岩崎長左衛門《ちょうざえもん》や高橋勇右衛門《ゆうえもん》が中心となって資金を集め、徳次郎村の名主小堀亀治良《かめじろう》や金田兵助《へいすけ》の助力をえて、真岡代官所へ新堀開削《しんぼりかいさく》の嘆願書を出し、安政《あんせい》二年（一八五五）、徳次郎用水の取水口より開削工事を着工する運びとなった。ところが翌三年（一八五六）、二宮尊徳が他界したので工事は取り止めとなった。そこで再度嘆願書を出し、尊徳の弟子吉良八郎《きらはちろう》（一八一三〜七二）監督のもとに、安政六年（一八五九）三月工事を着工し、早くも同六月、宝木《たからぎ》用水が完成した。現在、宝木用水は宇都宮中心市街地の西寄りを流れ、新川《しんかわ》の名で親しまれている。

徳次郎の村名について、「往古、日光権現《にっこうごんげん》が久次良《くじら》（現日光市久次良町）から登倶示良《とくじら》（現徳次郎町）を経て宇都宮へ移ったという伝承」（『真名本《まなぼん》日光山縁起』）を踏まえて、徳次郎を外久次郎《とくじら》と呼んで関連づける口碑がある（『日光山志』）。また『角川日本地名大辞典（栃木県）』は、「日光に勢力を持っていた久次良氏の一族が、奈良末期に日光山神社（日光二荒山《ふたらさん》神社）から御神体を千勝《ちかつ》の森《もり》（智賀都神社）に勧請して、日光の宗家《そうけ》久次良氏に対して外《と》久次良《くじら》氏を称したことによるといわれる」と記している。いかにももっともらしい説であるが、附会である。

徳次郎（トクジラ）は、「ト（接頭語）・クジラ」という村名であろう。日光の久次良は大谷川《だいやがわ》左岸に位置し、明治三五年（一九〇二）の大洪水で被害を受けた地であることを考えると、クジラは「クジ・ラ（接尾語）」という村名で、クジはクジク（挫く）の語幹で「痛める・損なう」の意から、崖などの崩壊地をいい、またはクジル（抉る）の語幹で「抉《えぐ》る」の意から、クジクと同じく崩崖などの崩壊地を意味する。ラは「其《そ》処《こ》ら・此処《ここ》ら」などから、場所・位置を示す接尾語である。従って、徳次郎は日光の久次良と同じ語源から、田川《たがわ》沿いの沖積地が氾濫して浸食・崩壊した地に由来する村名と思われる。

○上金井《かみかない》・下金井《しもかない》

上金井・下金井両村は、ともに蛇行しながら南流する田川《たがわ》右岸の沖積地と、それに続く洪積台地上に立地している。上金井《かみかない》村は北は徳次郎《とくじら》・上横倉《かみよこくら》、東は上横倉・下横倉《しもよこくら》、南は下金井《しもかない》に接している。下金井村は北は上金井、東は下横倉、西は宝木本《たからぎほん》町《ちょう》、徳次郎、南は野沢に接し、西部を国道一一九号線（日光街道）が南北に通っている。

近世初期は上金井・下金井は一村で宇都宮藩領であったが、嘉永《かえい》三年（一八五〇）から幕府領となる。天保《てんぽう》年間（一八三〇～四四）の上金井村の家数一五軒、同年間の下金井村の家数不明だが、嘉永五年（一八五二）の家数は一〇軒であった。用水は上金井・下金井両村とも村の東端を貫流する田川から引水し、両村内には嘉永五年、二宮尊徳によって杉・檜が植樹された二宮林《にのみやばやし》があり、上金井には江戸より三〇里に位置する高谷《こうや》林一里塚《ばやしいちりづか》が築かれている。日光街道の左右に原形は保っていないが今

高谷林一里塚（上金井町）

今市水系第六接合井（上金井町）

も遺っている。この一里塚の北方近くの日光街道東側に、今市《いまいち》水系第六接合井《せつごうせい》（国登録有形文化財）がある。今市浄水場から戸祭《とまつり》配水場までの送水距離約二七キロで、かなりの落差があるので、送水管の水圧を弱めるため、日光街道沿いに接合井が六か所設置された。これらは現在使用されていないが、大正四年（一九一五）建設のまま遺っているの

は、この第六接合井のみで、美しい六角形の煉瓦造りは正面を街道に向けているので、人目をひく貴重な文化財である。

明治二二年（一八八九）に上金井・下金井両村は富屋村《とみやむら》の大字となり、昭和二九年（一九五四）、宇都宮市上金井町《かみかないまち》・下金井町《しもかないまち》となる。

金井（カナイ）は、「カナ・イ」という村名である。カナはカンナ（鉋）の古語カナの語源「カク（掻）・ナグ（薙）」（『大言海』）と同じく、「掻《か》き薙《な》がれたような所」で、崩壊・浸食・露出地を意味し、イ（井）は井戸ではなく河川の意である。従って、金井は田川の氾濫によって浸食・崩壊した地に由来する村名である。ちなみにこの「金井」と類似した村（地）名は、例外なく県内各地の河川沿いに見られる。例えば旧烏山町金井、旧西方《にしかた》町金井・同金崎《かなさき》、旧喜連川町金枝《かなえだ》、塩谷町金枝などがある。また、水害を避けて河川沿岸から台地上に集落を移した例に、旧国分寺町小金井《こがねい》がある。

◯上横倉《かみよこくら》・下横倉《しもよこくら》

上横倉・下横倉両村は、ともに西端を蛇行しながら南流する田川《たがわ》左岸沿いの沖積地とそれに続く丘陵地に位置している。上横倉は北は大網《おおあみ》・高松《たかまつ》（旧上河内村）、東は叶谷《かのうや》（旧河内村）、南は下横倉《しもよこくら》・上金井《かみかない》、西は徳次郎《とくじら》に接し、地内の北部を国道二九三号線が通っている。下横倉は北は上横倉、東は横山・立伏《りゅうぶく》（旧河内村）、南は横山・野沢、西は上金井・下金井に接し、地内の北端を主要地方道七三号線（上横倉下岡本線）が通っている。

下横倉地内の旧村社保古《ほご》神社と旧家礒野《いその》家宅に接した裏山の丘陵突端部に、田川左岸に築かれた戦国時代の下横倉城跡《しもよこくらじょうせき》がある。丘陵麓からの比高約五〇メートル、田川を望む西側は急崖をなし、南麓の保古神社に向けて急勾配を呈している。伝承によれば、宇都宮氏の家臣横倉氏の居城といわれ、宇都宮北部に築かれている石那田城《いしなたじょう》（館）・徳次郎城《とくじらじょう》などとともに、宇都宮氏の北の防衛として築かれたものである。山頂の平坦部に東西約四〇メートル、南北約

下横倉城跡（下横倉町）

五〇メートルほどの不整な方形状の郭《くるわ》と二か所に井戸跡のある三角形状の郭が南北に連なり、堀・土塁《どるい》や土橋《どばし》などがよく遺っている。当城は慶長《けいちょう》二年（一五九七）、主家宇都宮氏の改易《かいえき》に伴い廃城になったと思われる。

上横倉・下横倉両村とも近世を通じて宇都宮藩領であった。天保《てんぽう》年間（一八三〇～四四）の家数は、上横倉村二四軒、下横倉村一五軒で、用水は両村の西端を流れる田川から引水した。

横倉（ヨコクラ）は、「ヨコ・クラ」という村名で、ヨコ（横）は左右に曲がっているものの形容とか、あるものの側面・脇《わき》・傍《かたわら》、あるいは南北の方向に対し、東西の方向の意。クラはクラ（倉）の意ではなく、動詞クル（刳）の連用形クリの転、またはクル（刳）、クユ（崩）の語幹クに接尾語ラ（場所・位置を示す）の付いた形で、崩壊・浸食地の意である。従って、上横倉・下横倉の地勢から、丘陵の側面（脇）が崩崖・崩落した地に由来する村名であろう。

○大網《おおあみ》

蛇行しながら南東流する田川《たがわ》上流左岸沿いの沖積地とそれに続く丘陵地に位置し、北は篠井《しのい》、東は冬室《ふゆむろ》・高松《たかまつ》（旧上河内村）、南は上横倉・徳次郎《とくじら》、西は徳次郎に接している。飯盛山《いいもりやま》（五〇一メートル）・高舘山《たかだてやま》（四七七メートル）の西斜面の山裾に集落が散在し、田川の右岸にわずかに水田が見られるが、地内の多くは山林である。

大網村は、はじめ宇都宮藩領であったが、嘉永《かえい》三年（一八五〇）から幕府領となる。天保《てんぽう》年間（一八三〇～四四）の家数一九軒。鎮守は高舘山の西麓に鎮座している高靇神社《たかおじんじゃ》で、創建は万治《まんじ》二年（一六五九）、主祭神は高靇神《たかおかみのかみ》で、水をつかさどる龍神《りゅうじん》だが、農業と結びついて雨乞い祈願の対象となった神である。

高靇神社（大網町）

大網（オオアミ）の村名由来は、『倭名類聚鈔《わみょうるいじゅうしょう》』（略して『和名《わみょう》抄《しょう》』）に記されている河内郡一一郷の一つ「大続（オオオミ）」が転訛したものと思われるが、中世の史料に「大続（續）」「大網」の地名は見られない。しかし、古くから「大続（續）」が「大網」に転訛したという説が定着し、『大日本地名辞書（坂東）』（吉田東伍《とうご》著。明治四〇年刊）は、「今横倉《よこくら》、徳次良《とくじら》の邊《あたり》なるべし。大網の村名遺れり、即大續の訛とす。（續にウミの訓あることは麻續《おみ》の例に同じ）」と記し、さらに「萬葉集二十、下野国河内郡上丁《かみのよぼろ》、神麻續部島麻《かむおみべのしまま》呂《ろ》と見ゆ、もしくはこの大續の郷人にあらずや、名義相通ふ所あり」とも記している。つまり、麻續をオミ（ウミ）と読むところから、大続（續）郷は大網地域に比定されるとされた。

たしかに『万葉集』東歌《あずまうた》に、天平《てんぴょう》勝宝《しょうほう》七年（七五五）、筑紫《つくし》に派遣された防人《さきもり》として「河内郡上丁神麻續部嶋麿《しままろ》」の名が見え、上神主《かみこうぬし》・茂原《もばら》官衙《かんが》遺跡（国史跡。上三川町・宇都宮市）出土の人名瓦に、大麻部《おおおみべ》・大《おお》麻續若麻呂《おみわかまろ》・大麻古麻呂《おおおみこまろ》などがある。これらの人名は、おそらく大続（續）郷との関連が考えられるので、オオオミ（大麻・大麻續）は「オ（苧）・ウミ（續）」と転訛して、麻を紡《つむ》ぎ、麻布を織る機織《はたお》りを生業とした集団の居住地に関わる人名と思われる。しかし、現在のところ、大網地域からは奈良・平安時代の大きな集落跡や機織り具などの遺物は発見されていない。ここではとりあえず大網村を大続（續）郷の比定地としておこう。（この項は、古代「河内郡」の郷名と一部重複している）

（5）国本《くにもと》地区（旧国本村）

明治二二年（一八八九）に戸祭《とまつり》村上組《むらかみぐみ》（上《かみ》戸祭村）・宝木《たからぎ》・野沢《のざわ》・岩原《いわはら》・新里《にっさと》の五か村が合併して「国《くに》本村《もとむら》」が成立した。河内郡の中央部から北西に延びている細長い村で、東は旧富屋村《とみやむら》・旧豊郷村《とよさとむら》、北は旧篠《しの》井村《いむら》・旧大沢村《おおさわむら》、南は昭和二七年（一九五二）国本村から分離した宝木・戸祭の一部、西は旧城山村福岡《しろやまむらふくおか》に接している。村の北方に男抱山《おだきやま》（三三八メートル）、鞍掛山《くらかけさん》（四九二メートル）・半蔵山《はんぞうやま》（五〇二メートル）・雲雀鳥屋《ひばりがとや》（三六二メートル）などの山々が起伏して一帯の山系をなし、西部も姿川《すがたがわ》流域を除いては丘陵地であるが、中央部以南は平坦地が開けている。

五か村が合併して新村名を決めるさい、地域の広い新里と宝木が二派に分かれ、両村の長老たちが連日協議を重ねたが、両者それぞれ主張を異にして譲らず、あわや紛争が起きそうな形勢となった。このとき新里村山王《さんのう》の蘭学《らんがく》を修めた皇漢医《こうかんい》（漢方《かんぽう》医《い》）が両者論争の仲裁にたち、「国の基《もと》となる立派な村を建設するため、国本村《くにもとむら》と付けてはどうか」という案を出した。これによって意義なく一決して新村名が誕生したという。

鞍掛山は宇都宮市の北西部に位置し、新里と旧大沢村猪倉《いのくら》の境にあって、大谷《おおや》付近の丘陵地とこれに接続する多気山《たげさん》（三七七メートル）・古《こ》賀志山《がしやま》（五八三メートル）などとともに、宇都宮県立自然公園を形成している。鞍掛山の名は、一般に山容があたかも馬の鞍のような台形を呈しているので付されたといわれ、山の北東部の新里と猪倉の境界をなす分水嶺《ぶんすいれい》が鞍掛峠《くらかけとうげ》（三四〇メートル）である。峠の道沿いに男性器を模した巨大な**道祖神**《どうそじん》（高さ一・六メートル）がある。表面に「道祖尊神」、裏面に「天保《てんぽう》十年（一八三九）三月」と造立年を陰刻し、往時は金精様《こんせいさま》として信仰されていた。道祖神（道陸神《どうろくじん》）は、元来、防障《ぼうしょう》・防塞《ぼうさい》の神であり、外から襲い来る疫神《えきじん》（疫病神《やくびょうがみ》）・悪《あく》霊《りょう》などを村境や峠などで防障する神であるが、これに行路の神・旅の神なる道祖の信仰も入って、様々な性格が習合されるようになった。この習合された性格をもっともよく示しているのが、鞍掛峠の道祖神であろう。鞍掛峠越えはかなり難所であったので、行路の安全を祈り、同時に疫病の侵入を防ぐ目的から、この峠の鞍部に道祖神を安置したのであろう。

鞍掛峠の巨大な道祖神（新里町）

この道祖神の近くに、昭和二六年（一九五一）に建てられた「鞍掛峠開《かい》鑿《さく》記念」の碑がある。自動車道開通への住民の熱望を記したもので、特に「この峠路は地大沢村《おおさわむら》と新里村《にっさとむら》が土地と労力を提供し、並々ならぬ苦労によって開かれた」という趣旨の碑文は胸を打つ。だが峠越えの主要地方道二二号線（大沢宇都宮線）は、鞍掛トンネルの開通によって廃道に近い山道と化し、今や巨大道祖神や開鑿祈念碑などの存在は、忘れ去られようとしている。

鞍掛山への道は、麓の集落に鞍掛山神社の一の鳥居、さらに進んだ登山口標識の奥に二の鳥居があり、登山道はこの鳥居の脇から入っていく。しばらく進むと山の中腹に小さな滝が落ちている鞍掛山神社に着く。社殿はなく、滝の左手に御穴《おあな》と称する洞窟があり、その中に神社を祀っている。この洞窟は中が広いので、戊辰《ぼしん》戦争のさい、宇都宮藩主戸《と》田忠恕《だただゆき》はここに難を避けて一夜を過ごしたと伝えられている。この神社の主祭神は鞍掛山を信仰の対象とする鞍掛山神で、豊作の神として、嵐《あらし》除《よ》けの霊験あらたかであり、例祭は四月の第一日曜日で、新里町甲《こう》の里人が山頂まで登山して祈禱している。山頂の奥《おく》の院《いん》は、神社からさらに難儀しながら道標に従って登ると小さな祠《ほこら》がある。頂上からの展望はよく、北に日光連山、北東に篠井《しのい》・富屋《とみや》の山々が望める。このため勝道《しょうどう》上人《しょうにん》は、男体山《なんたいさん》を開く前に鞍掛山に登って岩に端座《たんざ》し、はるかに日光連山を指して「われの行事や宜《よろ》し」と錫杖《しゃくじょう》を持ち替えて、日光の地に運んだという伝承がある。

鞍掛トンネルの手前に人造湖栗谷《くりや》沢《さわ》ダム湖がある。これは農業灌漑用ダム湖だが、用水は新里町から大《おお》谷《や》・駒生《こまにゅう》を流れて下荒針《しもあらはり》で姿川《すがたがわ》に注ぎ、姿川水源の一つともなっている。だがダム湖建設の当初は、工業用水確保のために造られた貯水池であった。

第二次世界大戦の末期、中島飛行機製作所三鷹《みたか》エンジン工場（東京）が空襲を避けて、城山村《しろやまむら》大谷（大谷町）の採石場跡の洞窟に疎開し地下工場を建設したとき、その工業用水を確保するため、昭和一九年（一九四四）九月に測量開始、翌二〇年（一九四五）三月に工事を着工したが、同年八月の終戦によって工事は中止となった。しかし、地元住民の灌漑用水池として使用したいという願いによって、県事業として工事を再開し、同二一年（一九四六）二月に完成した。

栗谷沢ダム湖（新里町）

明治二二年（一八八九）四月　戸祭村上組（上戸祭村）・宝木・野沢・岩原・新里の五か村が合併して、国本村が成立する。

昭和二七年（一九五二）六月　国本村戸祭と宝木の一部が宇都宮市に編入する。

昭和二九年（一九五四）一一月　国本村が宇都宮市に編入する。

○上戸祭《かみとまつり》

戸祭村上組《とまつりむらかみぐみ》（上戸祭村《かみとまつりむら》）は、現在の上戸祭一～四丁目・若草《わかくさ》一～五丁目・細谷町《ほそやちょう》・細谷一丁目・戸祭三丁目・中戸祭《なかとまつり》一丁目・東宝木《ひがしたからぎ》町《ちょう》・戸祭台《とまつりだい》・上戸祭町・中戸祭町の町域である。北は野沢《のざわ》・西岡新田《にしおかしんでん》（現在の宝木二丁目）、東は長岡《ながおか》、南は旧戸祭村下組《しもぐみ》（下戸祭村）に接する平坦地である。地内を国道一一九号線（日光街道）が縦貫している。

江戸時代を通じて宇都宮藩領で、「元禄郷帳《げんろくごうちょう》」「天保《てんぽう》郷帳」などでは一貫して「戸祭村」一村として扱われているが、寛文《かんぶん》二年（一六六二）、北部の日光街道沿いの地区が南部地区（下戸祭村《しもとまつりむら》）と分かれて上戸祭村になったと伝えている。天保年間（一八三〇～四四）の家数は四八軒であった。

江戸より二八里の地に上戸祭一《かみとまつりいち》里塚《りづか》（上戸祭四丁目）が日光街道の左右に復元されて遺っている。また、宇都宮丘陵南端の尾根に近い西側緩斜面に、県内有数の大型円墳の大塚古墳《おおつかこふん》（県史跡。上戸祭町二九八二―一）が築かれている。墳丘《ふんきゅう》は二段に築成《ちくせい》され、径五三・四メートル、高さ六・二メートルの大きさで、墳丘を取りまく周湟《しゅうこう》（周溝）の幅約六メートルを含めると、古墳は直径約七〇メートルの大きさとなり、六世紀後半ころに築かれたものである。

上戸祭一里塚（上戸祭4丁目）

大塚古墳（上戸祭町）

さらに宇都宮丘陵西端の通称「水《すい》道山《どうやま》」の南麓谷に、水道山瓦窯跡《すいどうやまがようあと》（中戸祭町中妻《なかつま》）がある。現在、地下に埋もれているので窯跡の様子は見られないが、ここで焼かれた瓦が下《しも》野薬師寺跡《つけやくしじあと》・下野国分寺跡《しもつけこくぶんじあと》・上神主《かみこうぬし》茂原官衙《もばらかんが》遺跡（いずれも国史跡）から出土している。

上戸祭一丁目にあまり目立たない

妙吉塚（上戸祭２丁目）

小さな高尾神社《たかおじんじゃ》がある。境内の地蔵堂内には妙吉子《みょうきちこ》育《そだて》安産高《あんざんこう》地蔵尊《じぞうそん》が安置されており、近隣の方々から信仰、親しまれている。この地蔵堂に接した西隣に妙吉塚《みょうきちづか》という円墳状の高塚がある。塚の上に宝篋印塔《ほうきょういんとう》があり、塔の側面に「至徳《しとく》四丁卯《ひのとう》八月七日　聖金剛仏子《しょうこんごうぶつし》妙吉（言？）貞禅《ていぜん》」と刻まれている。至徳は北朝《ほくちょう》年号で一三八七年、金剛仏子とは、密教《みっきょう》で勧請《かんじょう》・受戒《じゅかい》を遂げ、金剛号を受けた僧侶のことである。「妙吉」は「妙言」とも解読できそうだが判然としない。もし「妙吉」であるとすれば、京都の天龍寺《てんりゅうじ》（臨済宗天龍寺派の総本山）を開いた高僧夢窓《むそう》疎石《そせき》（一二七五～一三五一）の弟子で、足利直義《ただよし》（尊氏の弟）の信任をえて高師直《こうのもろなお》（？～一三五一）と対立し、京都を逃れた僧のことである。不確かな伝承によれば、京都を逃れた妙吉は、雲巌寺《うんがんじ》（臨済宗。旧黒羽町雲岩寺《うんがんじ》）などを訪ね歩き、すでに高齢であったので、宇都宮のこの地で生涯を閉じ、今に遺る妙吉塚はその墓だという。妙吉・妙言のいずれであっても、この塚は墓ではなく、至徳四年に築かれた高貴な人物に仕えた者（侍者《じしゃ》）の供養塚であろう。

　明治四〇年（一九〇七）九月、宇都宮が第一四師団の衛戍地《えいじゅち》（駐屯地）に決定すると、同四一年（一九〇八）三月末から翌四二年五月にかけて移駐した。まず同四一年（一九〇八）三月、各部隊に先立って歩兵第六六連隊が宇都宮に到着し、国本村《くにもとむら》宝木《たからぎ》（若草《わかくさ》二丁目。現宇都宮中央女子高校・栃木県警察学校付近）の新兵営に入った。続いて第一四師団司令部（中戸祭《なかとまつり》一丁目。栃木医療センター＝国立栃木病院）、最後に歩兵第五九連隊（若草一丁目。現県営若草団地・とちぎ福祉プラザ）が創設され、六六連隊・五九連隊の北側一帯は練兵場となったので、純農村の形態は一変した。

　第二次世界大戦後、旧兵営舎に海外からの引き揚げ者を収容し、練兵場跡地には集団開拓者が移住したので人口が急増し、現在は往時の軍事色はすっかり変貌し、唯一、中央女子高校内の北西端に旧歩兵第六六連隊倉庫（国登録）が遺っているに過ぎない。これは赤レンガの倉庫で連隊の厨房《ちゅうぼう》関連の施設として、明治四一年ころに建てられた切妻《きりづま》造りの平屋建てだが、外壁がイギリス積みレンガ造り、小屋組《こやぐみ》は木造トラスで、明治期の建造物として貴重なものである。

○宝木《たからぎ》

宝木村は、明治八年（一八七五）、西原《にしはら》一〇ヶ新田と総称された中丸《なかまる》（六軒《ろっけん》）新田・細谷《ほそや》新田・野沢《のざわ》（悟理道《ごりどう》）新田・仁郎《にら》（良）塚《つか》新田・西岡《にしおか》新田・山崎《やまざき》新田・足次《あしつぎ》新田・高谷林《こうやばやし》新田・藤岡《ふじおか》新田・江黒《えぐろ》新田が合併して成立した。この一〇ヶ新田は、寛《かん》文《ぶん》一〇年（一六七〇）、宇都宮藩が江戸の町人加藤四《し》郎三郎《ろうさぶろう》ら四人に請け負わせて、城下西方の荒野「西原《にしはら》」を開発させたことで生まれた。しかし、当初は水利に恵まれず畑作だけであったので、幕末に徳次郎《とくじら》地内の田川《たがわ》から取水して用水を開き（宝木用水《たからぎようすい》）、少しずつ水田化していった。

「宝木」の村名は、一般に栃木医療センター（国立栃木病院。中戸祭一丁目）内の古木「児手柏《このてがしわ》」（高さ約七メートル。ヒノキ科の常緑針葉小高木《こうぼく》）が、宝《たから》の木《き》と呼ばれ、この地域のシンボルであったので、合併のさいこれを村名にしたという。

しかし、地名（村名）の場合、樹木が地名となる例はきわめて稀であり、ましてや明治八年ころ、児手柏

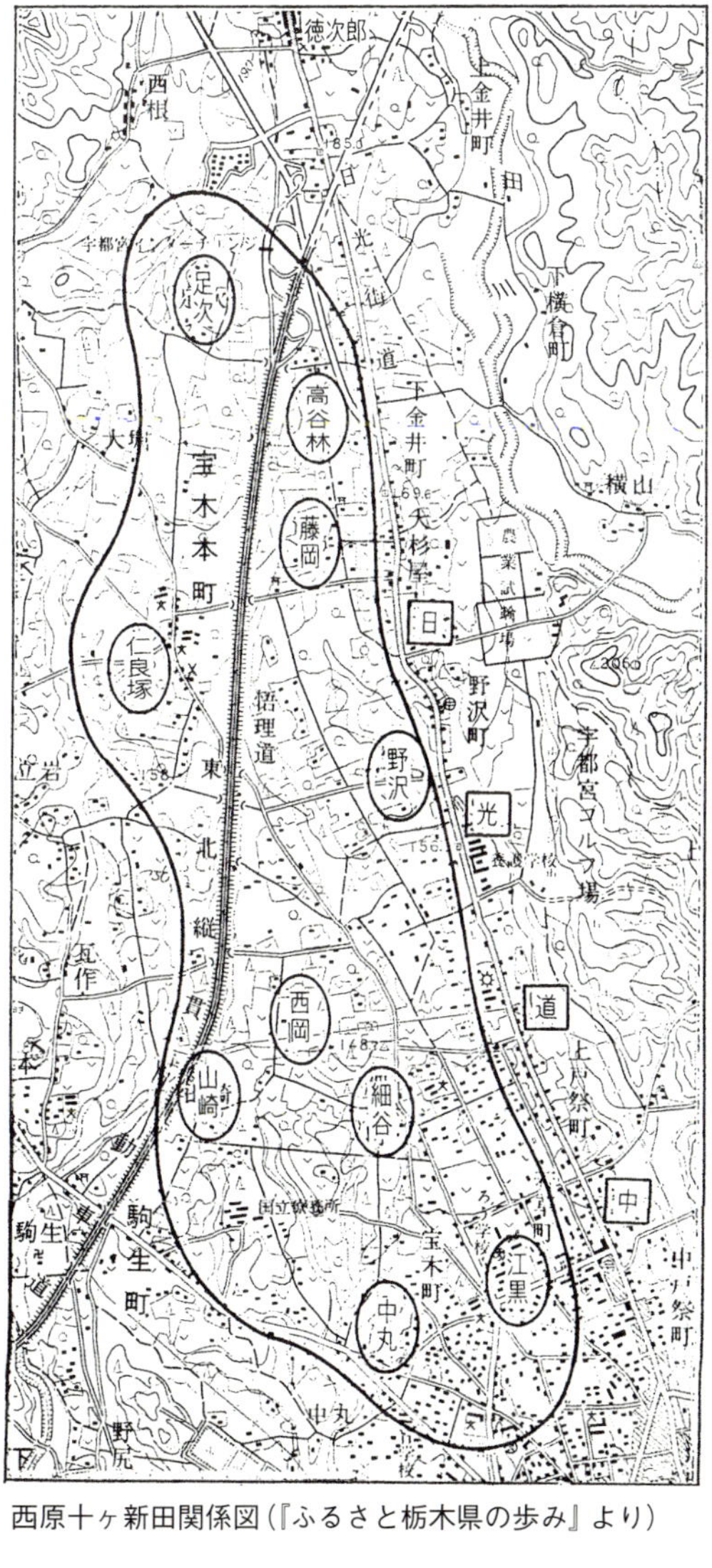

西原十ヶ新田関係図（『ふるさと栃木県の歩み』より）

が特に目立った古木であったとは思われない。広大な原野であった西原一〇ヶ新田は、水利に恵まれず、やっと灌漑用の新堀《しんぼり》（宝木用水）を開鑿《かいさく》し、耕地として利用できるようになったので、この地はまさに「財宝」に値するものであったから、瑞《ずい》祥《しよう》村名として「宝木《たからぎ》」としたのではなかろうか。明治時代に誕生した地名（村名）には、めでたい松竹梅や宝・願望を込めて付された富屋《とみや》・豊《とよ》郷《さと》・瑞穂野《みずほの》・宝井《たからい》などの村名が多いことを、ここに改めて付記しておきたい。

中丸新田は、北は山崎新田、東・南・西の三方は駒生村《こまにゆうむら》に囲まれた平坦地で、六軒《ろつけん》新田ともいう。「元《げん》禄郷帳《ろくごうちょう》」「天保郷帳《てんぽう》」に駒生村枝郷《えだごう》と見える。宇都宮藩領。天保《てんぽう》年間（一八三〇～四四）の家数五軒。洪積台地のため用水に恵まれず、安政《あんせい》六年（一八五九）から宝木用水を利用したが、水田の開発は困難であったので、畑作が中心であった。現在の駒生町《こまにゆうまち》・宝木町《たからぎちょう》。

細谷新田は、東は戸祭村《とまつりむら》、南は駒生村と接する平坦地で、南北に新《につ》里《さと》への道（主要地方道二二号線＝新里街道）が縦貫している。宇都宮藩領。天保年間（一八三〇～四四）の家数一〇軒。上野国《こうずけ》邑楽郡《おうら》細谷《ほそや》（群馬県板倉町《いたくらまち》細谷）からの移住者によって開村されたという。用水に恵まれず、畑作が中心であった。現在の細谷一丁目・若草五丁目・上戸祭二～四丁目。

野沢新田は、東は日光街道・野沢村、南は西岡新田、西は仁郎《にら》（良）塚《つか》新田に接する台地上の平坦地で、悟理道《ごりどう》新田ともいう。宇都宮藩領。「元禄郷帳《げんろくごうちょう》」「天保郷帳《てんぽう》」に野沢村枝《えだ》郷《ごう》と見える。天保年間（一八三〇～四四）の家数一一軒。現在の宝木本《たからぎほん》町《ちょう》。「悟理道」の地名由来は全くわからない。距離の五里《ごり》なのか、副詞ゴリゴリから、無理に、また強く力を入れてこする様を表すことから、悪路に由来するものであろうか。地内にある豊国神社《ほうこくじんじゃ》は、明治四四年（一九一一）、仁良塚・悟理道・足次・西岡・山崎の五字の神社を合祀《ごうし》して創始した旧村社で、主祭神は伊《い》弉諾尊《ざなぎのみこと》・伊弉冉尊《いざなみのみこと》である。

仁郎（良）塚新田は、東は野沢新田、南は西岡新田、西は岩原村《いわはらむら》（明治二二年国本村の大字となる）と接する平坦地で、南北に新里村《につさとむら》への道（主要地方道二二号線＝新里街道）が縦貫している。宇都宮藩領。「元《げん》禄郷帳《ろくごうちょう》」に二良塚新田と見える。天保年間（一八三〇～四四）の家数一〇軒。新田への入植者は周辺の村をはじめ、上野国館林《たてばやし》・下総国《しもうさ》古河《こが》付近の村から移住してきた。仁郎(良)塚の地名由来はわからない。水利に恵まれた河川沿いの地であれば、ニタ・ヌタと同義で湿地・沼地に関わる地名であるが、当地は洪積台地上で用水に恵まれず、水田開発には不向きで、作物は粟・蕎麦などの雑穀類が中心であったので、仁郎(良)塚の仁郎(良)は「ニ(丹)・ラ(接尾語)」から、赤土・粘土質の土壌に関わる地名であろうか。現在の宝木本町。

西岡新田は、東は細谷新田、南は山崎新田に接する洪積台地上の平坦地で、「元禄郷帳《げんろくごうちょう》」「天保《てんぽう》郷帳」に駒《こま》生村枝郷《にゅうむらえだごう》と見える。宇都宮藩領。天保年間(一八三〇~四四)の家数八軒。現在の宝木町二丁目。

山崎新田は、東は細谷新田、北・南・西は駒生村に接する洪積台地上の平坦地で、宇都宮藩領。「元禄郷帳」「天保郷帳」に駒生村枝郷《えだごう》と見える。天保年間(一八三〇~四四)の家数四軒。現在の宝木二丁目・駒生町・大谷町の一部。

足次新田は、北は徳次郎村《とくじらむら》、東は高谷林新田に接する洪積台地上の平坦地で、宇都宮藩領。新田への入植者は周辺の村をはじめ、上野国館《たて》林《ばやし》・下総国《しもうさ》古河《こが》付近の村から移住してきた。天保年間(一八三〇~四四)の家数七軒。水田の開発は困難で作物は主に粟・蕎麦などの雑穀類であった。現在の宝木本町。足次の地名由来はわからない。

高谷林新田は、高野林新田とも書いた。北は徳次郎村《とくじらむら》、東は日光街道を挟んで下金井村《しもかないむら》、南は藤岡新田と接する洪積台地上に位置する平坦地で宇都宮藩領。天保年間(一八三〇~四四)の家数一〇軒。入植者は足次新田と同じく付近の村や館林・古河付近の村から移住してきた。高谷林(コウヤバヤシ)は「コウヤ・バヤシ(林)」という地名で、高谷(コウヤ)は興野《こうや》・荒野《こうや》・高野《こうや》などの地名と同じく、野や山林などを新たに興すの意から、開墾地に由来する地名であろう。現在の宝木本町。

藤岡新田は、北は高谷林新田、東は下金井村《しもかないむら》、南は野沢新田、西は仁郎(良)塚新田に接する洪積台地上に位置する。東方を日光街道(国道一一九号線)が走っている。宇都宮藩領。新田への入植者は足次新田・高谷林新田と同じく、周辺の村や館林・古河付近の村から移住してきた。天保年間(一八三〇~四四)の家数七軒。現在の宝木本町。

江黒新田は、東は上戸祭村《かみとまつりむら》、西は中丸新田に接する洪積台地上の平坦地で、宇都宮藩領。「元禄郷帳」「天保郷帳」に戸祭村枝郷《えだごう》と見える。天保年間（一八三〇〜四四）の家数四軒。現在の東宝木町《ひがしたからぎちょう》。エグロ（江黒）は河川沿いの地名であれば、「エ（江）・グ（ク）ロ＝畦」から川の自然堤防に由来するものであるが、台地上の水気のない所なので、地名の由来はわからない。現在の若草一〜四丁目・東宝木町・宝木町。

○野沢《のざわ》

野沢村は現在の野沢町《のざわまち》で、北は下《しも》金井《かない》、南は上戸祭《かみとまつり》、西は野沢新田に接し、日光街道（国道一一九号線）に沿う洪積台地（宝木《たからぎ》台地）上に位置している。日光街道が縦貫しているので、江戸時代以降、街道筋の村として発展した。

野沢の地名は、宝木台地に湧出した水が弁天沼《べんてんぬま》（西弁天沼・東弁天沼）となり、ここを水源地とする沢が入り込んでいることに由来する。この沢は釜川《かまがわ》とよばれ、宇都宮丘陵の西側を南流し、県庁の南方近くで南東流して市街地を流れ、田川《たがわ》に注いでいる。

東弁天沼（野沢町）

当地ははじめ宇都宮藩領であったが、嘉永《かえい》三年（一八五〇）より幕府領となる。「元禄郷帳《げんろくごうちょう》」「天保《てんぽう》郷帳」に枝郷《えだごう》として野沢新田が見える。天保年間（一八三〇〜四四）の家数一五軒。当時、人家は街道の東方にあったが、日光街道が開かれたとき、街道の左右に移ったという。用水は釜川とその水源の沼から引水していた。社寺に星宮《ほしのみや》神社、光明寺《こうみょうじ》（真言宗）がある。星宮神社は延享《えんきょう》三年（一七四六）の創祀といい、主祭神が磐裂神《いわさくのかみ》・根裂神《ねさくのかみ》であるので、新開地に産土神《うぶすながみ》として祀られたのであろう。光明寺は文禄《ぶんろく》年間（一五九二〜九六）、宥憲法印《ゆうけんほういん》が野沢字石塚《いしづか》に玉塔院《ぎょくとういん》を建立したが、万治《まんじ》

光明寺（野沢町）

三年（一六六〇）に焼失したので、寛文《かんぶん》一一年（一六七一）、山城《やましろ》国醍《だい》醐光台院《ごこうだいいん》の早開法印《そうかいほういん》が現在地の桜《さくら》田《だ》に移転し、光明寺と改め、将軍の日光社参《にっこうしゃさん》のさいには休憩所になったという。この野沢村は、宇都宮宿と徳次郎《とくじら》宿の中宿にあたるので、光明寺の前に立場《たてば》があった。立場とは宿場のはずれまたは間の宿に設けられた茶屋《ちゃや》のことである。この語は人足が杖《つえ》を立て駕籠《かご》や荷《に》をおろして休息したことによる。

日光街道を挟んで光明寺の反対側東方二〇〇メートルほど入った亀田《かめだ》家の庭に、静御前《しずかごぜん》（生没年不詳。義経の妾）が奥州に落ち延びた義経《よしつね》を慕って向かう途中、この地（野沢字桜田）で休憩し、持っていた桜の杖を挿したところ、その年のうちに枝を繁らせて大木になったという伝説の御前桜《ごぜんざくら》（静桜《しずかざくら》ともいう）がある。これは一本の幹から三本の枝が分かれている古木で、花時には一重と八重の花が咲く珍しい桜である。「日光道中分間延絵図《ぶんけんのべえず》」にある御前桜は、二つ並んだ塚の片方に生えており、親株は途中で折れて、そこから支枝がのびているように見える。

弁天沼の近くに、明治二七年（一八九四）の調査以来、弥生時代中期の遺跡として全国的に脚光を浴びた野沢遺跡《のざわいせき》がある。壷形《つぼがた》土器を主体として甕形《かめがた》・筒形《つつがた》土器や人面付《じんめんつき》壷形土器などが出土し、野沢式《のざわしき》という弥生土器の標識となった遺跡である。

〇岩原《いわはら》

岩原村は現在の岩原町《いわはらまち》で、北は新《にっ》里《さと》、南は大谷《おおや》、西は田下《たげ》に接し、西部を姿川《すがたがわ》が蛇行しながら南流している。地内を国道二九三号線がほぼ南北に通っている。地内の北・東・南の三方は岩山《いわやま》がめぐり、西部は平坦で水田地帯である。岩原の村名は、このような地勢に由来するものであろう。大谷に隣接する南東部は、往時は大谷石《おおやいし》に似た凝灰岩《ぎょうかいがん》の岩原石《いわはらいし》が切り出されていた。貞享《じょうきょう》二年（一六八五）、宇都宮藩主奥平《おくだいら》昌章《まさあき》の入部より荒針村《あらはりむら》が宇都宮藩領でなくなったため、岩原村の八人と新里村の一六人が石切商売を命ぜられている。当地は近世を通じて宇都宮藩領で、天保《てんぽう》年間（一八三〇〜四四）の家数二〇軒であった。寺院に文禄年間（一五九二〜九六）の開山と伝える長林寺《ちょうりんじ》（曹洞宗）がある。

当村の岩本《いわもと》に岩本観音《いわもとかんのん》（岩本の磨《ま》崖仏《がいぶつ》）がある。ここは下野三三観音札所《ふだしょ》の最後で、元普門山蓮華院《ふもんさんれんげいん》という真言宗の寺院であったが、明治初年の廃仏毀釈《はいぶつきしゃく》によって廃寺となり、今はここに地元地区の集会所が建っている。苔《こけ》むした石段を登り切った

岩本の磨崖仏（岩原町）

奥《おく》の院《いん》に、二体の磨崖仏が彫られている。磨崖仏は龕《がん》（仏像を安置する厨子《ずし》）を設けた中に彫られ、左が地《じ》蔵菩薩像《ぞうぼさつぞう》、右が馬頭観音像《ばとうかんのんぞう》だが、造像技術は稚拙《ちせつ》で、造像年代は不詳である。二つの像を並べて彫っているので、古くみても江戸時代中期、あるいはそれ以降のものであろう。

○新里《にっさと》

新里村は現在の新里町《にっさとまち》で、三方を丘陵性の山地に囲まれた平地に位置している。北西は旧今市市猪倉《いのくら》、北は石那田《いしなた》、東は徳次郎《とくじら》・宝木本《たからぎほん》町《ちょう》、南は田下《たげ》・岩原《いわはら》に接している。東部を国道二九三号線が南西に進み、この国道と交差して主要地方道二二号線（大沢《おおさわ》宇都宮線）が東部を北西に進んでいる。

新里（ニッサト）は、「ニイ・サト」という村名であろう。ニイはニヒ（新）で「新しい」意の接頭語、サト（里）は村里《むらざと》・集落の意であるので、新里は新しく開かれた地に由来するものと思われる。

当地は戦国時代に「新《にっ》里郷《さとごう》」であったことが、弘治《こうじ》二年（一五五六）一一月付の御師《おし》佐八太夫《さはちたゆう》宛の壬生綱雄《みぶつなたけ》書状写しに「新里郷之年貢、三年之末綱雄参宮《さんぐう》申迄、弐百疋《ひき》可奉進納候」と見える。これによると宇都宮に在城していた綱雄は、三年後に伊勢内宮《いせないくう》に参宮するまで、壬生氏所領である新里郷の年貢二〇〇疋を進納《しんのう》すると、佐八太夫に約束している。新里村は近世を通じて宇都宮藩領であった。村

新里町付近「大谷」2万5千分の1（平成14）●印　1.日枝神社（新里町）　2.高橋（藤本）館跡（新里町）　3.今宮神社（新里町）　4.大堀館跡（新里町）

内は実質的には東新里《ひがしにっさと》（新里東組）と西新里《にしにっさと》（新里西組）に分かれており、江戸時代後期から明治初年まで二か村として把握され、名主《なぬし》も別々にいた。天保《てんぽう》年間（一八三〇〜四四）の家数は東新里四五軒、西新里四三軒であった。

日枝神社（新里町乙）

　鎮守は日枝《ひえ》神社（山王大権現《さんのうだいごんげん》。新里町乙《おつ》）。主祭神は大山祇神《おおやまつみのかみ》。社伝によると、永保《えいほ》元年（一〇八一）一〇月、宇都宮氏の祖とされる藤原宗《そう》円《えん》が、近江国大津《おうみおおつ》の日吉《ひえ》神社（日吉《ひよし》大社《たいしゃ》。近江国の一《いち》の宮《みや》）から分霊《ぶんれい》を勧請《かんじょう》したのが、神社のはじめという。もとは山王大権現と称したが、明治初年の神仏分離令《しんぶつぶんりれい》によって日枝神社となった。この神社付近の地名は山王《さんのう》という。山王は日吉神社の別称で、村名は大社から分霊を勧請した地に由来する。

　この日枝神社には、古くから宗円《そうえん》獅子舞《ししまい》（市指定）が伝えられている。伝承によると、藤原宗円は康平《こうへい》五年（一〇六二）、源頼義《よりよし》・義家《よしいえ》父子が奥州《おうしゅう》平定のおり、逆徒調伏《ぎゃくとちょうぶく》の祈禱僧《きとうそう》として獅子舞を伴って随行し、勝山《かつやま》（旧氏家町氏家）の地に祭《さい》壇《だん》を設けて不動明王像《ふどうみょうおうぞう》を安置し、怨敵《おんてき》退散・戦勝祈願の獅子舞を行ったという。祈禱の甲斐《かい》あって安倍頼《あべより》時《とき》と貞任《さだとう》・宗任《むねとう》父子らの反乱を平定できたが、宗円は宇都宮に止まって宇都宮城を築き、新里の地に日枝神社を創祀し、獅子舞を奉納した。これが宗円獅子舞のはじめという。獅子舞は毎年八月一六日と三一日、日枝神社の境内で行われている。なお、神社の収蔵庫には、宗円が宇都宮氏安泰《あんたい》のために写経《しゃきょう》したと伝える紙本墨書大般若経《しほんぼくしょだいはんにゃきょう》五九〇巻（県指定）が保管されている。宗円が写経したという確証はなく、写経者名の奥書でもっとも古い年号は、応永《おうえい》五年（一三九八）のものである。

　新里字大堀《おおほり》に旧村社今宮神社《いまみやじんじゃ》がある。主祭神は大己貴命《おおなむちのみこと》（大国主《おおくにぬしの》神《かみ》）。社伝によると、天慶《てんぎょう》二年（九三九）、平将門《まさかど》の乱にさいし、藤原秀郷《ひでさと》に従って勲功をあげた藤原千種《ちぐさ》は新里の地に土着して永住し、その子孫が正暦《しょうりゃく》三年（九九二）、日光二《ふた》荒山《らさん》神社より大己貴命の分霊《ぶんれい》を勧《かん》請《じょう》して当社を創祀《そうし》したという。代々宇都宮城主の崇敬を受けたと伝える。

新里宇藤本《ふじもと》に高橋館跡《たかはしかんせき》（藤本《ふじもと》館跡）がある。館《やかた》の主郭《しゅかく》は現在、堀と土塁《どるい》に囲まれた高橋家の屋敷となっている。館跡は北辺約一四〇メートル、東辺約一二〇メートル、南辺約一八〇メートル、西辺は姿川《すがたがわ》支流の小川で画している。館は主郭と外郭の二郭からなっており、外郭内に井戸跡と思われる窪地が二か所見られる。築館の時期は不詳だが、高橋家屋敷内の植え込み庭に永和《えいわ》二年（一三七六）銘《めい》の層塔《そうとう》がある。伝承によれば、高橋家の遠祖は源頼朝《よりとも》の重臣で、三河《みかわ》地方（愛知県東部）を治めていたが、のち三河の地を離れ、宇都宮貞綱《さだつな》（八代城主）に仕え、持綱《もちつな》（一三代城主）のとき帰農し、現在に至っているという。なお、宇大堀《おおほり》にも大堀館跡《おおほりかんせき》がある。一辺約一〇〇メートルの方形館跡で、東辺は大堀川で画し、北辺に堀と土塁の跡が見られる。現在、半田家の屋敷となっており、伝承では半田家の遠祖は宇都宮氏の家臣で、戦国時代に築館したと伝えられている。

高橋館の堀跡（新里町）

（6）豊郷《とよさと》地区（旧豊郷村）

明治二二年（一八八九）、関堀《せきぼり》・上川俣《かみかわまた》・下川俣《しもかわまた》・海道新田《かいどうしんでん》・竹《たけ》林《ばやし》・今泉新田《いまいずみしんでん》・大曽《おおぞ》・山本《やまもと》・岩《いわ》曽《ぞ》・長岡《ながおか》・横山《よこやま》・瓦谷《かわらや》・岩本《いわもと》の一三か村が合併して「豊郷村《とよさとむら》」が成立した。村域の中央部から東部にかけての一帯は平坦な沖積地で、田川《たがわ》・山田川《やまだがわ》・御用川《ごようがわ》（新筏川《しんいかだがわ》）などの諸川がその間を流れ、灌漑の便に恵まれた肥沃な地である。西部の横山・瓦谷・岩本・長岡・山本・大曽は、おおむね宇都宮丘陵地である。八幡《はちまん》山公園《やまこうえん》から以北に連なる宇都宮丘陵は、田川の横谷《おうこく》によって北と南に分断され、横谷北側を宇都宮丘陵北部、南側を宇都宮丘陵南部とよんで区別している。

宇都宮丘陵の東麓を主要地方道六三号線（藤原宇都宮線。通称田原街《たわらかい》道《どう》）、東部を一般県道一二五号線（氏家宇都宮線。通称白沢街道《しらさわかいどう》）が走っている。豊郷地区は大部分が市街地に隣接しているので、大規模な土地開発がなされ、西部の丘陵地一

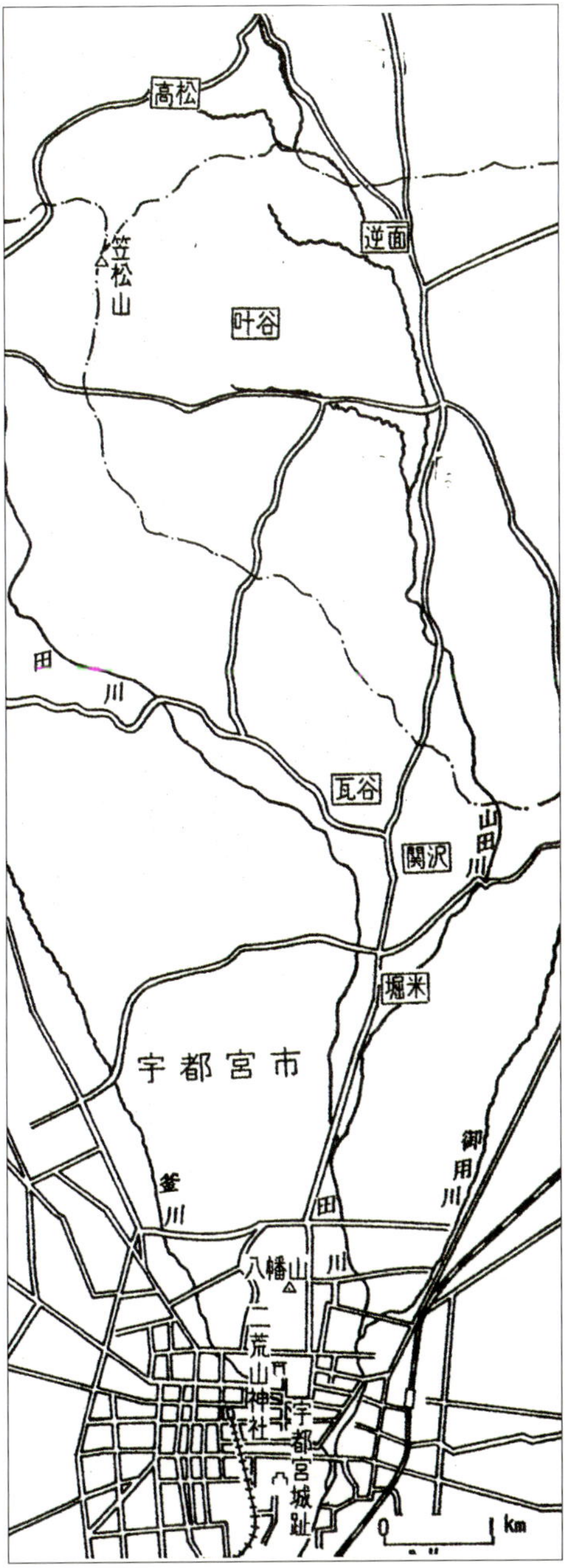

「宇都宮大明神」神領地六ヶ村略図（『宇都宮市史』第6巻より）

帯は宅地化されて、富士見ヶ丘団地・豊郷台《とよさとだい》団地・ニュー富士見ヶ丘団地など、多くの団地が造成され、さらに昭和三七年（一九六二）には大きな北山霊園《きたやまれいえん》ができた。

豊郷の村名由来について、（一）江戸時代、関沢《せきざわ》・堀米《ほりごめ》・瓦谷《かわらや》の三か村は宇都宮大明神《だいみょうじん》（二荒山神社《ふたあらやまじんじゃ》）の社領《しゃりょう》であったので、同社の主祭神豊城入彦命《とよきいりひこのみこと》の諱《いみな》の一字「豊《とよ》」をとったという説、（二）関堀（関沢・堀米の各一字をとって村名とする）を二か村とすれば、当村は一四か村が合併したことになり、「一四《とよ》」から豊郷《とよさと》となり、これを村名としたという説がある。いずれも無理にこじつけた説である。別項でも触れたように、明治時代に合併して生まれた村名には、富屋村《とみやむら》・瑞穂野村《みずほのむら》・宝木《たからぎ》村《むら》のように、願望を込めて付されたものが多い。豊郷村の場合も、「豊かな村（郷）にしよう」という村民の願望によって付された村名である。

昭和二六年（一九五一）、東隣の平出村上平出《ひらいでむらかみひらいで》の一部を豊郷村に編入して御幸ヶ原《みゆきがはら》とした。これは明治天皇が陸軍の演習視察のため、当地に行幸されたことに因んで付された。当地は洪積台地で水利の悪い平地林であったが、北海道からの開拓民が入植して畑地とした開拓村であった。昭和二四年（一九四九）には大曽が宇都宮市大曽町《おおぞまち》に、同二六年（一九五一）には今泉新田の一部が同市御幸町《みゆきちょう》に編入する（町名は豊郷村御幸ヶ原に因む）。同二八年（一九五三）には竹林・今泉新田の各一部が、同市東町《ひがしまち》（市中心部の東に位置することに因む）となる。

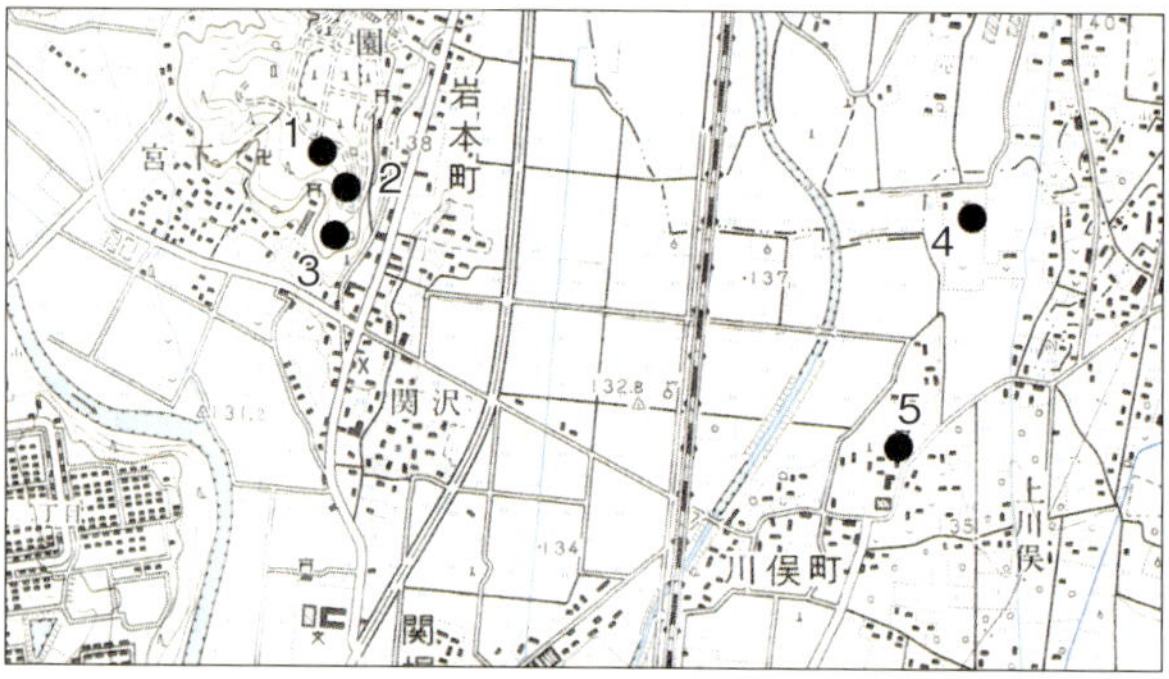

岩本町・川俣町付近「宝積寺」2万5千分の1（平成14）。●印
1.宮下古墳（瓦谷町） 2.雷電山古墳（岩本町） 3.権現山古墳（岩本町） 4.高龗神社古墳（上大塚町） 5.高龗神社（川俣町）

田川左岸の宇都宮丘陵北部の瓦《かわら》谷町《やちょう》から岩本町《いわもとちょう》にかけての尾根上には、**北山古墳群**《きたやまこふんぐん》（市史跡）が築かれている。古墳群は三基の前方後円《ぜんぽうこうえん》墳《ふん》（権現山《ごんげんやま》古墳・雷電山《らいでんやま》古墳・宮下《みやした》古墳）と数基の円墳《えんぷん》からなっている。**権現山古墳**（岩本町）は、全長約四〇メートル、後円部《こうえんぶ》の径約二三メートル、同高さ約二メートル、前方部の幅約二〇メートルで、墳丘《ふんきゅう》の裾部に葺石《ふきいし》がみられ、円筒埴輪《えんとうはにわ》と形象《けいしょう》埴輪（馬形）が出土している。埋葬施設の横穴式石室《よこあなしきせきしつ》が南東に向けて露出し、古墳時代後期前半（六世紀前半）ころに築かれたと推定されている。**雷電山古墳**（岩本町）は、全長四一メートル、後円部の径二四メートル、同高さ三・五メートル、前方部の幅約一八メートルで、墳丘上に葺石がみられ、横穴式石室が南東に向けて開口している。築かれた時期は権現山古墳よりやや新しいようである。北山古墳群の中ではもっとも高いところに**宮下古墳**（瓦谷町）が築かれている。全長約四三メートル、後円部の径約三一メートル、同高さ約四メートル、前方部の幅約三二メートルである。明治時代に発掘調査が行われ、出土遺物から古墳時

宮下古墳（瓦谷町）

代後期後半（六世紀後半）ころの古墳と推定されている。


明治二二年（一八八九）四月　関堀・上川俣・下川俣・海道新田・竹林・今泉新田・大曽・山本・岩曽・長岡・横山・瓦谷・岩本の一三か村が合併して、豊郷村が成立する。

昭和二四年（一九四九）四月　大曽が宇都宮市大曽町となる。

昭和二六年（一九五一）六月　今泉新田の一部が宇都宮市御幸町となる。

昭和二八年（一九五三）六月　竹林・今泉新田の一部が宇都宮市東町となる。

昭和二九年（一九五四）一一月　豊郷村が宇都宮市に編入する。

○関堀《せきぼり》

関堀村は、明治八年（一八七五）に関沢村《せきざわむら》と堀米村《ほりごめむら》が合併して成立したので、二か村の頭文字「関」と「堀」をとって村名とした。明治二二年（一八八九）に豊郷村の大字となり、昭和二九年（一九五四）、宇都宮市関堀町《せきぼりちょう》となる。当村は北は瓦谷・岩本、東は上川俣（川俣町《かわまたちょう》）・下川俣、南は岩曽、西は瓦谷・長岡に接し、西部を田川《たがわ》が南流し、東部を山田川《やまだがわ》が南東流している沖積地である。中央部を主要地方道六三号線（藤原宇都宮線）が南北に通り、南西に進む一般県道一五七号線（下岡本上戸祭線）と関堀町北で交差し、南部を国道一一九号線（宇都宮環状道路）が東西に走っている。六三号線と一五七号線が交差する付近に人家が集中するが、集落は北部の関沢、南部の堀米に分かれている。

関沢村は、田川左岸の沖積地に位置する。慶長《けいちょう》七年（一六〇二）以来の宇都宮大明神（二荒山神社）領で、天保《てんぽう》年間（一八三〇～四四）の家数一五軒。村内には古来より「紫《し》宸殿《しんでん》獅子舞《ししまい》藤原角輔流《かくすけりゅう》」（市指定。通称「関堀の獅子舞」）が伝承されている。毎年八月一六日、獅子舞保存会によって廃寺となった宝蔵寺《ほうぞうじ》（真言宗）境内の観音堂《かんのんどう》で奉納されている。口碑によると、天喜《てんぎ》五年（一〇

田川左岸の「関堀町北」交差点付近

五七)、源頼義《よりよし》・義家《よしいえ》父子が後冷泉《ごれいぜい》天皇から奥羽で起きた安倍《あべ》氏の反乱を平定するよう命ぜられたとき、紫宸殿で執り行われていた獅子舞を藤原角輔に命じて出陣を祝福させた。義家は平定後、京都に向かう途中、この獅子を関沢に残したという伝えにより、角輔流の獅子舞として伝承され、今では毎年、お盆のときに舞われ奉納されている。

関沢の村名は、山間《やまあい》の沢を流れてきた田川が、ここで平地に出ることに由来するといわれている。しかし、関沢《セキザワ》は、「セキ・ザワ(沢)」という村名であろう。関《せき》は一般に取水のための堰《せき》の意に解されるが、地名の場合は用水堀・用水路の意に用いられるので、田川からの用水路沿いに開けた地に由来するものであろう。

堀米村は堀込村とも書く。田川左岸沿いの沖積地に位置する。西は長岡、東は川俣・下川俣、南は岩曽に接している平坦な純農村である。田川と山田川に挟まれた低地のため、しばしば水害を被ってきた。「元禄《げんろく》郷帳《ごうちょう》」「天保《てんぽう》郷帳」に関沢村枝郷《えだごう》と見える。宇都宮大明神《だいみょうじん》(二荒山神社)領。天保年間(一八三〇~四四)の家数一五軒。村民は明神領《みょうじんりょう》百姓としての誇りが高く、同社の祭礼に田楽舞《でんがくまい》を奉納し、種々の神事にも携わってきた。

「**堀米《ほりごめ》の田楽舞《でんがくまい》**」(市指定)は、天喜《てんぎ》五年(一〇五七)、源頼義・義家父子が奥羽で起きた安倍《あべ》氏の反乱平定の途次、宇都宮大明神に戦勝を祈願し、平定の帰路、田楽舞を奉納して祈願成就に報いたのが起源といわれている。この田楽舞は堀米の農家六軒が代々世襲し伝承している。大明神の祭事である春渡祭《おたりや》(一月一五日)、田舞祭《たまいさい》(五月一五日)、冬渡祭《おたりや》(一二月一五日)に、拝殿前で奉納される。

堀米の村名について、田川の水を得るため堀を開削《かいさく》したことに由来するといわれているが、当地は河川沿いの低地であるため、たびたび水害を被ってきたので、堀米《ホリゴメ》は「ホリ・コメ」という地名である。ホリは「堀《ほり》」の意ではなく、「鑿・穿・掘」で、抉《えぐ》り取られたような地、コメは動詞コム(浸む)の連用形で、河川・沢などの水がいっぱいに漲《みなぎ》っている所の意。従って、河川の氾濫などによって浸食された地に由来する村名と思われる。洪水には細心の注意が必要な地である。

県内には堀米(堀込)地名が各地に見られる。例えば足利市堀込町・旧二宮町(真岡市)堀込・佐野市堀米町・旧堀米村(大田原市)などがある。

○上川俣《かみかわまた》・下川俣《しもかわまた》

上川俣は上川又とも書く。村内の西部を山田川が南西流している。北は下田原《しもたわら》・大塚新田《おおつかしんでん》（上大塚町《かみおおつかちょう》）、東は海道新田《かいどうしんでん》（海道町《かいどうまち》）、南は下川俣、西は岩本《いわもと》・関堀《せきぼり》に接した稲作中心の平坦な純農村であるが、苗木栽培や造園農家もみられる。地内の北部を一般県道一五七号線（下岡本上戸祭線）が北東進している。

近世を通じて宇都宮藩領。はじめ川俣村であったが、元和《げんな》六年（一六二〇）に上川俣・下川俣の二村に分村したという。天保《てんぽう》年間（一八三〇～四四）の家数一三軒。明治二二年（一八八九）に豊郷村の大字となり、昭和二九年（一九五四）、宇都宮市川俣町《かわまたちょう》となる。旧村社高靇神社《たかおじんじゃ》の創祀年代などは不詳だが、主祭神は高靇神《たかおかみのかみ》である。この神は水をつかさどる竜神《りゅうじん》で、農業と結びつき雨乞い祈願の対象となっているので、伝承によると、里人は祈雨のことがあればここに奉幣《ほうへい》して、五穀豊穣《ほうじょう》を祈り、旱天《かんてん》の続くときは降雨を祈り、霖雨《りんう》のときは晴天を祈ったという。境内神社に八坂《やさか》神社・湯殿《ゆどの》神社・雷《らい》電《でん》神社がある。

高靇神社（川俣町）

下川俣は下川又とも書く。南西流する山田川左岸の沖積低地と低台地上に位置し、北は上川俣（川俣町）、東は海道新田（海道町）、南は岩曽《いわぞ》、西は関堀に接し、東部を御用川《ごようがわ》（新《しん》筏川《いかだがわ》）が南西流し、一般県道一二五号線（氏家宇都宮線。旧奥州街《おうしゅうかい》道《どう》）が北東進している。明治二二年（一八八九）に豊郷村の大字となり、昭和二九年（一九五四）、宇都宮市下川俣町《しもかわまたまち》となる。

近世を通じて宇都宮藩領。はじめ川俣村であったが、元和六年（一六二〇）に上川俣・下川俣の二村に分村したという。天保年間（一八三〇～四四）の家数一八軒。用水は山田川と御用川《ごようがわ》から引水した。東部の新《しん》田《でん》内に光性寺《こうしょうじ》（曹洞宗）がある。医《い》王山《おうさん》と号し、天正《てんしょう》年間（一五七三～九二）に開山したと伝え、目の病に霊験《れいげん》あらたかであるといわれる。

川俣（上・下）の村名は、山田川とその支流に挟まれた地に由来する。川俣は川の分岐するところとか、合流するところの意である。川俣（川又・河又）の村名（地名）は、本村以外では川俣村（旧栗山村《くりやまむら》川俣）・川又村（茂木町《もてぎまち》河又）などがある。

光性寺（下川俣町）

○海道新田《かいどうしんでん》

海道新田は、一般県道一二五号線（氏家宇都宮線。旧奥州街道）沿いに集落が成立した南北に細長い村で、北は白沢宿《しらさわしゆく》、東は中岡本《なかおかもと》・下岡《しもおか》本《もと》、南は岩曽《いわぞ》、西は大塚新田《おおつかしんでん》（上大塚町《かみおおつかちょう》）・上川俣《かみかわまた》（川俣町《かわまたちょう》）・下川俣《しもかわまた》に接し、中央部を一般県道一二五号線に交差して同県道一五七号線（下岡本上戸祭《かみとまつり》線）が東西に通り、南部には国道一一九号線（宇都宮環状道路）が東西に走っている。

この新田村は、元和《げんな》年間（一六一五〜二四）の開創といわれるが、「慶《けい》安郷帳《あんごうちょう》」には村名はない。当初より宇都宮藩領で、天保《てんぽう》年間（一八三〇〜四四）の家数三〇軒。明治二二年（一八八九）に豊郷村の大字となり、昭和二九年（一八八九）、宇都宮市海道町《かいどうまち》となる。海道新田の村名は、南北に通る旧奥州街道沿いに開けた新田に由来する。

当村は洪積地低台地上に立地しているので、水利に乏しく、作物は主に粟・蕎麦などの雑穀類が中心であった。そこで小林清次郎《こばやしせいじろう》（一七九九〜一八八一。下川俣村生まれ）は、安政《あんせい》五年（一八五八）、藩主戸田《とだ》忠恕《ただゆき》に願って助力を得、村民を率いて開拓工事を督励したので、翌六年に大事業は完成し、さらに用水路を開削して水田三〇余町を開いた。村民はその功を讃えるため、慶応《けいおう》二年（一八六六）藩老県六石《あがたりくせき》（信緝《のぶつぐ》）に請うて、奥州街道沿いの西側に感恩《かんおん》報徳碑《ほうとくひ》を建立し、さらに明治一七年（一八八四）、小林清次郎の霊を祀って豊栄神社《ほうえいじんじゃ》を建てた。

○竹林《たけばやし》

南流する田川《たがわ》左岸の沖積地に位置し、田川の東方に御用川《ごようがわ》が南西流している。御用川に並行して東側に一般県道一二五号線（旧奥州街道。通称白沢街道《しらさわかいどう》）が北東進し、これに地内の南端で市道桜通り平出線（通称競輪場通り）が交差している。竹林の北は岩曽《いわぞ》、東は東町《ひがしまち》（もと竹林・

今泉新田《いまいずみしんでん》の各一部)・今泉新町《いまいずみしんまち》(もと今泉新田《いまいずみしんでん》)、南は競輪場通りを境に錦《にしき》三丁目(もと竹林・大曽の各一部)・今泉町《いまいずみちょう》(今泉新田の一部)、西は山本《やまもと》・大曽《おおぞ》に接している。

「今泉系図」(『下野国誌』所収)によると、永享《えいきょう》一〇年(一四三八)に没した今泉盛朝《いまいずみもりとも》の弟元業《もとなり》(上三川《かみのかわ》城主)は竹林に住し、竹林淡路守《あわじのかみ》七郎兵衛尉《ひょうえのじょう》を名乗り、元業の子元親《もとちか》も竹林七郎を名乗っている。

竹林村は、近世を通じて宇都宮藩領で、天保《てんぽう》年間(一八三〇~四四)の家数一五軒。明治二二年(一八八九)に豊郷村の大字となり、昭和二八年(一九五三)に竹林の一部が宇都宮市東町《ひがしまち》、同二九年(一九五四)に残部の竹林が宇都宮市竹林町《たけばやしまち》となる。寺院に宝蓮院《ほうれんいん》(真言宗)、神社に旧村社高龗神社《たかおじんじゃ》がある。

豊郷南小学校の東方に白山神社《はくさんじんじゃ》がある。江戸時代にこの地を開いた農民たちが、加賀《かが》国の白山神社(加賀国の一《いちの》宮《みや》)より分霊を勧請《かんじょう》して創祀したという。主祭神は白《しら》山比咩大神《やまひめのおおかみ》(菊理媛神《きくりひめのかみ》)である。この神社裏の林の中に近年まで根来塚《ねごろづか》があった。伝承によれば、古く首塚・胴塚・馬塚という三つの塚があったといい、首塚・胴塚は宇都宮城の三日《みか》月堀《づきぼり》工事にかかわる根来組同心《ねごろぐみどうしん》を処刑して埋葬したものだというが、現在は根来塚のあった林はすっかり整地されて宅地化されている。

白山神社(竹林町)

竹林(タケバヤシ)は、「タケ・バ(ハ)ヤシ」という村名である。一般に地内の東方に竹林があったことに由来するといい、これを信じているが誤っている。当地は田川左岸に位置する沖積低地であるので、これまでに水害を被ってきた。これを踏まえて考えると、タケは形容詞タケシ(猛)の語幹で、荒々しいの意。ハヤシは「ハヤ・シ(接尾語)」で、ハヤは「速」で速い様の意、シはニシ(西)・ヒガシ(東)などの方向を示す接尾語。従って、村名は田川の洪水によって付近一帯が濁流で浸食された地に由来する。豪雨・長雨などには細心の注意が必要な地である。

○今泉新田《いまいずみしんでん》

今泉新田は、北は竹林《たけばやし》、北東は東町《ひがしまち》(もと竹林・今泉新田の各一部）、東・南・西は今泉町《いまいずみちょう》に接し、中央部を主要地方道一〇号線（宇都宮那須烏山線）が北東進している。今泉新田は、現在の今泉新町《いまいずみしんまち》・御《み》幸町《ゆきちょう》・東町《ひがしまち》・御幸ケ原町《みゆきがはらまち》。

近世を通じて宇都宮藩領。当地は低台地上に立地し、水利に恵まれない所であったが、宇都宮氏の家臣橋本小左衛門《こざえもん》が帰農して開いたので、小左衛門新田ともよばれたという。「元禄郷帳《げんろくごうちょう》」「天保《てんぽう》郷帳」に今泉村枝《えだ》郷《ごう》と見える。天保年間（一八三〇～四四）の家数一〇軒。村内に明和《めいわ》年間（一七六四～七二）の創祀と伝える八幡宮《はちまんぐう》がある。その境内の八坂《やさか》神社は、明和元年（一七六四）、籾摺騒《もみすりそう》動《どう》の首謀の一人として処刑された当新田村の庄屋《しょうや》増渕六兵衛《ろくべえ》を、のちに村民たちがその徳をたたえて喜国《きこく》明神《みょうじん》として祀ったものである。

〇大曽《おおぞ》

かつての大曽村は、北は山本村《やまもとむら》、南は塙田村《はなわだむら》と接する平坦地で、西部は八幡山丘陵となっていたが、現在は大曽一～五丁目・上大曽町《かみおおぞまち》・東塙田《ひがしはなわだ》二丁目・塙田四～五丁目・東戸祭《ひがしとまつり》一丁目・錦《にしき》一～三丁目となっている。明治二二年（一八八九）に豊郷村大曽となり、昭和二四年（一九四九）に宇都宮市大曽町《おおぞまち》となったが、市街地の北に隣接しているため宅地化が進み、同四九年（一九七四）に東戸祭一丁目・大曽一～五丁目・塙田四～五丁目・東塙田二丁目、同五〇年（一九七五）に上大曽町、同五三年（一九七八）に錦一～三丁目となっている。

大曽一～五丁目の東は南流する田《た》川《がわ》を境に錦一～三丁目、西は東戸祭一丁目・塙田五丁目、南は東塙田二丁目・塙田四丁目、北は上大曽町・戸祭町《とまつりちょう》に接している。中央部を主要地方道一〇号・六三号線（藤原宇都宮線。通称田原街道《たわらかいどう》）が南北に通り、同街道の西側が大曽一～二丁目、東側が同三～五丁目である。上大曽町は北は山本町《やまもとまち》・岩曽町《いわぞまち》、東は竹林町《たけばやしまち》、南は錦三丁目・大曽二～三丁目、西は戸祭町に接している。中央部を主要地方道六三号線が南北に通り、南部に市道二一号線（通称競輪場通り）が東西に通っている。

当村は近世を通じて宇都宮藩領。天保《てんぽう》年間（一八三〇～四四）の家数七軒。助郷《すけごう》として日光街道宇都宮宿へ出役《しゅつやく》、ほかに大曽筋《おおぞすじ》とよばれる田原街道沿いの各村への触書《ふれがき》を廻達《かいたつ》するなどの諸役も多かった。寛政《かんせい》八年（一七九六）創祀の鎮守虚空蔵菩薩《こくぞうぼさつ》は、通称国造様《こくぞうさま》とよばれて近郷の農民にも信仰されたが、明治になって星宮神社《ほしのみやじんじゃ》に改称された。

八幡山公園の東端に近いところ

に、旧陸軍地下司令部跡（大曽二丁目）がある。第二次世界大戦末期、宇都宮師管区《しかんく》司令部は第一四師団司令部施設（栃木医療センター。国立栃木病院）を利用していたが、本土決戦と空襲に備え、司令部を宇都宮丘陵（八幡山公園内）に移すため、昭和二〇年（一九四五）六月から地下壕の突貫工事を行ったが、未完成のまま終戦を迎えた（八月一五日）。

旧陸軍地下司令部跡（八幡山公園内。大曽２丁目）
（宇都宮市教育委員会提供）

丘陵一帯は凝灰岩《ぎょうかいがん》と泥岩《でいがん》であるため、発破をかけながら鶴嘴《つるはし》で掘り進める難工事であったという。地下壕への出入口は一一か所、主線壕《しゅせんごう》（全長約三六五メートル）を掘り、これに東西から九本の支線壕《しせんごう》が直結している。主線・支線合わせた壕の総延長は約七二〇メートルに及んでいる。大戦末期の本土決戦体制を知る貴重な歴史的文化遺産である。

　大曽の村名について、『角川日本地名大辞典（栃木県）』は、「曽《ぞ》は北隣の岩曽《いわぞ》とともに、上古《じょうこ》（古代）蝦《え》夷《ぞ》人（アイヌ人）の居住地であったことの名残であるといわれている」と記している。栃木県の場合、アイヌ人の居住とかアイヌ語は全く無縁であるので、地名由来の場合は悉く無視して欲しい。「大曽（オオゾ）」は「オオ（接頭語）・ゾ（ソ）」という村名で、ゾはソの濁音化で、ソはイソ（磯）の上略形である。内陸の「磯」は川の波打ち際の意。従って、大曽は田川沿いの地に由来する村名である。ちなみに旧黒磯市《くろいそし》黒磯は、那珂川沿いの段丘崖地に開けた地であり、旧南河内町磯部《いそべ》は田川沿いの地に由来する。

○山本《やまもと》

　田川《たがわ》右岸の沖積地と低丘陵に位置し、東部の田川沿いのわずかな低地に水田があるほかは丘陵地帯である。北は長岡町《ながおかちょう》、東は南流する田川を挟んで岩曽町《いわぞまち》、南は戸祭町《とまつりちょう》・上《かみ》大曽町《おおぞまち》、西は戸祭台《とまつりだい》（もとは戸祭町・中戸祭町・山本町の各一部）に接し、主要地方道六三号線（藤原宇都宮線）が田川沿いに通っている。明治二二年（一八八九）に豊郷村の大字となり、昭和二九年（一九五四）に宇都宮市山本町《やまもとまち》となり、昭和五七年（一九八二）に一部が戸祭台となる。さらに団地造成などによって山本一～三丁目が生まれている。山本の村名は、字義通り、低丘陵の麓に開けた地に由来する。

当村は近世を通じて宇都宮藩領。天保《てんぽう》年間（一八三〇～四四）の家数一〇軒。村内に寺院はないが、山本《やまもと》観音《かんのん》と称される聖観世音菩薩立像《しょうかんぜおんぼさつりゅうぞう》（市指定）を安置した堂宇がある。仏像は江戸時代中期の金箔《きんぱく》を塗った寄《よせ》木造《ぎづく》りのもので、温顔慈悲《おんがんじひ》の相は親《しん》愛敬仰《あいけいぎょう》の情を持たれている。

○岩曽《いわぞ》

岩曽は、北は下川俣町《しもかわまたまち》、東は御《み》幸ケ原町《ゆきがはらまち》・御幸町《みゆきちょう》、南は竹林町《たけばやしまち》、西は山本町《やまもとまち》・長岡町《ながおかちょう》に接する東西に長い平坦な地域で、西境を田川《たがわ》が南流し、これに南西流する山田川《やまだがわ》が合流している。真偽のほどは別として南端の田川に架かる鎌倉橋《かまくらばし》は、源頼朝が奥州へ向かうとき架けられたものといい、鎌倉街道の名残であると伝えている。地内の北西部を主要地方道六三号線（藤原宇都宮線）が北東進し、東部を一般県道一二五号線（氏家宇都宮線。旧奥州街道。通称白沢街道）が北東に進み、この一二五号線にほぼ並行して御用川《ごようがわ》が流れている。

岩曽村は、近世を通じて宇都宮藩領で、天保《てんぽう》年間（一八三〇～四四）の家数一六軒。地内を田川・山田川・御用川《ごようがわ》が流れているので、水利に恵まれた農村であった。明治二二年（一八八九）に豊郷村の大字となり、昭和二九年（一九五四）に宇都宮市岩曽町《いわぞまち》となる。

一二五号線沿いの栃木銀行北支店（岩曽町）の近くの奥まったところに、石造地蔵尊を安置した小さな地蔵堂《じぞうどう》がある。地蔵尊の台座には「享保《きょうほう》八年　首切地蔵尊《くびきりじぞうそん》」と陰刻されている。地籍では岩曽町に含まれるが、通称竹林《たけばやし》の首切地蔵尊とよばれている。処刑されたと伝える根来組同心《ねごろぐみどうしん》を供養するために造立されたものだが、お堂前には土堂《どどう》原《はら》地蔵尊と刻んだ碑が建っている。元和《げんな》五年（一六一九）、宇都宮藩主となった本多正純《ほんだまさずみ》は、宇都宮城の三《み》日月堀《かづきぼり》を設けるさい、幕府から預かっていた根来組同心百人衆《ひゃくにんしゅう》に工事を命じたところ、使役《しえき》に反抗したので、正純は同七年（一六二一）一二月、かれらを全員（首謀者のみと

「首切地蔵尊」という石造地蔵尊（岩曽町）

「土堂原刑場跡」碑（岩曽町）

も）処刑したといい、その処刑場跡（土堂原刑場跡《けいじょうあと》）がこの辺りであると伝えている。

岩曽の村名は、隣接する大曽村と同じように、蝦夷《えぞ》人（アイヌ人）の居住に由来するという俗説が一般的であるが、誤っている。当地は西部に田川に合流する山田川が南流し、水利に恵まれた平坦な沖積低地であるので、岩曽（イワゾ）は「イワ・ゾ（ソ）」という村名で、付近の地勢からイワ（岩）は岩石の意ではなく、小石混じりの地から、大曽のイソ（磯）と同じく波打ち際の意。ゾはソの濁音化で、イソ（磯）の上略形。従って、イワとソは同義語を重ねた地名語。村名は田川・山田川沿いの地に由来するものと思われる。小字名に島ノ内・上川田・河原田・西窪《にしくぼ》田《た》・東窪田などがみられる。沖積低地であるので、集中豪雨や長雨などによって浸食を被りやすいので、細心の注意が必要である。

○長岡《ながおか》

田川右岸の沖積地と丘陵に挟まれた東西に広がる狭い谷状の地勢を呈している。北は瓦谷町《かわらやちょう》、東は関堀《せきぼり》町《ちょう》・岩曽町《いわぞまち》、南は山本町《やまもとまち》、西は上戸《かみと》祭町《まつりちょう》・野沢町《のざわまち》に接している。地内中央部の丘陵麓を東西に一般県道一五七号線（下岡本上戸祭線。通称長岡街道）が通り、この南側の谷状地はかつて水田地帯であったが、東西に走る国道一一九号線（宇都宮環状道路）の開通によって、すっかり変貌してしまった。

天正《てんしょう》一三年（一五八五）二月の宇都宮国綱《くにつな》（二二代城主）寄進状に「長岡之郷」と見える。近世を通じて宇都宮藩領。天保《てんぽう》年間（一八三〇〜四四）の家数二七軒。明治二二年

丘陵南麓の集落（長岡町）

（一八八九）に豊郷村の大字となり、昭和二九年（一九五四）、宇都宮市長岡町《ながおかちょう》となる。

　長岡街道沿いの北側に長岡百穴《ながおかひやくあな》古墳《こふん》（県史跡）とよばれる長岡横穴《おうけつ》墓群《ぼぐん》がある。宇都宮丘陵の南裾部《すそぶ》の凝灰岩《ぎょうかいがん》（長岡石《ながおかいし》）の露頭《ろとう》に、横から掘り込んで墓室《ぼしつ》とした五二基からなる横穴墓群で、七世紀前半ころに造墓されたものだ。横穴墓は横穴式石《よこあなしきせき》室《しつ》と同じように、玄室《げんしつ》（遺体を安置する室）と羨道《せんどう》（羨門《せんもん》から玄室までの通路状部分）からなるが、羨道の部分がきわめて短いのが特徴である。本来、玄門《げんもん》（玄室の入口）は一枚石や礫《れき》などで閉塞《へいそく》されていたが、今は取り払われて露呈《ろてい》している。ここに埋葬された人たちは、古墳に埋葬された人たちよりも社会的地位は低く、集団墓地の性格をもっている。この横穴墓群は古くから開口していたので、後世、玄室の奥壁に仏像（観音像）が陽刻《ようこく》された。長岡石を切り出していた石工《いしく》たちが、作業の合間に彫り続けた悪意のない悪戯であろうか。

長岡百穴古墳（長岡町）

　帝京大学理工学部（豊郷台《とよさとだい》一丁目）の南西方近くに、前方後円墳《ぜんぽうこうえんふん》一基と円墳《えんぷん》四〇基余からなる瓦塚古《かわらづかこ》墳群《ふんぐん》がある。主墳は前方部を南西に向けた前方後円墳の瓦塚古墳（市史跡）である。全長約五〇メートル、

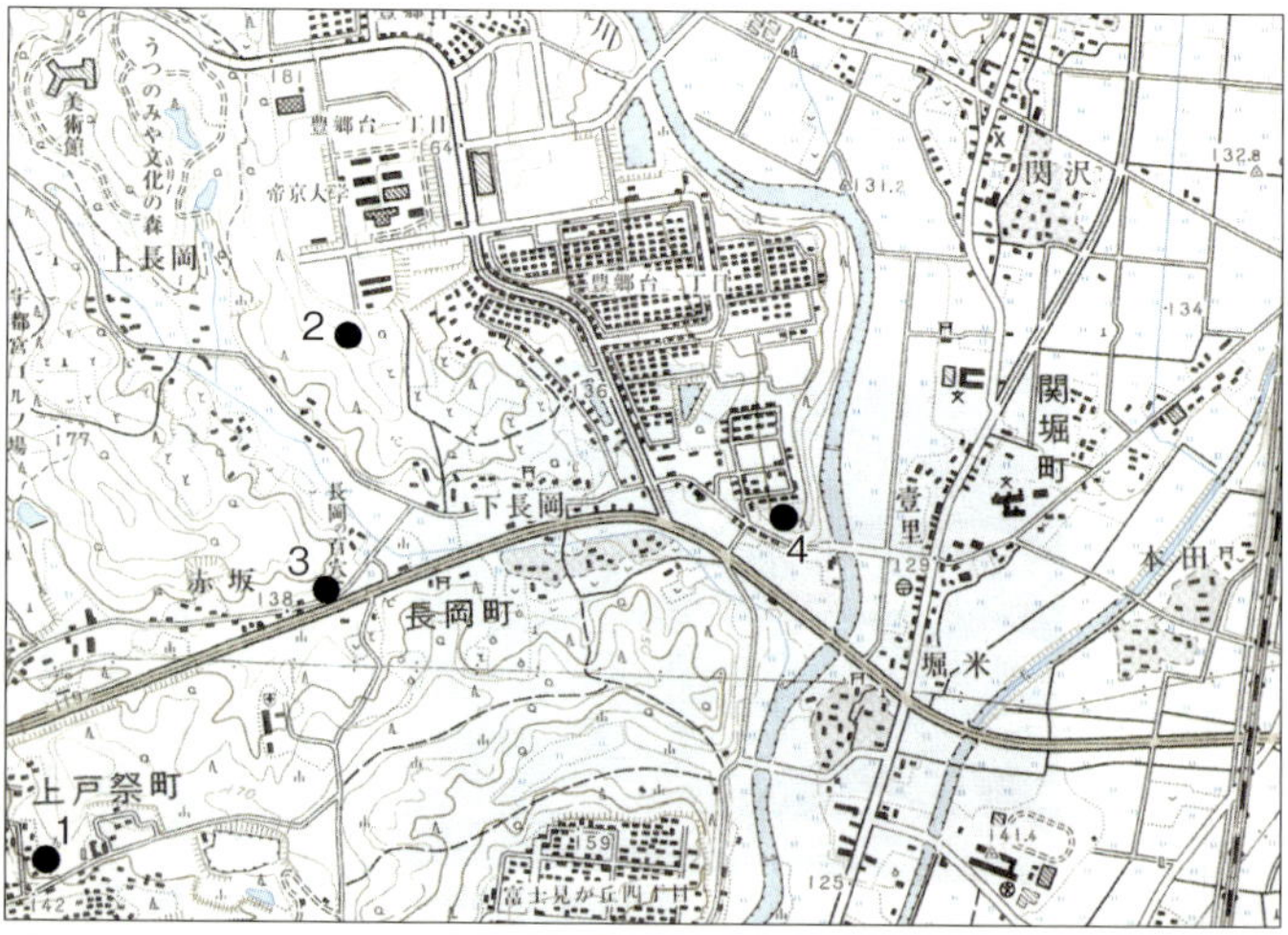

長岡町・関堀町付近「宝積寺」2万5千分の1（平成14）。●印　1.大塚古墳（上戸祭町）　2.瓦塚古墳（長岡町）　3.長岡百穴古墳　4.谷口山古墳（長岡町）

前方部の幅約三五メートル・同高さ約五・三メートル、後円部の径約三五メートル・同高さ約五・三メートルである。墳丘《ふんきゅう》は二段に築かれ、墳丘を取りまく周湟《しゅうこう》（周溝）の跡は、北西側によく遺っている。埋葬施設は横穴式石室で、出土している埴輪《はにわ》や副葬品などから、六世紀後半ころに築かれた古墳である。

瓦塚古墳（長岡町）

インマヌエル宇都宮キリスト教会に接した丘陵突端に、谷口《やぐち》山古墳《やまこふん》（市史跡）がある。墳丘の多くは削り取られているが、直径約二九メートル、高さ約三・六メートルの円墳で、南面して横穴式石室が開口している。発掘調査によって人骨の出土状態や石室床面の状況などから、追葬《ついそう》を行ったことがわかっている。追葬とは一遺体を埋葬した後、血縁関係にある者の遺体を追加埋葬することである。出土した副葬品などから、六世紀後半ころに築かれた古墳である。

戸祭配水場《とまつりはいすいじょう》（中戸祭町《なかとまつりちょう》。国登録）の東方に栃木県平和仏舎利塔《へいわぶつしゃりとう》（通称仏舎利塔）がある。世界平和と人類の幸福を祈念し、あわせて第二次世界大戦による戦没者の霊を弔《とむら》うために、日本山妙法寺《みょうほうじ》の山主《さんしゅ》藤井日達《にったつ》上人が願主となって、日本国内三八か所に建立した一つである。昭和二九年（一九五四）五月、インドのネール首相から贈られた一〇粒の仏舎利（釈迦《しゃか》の遺骨）のうちの一粒が、栃木県民に授けられたので、栃木県仏舎利塔奉賛会が結成され、多くの浄財《じょうざい》を得て、同三九年（一九六四）九月、平和仏舎利塔が完成した。丘陵上にそびえるこの大宝塔《だいほうとう》は、基底《きてい》の径三〇・三メートル、高さ二九・六メートルの大きさであるので、遠方からも望むことができる。

栃木県平和仏舎利塔（長岡町）

丘陵南麓の集落（横山町）

長岡の村名は、字義通り、東西に走る長岡街道に沿って見られる横長の丘陵地形は、まさに村名にふさわしい由来である。

○横山《よこやま》

横山の南境の一部を田川《たがわ》が南東流し、村内の多くは丘陵地であるが、東部の丘陵はニュー富士見ヶ丘団地として開発されている。北は立伏《りゅうぶく》・上田原《かみたわら》（旧河内町）、東は下田原《しもたわら》・岩本《いわもと》、南は瓦谷《かわらや》、西は下横倉《しもよこくら》に接している。田川に並行して横山街道が北西の下横倉方面から南東の岩本方面に向け走り、古くからの集落が丘陵南麓の街道沿いに見られる。

　横山村は近世を通じて宇都宮藩領。天保《てんぽう》年間（一八三〇〜四四）の家数三〇軒。助郷《すけごう》は日光街道の徳次《とくじ》郎《ら》宿《しゅく》へ出役《しゅつやく》し、用水は田川から引水した。明治二二年（一八八九）に豊郷村の大字となり、昭和二九年（一九五四）に宇都宮市横山町《よこやまちょう》となる。

　地内の高田《たかだ》集落から北進すると、念仏坂《ねんぶつさか》にさしかかる。この坂を下りかけた左側の山裾に、瞽女石《ごぜいし》という大きな山石がある。何の変哲もない大石の上に馬力神と刻んだ野仏がのっている。ここに瞽女とは、江戸時代、目の不自由な女性が生活のため、鼓《つづみ》を打ったり三味線《しゃみせん》を弾いて唄《うた》を歌って銭や物を乞いながら、各地を旅する女芸人のことである。この念仏坂の瞽女石には、ある悲話が伝えられている。

　『宇都宮の民話』（市教委編）によると、毎年、冬になると、越後《えちご》国から多くの瞽女たちが横山村などへやってきた。村人は一堂に集まって三味線や唄を聞くのが唯一の楽しみであったが、ある年のこと、凶作に見舞われ生活が困苦したので、瞽女たちの宿になるはずの家は戸を閉め切っていた。それでも彼女たちは空腹に耐えながら寒い北風の吹きすさぶ夜を野宿しながら、次々と村をめぐり歩いた。しかし、泊まる家もないので、彼女たちはすっかり元気をなくし、坂道脇にあった大石に身を寄せ合って一夜を過ごすことにした。翌朝、村人がここを通り過ぎようとしたところ、彼女たちは大石の陰に身を寄せ合って、息をひきとっていたという。これ以後、村人はこの大石を「瞽女石」とよび、坂道を念仏坂と名づけて、凍死した彼女たちの冥福を祈ったと伝えている。

横山の村名「ヨコヤマ」のヨコ(横)は、南北の方向に対する東西の方向をいうので、字義通り丘陵が東西に延びていることに由来する。

○瓦谷《かわらや》

瓦谷村は、川原谷村・瓦屋村とも書く。地内の中央部を田川《たがわ》が南東流し、同河川に沿った浅い谷状の沖積地に水田が広がっている。田川左岸を並行して国道一一九号線(日光街道)と主要地方道六三号線(藤原宇都宮線)とを結ぶ市道が通っている。北は横山町《よこやまちょう》、東は岩本町《いわもとちょう》・関《せき》堀町《ぼりちょう》、南は長岡町《ながおかちょう》、西は野沢町《のざわまち》に接している。

当村は戦国時代、明応《めいおう》四年(一四九五)の文書に瓦屋郷《かわらやごう》と見える。「慶安郷帳《けいあんごうちょう》」に川原屋村、「元禄《げんろく》郷帳」「天保《てんぽう》郷帳」に川原谷村と見える。近世を通じて宇都宮大明神《だいみょうじん》(二荒山神社)領であったので、村民は神領百姓《じんりょうびゃくしょう》としての誇りが高く、大明神の祭礼には神楽《かぐら》を奉納するなど、種々の神事に関わってきた。天保年間(一八三〇~四四)の家数三八軒。用水は村内を貫流する田川から引水したが、田川沿いの低沖積地帯であるため、たびたび水害を被っている。明治二二年(一八八九)に豊郷村の大字となり、昭和二九年(一九五四)、宇都宮市瓦谷町《かわらやちょう》となる。瓦谷地内に宮下古墳《みやしたこふん》(市史跡)が築かれていることは既述したので省きたい。

瓦谷町を流れる田川

鎮守は平野神社《ひらのじんじゃ》。慶長《けいちょう》二年(一五九七)、篠崎土佐守《とさのかみ》藤原重勝《しげかつ》が山《やま》城《しろ》国葛野《かどの》(旧官幣大社《かんぺいたいしゃ》。京都市北区)から勧請《かんじょう》したのが創祀といい、主祭神は今木神《いまきがみ》。この神社には毎年一月の第一日曜日、神楽(瓦谷《かわらや》の神楽《かぐら》。市指定)が奉納される。口碑によると、宝暦《ほうれき》年間(一七五一~六四)ころ、京都から伝承したといい、当社の神官伊東《いとう》氏の祖篠崎氏が近郷近在の神官と神楽組合をつくり、各神社へ奉納していたが、明治時代初期に組合を解散したので、面や衣装などは瓦谷の水沼・高久両家に譲渡し、技能は瓦谷に伝承したという。現在、瓦谷神楽保存会によって継承され、毎年奉納される演目に、国定《くにさだめ》の舞《まい》・天岩戸開《あまのいわとびらき》の舞・稲荷大神《いなりおおかみ》の舞・四季《しき》の舞・猿田彦《さるたひこ》の舞・八幡大《はちまんおお》神《かみ》の舞・恵比寿大神《えびすおおかみ》の舞などがある。

瓦谷の村名由来について、(一)古代、当地で瓦を焼いた瓦窯《かわらがま》があったことによるという説と、(二)谷状の地形によるという説があるが、(二)説が妥当であろう。

瓦谷(カワラヤ)は、「カワラ・ヤ」という村名で、カワラは「瓦」ではなく「川原・河原」の意。ヤはヤツ(萢・谷津)の略で低湿地の意、またはヤツ(谷)の一字音化で、谷地形の意に解される。従って、村名は田川沿いの低湿地に由来する。豪雨や長雨には細心の注意が必要な地である。小字名に上河原・下河原・河原田・欠《かけ》ノ下《した》・欠《かけ》ノ上《うえ》などの、洪水によって浸食・崩壊した地名がみられる。

○岩本《いわもと》

岩本は、田川《たがわ》左岸の沖積地と低丘陵地に位置し、北は下田原町《しもたわらちょう》(旧河内村)、東は川俣町《かわまたちょう》・上大塚町《かみおおつかちょう》(旧河内村)、南は関堀町《せきぼりちょう》、西は横山《よこやま》町《ちょう》・瓦谷町《かわらやちょう》に接している。地内の西部を主要地方道六三号線(藤原宇都宮線)が南北に通り、六三号線の東は水田地帯、西は低丘陵地で、山裾の旧道上の丘陵上に市営の北山霊《きたやまれい》園《えん》墓地がある。墓地の南端には**北山《きたやま》古墳群《こふんぐん》**(市史跡)があり、うち二基の前方後円墳《ぜんぽうこうえんふん》(**権現山古墳《ごんげんやまこふん》・雷電山《らいでんやま》古墳《こふん》**)は岩本地内に築かれている。これらの古墳については既述したので省略したい。

岩本村は近世を通じて宇都宮藩領。天保《てんぽう》年間(一八三〇~四四)の家数八軒。用水は東方を流れる山田《やまだ》川《がわ》から引水した。明治二二年(一八八九)に豊郷村の大字となり、昭和二九年(一九五四)、宇都宮市岩本《いわもと》町《ちょう》となる。岩本の村名は、低丘陵の麓に開けて地に由来するものであろう。

(7) 平石《ひらいし》地区(旧平石村)

平石地区(旧平石村)は、鬼怒川右岸低地(鬼怒川低地《きぬがわていち》)の氾濫原《はんらんげん》とその西に続く段丘(岡本台地《おかもとだいち》)上に位置している。鬼怒川右岸の岡本台地は、北は岡本駅付近から、南は宇都宮大学・上三川《かみのかわ》市街がのっている台地で、台地の東側では低位段丘に白沢《しらさわ》付近で一五メートル、南部の刑部《おさかべ》付近で五メートルの比高で崖《がけ》をつくっている。

明治二二年(一八八九)に上平《かみひらい》出《で》・下平出《しもひらいで》・上越戸新田《かみこえどしんでん》・小原新《おばらしん》

田《でん》・柳田《やなぎだ》・峰《みね》（嶺）・石井《いしい》の七か村が合併して「平石村《ひらいしむら》」が成立する。

平出町・柳田町付近「宇都宮東部」2万5千分の1（平成14）。●印　1.平出城跡（平出町）　2.広琳寺（平出町）　3.鷲子神社（平出町）　4.平出神社（平出町）　5.稲荷神社（柳田町）　6.柳田緑地運動公園（柳田町）

村名は大村である上平出と石井両村の各一字をとって付された。石井の大部分は鬼怒川右岸にあるが、一部は左岸に及んでいる。昭和一七年（一九四二）に峰（嶺）は宇都宮市峰町《みねまち》（嶺）に、同二六年（一九五一）に上越戸新田と上平出の一部が同市越戸町《こえどまち》、同年上平出の一部が豊郷《とよさと》村《むら》御《み》幸ケ原《ゆきがはら》となる。昭和二九年（一九五四）に平石村は宇都宮市に編入し、下平出の大部分と小原新田は下平《しもひらい》出町《でまち》、下平出の残りと上平出が平出町《ひらいでまち》、石井の一部が峰（嶺）町となり、石井・柳田の各大字は石井《いしい》町《まち》・柳田町《やなぎだまち》となる。


明治二二年（一八八九）四月　上平出・下平出・上越戸新田・小原新田・柳田・峰（嶺）・石井の七か村が合併して、平石村が成立する。

昭和一七年（一九四二）七月　峰（嶺）が宇都宮市峰（峯）町となる。

昭和二六年（一九五一）六月　上越戸新田と上平出の一部が、宇都宮市越戸町となる。

昭和二六年（一九五一）六月　上平出の一部が豊郷村御幸ヶ原となり、同二九年（一九五四）に宇都宮市御幸ヶ原町《みゆきがはらまち》となる。

昭和二九年（一九五四）八月　平石村が宇都宮市に編入する。

○上平出《かみひらいで》

鬼怒川右岸に位置している。明治二二年（一八八九）までの上平出村は、現在の平出町（もと平石村上平出と下平出の一部）・御幸本町《みゆきほんちょう》（もと平出町の一部）・越戸町（もと上越戸新田と上平出の一部）・平出工業団地・上野町《うえのまち》（もと平出町の一部）を村域とする三角形の地域で、北は下岡本村《しもおかもとむら》、西は岩曽村《いわぞむら》・今泉《いまいずみ》新田《しんでん》に接していた。村内の西部は台地、中央部から東は平坦な沖積低地で、鬼怒川・九郷半用水《くごうはんようすい》（九郷半川）が南流し、肥沃な水田地帯となっている。

上平出村の大半は現在の平出町だが、御幸本町・越戸町・平出工業団地・上野町に及んでいる。北は下岡本（旧河内町）、東は柳田町・下平出町、南は下平出町、西は平出工業団地に接し、西部を新国道四号線が、中央部を一般県道一五八号線（下岡本上三川線。辰街道《たつかいどう》とも）がそれぞれ南北に通り、北部を主要地方道六四号線（宇都宮向田線《むかだ》）が東進している。

平出の地名は、中世には上《かみ》・中《なか》・下《しも》に分けて見える。応永《おうえい》九年（一四〇二）四月の興禅寺《こうぜんじ》（臨済宗。今泉三丁目）への宇都宮満綱《みちつな》（一二代城主）寄進状に「上平出郷《かみひらいでごう》」と見え、弘治《こうじ》四年（一五五八）正月の芳賀高《たか》定充行状《さだあてがいじょう》写しに「中平出之内面《なかひらいで》」とあり、文亀《ぶんき》三年（一五〇三）一二月の成高寺《じょうこうじ》（曹洞宗。塙田町《はなわだちょう》）への宇都宮成綱《しげつな》（一七代城主）寄進状に「下平出之郷《しもひらいでのごう》」と見える。

上平出字北組《きたぐみ》（平出町）に平出《ひらいで》城《じょう》が築かれた。現在、宅地や耕地と化しているので城跡は確認できないが、御城《みじょう》（本丸）・中城《なかじょう》（二の丸）・北城《きたじょう》（三の丸）という地名が残っている。承元《じょうげん》三年（一二〇九）、宇都宮朝綱《ともつな》（三代城主）の家臣鈴木八郎重定《しげさだ》の築城と伝えている（『平石村郷土史』）。

上平出は近世を通じて宇都宮藩領。「元禄郷帳《げんろくごうちょう》」「天保郷帳《てんぽう》」に枝郷《えだごう》として上越戸新田村《かみこえどしんでんむら》が見える。天保年間（一八三〇～四四）の家数六〇軒。

寺院に広琳寺《こうりんじ》（真言宗）がある。寺伝によると、承元三年（一二〇九）、平出城主鈴木八郎重定の開基で、本尊は聖観世音菩薩《しょうかんぜおんぼさつ》。代々村内の雷電宮《らいでんぐう》（平出神社《ひらいで》）の別当寺《べっとうじ》とし

広琳寺（平出町）

て祭祀をつかさどっていた。本堂左手前に大正三年（一九一四）に宇都宮市内の東勝寺《とうしょうじ》（廃寺）から移築した文殊堂《もんじゅどう》がある。移築によって中世建築の面影は失われたが、堂内に木造文殊菩薩坐像《もんじゅぼさつざぞう》（江戸時代作。市指定）が安置され、屋上の宝形造《ほうぎょうづく》り頂部の龕《がん》に銅造大日如来坐像《だいにちにょらいざぞう》（江戸時代の作。市指定）が安置されている。本寺にはほかに本堂内に客仏《きゃくぶつ》として木造阿弥陀如来坐像《あみだにょらいざぞう》（江戸時代の作。市指定）がある。境内には樹冠《じゅかん》が傘形で盆栽のような見事な枝振りで知られる「広琳寺のシダレザクラ（市指定）がある。

（左）広琳寺の文殊堂、（右）木造文殊菩薩坐像（宇都宮市教育委員会提供）

広琳寺の南西方に平出神社《ひらいでじんじゃ》（平出雷電神社《ひらいでらいでんじんじゃ》）がある。社伝によると、仁《にん》和《な》二年（八八六）、山城国《やましろ》上賀茂神社《かみがもじんじゃ》（京都市北区。賀茂別雷神社《かもわけいかずちじんじゃ》とも。山城国一宮《いちのみや》。旧官幣大社《かんぺいたいしゃ》）の分霊を勧請《かんじょう》して創祀したという。その後の沿革は不詳だが、元治《げんじ》元年（一八六四）雷電宮《らいでんぐう》と称し、これより「平出の雷電様」とよばれ、五穀豊穣《ごこくほうじょう》・雷よけの神として遠近に知られた。明治五年（一八七二）の神仏分離により、これまで広琳寺によって行われていた祭典を神官が行うようになった。なお、祭礼日の七月第四日曜日には梵天《ぼんてん》奉納の神事が行われている。

境内の本殿裏に接した北西側に、明和《めいわ》元年（一七六四）の籾摺騒動《もみすりそうどう》の

平出雷電神社（平出町）

首謀者の一人として処刑された亀《かめ》右衛門《えもん》（または太郎兵衛《たろうべえ》）が、喜国《きこく》明神《みょうじん》として祀られている。

○下平出《しもひらいで》

鬼怒川右岸の沖積低地と西に続く段丘（岡本台地《おかもとだいち》）上に位置している。北は上平出《かみひらいで》（平出町《ひらいでまち》）・柳田《やなぎだ》町《まち》、東は南流する鬼怒川を挟んで竹《たけ》下町《したまち》、南は石井町《いしいまち》、西は平出町に接し、中央部を新国道四号線、この東側に一般県道一五八号線（下岡本上三川線。辰街道《たつかいどう》）が南北に通り、地内の南部を新国道四号線と交差して主要地方道六四号線（宇都宮向田《むかだ》線。鬼怒通り《きぬどおり》）が北東進している。

文亀《ぶんき》三年（一五〇三）一二月の宇都宮成綱《しげつな》（一七代城主）寄進状写しに「下平出之郷《しもひらいでのごう》」と見える。当村は近世を通じて宇都宮藩領。「元禄郷帳《げんろくごうちょう》」「天保《てんぽう》郷帳」に枝郷《えだごう》として小原《おばら》新田村《しんでんむら》が見える。天保年間（一八三〇～四四）の家数二七軒。当村は現在、下平出町が大半だが平出町にも及んでいる。九郷半用水《くごうはんようすい》（九郷半川）の開削によって、上平出村とともに堰元《せきもと》となり、灌漑《かんがい》の便がよくなり、水田化が進んだ。

字関口《せきぐち》（現平出町関口）に鷲子神社《とりのこじんじゃ》がある。社伝によると、元和《げんな》年間（一六一五～二四）ころ、この地を開拓した四人（孫兵衛《まごべえ》・久兵衛《きゅうべえ》・与兵衛《よべえ》・万右衛門《まんえもん》）が社《やしろ》を建てて神を祀ったのが初めといい、当初、鶏子《とりのこ》神社と称していたが、寛政《かんせい》二年（一七九〇）に鶏大権現《とりだいごんげん》と改め、さらに明治初年に、現在の社名（鷲子神社）に改称したという。

鷲子神社（平出町）

平出（上・下平出）は、鬼怒川右岸の氾濫原に位置しているので、「ヒラ・イデ」という村名である。ヒラ（平）は平坦地の意、イデ（出）は動詞イヅ（出）の連用形で、出水の意である。従って、村名は出水しやすい平坦地に由来する。豪雨・長雨時には冠水に細心の注意が必要である。

○上越戸新田《かみこえどしんでん》

岡本台地《おかもとだいち》上に立地し、北は御幸本町《みゆきほんちょう》・御幸町《みゆきちょう》、東は平出工業団地、南は中久保《なかくぼ》一丁目、西は今泉町《いまいずみちょう》・泉が丘《いずみがおか》六～七丁目に接している。地内の西端を越戸川《こえどがわ》が緩やかに曲折しながら南流している。明治二二年（一八八九）に平石村《ひらいしむら》の大字となり、昭和二六年（一九五一）、宇都宮市越戸町《こえどまち》となる。

上越戸新田村は、北・東・南の三方が上平出村《かみひらいでむら》に囲まれ、西は今泉村に接する山林続きの純農村であった。寛文《かんぶん》一〇年（一六七〇）、江戸の町人井筒屋源右衛門《いづつやげんえもん》が請け負って上平出村の原野を開拓し、延宝《えんぽう》六年（一六七八）の新田畑改めのさいには、六〇町歩の新田が生まれた。当地は近世を通じて宇都宮藩領。「元禄郷帳《げんろくごうちょう》」「天保郷帳《てんぽう》」に上平出村枝郷《えだごう》と見える。天保年間（一八三〇～四四）には無民家であった。幕末には上平出村の枝郷を離れて分村した。字北久保《きたくぼ》に旧村社星宮神社《ほしのみやじんじゃ》がある。当社は文久《ぶんきゅう》元年（一八六一）に下平出村の星宮神社の分霊を勧請して創祀したという。

越戸新田の名は、上平出村と石井村の二か所にあったので、前者を上越戸新田、後者を下越戸新田として区別した。石井村の下越戸新田は明治七年（一八七四）に石井村に合併した。越戸（コエド）は「コエ・ド（ト）」という地名。コエは動詞コユ（越）の連用形で、峠路などを越えるの意。ドはトの濁音化で、トコロ（所）の接尾語である。従って、越戸は岡本台地裾部の低地（上平出村）より高い所に由来するものである。

○小原新田《おばらしんでん》

鬼怒川右岸の沖積低地に位置する。北は上平出村《かみひらいでむら》、東は柳原新田村《やなぎはらしんでんむら》（明治九＝一八七六年に柳田村《やなぎだむら》と改称）、南と西は下平出村に接する小村で、「元禄郷帳《げんろくごうちょう》」「天保郷帳《てんぽう》」に下平出村の枝郷《えだごう》と見える。天保年間（一八三〇～四四）には無民家であった。幕末に分村して小原新田村となる。明治二二年（一八八九）に平石村の大字となり、昭和二九年（一九五四）、平石村の宇都宮市への編入によって下平出町の一部となった。

小原新田村は、「オ（接頭語）・バ（ハ）ラ」という村名。バラはハラの濁音化で、平坦な地の意とも解されるが、開拓された新田村であるので、ハラは「開《はら》」から、新しく開かれた地に由来するものであろう。「開」と「新田」は同義語を重ねたものである。

○柳田《やなぎだ》

鬼怒川右岸の沖積低地に立地する。江戸時代から明治九年（一八七六）まで柳原新田村《やなぎはらしんでんむら》といった。新田開発時から宇都宮藩領。天保《てんぽう》年間（一八三〇～四四）の家数三〇軒。明治二二年（一八八九）に平石村の大字となり、昭和二九年（一九五四）、宇都宮市柳田町《やなぎだまち》となる。

昭和四五年（一九七〇）、鬼怒川に架かる橋長七四二メートルの柳田大橋が完成した。これによって地内の中央部を主要地方道六四号線（宇都宮向田《むかだ》線。通称柳田街道）が北東進し、柳田大橋西《やなぎだおおはしにし》あたりから東進している。これに交差して鬼怒川右岸の堤防上を、鬼怒川サイクリングロードが南下している。鬼怒川右岸の柳田大橋以北の河川敷は、柳田《やなぎだ》緑地《りょくち》として運動場・公園が整備されている。

地内に稲荷神社《いなりじんじゃ》がある。正保《しょうほう》二年（一六四五）、山城国《やましろ》伏見稲荷大《ふしみいなりたい》社《しゃ》（京都市伏見区。旧官幣大社《かんぺいたいしゃ》）の分霊を勧請《かんじょう》して、鬼怒川沿いの柳原新田稲荷穴《いなりあな》に創祀したが、鬼怒川の氾濫によって柳原新田は浸食して流されたので、天保七年（一八三六）に現在地（柳田町八五〇）へ遷座《せんざ》したという。

柳田村は、明治九年以前は柳原新田村と称したので、村名の由来は「柳原」に求めなければならない。柳原（ヤナギハラ）は、「ヤナ・ギ・ハラ」という村名。ヤナは方言で「畑の縁の斜面、堤《つつみ》・土手」の意（『日本国語大辞典』）、ギ（キの濁音）は「割・毀」から、割れるとか毀れるの意、ハラはここでは新田なので「開《はら》」の意。従って、村名は鬼怒川の自然堤防が決壊してできた氾濫原を切り開いた地に由来するものであろう。当地は享保《きょうほう》八年（一七二三）の五十《いか》里洪水《りこうずい》などの鬼怒川氾濫によって、しばしば水害を被ってきたところである。

旧「柳原新田」と右端の稲荷神社（柳田町）

○峰《みね》（嶺）

峰（嶺・峯）村は、緩やかな岡本《おかもと》台地《だいち》のなかで最も高いところに立地している。現在の峰町《みねまち》・東宿郷《ひがししゅくごう》六丁目。北は東今泉《ひがしいまいずみ》・泉ヶ丘《いずみがおか》、東は東峰町《ひがしみねまち》、南は平松本町《ひらまつほんちょう》・東峰町、西は平松町《ひらまつちょう》・宿郷五丁目・東宿郷六丁目に接している。中央部を国道一二三号線（通称石井街道）が東西に通り、北西の東宿郷六丁目との境を国道四号線が南西に走っている。

峰村は「改革組合村《かいかくくみあいむら》」などでは峯村と見える。近世を通じて宇都宮藩領。天保《てんぽう》年間（一八三〇～四四）の家数九軒。村の最高地に鎮守鶏峯神《けいほうじん》社《じゃ》が鎮座しているが、創始年代などは不詳。集落は神社を囲むように散在していたが、現在は住宅地として開けている。明治二二年（一八八九）に平石村の大字となり、昭和一七年（一九四二）に宇都宮市峯町となり、同五三年（一九七八）に峯町の一部が東宿郷六丁目となる。ちなみに同二九年（一九五四）、峯町寄りの平石村石井の一部が東峰町《ひがしみねまち》となる。

嶺（峯）村は、鬼怒川低地と田川低地に挟まれた高い台地（岡本台地）上に立地しているので、字義通り周辺より高くなっている所に由来する村名である。宇都宮大学の学歌に「峰が丘」とあるが、「峰」も「丘」も同意語であるから、重ねて用いる必要はなかろう。

○石井《いしい》

石井村の大半は鬼怒川右岸に立地するが、一部は左岸に及んでいる。現在の石井町・東峯《ひがしみね》（峰）町《まち》・問屋町《とんやまち》。北は下平《しもひらい》出町《でまち》、東は鬼怒川を挟んで鐺《こて》山町《やままち》、南は上桑島町《かみくわじままち》、南西は下栗町《しもぐりまち》、西は東峯（峰）町に接している。鬼怒川右岸の沖積低地に続いて西部は岡本《おかもと》台地《だいち》となっている。北部を国道一二三号線が東西に通り、これに交差して新国道四号線が南西に向かって走り、東部を一般県道一五八号線（下岡本上三川線。通称辰街道《たつかいどう》）が南北に通っている。

明治四年（一八七一）、江戸日本橋新左衛門町《しんざえもんちょう》で藩ご用達《ようたし》を務める豪商川村迂叟《かわむらうそう》（?～一八八五）は、官営模範工場の富岡製糸場《とみおかせいしじょう》（世界遺産）に先立つこと一年早く、石井村と鐺山村境に養蚕・製糸の私企業大嶹商舎《おおしましょうしゃ》を創設した。経営協力者は迂叟の長男伝衛《つたえ》と娘婿伝蔵《でんぞう》であった。商舎敷地の多くが石井村大島河《おおしまが》原《わら》にあったので、石井製糸所ともよばれた。同七年（一八七四）には、鬼怒川の飛山《とびやま》麓から一三町余（約

石井町「宇都宮東部」2万5千分の1（平成14）。●印　1.石井城跡（石井町）　2.医王寺（石井町）　3.石井河岸菊池記念歴史館（石井町）　4.石井河岸跡（石井町）　5.大嶹商舎跡（石井町）

一・四キロ）の水路を開いて水車動力化を図り、同一三年（一八八〇）には蒸気汽罐《きかん》も導入した。この当時の模範工場としての体裁と内容であったので、米国前大統領グラントや有栖川宮《ありすがわのみや》・大隈重信《おおくましげのぶ》・岩倉具視《いわくらともみ》らが視察訪問している。しかし、その後、伝衛が頭取《とうどり》を務める第三三国立銀行の経営悪化によって、商舎は経営不振となり、同二三年（一八九〇）には三井銀行に譲渡され四半世紀存続したが、ついに大正四年（一九一五）閉鎖になった。

大正四年（一九一五）、岡田泉二《せんじ》郎《ろう》（一八七三〜一九五一）の尽力で鬼怒橋《きぬばし》（橋長約五五〇メートル）が完成した。岡田は旧水橋村《みずはしむら》（芳賀町）生まれだが、県議会議員になると、鬼怒川によって遮断され、陸の孤島化している芳賀郡の産業発展を考えて、一途に鬼怒橋架橋に奔走し、永久橋の建設に向け県議会に働きかけた。完成した永久橋は木造橋であったので、昭和六年（一九三一）、鉄筋コンクリート橋に架けかえた。芳賀郡の人たちは岡田の功績を讃えてこの橋を「岡田橋」といい、今では通称「石井の橋」といっている。

中世の応安《おうあん》元年（一三六八）一〇月の文書に、「石井城《いしいじょう》」の名が見える。これによると宇都宮氏綱《うじつな》（一〇代城主）の蜂起《ほうき》に対し、出陣した鎌《かま》倉公方《くらくぼう》足利氏満《うじみつ》の軍に加わった南部《なんぶ》法言《ほうげん》が石井城を攻撃している。また下って天文《てんぶん》一三年（一五四四）一二月の岡本甲斐守《かいのかみ》宛ての宇都宮国綱《くにつな》（二一代城主）官途状《かんとじょう》写しに「石居《いしい》之地」と見える。石井城は字堀ノ内《ほりのうち》（西組《にしぐみ》）に築かれたが、沖積低地のため水田化されて、今では堀ノ内の北西に古城内《こじろうち》、久部《きゅうぶ》の南に蔵ノ内《くらのうち》、ほか馬場先《ばばさき》・相曽口《あいそぐち》などの地名を残すのみである。

石井城は、弘安《こうあん》年間（一二七八〜八八）ころ、宇都宮頼綱《よりつな》（五代城主）の二男頼業《よりなり》の裔《えい》時業《ときより》の二男横田業澄《なりずみ》が築いたといわれ、石井の地を領して石井氏を名乗り宇都宮氏の重臣であったが、慶長《けいちょう》二年（一五九七）宇都宮氏の改易《かいえき》によって当城は廃城になったと伝えられている。

当地は近世を通じて宇都宮藩領。

鬼怒橋（石井町）

天保《てんぽう》年間（一八三〇〜四四）の家数一一二軒。地内には鬼怒川通《きぬがわどお》り七河岸の一つとして石井河岸《いしいがし》があった。七河岸とは上阿久津《かみあくつ》・板戸《いたど》・道場《どうじょう》宿《じゅく》・鐺山《こてやま》・石井・柳林《やなぎばやし》・粕田《かすだ》河岸のことで、慶安《けいあん》四年（一六五一）の「下野一国《しもつけいっこく》」にすでに石井河岸の名が見える。ここは宇都宮領の江戸廻《かい》米《まい》の積み出し河岸であった。この石井河岸は医王寺《いおうじ》東方の鬼怒川右岸にあったが、近年この近くに菊池氏が私費を投じて石井河岸菊池記念歴史館を開設された。

石井河岸跡付近（石井町）

　明治七年（一八七四）、石井村の枝郷《えだごう》であった下越戸新田村《しもこえどしんでんむら》を合併する。当村は明治二二年（一八八九）に平石村の大字となり、昭和二九年（一九五四）には石井西部の一部が分離して宇都宮市東峯《ひがしみね》（峰）町《まち》となり、大部分は宇都宮市石井町《いしいまち》となる。なお昭和四七年（一九七二）西部の一部が問屋町《とんやまち》となる。

　石井地内の医王寺《いおうじ》（真言宗）は、金剛定寺《こんごうじょうじ》（上桑島町《かみくわじままち》）の末寺で、本尊は木造薬師如来坐像《やくしにょらいざぞう》（市指定）だが、度重なる火災によって古記録などを悉く焼失したので、創建年代や開基・開山などは不詳である。

　鎮守に高龗神社《たかおじんじゃ》（旧村社）がある。主祭神は高龗神《たかおかみのかみ》。当社は初め鬼怒橋を渡った対岸の字大島に衣川《きぬがわ》神社として創祀され、宇都宮氏が代々崇敬して社殿・社領などを寄進したが、明和《めいわ》三年（一七六六）秋の大洪水によって社殿が流出したので、現在地に遷座《せんざ》したという。

医王寺（石井町）

　越戸川《こえどがわ》の右岸に久部浅間山古墳《きゅうぶせんげんやまこふん》が築かれている。全長三二・五メートルの前方後円墳《ぜんぽうこうえんふん》で、前方部を北西に向け、後円部の墳頂《ふんちょう》に浅間山神社を祀っている。墳丘《ふんきゅう》上に葺石《ふきいし》や埴輪《はにわ》などは見られない。築造時期は不明だが、墳形《ふんけい》から案外古い古墳時代前期ころのものかも知れない。久部街道近くに三日月神社古墳《みかづきじんじゃこふん》がある。墳頂に東面して三日月神社が祀られている。帆立貝形《ほたてがいがた》の前方後円墳であったものを、前方部を削り取ったという伝えがあるが確証はない。現状は直径約二三メートル・高さ約四メートルの円墳形である。築造時期は不明である。

新国道四号線沿いの東側に、久《きゅう》部愛宕塚古墳《ぶあたごづかこふん》が築かれている。前方部を南に向けた帆立貝形の前方後円墳で、全長五〇・五メートル、後円部の径四一・〇メートル・高さ四・五メートル、前方部幅三〇・〇メートル・高さ一・五メートルで、埴輪(円筒《えんとう》埴輪・形象《けいしょう》埴輪)が出土している。築造時期は六世紀後半ころと考えられている。史跡に指定されていないが、指定の価値は十分にある古墳である。

久部愛宕塚古墳(石井町)

前述の三日月神社古墳の近くに、大砲発射《たいほうはっしゃ》の碑《ひ》がある。宇都宮藩の砲《ほう》術士《じゅつし》加藤義重《よししげ》が、この地で大砲を発射し、三六町(約四キロ)の距離まで砲弾が飛んだことを記念して、天明《てんめい》二年(一七八二)に建碑(碑高約九五センチ)したもので、「戸田宇都宮家臣鳥居流《とりいりゅう》砲術加藤免遊《めんゆう》義重行年七十於沃野《よくや》　発壱貫目《いっかんめ》鉛九至三十六町時　天明二壬　寅《みずのえとら》正月廿四日」と陰刻されている。

この発射の碑からわずか東方へ進んだ久部街道の北側、吉沢氏宅入口の角に道橋修覆供養碑《どうきょうしゅうふくくようひ》がある。江戸時代後期、この久部街道(旧水戸《みと》街道《かいどう》)は、宇都宮城と石井河岸を結ぶ重要な物資輸送路であり、笠間《かさま》・水戸・筑波山・土浦《つちうら》方面へ通ずる街道であったので、石井の人たちは道橋を修復するため、宇都宮藩の許可をえて、城下はもとより遠方へ寄付集めに出かけ、それによって修復工事を行った。この供養碑は工事の安全を祈願して、文政《ぶんせい》三年(一八二〇)に建てたものだ。

石井の村名について、「村内の古井戸から青光りする不思議な石が発見されたので、里人はこれを鎮守高《たか》龗《お》神社のご神体とした。これが村名の由来である」という説が一般化している。誤りである。

石井（イシイ）は、「イシ・イ」という村名で、イシ（石）とイソ（磯）は必ずしも同語源ではないが、地名用語としては混用されている。当地は大半が鬼怒川沿いの沖積低地に位置している氾濫原であるので、イシ（石）はイソ（磯）と同じく波打ち際の意、イ（井）は地名の場合、ほとんどが井戸の意ではなく、河川の意である。従って、石井は鬼怒川沿いの氾濫原に由来する村名である。地内には向河原・河原・大島などの字名や、新谷《にいや》・沼田《のまた》・皿沼・久保田といった低湿地名が見られる。

（8）清原《きよはら》地区（旧芳賀郡清原村）

清原地区（旧清原村）は、昭和二九年（一九五四）八月まで芳賀郡に属し、同郡の北西部に位置し、宇都宮市にもっとも近い村で、鬼怒川を挟んで河内郡の旧古里村《ふるさとむら》・平石村《ひらいしむら》・瑞穂野村《みずほのむら》と対峙《たいじ》していた。村域は南北に長く、東西に狭い地勢で、北部は塩谷郡旧阿久津村《あくつむら》（高根沢町）、東部は芳賀郡旧高根沢村《たかねざわむら》・水橋村《みずはしむら》（芳賀町）、南は大内村《おおうちむら》（真岡市）に接している。村の西部は鬼怒川低地で水田地帯であるが、この鬼怒川低地と五行川《ごぎょうがわ》に挟まれた中央部から東部にかけた一帯は台地（清原台地《きよはらだいち》）となっている。この台地の北端は宝《ほう》積寺《しゃくじ》、南端は下館《しもだて》（現筑西市《ちくせいし》）に達し、周囲は明瞭な崖線《がけせん》で画され、一般には宝積寺段丘《ほうしゃくじだんきゅう》とか真岡台地《もおかだいち》といわれ、鬼怒川低地からの比高は一〇〜二〇メートルである。台地面は開析谷《かいせきだに》を除いて平坦で、広大な畑地帯であった。

しかし、昭和一六年（一九四一）九月に鐺山《こてやま》・氷室《ひむろ》地区約三〇〇ヘクタールの地に、滑走路と兵舎、飛行機・爆弾・弾薬などを調達し作戦戦域に届けるなどの補給、並びに損傷機の修理・改造などを行う航空廠《こうくうしょう》

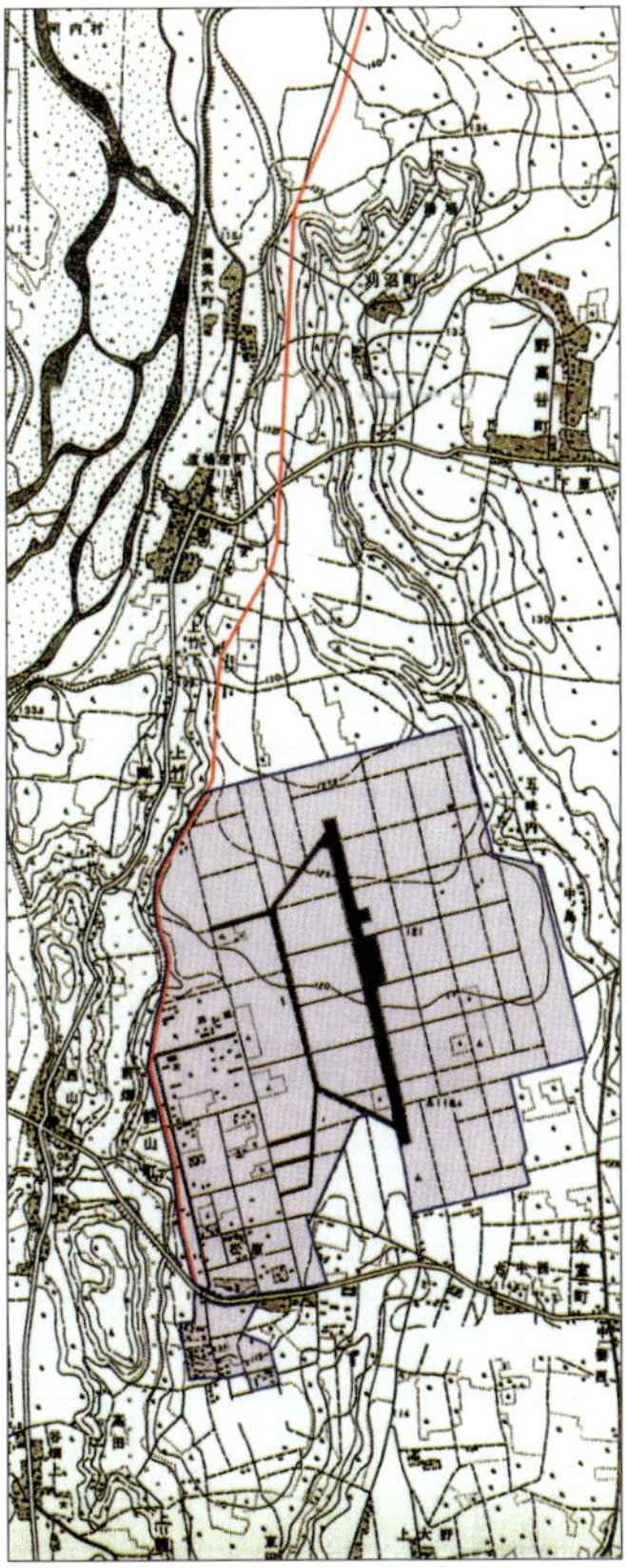
「陸軍宇都宮飛行場」と「軍用鉄道路線（宝積寺〜清原）」。青色部分（昭和20年当時の飛行場関係施設範囲）。赤色部分（軍用鉄道路線）。（宇都宮市教育委員会『うつのみやの空襲』より）

を併設した陸軍宇都宮飛行場（通称清原《きよはら》飛行場《ひこうじょう》とか単に宇都宮飛行場）が建設され、従来の畑作中心の農業景観は軍事色の濃い地域に変貌していった。この飛行場建設にあたって、東北本線宝積寺駅から航空廠までの約一一・七キロにわたる軍用鉄道路線が敷設され、機械・資材などの運搬、完成後は飛行場関係者の交通の足として使われた。太平洋戦争末期には飛行第六〇戦隊（重爆撃機隊）が駐屯し、終戦直前には飛行第九〇戦隊（軽爆撃機隊）が移駐し、作戦飛行場になったが、行動に入る前に終戦を迎えた。戦後、宇都宮飛行場跡は開拓団に開放されて入植者が入ったが、のち宇都宮市が買収して清原工業団地が造成され、帰農者・海外引揚者・復員軍人などの入植者に開放された。なお、栃木県農業大学校（上籠谷町《かみこもりやまち》）敷地内の南端には、飛行機などを敵の爆弾・機銃弾から守るために造られたコンクリート製の掩体壕《えんたいごう》（上籠谷町）が遺っている。数少ない戦時遺構として後世に残したいものである。

「軍用鉄道路線」（宝積寺～清原間）の現況（満美穴町付近）

　明治二二年（一八八九）に竹下《たけした》・鐺山《こてやま》・上籠谷《かみこもりや》・氷室《ひむろ》・野高谷《のごや》・刈《かり》沼《ぬま》・刈沼新田《かりぬましんでん》・板戸《いたど》・道場宿《どうじょうじゅく》の九か村が合併して、「清原村《きよはらむら》」が成立する。村名は竹下の地に飛山城《とびやまじょう》を築いた名族清原《きよはら》（芳賀）氏の名をとって付された。同四四年（一九一一）に刈沼新田は満美穴《まみあな》と改称する。

　昭和二九年（一九五四）八月、清原村は宇都宮に編入し、これまでの大字は町名となる。

掩体壕（上籠谷町。栃木県農業大学校内）

　本姓清原氏（芳賀氏）は、益子《ましこ》氏（本姓は紀《き》氏）とともに紀清両党《きせいりょうとう》と呼ばれ、宇都宮氏の重臣として鎌倉～室町時代を通じて活躍した武将である。『下野国誌《しもつけこくし》』によれば、天武《てんむ》天皇の子一品舎人親王《いっぽんとねりしんのう》の流れをくむ一族であったが、清原高澄《たかすみ》の子高重《たかしげ》のとき花山《かざん》天皇の怒りにふれ、寛和《かんな》元年（九八五）、大内庄《おおうちのしょう》鹿島戸《かしまど》（真岡市京泉《きょうせん》）に配流《はいる》され、ここに住したのが最初という。宇都宮氏と清原（芳賀）氏の関係が文献で確認されるのは、文治《ぶんじ》五年（一一八九）八月、宇都宮朝綱《ともつな》（三代城主）の家臣として、波賀《はが》次郎大夫《だゆう》（芳賀高親《たかちか》）の名が『吾妻鏡《あづまかがみ》』に記されているのが最初である。

昭和二四年（一九四九）、瑞穂野《みずほの》村桑島新田《くわじましんでん》が編入して清原村桑島《くわじま》となる。桑島新田は鬼怒川左岸の沖積低地に位置する。当地は宇都宮城下の佐野屋《さのや》を名のる豪商菊池教中《きくちきょうちゅう》（一八二八～六二）。孝兵衛《こうべえ》が、安政《あんせい》二年（一八八五）から宇都宮藩の財政再建のため資本を出して、岡本新《おかもとしん》田《でん》とともに開発された所である。しかし、当地は水源を幕府領内の村々に求めなければならなかったので、真岡代官所の二宮尊徳《にのみやそんとく》の門弟吉良八《きらはち》郎《ろう》（一八一三～七二）に開発を委任した。地内には新田開発に尽力した功績をたたえて、明治一二年（一八七九）三月に建てられた吉良八郎の碑がある。

明治二二年（一八八九）四月　竹下・鐺山・上籠谷・氷室・野高谷・刈沼新田・刈沼・板戸・道場宿の九か村が合併して、清原村が成立する。

明治四四年（一九一一）四月　刈沼新田が満美穴と改称する。

昭和二四年（一九四九）四月　瑞穂野村桑島新田が清原村に編入し、同村桑島《くわじま》となる。

昭和二九年（一九五四）八月　清原村が宇都宮市に編入する。

○竹下《たけした》

鬼怒川左岸に位置し、川沿いには低地が見られるが、これに続く東側には起伏が目立ち、特に飛山城跡付近の台地は崖が切り立っている。鬼怒川沿いの沖積低地は氾濫原であったので、下川原・中川原・前川原・飛山川原などの字名が見られる。

当地は北は道場宿町《どうじょうじゅくまち》、東は清原工業団地、南は鐺山町《こてやままち》、西は南西流する鬼怒川を挟んで柳田町《やなぎだまち》・下平《しもひらい》出町《でまち》に接し、東部を国道四〇八号線が南北に走っている。

竹下村は、近世初期は宇都宮藩領であったが、文政《ぶんせい》年間（一八一八～三〇）以降、幕末まで幕府領となる。「慶安郷帳《けいあんごうちょう》」に竹之下村《たけのしたむら》と見える。天保《てんぽう》年間（一八三〇～四四）の家数三六軒。明治二二年（一八八九）

に清原村の大字となり、昭和二九年（一九五四）、宇都宮市竹下町《たけしたまち》となり、同町は清原工業団地西端に及んでいる。

飛山城跡《とびやまじょうせき》（国史跡）は、平成一七年（二〇〇五）三月、**飛山城《とびやまじょう》史跡《しせき》公《こう》園《えん》**としてオープンし、これに併設して「とびやま歴史体験館」が建っている。

飛山城は、鎌倉時代末の永仁《えいにん》年間（一二九三〜九九）、宇都宮氏の重臣芳賀高俊《はがたかとし》によって築城されたと伝えられ、天正《てんしょう》一八（一五九〇）七月、豊臣秀吉《とよとみひでよし》が「入《い》らざる城は破却せよ」と命ぜられるまで、芳賀氏の拠点として注目された城であった。破却の対象となった

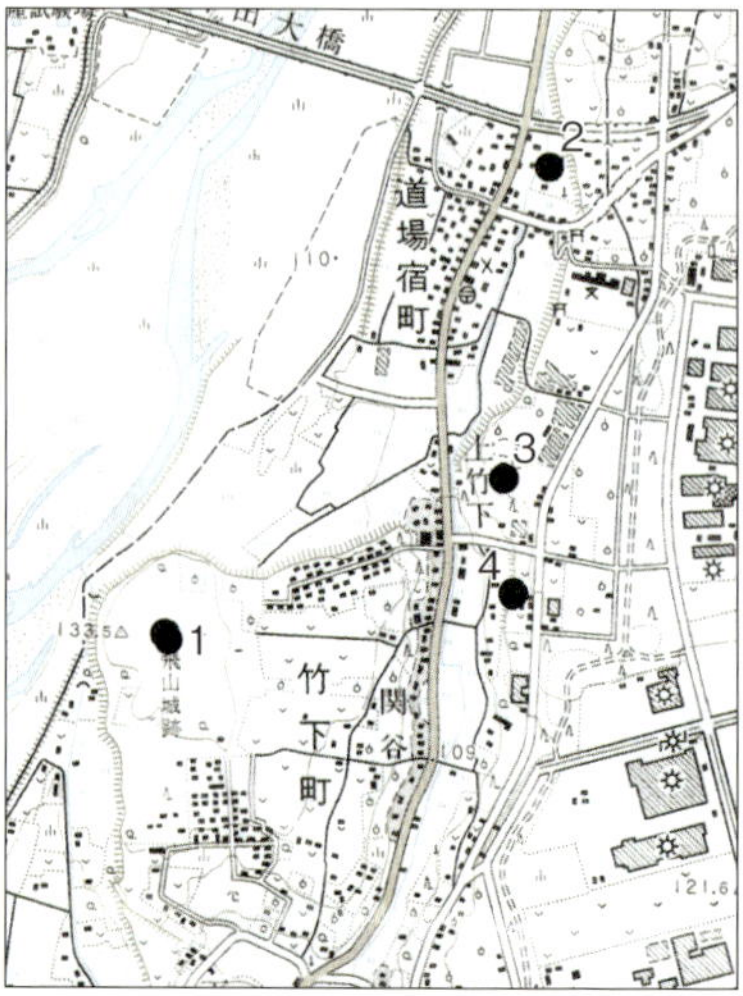

道場宿町・竹下町「宇都宮東部」2万5千分の1（平成14）。●印　1.飛山城跡（竹下町）　2.大乗寺（道場宿町）　3.同慶寺・芳賀氏累代の墓碑（竹下町）　4.竹下浅間山古墳（竹下町）

飛山城跡（南西方上空より）

飛山城は、慶長《けいちょう》二年（一五九七）、宇都宮氏の改易《かいえき》によって芳賀氏もここに滅亡したので、ここに飛山城は完全に廃城となった。

城跡は、東西約三三〇メートル・南北約四五〇メートルという南北に長い不整長方形を呈し、北と西側は鬼怒川を見下ろす比高約二〇メートルの急な断崖をなし、東と南側は平坦な地が広がっているので、ここには堅固な空堀と土塁が二重に築かれ

飛山城の復元された大手口の木橋・土塁

ている。残存する外堀には、櫓台《やぐらだい》跡が等間隔に五か所みられ、中央北寄りの大手口《だいてぐち》に木橋《きばし》、木橋から次の堀（内堀）を渡る間は、敵の侵入を防ぐために枡形《ますがた》になっている。内堀の土橋《どばし》を渡って城内に入ると、中央に東西に掘られた空堀がある。この空堀によって二分された北側に五つの郭《くるわ》（曲輪）があり、うち北西部の三つの郭が主郭《しゅかく》と思われる。城内には

飛山城の外堀跡

掘り出された掘立柱建物跡や竪穴建物跡が復元されている。なお、城とは直接関係ないが、発見された古代の烽《のろし》（狼煙）に関わる竪穴建物跡も復元されている。

飛山城跡東方の台地西端に、臨済宗妙心寺《みょうしんじ》派の同慶寺《どうけいじ》がある。寺伝によると、永仁年間、仏国国師《ぶっこくこくし》（旧黒羽町《くろばね》の雲巌寺《うんがんじ》開山）第三の法嗣《ほうし》である大同妙哲禅師《だいどうみょうてつぜんじ》が開山し、芳賀

同慶寺への参道（竹下町）

（清原）高俊《たかとし》が飛山城を築くと、子孫長久のため伽藍《がらん》を建立して菩提所《ぼだいしょ》にしたといい、寺領は広大で七堂《しちどう》伽藍の備わった大寺院であったという。その後の永禄《えいろく》年間（一五五八〜七〇）、堂宇《どうう》が炎上して荒廃したので、芳賀高武《たかたけ》は再建して旧に復した。しかし、慶長二年（一五九七）、宇都宮氏の改易《かいえき》にともなって氏の保護を失い衰微し、江戸時代に興禅寺《こうぜんじ》（臨済宗。今泉三丁目）が兼帯《けんたい》（兼ねる）、さらに明治一二年（一八七九）、再び炎上して古記録を失った。その後、堂宇《どうう》が再建されて現在に至っている。

境内には芳賀氏累代《るいだい》の墓碑（市史跡）、その近くに妙哲禅師の墓と伝える供養塔がある。また、鐘楼《しょうろう》には享保《きょうほう》元年（一七一六）銘の銅鐘《どうしょう》（市指定）が吊ってある。鋳造者は宇都宮城下の戸室将監定国《とむろしょうげんさだくに》である。

境内の小堂に江戸時代初期の作という**訶利帝母**《かりていぼ》（鬼子母神《きしもじん》。市指定）が安置されている。

同慶寺南方の台地西端に**竹下浅間**《たけしたせんげん》**山古墳**《やまこふん》（市史跡）が築かれている。墳丘はすでに削平されているが、前方部を西に向けて築かれた全長五二・五メートルの前方後円墳《ぜんぽうこうえんふん》であった。横穴式石室《よこあなしきせきしつ》が復元され、出土品は「とびやま歴史体験館」に展示されている。

芳賀氏累代の墓碑（同慶寺。竹下町）

竹下（タケシタ）は、「タケ・シタ」という村名。タケはダケ（岳・嶽・嵩）の清音化で、切り立った絶壁の意。シタ（下）は上の反対で低い方とか麓の意。従って、村名は飛山城が築かれている断崖の下（麓）、台地の下に開けた地に由来する。字名に「館下《たてした》」がある。飛山城の麓を端的に示した地名である。

○鐺山《こてやま》

鬼怒川左岸の沖積低地とこれに続く東側の台地上に位置する。鐺山の北は竹下町《たけしたまち》、東は清原工業団地・氷《ひ》室《むろ》町、南は上籠谷町《かみこもりやまち》・桑島町《くわじままち》・上《かみ》桑島町《くわじままち》、西は石井町《いしいまち》に接している。中央部を南北に四〇八号線が通り、これに国道一二三号線が鐺山十字路で交差して北西から南東に走っている。

鐺山村は近世初期は宇都宮藩領。延享《えんきょう》四年（一七四七）に御三卿《ごさんきょう》の一橋家《ひとつばしけ》領となる。

御三卿とは徳川将軍家のうち、江戸中期に設けられた田安《たやす》・一橋・清《し》水《みず》の三家をいう。「改革組合村」では幕府領であるが、「旧高旧領取調帳」では幕府領九四石余、烏山藩領二一三石余の相給《あいきゅう》と見える。天保《てんぽう》年間（一八三〇～四四）の家数四五軒。用水は安永《あんえい》六年（一七七七）から一一か村組合用水（刈沼新田《かりぬましんでん》・刈《かり》沼《ぬま》・野高谷《のごや》・道場宿《どうじょうじゆく》・氷室《ひむろ》・打越《うちこし》新田《しんでん》・東水沼《ひがしみずぬま》・西水沼《にしみずぬま》・竹下《たけした》・鐺《こて》山《やま》・上籠谷《かみこもりや》）の板戸用水《いたどようすい》を利用した。

地内には鬼怒川通《きぬがわどお》り七河岸の一つとして**鐺山河岸**《こてやまがし》があった。七河岸とは上阿久津《かみあくつ》・板戸《いたど》・道場宿《どうじょうじゆく》・鐺山・石井《いしい》・柳林《やなぎばやし》・粕田《かすだ》河岸のことで、慶安《けいあん》四年（一六五一）の「下野《しもつけ》一国《いっこく》」に鐺山河岸の名が見える。一七世紀中ごろから諸荷物の積み出しが行われていた。明治一四年（一八八一）の鐺山河岸の船問屋数は一軒で、下流の石法寺《いしほうじ》河岸まで二里、東京までの里程は四四里であった。また、鐺山は宇都宮・笠間《かさま》・水戸・石《いし》法寺《ほうじ》・道場宿・氏家《うじいえ》に通ずる要路で、貨物の集散地でもあった。なお、助郷役《すけごうやく》は奥州街道白沢宿《しらさわしゆく》に出《しゅっ》役《やく》したが、当地から白沢宿までは遠距離のため半高《はんだか》勤めであった。鐺山村は明治二二年（一八八九）に清原村の大字となり、昭和二九年（一九五四）、宇都宮市鐺山町《こてやままち》となり、同町は清原工業団地の南端に及んでいる。

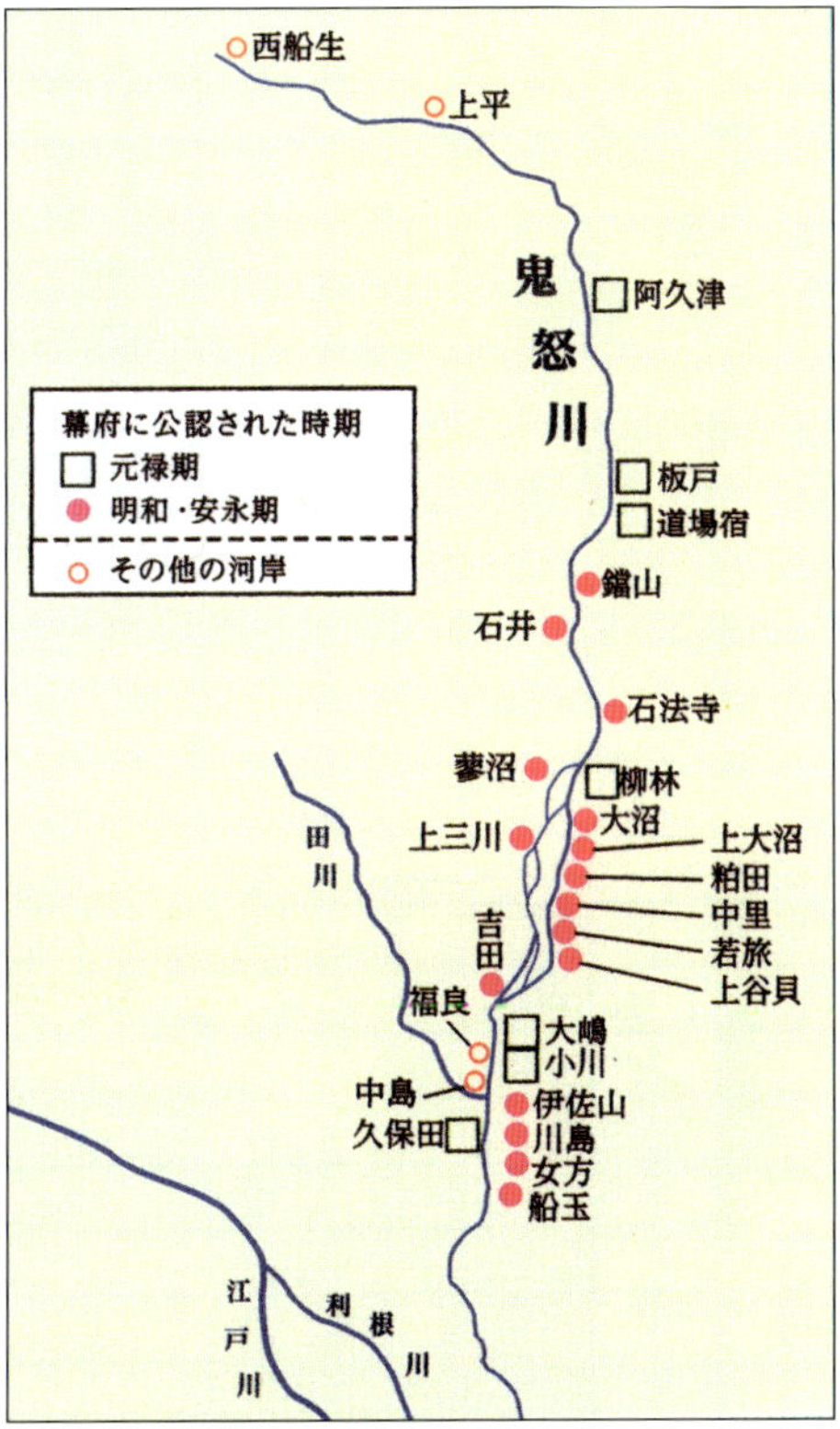

鬼怒川水系の主な河岸位置図（栃木県立博物館『江戸とつながる川の道』より）

鐺山（コテヤマ）の村名由来はわからない。「コテ・ヤマ」のコテを小手・籠手（手首から肘《ひじ》まで）と解すと、籠手状の小高い台地に由来するものであろうか。

○上籠谷《かみこもりや》

鬼怒川左岸の台地上に位置する。北は鐺山町《こてやままち》、東は氷室町《ひむろまち》、南は下《しも》籠谷《こもりや》（真岡市）、西は桑島町《くわじままち》に接し、畑作中心の農業地域である。地内の東部を江川《えがわ》が蛇行しながら南流し、西部を国道四〇八号線が南北に通り、北部を国道一二三号線が東西に走っている。

戦国時代の天文《てんぶん》二四年（一五五五）の芳賀高定《たかさだ》寄進状（「海潮寺《かいちょうじ》文書」真岡市）に「乙連郷籠谷《おとつれのごうこもりや》」と見える。乙連郷は現在の上籠谷（宇都宮市）・下籠谷（真岡市）辺りに比定されている。上籠谷村は、近世初期は宇都宮藩領で、「慶安郷帳《けいあんごうちょう》」「元禄《げんろく》郷帳」などに籠谷村《こもりやむら》と記され、ほかに無量寿寺《むりょうじゅじ》（天台宗。真岡市下籠谷《しもこもりや》）領七石があった。「改革組合村《かいかくくみあいむら》」「旧高旧領取調帳」

には上籠谷村・下籠谷村と見え、幕府領で以後、幕末まで同じであった。天保《てんぽう》年間（一八三〇～四四）の家数六一軒。用水は安永《あんえい》六年（一七七七）から一一か村組合用水の板戸《いたど》用水《ようすい》を利用している。同村は明治二二年（一八八九）に清原村の大字となり、昭和二九年（一九五四）、宇都宮市上籠谷町《かみこもりやまち》となる。

旧村社両宮神社《りょうぐうじんじゃ》は通称鎮守様《ちんじゅさま》。

両宮神社（上籠谷町）

明治四年（一八七一）二月の「神社取調書帳」に、上組に別雷《わけいかづち》神社、下組に熊野《くまの》神社の二社が記されているが、明治三六年（一九〇三）、両社の氏子が互いにわが社の方が村社なりと譲らず主張したので、当時の芳賀郡長《ぐんちょう》が調整に乗り出し、両組集落の中央に土地を求めて境内地とし、上籠谷の総鎮守として両社を合わせて両宮神社と改称した。主祭神は伊弉冉尊《いざなみのみこと》・事解男命《ことさかのおのみこと》・速玉男《はやたまのおの》命《みこと》・別雷大神《わけいかづちのおおかみ》である。

　籠谷村（上・下）は、「コモリ・ヤ」という村名で、コモリは動詞コモル（籠もる）の連用形の名詞化で、山丘などで囲まれた所の意。ヤは谷《たに》の意の古語で、谷地《やち》とか谷地形のこと。従って、籠谷は台地と台地に挟まれた谷地形に由来する村名である。当地には幾筋もの谷地が入り込んでいる。

　籠谷地内には、谷地の湿地・窪地にかかわる字名が多い。例えば下《しも》谷《や》・新谷下《にいやした》・トロ淵《ぶち》・シトシ久保・長《なが》トロ・汁《しる》タレ・大久保・小泉久保など。トロはドロ（泥）の清音化で湿地、淵《ふち》は水の淀んだ所。汁《しる》は形容詞シルシの語幹で、水気の多い様子の意。シトシは動詞シトル（湿）と同じ、または褥《しとね》のシトから湿地の意。

○氷室《ひむろ》

　氷室は鬼怒川低地と五行川《ごぎょうがわ》低地に挟まれた清原台地《きよはらだいち》上に立地する。この台地の北端は宝積寺《ほうしゃくじ》（高根沢町）、南端は茨城県下館《しもだて》（筑西市《ちくせいし》）に達し、周囲は明瞭な崖線《がけせん》で画されており、一般には宝積寺段丘とか真岡台地といわれ、鬼怒川低地からの比高約一〇～二〇メートルの台地である。地内を刈沼川《かりぬまがわ》が曲折しながら南流し、この浸食谷《しんしょくだに》は細長く南北に台地を切って低湿地となっている。

当地は南北に長く、北は野高谷《のごや》町《まち》・道場《どうじょう》宿町《じゅくまち》飛地、東は芳賀町の東水沼《ひがしみずぬま》・西水沼《にしみずぬま》・西高橋《にしたかはし》、南は真岡市下籠谷《しもこもりや》、西は清原工業団地・鐺山町《こてやままち》・上籠谷町《かみこもりやまち》に接している。中央部を国道一二三号線が東西に通り、同国道から分岐する一般県道一五四号線（下高根沢《しもたかねざわ》氷室線）が中央部を北上し、北部で東進して芳賀町に抜けている。

氷室村は、近世初期は宇都宮藩領であったが、のち幕府領となって幕末に至った。天保《てんぽう》年間（一八三〇〜四四）の家数五五軒。用水は板戸用《いたどよう》水《すい》を利用した。明治二二年（一八八九）に清原村の大字となり、昭和二九年（一九五四）宇都宮市氷室町《ひむろまち》となる。同町は現在、氷室町・清原台四〜六丁目・清原工業団地となっている。

氷室の村名は、「江戸時代に城主に献上する天然氷をおさめる室《むろ》があった」ことに由来するといわれている。しかし、献上したという記録文書はない。字義通りに解釈すれば、真冬に氷池《ひいけ》に張った氷を切り出し、蓄えておく室となるが、往時（昭和三〇年代）の氷室の地勢や刈沼川が曲折しながら南流していることを考えると、氷室（ヒムロ）は、「ヒモロ」の転で、「ヒモ・ロ（接尾語）」という村名であろう。ヒモは紐状に細長く延びた谷地形を意味し、ロはラ（其処《そこ》ら）と同様に、漠然と場所・位置を示す接尾語と思われる。従って、氷室の村名は細長く入り込んだ谷地形に由来するものと解される。

○野高谷《のごや》

平坦な台地（清原台地）上に位置している。北は刈沼町《かりぬままち》・板戸町《いたどまち》、東は下高根沢《しもたかねざわ》（芳賀町）、南は氷室《ひむろ》町《まち》・東水沼《ひがしみずぬま》（芳賀町）、西は道場《どうじょう》宿町《じゅくまち》・満美穴町《まみあなまち》に接し、中央部を主要地方道六九号線（宇都宮茂木《もてぎ》線）が東西に走り、北端部を主要地方道六四号線（宇都宮向田《むかだ》線）が北東に向かって通っている。当地はかつて雑木林と畑地の多いところであったが、芳賀工業団地の造成や「ゆいの杜《もり》」という町が誕生し、自然景観はすっかり変貌してしまった。

野高谷村は、「のごうや」とも発音する。近世初期は宇都宮藩領であったが、延享《えんきょう》四年（一七四七）に御三卿《ごさんきょう》の一橋家《ひとつばしけ》領となる。御三卿とは徳川将軍家の親族のうち、江戸時代中期に設けられた田安《たやす》・一橋・清水《しみず》の三家をいう。一橋家は八代将軍吉宗《よしむね》の四男宗尹《むねただ》を祖とする。一〇万石の賄料《まかないりょう》と江戸城一橋門内に屋敷を与えられた。のち幕府領となり幕末に至る。当地は水利に恵まれなかったが、用水は鬼怒川から板戸村で引水する板戸用水を使用し、宝永《ほうえい》四年（一七〇七）板戸用水の水を東水沼・西水沼の唐桶溜《かろけだめ》へ分けるための隧道《ずいどう》が野高谷村地内に二本掘られている。天保《てんぽう》年間（一八三〇～四四）の家数三二軒。明治二二年（一八八九）に清原村の大字となり、昭和二九年（一九五四）、宇都宮市野高谷町《のごやまち》となる。

　地内西部に旧村社三嶋神社《みしまじんじゃ》がある。社伝によれば、寛徳《かんとく》二年（一〇四五）、野高谷を切り開いた六人士《ろくじんし》（大登丹後《おおとたんご》・沼生右京《ぬまにゅううきょう》・阿久津主計《かずえ》・阿久津縫殿之助《ぬいとののすけ》・阿久津図書《ずしょ》・直井主水《もんど》）が、領主の武運長久を祈願するため、伊豆《いず》国三島大社《みしまたいしゃ》（旧官幣大社《かんぺいたいしゃ》）より分霊を勧請《かんじょう》して創祀したという。主祭神は大山祇神《おおやまつみのかみ》・大己貴神《おおなむちのかみ》・少彦名神《すくなびこなのかみ》の三神。永仁《えいにん》年間（一二九三～九九）、飛山《とびやま》城主芳賀高俊《たかとし》は鬼門除《きもんよ》けの神社として崇敬したという。例祭は一一月二九日。かつては前夜祭り当番宅に氏子《うじこ》一戸一人集まり、参加当番・世話人は各戸より収穫した米を白飯として全員に一升分を椀《わん》に盛りつけ、これを食べ尽くした後、次年の当番・世話人に引き継ぐ行事が行われていた。今は途絶えている。

三嶋神社（野高谷町）

　野高谷の村名について、「足利基氏《もとうじ》の家臣数人が世を遁《のが》れて各地を遍歴し、奥地を指して落ちのびるとき、この地にとどまって帰農し、原野を開墾して地名を野構屋《のこうや》と称した。これが後に野高谷と改称した」と伝えている。無理にこじつけた由来となっている。野高谷（ノゴヤ）は広々した平坦な台地に立地しているので、「ノ（野）・コウヤ（曠野）」という村名であろう。ノとコウヤは重複語で、広々とした原野に由来する村名である。

○刈沼《かりぬま》

　当地は、北は板戸町《いたどまち》・満美穴町《まみあなまち》、東は野高谷町《のごやまち》、南は道場宿町《どうじょうじゅくまち》、西は満美穴町に接し、東境の一部を主要地方道六四号線（宇都宮向田《むかだ》線）が通り、南部を主要地方道六九号線（宇都宮茂木《もてぎ》線）が東西に走っている。

　鬼怒川左岸の舌状台地、字入《いり》に淡《あわ》

新町名「ゆいの杜《もり》」

宇都宮テクノポリス開発によって、平成二五年（二〇一三）、刈沼町《かりぬままち》・野《の》高谷《ごや》町《まち》を中心とした板戸町《いたどまち》・満美穴町《まみあなまち》・道《どう》場宿町《じょうじゅくまち》の五町にまたがる地区、約一七七・二ヘクタールに及ぶ地域が開発され、「ゆいの杜」（一丁目～八丁目）という町が誕生した。町は「住宅」を核に県工業技術センター、産業支援施設、商業施設、民間研究施設、学校などを整備した、テクノポリスが目指す「産・学・住・遊」の拠点整備をも担うものであるが、町名は「人と人とが結び合い、緑豊かな地域（杜《もり》）」であることを願って付された。このため町域内には**テクノ一本杉公園**、**テクノさくら公園**、**テクノもみじ公園**など整備されている。

「ゆいの杜」地内を通る主要地方道69号線（ゆいの杜4丁目付近）

整備されたテクノ一本杉公園（ゆいの杜6丁目）

町域一帯は、平坦な清原台地（宝積《ほうしゃく》寺《じ》段丘）上に位置し、開発されるまでは畑作中心の農業地域であった。台地の西端付近（刈沼町・野高谷町）には、古くからいくつかの著名な遺跡が散在していたので、開発に先立って刈沼遺跡・刈沼向原《むこうはら》遺跡・刈沼東原《ひがしはら》遺跡や野高谷薬《やく》師堂《しどう》遺跡などが発掘調査され、特に薬師堂遺跡からは室町時代後期から江戸時代にかけての県内最大の墓域区画が確認され、ここから墓穴と思われる珍しい地《ち》下式壙《かしきこう》・土壙《どこう》や方形竪穴遺構《たてあないこう》・井戸跡など、約五〇〇〇基以上が発見されている。

また、県内有数の縄文時代後・晩期の刈沼向原遺跡からは、東北地方に栄えた亀ケ岡式《かめがおかしき》土器と南関東地方の安行式《あんぎょうしき》土器が併存して出土している重要な集落跡であったので、開発によって湮滅してしまったことは惜しまれてならない。

路城《じじょう》跡がある。かつて二重の堀が巡っていたが、昭和四三年（一九六八）ころからの団地造成によって外堀は湮滅し、今はわずかに堀・土塁が遺っているに過ぎない。戦国時代に宇都宮氏の家臣直井淡路守《あわじのかみ》の居城であったと伝えている。

刈沼村は、近世初期は宇都宮藩領であったが、安永《あんえい》二年（一七七三）に御三卿《ごさんきょう》の一橋家《ひとつばしけ》領となる。「改革組合村」に幕府領とあり幕末に至った。天保《てんぽう》年間（一八三〇～四四）の家数一三軒。用水は寛文《かんぶん》一〇年（一六七〇）より鬼怒川から板戸村で引水する板戸用水《いたどようすい》を利用した。村内の北端に旧村社星宮神社《ほしのみやじんじゃ》がある。創祀年代は不詳だが、伝承によれば永《えい》禄《ろく》五年（一五六二）、直井淡路守道《あわじのかみみち》昌《まさ》が再建したといい、明治三九年（一九〇六）に村内南端の鎮守林《ちんじゆばやし》から現在地に遷座《せんざ》し、滝尾《たきのお》神社を合祀したという。刈沼村は明治二二年（一八八九）に清原村の大字となり、昭和二九年（一九五四）、宇都宮市刈沼町《かりぬままち》となる。昭和四三年ころから団地の造成が始まり、往時の自然景観はすっかり変貌してしまった。

刈沼の村名は、「刈沼」という沼があったのでこれに由来するという。これでは村名の由来とはいえない。刈沼は県内の山間地方に見られる刈切《かりきり》・刈生田《かりうだ》・鹿子畑《かのこはた》・鹿沼《かぬま》・焼《やき》切《きり》・焼野《やけの》などと同じ「カノ（鹿野・狩野）」系地名である。カノは「カリ（刈）・ノ（野）」という地名で、草木を焼き払って耕地としたことに由来する。従って刈沼は、近くにあった沼の周囲を焼き払って切り開いたことに由来する村名であろう。

○刈沼新田《かりぬましんでん》

鬼怒川左岸の低地とこれに続く台地上に位置し、北は板戸町《いたどまち》、東は刈《かり》沼町《ぬままち》、南は道場宿町《どうじょうじゅくまち》、西は鬼怒川を挟んで柳田町《やなぎだまち》に接している。地内の中央部を国道四〇八号線がほぼ南北に通っている。

慶長《けいちょう》一五年（一六一〇）、板戸村の次郎兵衛《じろうべえ》が板戸村字川岸前《かわぎしまえ》に水口《みなくち》を設け、新しい用水を引き、板戸村・道場宿村から移り住んで新田を開墾し、刈沼新田を開いたという。近世初期は宇都宮藩領であったが、延享《えんきょう》年間（一七四四～四八）から御《ご》三卿《さんきょう》の一橋家《ひとつばしけ》領となる（寛延《かんえん》三＝一七五〇年からともいう）。「元禄郷《げんろくごう》帳《ちょう》」に苅沼新田村と見える。年貢米は村内の鬼怒川河原から津出《つだ》しし、久保田《くぼた》河岸（結城《ゆうき》市）経由で江戸へ廻米《かいまい》された。

旧村社鸕鷀草神社《うがやじんじゃ》が鬼怒川左岸の低地に鎮座している。伝承によると、板戸村字柏木《かしわぎ》の西方地域を板戸下組《しもぐみ》と称し智賀都《ちかつ》神社を奉祀《ほうし》して住んでいたが、長元《ちょうげん》元年（一〇二八）の鬼怒川の大洪水によって居住地を失い、現在地へ移住した。しかし、文政《ぶんせい》一一年（一八二八）またも洪水によって大きな水害を被ったので、村民は龍神《りゅうじん》を奉祀して加護を求め、翌一二年（一八二九）、字峰《みね》の地に鸕鷀草神社を創祀したという。天保《てんぽう》年間（一八三〇〜四四）の家数一九軒。明治二二年（一八八九）に清原村の大字となり、明治四四年（一九一一）に満美穴《まみあな》と改称し、昭和二九年（一九五四）、宇都宮市満《ま》美穴町《みあなまち》となる。

満美穴《まみあな》は狸穴の謂《い》われで、応永《おうえい》年間（一三九四〜一四二八）に大谷玄《おおやげん》蕃《ば》が築いた城を狸穴城といったが、永禄《えいろく》五年（一五六二）八月の鬼怒川洪水によって城は崩壊して湮滅したが、満美穴はその故事によるという。地内の小字名に「狸穴」が残っている。当地は鬼怒川沿いの低地に立地しているので、しばしば洪水によって浸食されたので、小字名に西河原・中河原・砂田などが見える。

○板戸《いたど》

板戸は、鬼怒川左岸の低地（鬼怒川低地）とこれに続く東側の台地上に立地している。北は宝積寺《ほうしやくじ》（高根沢町）、東は下高根沢《しもたかねざわ》（芳賀町）、南は満美穴町《まみあなまち》・刈沼町《かりぬままち》、野高谷町《のごやまち》、西は南流する鬼怒川を挟んで下岡本《しもおかもと》町《まち》・東岡本町《ひがしおかもとまち》に接している。西部をほぼ鬼怒川に沿って大きく曲折しながら国道四〇八号線が南北に通っている。

板戸村は、近世初期は宇都宮藩領であったが、延享《えんきょう》年間（一七四四〜四八）ころに御《ご》三卿《さんきょう》の一橋家《ひとつばしけ》領となり、以後幕末まで続いた。天保《てんぽう》年間（一八三〇〜四四）の家数一四三軒。慶長《けいちょう》一五年（一六一〇）に板戸村の次郎兵衛《じろうべえ》が字川岸前《かわぎしまえ》で鬼怒川から引水して刈沼新田《かりぬましんでん》を開いたことに起源をもつ板戸用水《いたどようすい》は、寛文《かんぶん》一〇年（一六七〇）には鬼怒川との間の台地に隧道《ずいどう》約一四三間（約二六〇メートル）を掘り抜き、刈沼新田用水から引水して刈沼・野高谷《のごや》・道場《どうじょう》宿《じゅく》・氷室《ひむろ》と打越新田《うちこししんでん》（芳賀町）を含めて六か村の組合用水となった。さ

板戸町付近「宝積寺」2万5千分の1（平成14）。●印　1.大杉神社（板戸町）　2.宝泉寺（板戸町）

らに宝永《ほうえい》四年（一七〇七）には東水《ひがしみず》沼《ぬま》・西水沼《にしみずぬま》（芳賀町）は野高谷村地内に隧道を完成させ、東水沼村の唐《かろ》桶《け》溜《だめ》に引水し、八か村組合用水となり、安永《あんえい》六年（一七七七）には竹下《たけした》村・鐺山《こてやま》村・上籠谷《かみこもりや》村の水田を潤す板戸一一か村用水となった。

板戸河岸《いたどがし》は、鬼怒川通り七河岸（上阿久津・板戸・道場宿・鐺山・石井・柳林《やなぎばやし》・粕田《かすだ》）の一つで、慶長三年（一五九八）、坂本但馬《たじま》が小《こ》鵜飼船《うがいぶね》運送を始めたことに起源するという。会津《あいづ》・白河《しらかわ》・二本松《にほんまつ》・守《もり》山《やま》・三春《みはる》・棚倉《たなくら》の南奥《なんおう》諸藩、南山《みなみやま》御蔵入地《おくらいりち》（陸奥《むつ》国会津郡南山地方）、大田原・黒羽・烏山の下野諸藩、一橋家領の江戸廻米《かいまい》、東北・下野北部の農産物・特産物の輸送にあたった。

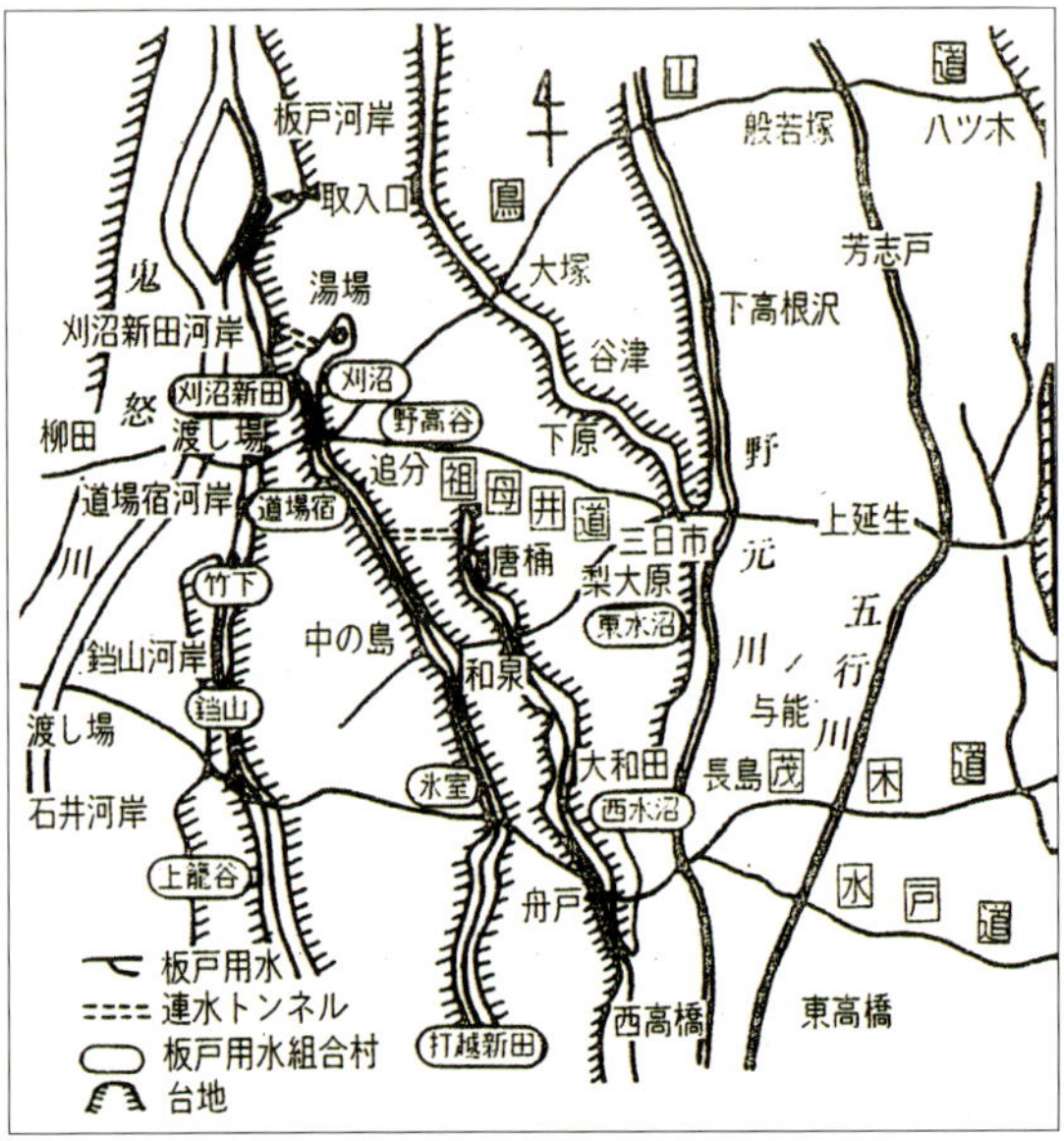

板戸11か村用水関係図（『ふるさと栃木県の歩み』より）

板戸河岸問屋の記録に、廻米・商人米・大豆《だいず》・小豆《あずき》・大麦・煙草・蝋《ろう》・紅花《べにばな》・苧《からむし》・荏《えごま》・紙・真《ま》綿《わた》・塗物《ぬりもの》・酒・醤油・炭・薪《まき》・筵《むしろ》などが駄送《だそう》されていたとあり、また、高根沢村の宇津《うづ》救命丸《きゅうめいがん》が多量に輸送されていたという。板戸河岸から江戸までは五七里、米一〇〇石についての運賃は五石九斗であった。元禄《げんろく》一四年（一七〇一）の記録に、板戸河岸の船数は五八艘《そう》、新船一一艘と見える。ちなみに道場宿河岸は三九艘、石井河岸は四一艘であった。「鬼怒の船頭唄」に「ハアー　船はでてゆく　ハアー　板戸の河岸を　ハアー

「板戸河岸跡」近くの板戸集落

江戸への土産に　ヤレサー　米と酒　ハー　ドッコイ　サッサト（囃子以下じ）」と、板戸河岸の盛況ぶり唄っている。

　河岸跡は遺っていないが、現在、鬼怒川左岸の河岸組《かしぐみ》集会所に接した西側に河岸と深いかかわりをもった大杉《おおすぎ》神社と船霊《ふなだま》神社が合祀されている社《やしろ》があり、通称大杉神社と呼んでいる。板戸河岸はこの神社付近に

大杉神社（板戸町）

あったので、船問屋や船頭たちは舟運の安全と河岸の繁栄を盛んに当社に祈願したという。大杉神社は常陸《ひたちの》国稲敷《くにいなしき》郡阿波《あば》（稲敷市阿波）から分霊を勧請《かんじょう》して創祀されたもので、通称「あんば様」として知られる大杉神社は、航海安全・悪疫《あくえき》（とくに天《てん》然痘《ねんとう》）除けとして、北関東から東北地方にかけて信仰されている。板戸河岸の五キロほど上流の阿久津《あくつ》河岸（旧氏家町上《かみ》阿久津）には、河岸問屋の守護神である船霊神社がある。

　板戸村は、明治二二年（一八八九）に清原村の大字となり、昭和二九年（一九五四）宇都宮市板戸町《いたどまち》となる。旧村社に智賀都神社《ちかつじんじゃ》、寺院に宝泉寺《ほうせんじ》（天台宗）がある。智賀都神社は社伝によれば、長和《ちょうわ》元年（一〇一二）、鬼怒川の大洪水によって社地が荒廃したので、現在地に遷座《せんざ》したという。宝泉寺は西水沼（芳賀町）の常《じょう》珍寺《ちんじ》の末で、文化《ぶんか》二年（一八〇五）に被災し、古記録を焼失しているので、寺の沿革は不明である。

　板戸の村名は、藤原宗円《そうえん》が宇都宮城を築くとき、城門の扉にする槻《つきのき》の大木を献上したことから、板戸と称したといわれているが誤っている。当地は鬼怒川低地に位置し、たびたび洪水によって浸食された歴史を踏まえて考えると、板戸（イタド）は「イタ・ド（ト）」という村名で、イタは「板」ではなく、動詞イタム（傷む）の語幹から、物の形が損なわれるの意。つまり、鬼怒川の自然堤防が決壊した様のことである。ドはト（処・所）の濁音化で、場所・位置を示す接尾語である。従って、村名は鬼怒川の洪水によって堤防（土手）が決壊し、浸食を受けた地に由来するものである。鬼怒川低地は豪雨・長雨には細心の注意が必要であ

る。板戸地内には、北河原・下川原・島河原・雷神川原・向フ川原・川原坪・島田・清水田などといった字名が数多く見られる。

○道場宿《どうじようじゆく》

鬼怒川左岸の鬼怒川低地とこれに続く台地（清原台地《きよはらだいち》）上に位置する。北は満美穴町《まみあなまち》、東は野高谷町《のごやまち》・清原工業団地、南は竹下町《たけしたまち》、西は南西流する鬼怒川を挟んで柳田町《やなぎだまち》に接している。地内の東部を国道四〇八号線が南北に通り、北部を主要地方道六四号線（宇都宮向田《むかだ》線）が東西に走っている。東進した六四号線は、刈沼町《かりぬままち》で主要地方道六九号線（宇都宮茂木《もてぎ》線）と分岐している。昭和四六年（一九七一）、宇都宮駅東口と御料牧場《ごりようぼくじよう》・芳賀町方面とを結ぶ柳田大橋《やなぎだおおはし》が完成し、さらに新国道四号線の開通にともない、平出工業団地と清原工業団地とを結ぶ重要な役割を果たし、道場宿は交通の要衝として脚光を浴びることになった。

道場宿村は、近世初期は宇都宮藩領であったが、延享《えんきよう》年間（一七四四～四八）ころ御三卿《ごさんきよう》の一橋家《ひとつばしけ》領となり幕末に至った（一橋家領は寛《かん》延《えん》三＝一七五〇年からとも）。天保《てんぽう》年間（一八三〇～四四）の家数五九軒。用水は寛文《かんぶん》一〇年（一六七〇）より六か村組合用水の板戸《いたど》用水を利用している。

鬼怒川通り七河岸の一つ道場《どうじよう》宿河岸《じゆくがし》が、すでに慶安《けいあん》四年（一六五一）の「下野一国《しもつけいつこく》」に見える。元《げん》禄《ろく》三年（一六九〇）の記録に廻米積《かいまいつみ》出《だ》し河岸として見え、江戸までの距離五六里、米一〇〇石について運賃五石八斗と定められていた。特に当河岸は関街道《せきかいどう》を陸送された黒羽《くろばね》藩や烏山《からすやま》藩の廻米などの積出しが行われた。

道場宿の街並み（道場宿町）

道場宿村は、明治二二年（一八八九）に清原村の大字となり、昭和二九年（一九五四）宇都宮市道場宿《どうじようじゆく》町《まち》となる。町内山ノ内《やまのうち》に口碑によると元亀《げんき》年間（一五七〇～七三）、飛《とび》山《やま》城主芳賀氏がこの地に社殿を造営し、守護神として豊城入彦命《とよきいりひこのみこと》を祀ったという旧村社今宮神社《いまみやじんじや》、寺院に崇真寺《そうしんじ》（芳賀町）の末寺大乗寺《だいじようじ》（真言宗）がある。寺伝によると文禄《ぶんろく》元年（一五九二）永秀《えいしゅう》法師の開祖といい、本尊は阿弥陀如来《あみだにょらい》である。

道場宿の村名由来について、（一）寺院の道場があった地、（二）古く道場《どうじょう》荘《のしょう》乙貫郷《おつぬきごう》と称していたが、元和《げんな》六年（一六二〇）の検地《けんち》のさい、道路宿《どうろじゅく》と改め、その後、さらに道場宿《どうじょうじゅく》に改めたという二説がある。いずれもこじつけた説である。

大乗寺全景（道場宿町）

道場宿地内には、字名に上河原・中河原・下河原・河原屋敷北や上久保・中久保・下久保などがあるように、鬼怒川低地であるので、宿内はしばしば洪水の被害を受け、河原地となった所や窪地となったところが多い。これを踏まえて考えると、道場宿（ドウジョウジュク）は、「ドウ・ジョウ・ジュク」という村名で、ドウは擬音語ドウドウから川音、ジョウはジョ（ショ＝所・処）の長音化、ジュクはシュク（宿）の濁音化。従って、村名は鬼怒川の堤防が決壊して、ドウドウと水音を響かせながら浸食を受けた地に由来するものである。
蛇足だが、河川が氾濫して水音の響く地名に「ドウメキ＝百目鬼《どうめき》」がある。地域によってはドドメキ・ドドメク・トドメク・トドメキなどともいう。ドドメキ・トドメキはドドメク・トドメクの連用形で、水音の響く所、河川・堀などが合流して音をたてて流れ落ちる所の意である。ドド（トド）は「十十《とと》＝百」（十×十＝百）、メキは擬音語に付いた接尾語で、「……という音をたてる、……という動作をする」の意から、ある状態や様子をあらわす語である。宇都宮市内には塙田二丁目に百目鬼《どうめき》、石那田町に道目鬼、今泉町に道道免《どうどうめ》木《き》などがある。

（9）瑞穂野《みずほの》地区（旧瑞穂野村）

瑞穂野地区（旧瑞穂野村）は、鬼怒川沿岸の鬼怒川低地に位置する平坦地であるが、西部はやや微高地を呈し、旧横川村《よこかわむら》に接している。北は旧平石村《ひらいしむら》、南は旧本郷村《ほんごうむら》（上三川町）、東は旧芳賀郡清原村《きよはらむら》（上籠谷《かみこもりや》）・真岡市（下籠谷《しもこもりや》）に接している。

明治二二年（一八八九）に上桑《かみくわ》

島《じま》・下桑島《しもくわじま》・西刑部《にしおさかべ》・東刑部《ひがしおさかべ》・平塚《ひらつか》・東木代《ひがしきのしろ》・桑島新田《くわじましんでん》の七か村が合併して、「瑞穂野村《みずほのむら》」が成立する。当地は鬼怒川低地のため水害の被害も大きかったが、水利に恵まれた肥沃な水田地帯であったので、日本の美称「瑞穂《みずほ》（みずみずしい稲の穂）の実る国」に因んで村名とした。明治時代にはこの種の瑞祥《ずいしょう》村名は多く、足利市にも瑞穂野村（明治七年～同二二年）、旧大平町にも瑞穂《みずほ》村（明治二二年～昭和三一年）があった。

昭和四八年（一九七三）～同五五年（一九八〇）、西刑部町内に瑞穂野工業住宅団地（現瑞穂《みずほ》三丁目。瑞穂野工業団地とも）が造成され、周辺一帯の自然景観はすっかり変貌してしまった。造成に先立ち**瑞穂野団《みずほのだん》地遺跡《ちいせき》**の発掘調査が行われた。遺跡は弥生時代後期から奈良・平安時代にかけての集落跡で、特に古墳時代の住居跡一〇軒、奈良・平安時代の住居跡二二軒が発掘されている。この遺跡の北部地続きには同時期の大規模な猿山（さるやま）遺跡が存在しており、古代にはこれらの集落跡近くを官道（東山道《とうさんどう》）が縦貫し、河内郡一一郷《ごう》の一つ「刑部《おさかべ》郷《ごう》」は、この西刑部一帯の地域を中心とした地と推定される（既述「河内郡の郷名」参照）。

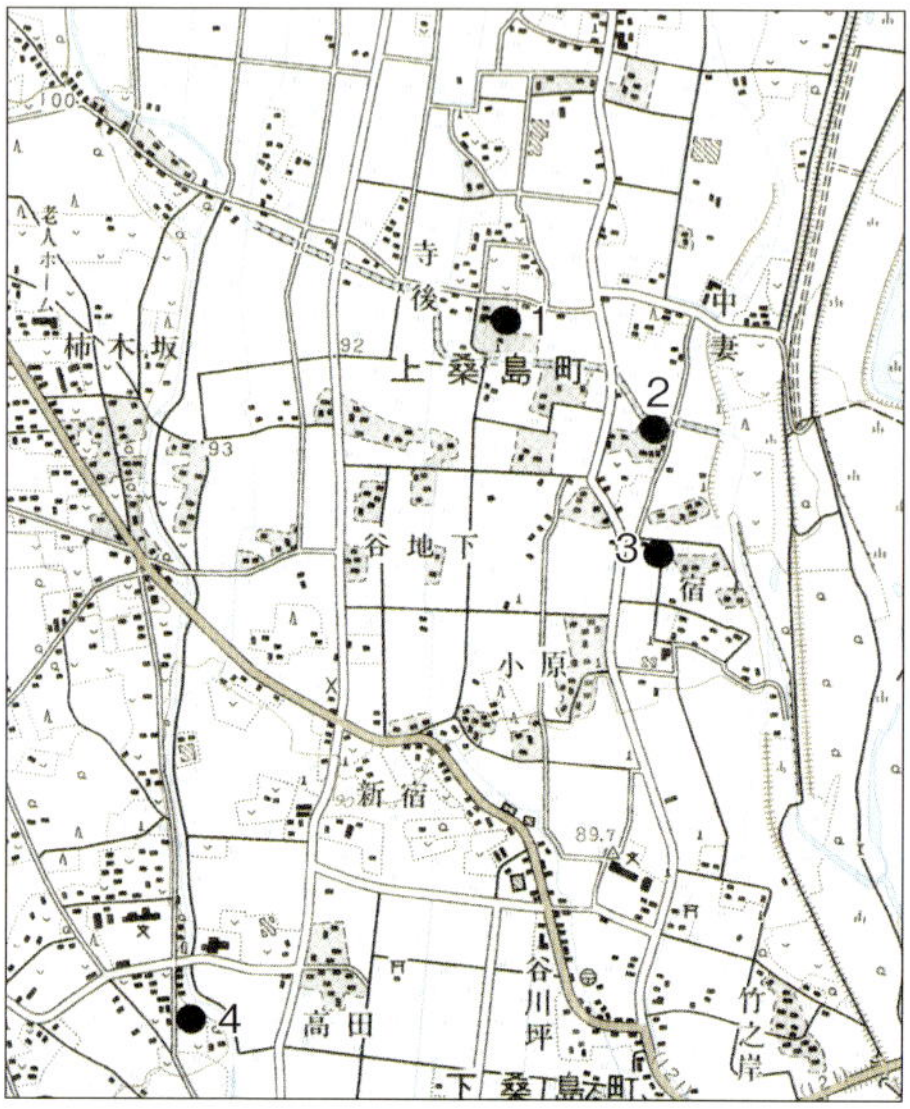

上桑島町付近「宇都宮東部」2万5千分の1（平成14）。●印　1.金剛定寺（上桑島町）　2.小原高尾神社古墳（上桑島町）　3.桑島城跡（上桑島町）　4.飯塚古墳（上桑島町）

明治二二年（一八八九）四月　上桑島・下桑島・西刑部・東刑部・平塚・東木代・桑島新田の七か村が合併して、瑞穂野村が成立する。
昭和二四年（一九四九）四月　桑島新田が清原村に編入し、同村桑島となる。
昭和二九年（一九五四）一〇月　瑞穂野村が宇都宮市に編入する。

○上桑島《かみくわじま》

南流する鬼怒川右岸の低地とこれに続く西側の低台地上に位置する。

北は石井町《いしいまち》、東は鬼怒川を挟んで桑島町《くわじままち》、南は下桑島町《しもくわじままち》、西は下栗町《しもぐりまち》・さるやま町《まち》に接している。地内の中央部を一般県道一五八号線（下岡本上三川線）が南北に通り、西部の一部を主要地方道四六号線（宇都宮真岡線）が南東進している。

　上桑島村は、天文《てんぶん》四年（一五三五）七月の芳賀孝高《たかたか》の成高寺《じょうこうじ》（曹洞宗。塙田四丁目）への寄進状写《うつし》に、「上《かみ》桑嶋之郷《くわじまのごう》」と見える。宇御城《みじょう》に横田越中守綱規《えつちゅうのかみつなのり》の四男辰業《たつなり》が桑島氏を名乗って築城したと伝える桑島《くわじま》城跡《じょうせき》があった。慶長《けいちょう》二年（一五九七）、宇都宮氏の改易《かいえき》にともない廃城となり、現在はほとんど土塁・堀などの遺構は湮滅してしまったが、政所《まんどころ》・笠置《かさぎ》・西小路《にしこうじ》・西門・東門・南門などの地名が残っている。

　明暦《めいれき》年間（一六五五～五八）に桑島は上桑島・下桑島の二か村に分かれたと伝えているが、「慶安郷帳《けいあんごうちょう》」ではすでに上・下の二か村に分かれて見える。近世を通じて宇都宮藩領であった。天保《てんぽう》年間（一八三〇～四四）の家数四二軒。明治二二年（一八八九）に瑞穂野村の大字となり、昭和二九年（一九五四）、宇都宮市上桑島町《かみくわじままち》となる。

　上桑島地内には、小原高尾神社《こばらたかおじんじゃ》古墳・飯塚《いいづか》古墳がある。前者は全長約三五メートルの前方後円墳《ぜんぽうこうえんふん》で、後円部の頂上に高尾神社が鎮座している。後者も前方後円墳で、全長約三三メートルで、坂本氏宅屋敷の裏山に築かれている。ともに古墳時代後期ころのものであろう。

　地内の中央部に金剛定寺《こんごうじょうじ》（真言宗）がある。寺伝によると、弘安《こうあん》元年（一二七八）、峰忍《ほうにん》上人が当地の井戸から不動尊像《ふどうそんぞう》を得たので、堂宇《どうう》を建てて能萬寺《のうまんじ》として開山し、鎌倉幕府七代将軍惟康《これやす》親王は峰忍上人に帰依《きえ》して田畑を寄進したといい、四世祐清《ゆうせい》のとき、後小松《ごこまつ》天皇の勅によって金剛定寺と改称したという。当寺は真言宗の檀林《だんりん》（学問所）で、末寺は三〇余か寺におよび、下野における真言宗三金剛《さんこんごう》の寺として知られた。三金剛とは本寺と伝法寺《でんぽうじ》（大田原市福原《ふくわら》）・崇真寺《そうしんじ》（芳賀町）のこと。本堂の前に銅造宝篋印塔《ほうきょういんとう》（市

金剛定寺（上桑島町）

指定）がある。鋳物師《いもじ》戸室《とむろ》将監《しょうげん》元《げん》蕃《ば》の作で、元文《げんぶん》元年（一七三六）に鋳造された銘が刻まれている。山門近くには樹齢約四五〇年というカヤ（県指定）がある。

○下桑島《しもくわじま》

　南流する鬼怒川右岸の鬼怒川低地に位置する平坦地で、北は西刑部《にしおさかべ》町《まち》・上桑島町《かみくわじままち》、東は鬼怒川を挟んで桑島町《くわじままち》、南は西刑部町・東《ひがし》刑部町、西は西刑部町に接している。地内の中央部を主要地方道四六号線（宇都宮真岡線）が南東に走り、南部で向きを変えながら国道一二一号線に合流して東進し、鬼怒川に架かる桑島《くわじま》大橋《おおはし》を渡って桑島町に抜けている。また、中央部を一般県道一五八号線（下岡本上三川線）が南北に通っている。

　下桑島村は古くは桑島郷《くわじまごう》で、「慶《けい》安郷帳《あんごうちょう》」に上桑島・下桑島の二村に分かれて見える。近世を通じて宇都宮藩領であった。天保《てんぽう》年間（一八三〇～四四）の家数三〇軒。元禄《げんろく》一四年（一七〇一）の「九河岸船極印《ごくいん》改帳」に船三艘《そう》、舟肝煎《きもいり》長右衛門《ちょうえもん》が見え、鬼怒川沿いの河岸場《かしば》として河川舟運が行われていたことがわかる。明治二二年（一八八九）に瑞穂野村の大字となり、昭和二九年（一九五四）、宇都宮市下桑島町《しもくわじままち》となる。

○桑島新田《くわじましんでん》

　当地は南流する鬼怒川左岸の鬼怒川低地に位置し、北は石井町《いしいまち》・鐺山《こてやま》町《まち》、東は上籠谷町《かみこもりやまち》、西は鬼怒川を挟んで上桑島町《かみくわじままち》・下桑島町《しもくわじままち》に接する狭長な地勢を呈している。南部を鬼怒川に架かる桑島大橋《くわじまおおはし》を渡って国道一二一号線が東西に通っている。

　桑島新田村については、「清原《きよはら》地区（旧芳賀郡清原村）」の項で触れた通り、安政《あんせい》二年（一八八五）から佐《さ》野屋孝兵衛《のやこうべえ》（菊池教中《きょうちゅう》）によって開発された地で、宇都宮藩が財政再建のため、有力商人の資本を利用して開かれた新田（桑島新田）である。この地の一角に明治一二年（一八七九）三月の建碑だが、孝兵衛に協力して桑島新田の開発に尽力した功績を讃えた吉良八郎《きらはちろう》の碑《ひ》がある。

　吉良八郎（一八一三～七二）は、文化一〇年（一八一三）、常陸《ひたち》国谷《や》

「桑島新田」の現況（桑島町）

吉良八郎の碑（桑島町）

田部《たべ》（つくば市谷田部）に生まれ、郡奉行《こおりぶぎょう》も務めた茂木《もてぎ》藩士であった。二宮尊徳《にのみやそんとく》（一七八七～一八五六）の門人で、尊徳の指導で茂木領仕法《しほう》をすすめたが、天保《てんぽう》一三年（一八四二）、仕法償還金《しょうかんきん》のもめごとから茂木藩から追放され浪人《ろうにん》となった。その後、尊徳の推薦で常陸国青木村《あおきむら》（桜川《さくらがわ》市青木）の名主《なぬし》の家に妻子とともに寓居《ぐうきょ》し、青木村の仕法に励んだ。弘化《こうか》四年（一八四七）以来、尊徳直属の随身者《ずいじんしゃ》となり、山内《やまのうち》真岡代官の手付《てつき》になった尊徳とともに東郷陣屋《ひがしごうじんや》（真岡市）に移り、嘉永《かえい》四年（一八五一）に真岡代官手付となった。

その後、八郎は田川《たがわ》の石《いし》那田堰《なたぜき》の普請や徳次郎《とくじら》用水の開削《かいさく》に、尊徳の手足となって尽力した。尊徳が今《いま》市《いち》で没した後、八郎は荒地開発の手腕を買われ、佐野屋孝兵衛から鬼怒川沿岸の荒地開発を委託された。こうして八郎は文久《ぶんきゅう》二年（一八六二）、桑島村に一二九町歩の開田を成功させ、さらに明治三年（一八七〇）の鬼怒川洪水による流出田畑に苦しむ桑島新田復興に最後の力を尽くし、鬼怒川の堤防を強化し新用水による美田をつくり、明治五年（一八七二）生涯を閉じた。なお、八郎の墓は桜町陣屋跡《さくらまちじんやあと》（国史跡）に近い尊徳の菩提所蓮城院《れんじょういん》（真岡市物《もの》井《い》）にある。

桑島新田は、明治二二年（一八八九）に瑞穂野村の大字となり、同二四年（一八九一）の家数三〇軒。昭和二四年（一九四九）に清原村桑島となり、昭和二九年（一九五四）、宇都宮市桑島町《くわじままち》となる。

桑島（上桑島・下桑島・桑島新田）は、桑樹を栽培して養蚕を行っていたことに由来する村名といわれているが、「桑」字にとらわれた由来で、誤っている。当地は鬼怒川流域に位置しているので、「クワ・ジマ」という村名。クワは「クエ（崩・潰）・ハ（端）」の約で、クエは動詞クエル（崩る）の連用形の名詞化から、浸食・崩壊地の意。ジマはシマ（島）の濁音化で、島状の微高地の意。従って、桑島は鬼怒川の氾濫によって浸食された地に由来する村名であろう。

○西刑部《にしおさかべ》

地内の中央部を越戸川《こえどがわ》が蛇行しながら流れている。北は下桑島町《しもくわじままち》・瑞穂野《みずほの》団地、東は東刑部町《ひがしおさかべまち》、南は平塚町《ひらつかまち》・西汗《にしふざかし》（上三川町）、西は砂田町《すなたまち》・平塚町飛地《とびち》に接している。西刑部町を中心とした地域は、平安時代に編まれた『倭名類聚鈔《わみょうるいじゅうしょう》』（略して『和名抄《わみょうしょう》』）に記されている「刑部郷《おさかべごう》」に比定されている地で、近くを古代の官道東山道《とうさんどう》が縦貫していたことがわかっている。

西刑部村は、応永《おうえい》一八年（一四一一）一一月の宇都宮持綱《もちつな》（一三代城主）寄進状に「西刑部郷《にしおさかべごう》」と見える。当村は近世を通じて宇都宮藩領で、天保《てんぽう》年間（一八三〇～四四）の家数三五軒。明治二二年（一八八九）に瑞穂野村の大字となり、昭和二九年（一九五四）、宇都宮市西刑部町《にしおさかべまち》となったが、瑞穂野団地の造成によって、昭和五二年（一九七七）より新町名「瑞穂《みずほ》」の一部が含まれる。社寺に高尾神社《たかおじんじゃ》（二社）・天満宮、成願寺《じょうがんじ》（真言宗）などがある。

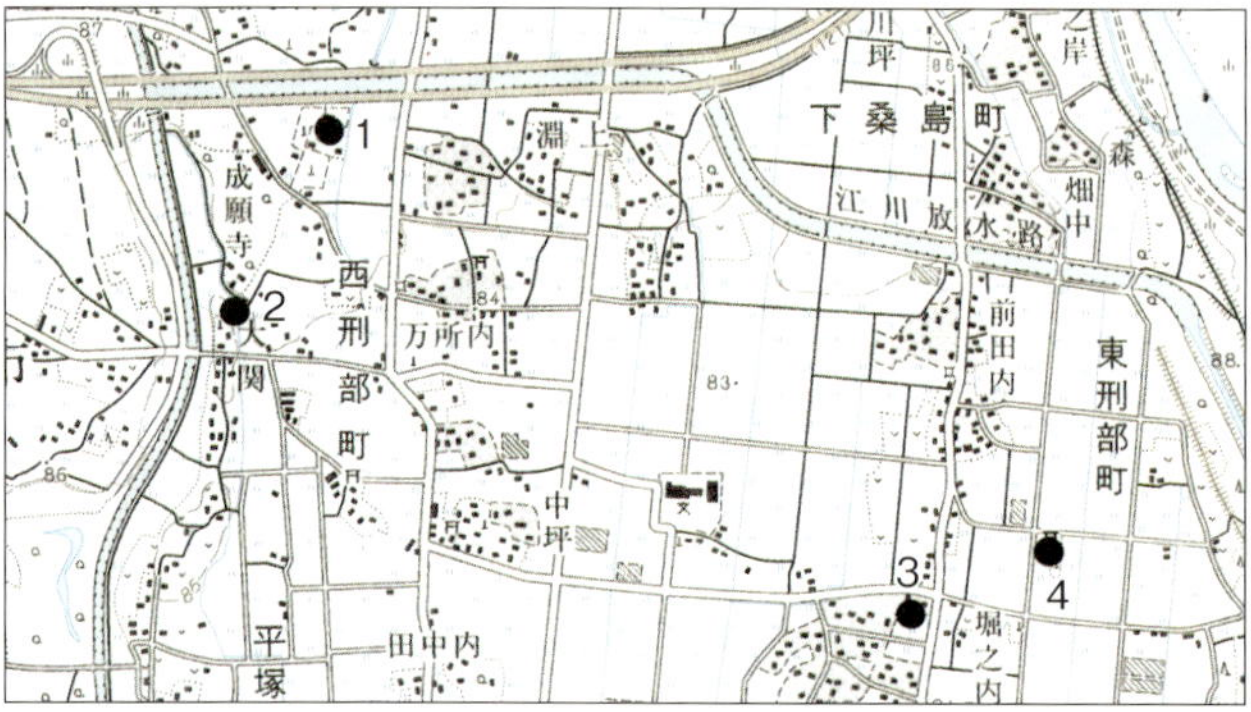

西刑部町・東刑部町付近「上三川」2万5千分の1（平成15）。●印 1.成願寺（西刑部町） 2.大関観音堂（西刑部町） 3.刑部城跡（東刑部町） 4.高靇神社（東刑部町）

成願寺は医王山薬王院《いおうさんやくおういん》と号し、本尊は胎蔵界大日如来《たいぞうかいだいにちにょらい》で、寺伝によれば天平神護《てんぴょうじんご》元年（七六五）、勝道上人《しょうどうしょうにん》によって創建されたといい、寛治《かんじ》年間（一〇八七～九四）、新羅三郎《しらぎさぶろう》義光《よしみつ》が当地に住み、のちに常陸《ひたち》国へ移ったが、その子孫が佐竹《さたけ》氏を称してからも大檀那《だいだんな》であったので、佐竹氏の定紋《じょうもん》（家紋《かもん》）を寺の紋《もん》にしているという。文政《ぶんせい》六年（一八二三）、寺は火災に遭って古記録を焼失、その後、堂宇は再建されたが、近年、境内が整備され、本堂・山門などが新

成願寺境内の大イチョウ（西刑部町）

たに建立された。境内に安達藤九郎《あだちとうくろう》盛長《もりなが》の墓碑《ぼひ》と伝える原形を損ねた石造の宝篋印塔《ほうきょういんとう》がある。

安藤藤九郎盛長（一一三五〜一二〇〇）は小野田三郎兼広《おのださぶろうかねひろ》の子で、藤原魚名《うおな》（藤原房前《ふささき》の子）の後裔《こうえい》である。代々陸奥《むつ》国安達郡（福島県）に住み、盛長のとき姓を安達と称した。鎌倉幕府の御家人《ごけにん》として源頼朝《よりとも》の挙兵のさい諸士《しょし》の勧誘につとめ、石橋山《いしばしやま》（相模《さがみ》国）合戦に従い、平氏方の軍に敗れると、頼朝と一時安房《あわ》（千葉県）に逃れて辛苦《しんく》をともにした。以後、鎌倉において頼朝に信任され、側近として幕政に参加した。頼朝の死後、出家して蓮西《れんせい》と称し、頼家《よりいえ》将軍のとき訴訟を長老で行うことを定めると、盛長はその一人に加えられた。

寺伝によると、出家ののち、鎌倉を去ってこの成願寺に住み、堂塔伽藍《どうとうがらん》を建立し、正治《しょうじ》二年（一二〇〇）没したので、境内の宝篋印塔は盛長の墓だという。果たしてそうであろうか。おそらく盛長と縁故のある者が、菩提を弔って造立した供養塔であろう。境内には樹齢五五〇年というイチョウ（市指定）の巨木がある。

伝「安達藤九郎盛長の墓」（成願寺境内）

字大関《おおぜき》の墓地のなかに、大関観音堂《おおぜきかんのんどう》がある。何の変哲もない小観音堂だが、堂内には県内屈指の優品 聖《しょう》観音菩薩立像《かんのんぼさつりゅうぞう》（県指定）が安置されている。一般に「大関観音」の名で知られている。平安時代中期（一〇世紀〜一一世紀初頭）の作で、カヤの一木造り《いちぼくづく》であるが、持物・両腕先・両足先・百毫《ひゃくごう》や台座などは後に補ったもので、当初のものではない。

○東刑部《ひがしおさかべ》

鬼怒川右岸の鬼怒川低地に位置し、北は下桑島町《しもくわじままち》、東は南流する鬼怒川を挟んで下籠谷《しもこもりや》（真岡市）、南は東木代町《ひがしきのしろまち》・西木代《にしきのしろ》（上三川町）、西は西刑部町《にしおさかべまち》に接している。西部を一般県道一五八号線（下岡本上三川線）が南北に通り、北端で東西に通る国道一二一号線と交差している。

東刑部村は、近世を通じて宇都宮藩領で、天保《てんぽう》年間（一八三〇〜四四）の家数七六軒。明治二二年（一八八九）に瑞穂野村の大字となり、昭和二九年（一九五四）、宇都宮市東《ひがし》刑部町《おさかべまち》となる。旧村社高龗神社《たかおじんじゃ》は、社伝によると承平《じょうへい》三年（九三三）、鎮守府《ちんじゅふ》将軍に仕えた刑部業俊《おさかべなりとし》が大和国《やまと》丹生大明神《にうだいみょうじん》を勧請《かんじょう》して創祀したという。旱魃《かんばつ》には黒馬を、霖《りん》雨《う》には白馬をもって祀り、百穀《ひゃっこく》（さまざまな穀物）守護《しゅご》の鎮守神として崇拝したという。

字堀《ほり》の内《うち》に刑部城跡《おさかべじょうせき》（市史跡）がある。遺っている土塁・堀などから、城跡というよりは館跡（居館跡《きょかんせき》）と思われる。宇都宮五代城主頼綱《よりつな》の二男頼業《よりなり》の子孫横田師綱《もろつな》の二男良業《よしなり》が、刑部郷を領有して刑部氏を名のり、応永《おうえい》年間（一三九四〜一四二八）に築館したという。館を構えた刑部氏は、宇都宮氏の家臣として三〇〇〇石を知行《ちぎょう》し、数代後の経貞《つねさだ》は豊《とよ》臣秀吉《とみひでよし》の朝鮮出兵に従って、宇都宮国綱《くにつな》（二二代城主）の部下として活躍したが、文禄《ぶんろく》二年（一五九三）五月、朝鮮で戦死した。慶長《けいちょう》二年（一五九七）、宇都宮氏の改易《かいえき》によって刑部館は廃館となったが、刑部氏はそのままこの地に土着して帰農し、現在の刑部薫《かおる》氏はその後裔《こうえい》である。館跡は刑部氏宅の屋敷を取り囲むように堀・土塁が遺っており、屋号を御城《みじょう》というので、この屋敷地は館主の居宅があったところであろう。

刑部城跡（東刑部町）

刑部（西刑部・東刑部）の村名由来は、「河内郡の郷名（刑部郷）」で既述したので省略したい。

〇平塚《ひらつか》

地内の西部を江川《えがわ》が南流し、北・東・西の三方は西刑部町《にしおさかべまち》、南は西《にし》汗《ふざかし》（上三川町）に接している。北部に西刑部町の飛地《とびち》があり、北西方に西刑部町を隔てて平塚町の飛地がある。飛地の中央を新国道四号線が南西方に通っている。

室町時代〜戦国時代の記録に「平塚村」の名が見える。応永《おうえい》一八年（一四一一）一一月の宇都宮持綱《もちつな》（一三代城主）寄進状に、「西刑部郷内《にしおさかべ》平塚村《ひらつか》」の替地《かえち》として「西方内大和《にしかたおおわ》田郷《だ》」（鹿沼市大和田町）の半分を一《いっ》向寺《こうじ》（宇都宮市西原《にしはら》二丁目）に寄進したとある。当地ははじめ宇都宮藩領であったが、嘉永《かえい》三年（一八五〇）

から幕府領となる。天保《てんぽう》年間（一八三〇～四四）の家数四軒。明治二二年（一八八九）より瑞穂野村の大字となり、昭和二九年（一九五四）、宇都宮市平塚町《ひらつかまち》となる。

平塚町飛地（西刑部町）に前方後《ぜんぽうこう》円墳《えんふん》の琴平塚古墳《ことひらつかこふん》が築かれている。墳名はもと墳頂《ふんちょう》に小祠《しょうし》琴平神社が鎮座していたことによるが、現在は上三川町磯岡《いそおか》に遷されている。前方部を西に向けて築かれたやや大きな二段築成《ちくせい》の古墳で、墳丘《ふんきゅう》の一段目の全長五二メートル。埴輪《はにわ》をともなう古墳で、六世紀半ばころに築かれたものである。

琴平塚古墳（平塚町飛地。西刑部町）

琴平塚古墳は、宇都宮市と上三川町磯岡《いそおか》との境界近くに築かれた古墳群（前方後円墳三基・円墳一〇余基）の主墳である。平塚の村名はこれらの古墳に由来する。

○東木代《ひがしきのしろ》

鬼怒川右岸の鬼怒川低地に位置し、北は東刑部町《ひがしおさかべまち》、東は鬼怒川を挟んで下籠谷《しもこもりや》（真岡市）、南は上文挟《かみふばさみ》（上三川町）、西は東刑部町《ひがしおさかべまち》・西木代《にしきのしろ》（上三川町）に接している。当地は鬼怒川右岸の低地に位置するため、たびたび水害を被ってきた。このため地内の字名に上河原・中河原・下河原・前河原・大道《だいどう》河原・台河原・中島・東浦・久保田など、浸食された往時の河原地や窪地、微高地のため浸食を免れた中島などの地名がみられる。

東木代村は、近世を通じて宇都宮藩領で、天保《てんぽう》年間（一八三〇～四四）の家数二二軒。用水は東木代用水を使用し、助郷役《すけごうやく》は日光街道雀宮《すずめのみや》宿に出役《しゅつやく》した。東木代の村名由来はわからない。明治二二年（一八八九）に瑞穂野村の大字となり、昭和二九年（一九五四）、宇都宮市東木代町《ひがしきのしろまち》となる。

（10）横川《よこかわ》地区（旧横川村）

横川地区（旧横川村）は、田川《たがわ》右岸の台地部と左岸の沖積平野部に位置し、北は旧宇都宮市、東は旧平石《ひらいし》村《むら》・瑞穂野村《みずほのむら》、南は旧雀宮村《すずめのみやむら》、西は旧姿川村《すがたがわむら》に接している。明治二二年（一八八九）に上横田《かみよこた》・台新田《だいしんでん》・江曽島《えそじま》・東川田《ひがしかわだ》・平松《ひらまつ》・猿山《さるやま》新田《しんでん》・下栗《しもぐり》・砂田《すなた》・屋板《やいた》・東横田《ひがしよこた》の一〇か村が合併して、「横川村《よこかわむら》」が成立する。下横田は旧雀宮村《すずめのみやむら》に属する。村名の横川村は、南の東横田村（現東横田町《ひがしよこたまち》）の「横」と北の東川田村（現川田町《かわだまち》）の「川」の各一字をとって付された。

　村域の中央を東北本線沿いに国道四号線（東京街道）が通っている。昭和六年（一九三一）、東武宇都宮線の栃木―宇都宮間の開通によって江曽島駅ができ、第二次世界大戦の戦時下の昭和一八年（一九四三）、太田《おおた》市（群馬県）の中島飛行機工場の一部が江曽島地内に移転して、中島飛行機宇都宮製作所が設立され、終戦まで「疾風《はやて》」などの戦闘機を中心に製造し、同工場の従業員は東北地方や新潟・茨城などの各県から徴用《ちょうよう》され、臨時工は約二万一〇〇〇人にのぼり、昼夜兼行《けんこう》での製造作業が進められた。終戦によって昭和二〇年（一九四五）八月、製作所は解散して平和産業に転換し、富士《ふじ》産業宇都宮工場となり、昭和二九年（一九五四）に富士重工業株式会社を設立、翌三〇年に旧富士産業傘下の五社が合併して、富士重工業株式会社宇都宮製作所となり、ジェット機の国産工場として航空機の生産・修理業務を開始した。

　昭和二四年（一九四九）、当村平松の東北部地域が宇都宮市平松町《ひらまつちょう》となり、同二七年（一九五二）、江曽島の西部が宇都宮市春日町《かすがちょう》・大和町《やまとちょう》・宮本町《みやもとちょう》・双葉町《ふたばちょう》（双葉一～二丁目）・宮原町《みやはらちょう》（宮原一～二丁目）となる。昭和二九年（一九五四）に平松は平松本町《ひらまつほんちょう》、猿山新田は宇都宮市さるやま町として、村制時の他の八大字とともに宇都宮市の町名に継承された。

明治二二年（一八八九）四月　上横田・台新田・江曽島・東川田・平松・猿山新田・下栗・砂田・屋板・東横田の一〇か村が合併して、横川村が成立する。

昭和二四年（一九四九）四月　横川村平松の一部が宇都宮市平松町となり、残部が同二九年（一九五四）に宇都宮市平松本町となる。

昭和二九年（一九五四）九月　横川村が宇都宮市に編入する。

○上横田《かみよこた》

田川《たがわ》右岸の沖積低地（田川低地）とその西側の台地（宝木台地《たからぎだいち》）上に立地している。宝木台地は宇都宮西部台地ともよばれ、市北部の半蔵山《はんぞうやま》地と高舘《たかだて》山地の狭隘《きょうあい》部にある徳次郎《とくじろう》より南の田川と姿川に挟まれた台地で、宝木面《たからぎめん》と通称されている。この台地は南の旧石橋町（下野市）や小山市にも続き、近世の日光街道・奥州街道がのっている。地内を国道四号線が南南西に向け走っている。

上横田は、北は川田町《かわだまち》・江曽島《えそじま》町《まち》、東は蛇行して南流する田川を挟んで川田町・屋板町《やいたまち》、南は東横田《ひがしよこた》町《まち》・台新田町《だいしんでんまち》、西は江曽島町に接し、本地区は旧屋板村や台新田が新田開発されて独立したため、地区の主部は南東・南西方向に飛地《とびち》があり、地形が複雑である。現在の上横田町・城南《じょうなん》一～三丁目・台新田一丁目・横田新町《よこたしんまち》・今《いま》宮《みや》一～四丁目。

上横田村は、近世を通じて宇都宮藩領で、天保《てんぽう》年間（一八三〇～四四）の家数二五軒。寛永《かんえい》六年（一六二九）の年貢割付《わりつけ》状《じょう》に枝郷《えだごう》として屋板村が見え、「元禄郷帳《げんろくごうちょう》」「天保郷帳」には枝郷として兵庫塚新田《ひょうごつかしんでん》が見える。兵庫塚新田は明治九年（一八七六）に兵庫塚村となり、明治二二年（一八八九）に姿川村《すがたがわむら》の大字となる。同年、上横田村は横川村の大字となり、昭和二九年（一九五四）、宇都宮市上横田町《かみよこたまち》となる。

地内南西の飛地に陸上自衛隊北宇都宮駐屯地がある。昭和三二年（一九五七）、旧中島飛行機宇都宮製作所（現富士重工）の飛行場跡に航空自衛隊第二操縦学校が宮城県より移駐し、宇都宮航空基地が開設され、同三七年（一九六二）には陸上自衛隊東部方面航空隊も併設された。ここに北宇都宮駐屯地が生まれた。その後、東部方面航空隊が立川《たちかわ》（東京都）に移駐し、代わりに岩沼《いわぬま》（宮城県）より陸上自衛隊航空学校が移駐して宇都宮分校として発足した。

上横田の村名は、「宇都宮宗円《そうえん》の子孫横田四郎頼業《よりなり》（宇都宮五代城主

川田町・上横田町付近「宇都宮東部」2万5千分の1（平成14）。●印　1.東川田遺跡（川田町）　2.推定「一里塚跡」（江曽島町）　3.菅原神社（台新田1丁目）　4.陸上自衛隊北宇都宮駐屯地

の二男）が、兵庫塚（現兵庫塚町《ひょうごつかまち》）に城を築き、支配地を横田ノ郷《よこたのごう》と称したことによるという」（『角川日本地名大辞典（栃木県）』）とあるが、誤っている。村名は横田郷を領有して支配したので横田氏を名のり、ここに横田城を築いたことに由来する。頼業は横田城にあること一〇数年、宇都宮氏の南方への勢力伸張にともない、建長《けんちょう》元年（一二四九）、上三川（現上三川町上三川）の地に城を築いて移り、初代の上三川城主となった。ちなみに横田（ヨコタ）は「ヨコ・タ（接尾語）」という地名。ヨコ（横）は田川右岸の西方に広がった地（横）の意。タは田圃の「田」ではなく、カナタ（彼方）・コナタ（此方）などの「タ」で、方向・場所などを示す接尾語である。

○台新田《だいしんでん》

田川《たがわ》右岸の台地（宝木台地《たからぎだいち》）上の平坦地で、北・南・西は上横田町《かみよこたまち》、東は台新田《だいしんでん》一丁目、南西の一部は江《え》曽島町《そじままち》に接している。現在の台新田町・台新田一丁目・今宮《いまみや》一〜二丁目・同四丁目で、完全に市街化されている。地内の北東部と東境を国道四号線が南北に通っている。地内の南西部に陸上自衛隊北宇都宮駐屯地がある。

台新田村は、近世初頭は上横田村と一村であったが、承応《しょうおう》二年（一六五三）ころ上横田村から分村したという。近世を通じて宇都宮藩領。江戸時代を通じて郷帳《ごうちょう》類に台新田の村名は見られず、公式には上横田村の内として扱われたので、村役人は置かれず、上横田村の名主《なぬし》が兼帯《けんたい》した。地内に菅原道真《すがわらのみちざね》を主祭神とする旧村社菅原神社《すがわらじんじゃ》がある。創祀年代などは不詳だが、『日光道中略記《りゃっき》』に「天神社《てんじんしゃ》」と記されている。宇都宮藩主が江戸へ出府《しゅっぷ》のときや帰城《きじょう》のさいは、領内各村の代表名主《なぬし》や町《まち》年寄《どしより》などは、ここで見送り、出迎えたと伝えられている。

菅原神社（台新田１丁目）

台新田村は、明治二二年（一八八九）に横川村の大字となる。昭和一八年（一九四三）、中島飛行機宇都宮製作所が江曽島に設立されると、飛行場用地として台新田の西部一帯は買収された。昭和二九年（一九五四)、宇都宮市台新田町《だいしんでんまち》となる。同四九年(一九七四)に国道四号線と東北本線に挟まれた地域が台新田一丁目、航空基地西部が今宮一〜四丁目となる。

○江曽島《えそじま》

江曽島村は、田川《たがわ》と姿川《すがたがわ》に挟まれた平坦な台地(宝木台地《たからぎだいち》)上に位置し、地内の西部に新川《しんかわ》が流れている。新川(宝木用水)は安政《あんせい》二年(一八五五)、徳次郎《とくじら》用水の取水口より新堀開削《しんぼりかいさく》工事がなされ、同六年(一八五九)に完成したもので、西原《にしはら》一〇か村新田をへて、宇都宮町の西部、松原《まつばら》地区から滝ノ原《たきのはら》・江曽島へ南流している農業用水である。

往時の江曽島村はすっかり変貌し、今では江曽島町《えそじままち》・春日町《かすがちょう》・東《ひがし》浦町《うらまち》・江曽島一〜五丁目・今宮《いまみや》一〜二丁目・江曽島本町《えそじまほんちょう》・緑《みどり》一〜四丁目・大塚町《おおつかちょう》・八千代《やちよ》一〜二丁目・大和《やまと》一〜二丁目・宮本町《みやもとちょう》・双葉《ふたば》一〜三丁目・日《ひ》の出《で》二丁目・宮原《みやはら》一丁目・同三〜五丁目・不動前《ふどうまえ》三丁目・陽南《ようなん》一〜四丁目などになっている。地内の東端部を国道四号線が南北に通っている。

中世の弘治《こうじ》二年(一五五六)二月、結城政勝《ゆうきまさかつ》が称名寺《しょうみょうじ》(結城市)に門徒掟《もんとわきて》を与えた書下状《かきくだしじょう》に、同寺門徒の一つとして「宇都宮江曽嶋太《えそじまたい》子堂《しどう》平三郎」と見えるので、江曽嶋(島)に称名寺の門徒がいたことがわかる。江曽島村は近世を通じて宇都宮藩領で、天保《てんぽう》年間(一八三〇〜四四)の家数三八軒。助郷《すけごう》は日光街道雀宮宿《すずめのみやしゅく》に出役《しゅつやく》した。

村内北西部に鎮座する田心姫命《たごりひめのみこと》(別名奥津嶋比売命《おきつしまひめのみこと》)を主祭神とする旧村社滝尾神社《たきのおじんじゃ》(江曽島四丁目)は、弘仁《こうにん》一一年(八二〇)、空海《くうかい》(弘《こう》法大師《ぼうだいし》)が日光山《にっこうさん》に勧請《かんじょう》創建したものを、仁寿《にんじゅ》二年(八五二)、当地に遷座《せんざ》したと伝えている。田心姫命は宗像大社《むなかたたいしゃ》(福岡県)の宗像三女神《さんめかみ》の一柱である。境内神社に水《みず》神社(水《みず》婆命《はのみこと》)がある。神社の東方近くに大《だい》日如来《にちにょらい》像を本尊とする龍泉院《りゅうせんいん》(真言宗)がある。

江曽島村(江曽島町)の最東端で、東川田村《ひがしかわだむら》(川田町《かわだまち》)との境辺りに江戸から二六里の江曽島一里塚《えそじまいちりづか》が

滝尾神社(江曽島4丁目)

あった。今はその痕跡はなく、「一里」という地名だけが残っている。

江曽島の村名について、（一）かつて土器ケ沼《かわらけぬま》をはじめ低沢地が多かったので、人家の周囲に溜水《ためみず》が多く島のように見えたので、江戸島《えどじま》と称したが、江戸の二字を差し止められて江曽島《えそじま》となったとか、（二）往時、下野の富民《ふみん》二〇〇戸を陸奥《むつ》に移住させ、陸奥の蝦夷《えぞ》を当地に移住させたので蝦夷島《えぞじま》とよばれ、のち江曽《えそ》島《じま》になったという俗説が流布している。間違っている。

「一里」地名を残す江曽島一里塚付近（江曽島町の東端）

江曽島（エソジマ）は、住宅地化される以前（昭和三〇年前後以前）に沼沢《しょうたく》の多かった地勢を考えると、「エ・ソ・ジ（シ）マ」という村名であろう。エ（江）は小河川・沼沢（低湿地）の意、ソはソフ（沿う）の下略。これによって村名は沼沢（低湿地）に囲まれた半島状の微《び》高地に由来するものであろう。このため微高地上には原始・古代の集落跡がたくさん散在している。ちなみに地内には低湿地に関わる染地《そめち》（ソメはシメ＝湿の転で、湿地の意）、河《かわ》原毛沼《らけぬま》・蛙沼《かえるぬま》・笊窪《ざるくぼ》・新堀・池《いけ》の端《はた》などの字名が見られる。

○東川田《ひがしかわだ》

東川田は、南流する田川《たがわ》右岸の台地（宝木台地《たからぎだいち》）と左岸の沖積低地に位置し、北は簗瀬町《やなせまち》、東は下栗町《しもぐりまち》、南は屋板町《やいたまち》・上横田町《かみよこたまち》、西は江曽島《えそじま》町《まち》・西原町《にしはらちょう》に接している。中央部を主要地方道三五号線（宇都宮結城《ゆうき》線。通称上三川《かみのかわ》街道）が北から南東に向けて通り、北西端を国道四号線が北東から南西へかすめている。

田川右岸の台地東端には、弥生時代後期の著名な**東川田遺跡《ひがしかわだいせき》**がある。この遺跡はすでに昭和一三年（一九三八）ころ、田中国男《くにお》（一八九七〜一九四四。県立宇都宮病院医師）によって発見され、調査結果を中央の学会誌『考古学』に発表したので、中央の研究者から注目された。近年、道路建設にともない発掘され、本村《ほんむら》遺跡として集落跡の全貌が把握された。

東川田村は、近世を通じて宇都宮藩領で、天保《てんぽう》年間（一八三〇〜四四）の家数四〇軒。助郷《すけごう》は日光街道 雀《すずめの》宮宿《みやしゅく》に出役《しゅつやく》した。田川に架かる川田橋の北東に旧村社高龗神社《たかおじんじゃ》がある。創祀年代などは不詳だが、主祭神は水をつかさどる龍神《りゅうじん》の高龗《たかおかみの》神《かみ》で、全村民が氏子《うじこ》となっていた。寺院に生福寺《しょうふくじ》（真言宗。宇都宮市仲《なか》町《まち》）の末寺大日千手院《だいにちせんじゅいん》がある。当村は明治二二（一八八九）に横川村の大字となり、昭和二九年（一九五四）宇都宮市川田町《かわだまち》となる。

東川田の村名は、「本村《ほんむら》から東部が田川の田圃《たんぼ》であったことに由来する」（「地誌編輯《へんしゅう》材料取調書」）というが、田圃の「田」にこだわった由来で誤っている。村名（地名）の場合の「田（タ）」は、すでに触れたように田圃ではなく、場所・位置などを示す接尾語である。東川田（ヒガシカワダ）は、田川沿いに位置しているので、「ヒガシ・カワハタ」という村名であろう。カワダ（タ）はカワハタ（川端）の略から、田川沿いの村の意である。従って、村名は本《ほん》村《むら》以東の田川沿いに開けた地に由来するものと思われる。

○平松《ひらまつ》

平松は田川《たがわ》左岸に位置し、田川が形成した田川沖積地とこれに続く東側の台地（岡本台地《おかもとだいち》）に接する所に位置している。北は宿郷町《しゅくごうちょう》・峰《みね》町《まち》、東は峰町、南は平松本町《ひらまつほんちょう》、西は簗瀬町《やなせまち》・平松本町に接し、北西部を国道四号線が北西から南東に通り、地内の北境を国道一二三号線（通称石井《いしい》街道）が東西に走っている。国道四号線から分岐する「平松町交差点」は、市街中心部と東部の住宅地を分ける所であるので、朝夕は交通渋滞地の一つとなっている。

平松村は、近世を通じて宇都宮藩領で、天保《てんぽう》年間（一八三〇～四四）の家数一二軒。用水は夏防川《なつぼうがわ》（江川《えがわ》）と御用川《ごようがわ》から引水していた。地内に創祀年代は不詳だが、倉稲魂命《うかのみたまのみこと》を主祭神とする旧村社平松神社《ひらまつじんじゃ》がある。江戸時代には稲荷大明神《いなりだいみょうじん》と称されていたが、明治初年に平松神社と改称した。当村は明治二二年（一八八九）に横川村の大字となり、昭和二四年（一九四九）、平松の一部が宇都宮市平松町《ひらまつちょう》となり、残部が同二九年（一九五四）、宇都宮市平《ひら》

平松神社（平松本町）

松本町《まつほんちょう》となる。

平松の村名について、『角川日本地名大辞典（栃木県）』は「地誌編輯材料取調書」を引用し、「天平年間《てんぴょう》（七二九〜四九）、字境田《きょうでん》にあった松の大木と天平の平《ひら》の字を合わせたものと伝承されている」と記している。全く根拠のないこじつけた由来である。既述したように、「松」のついた村名（地名）は難解である。「平」は広々とした平坦な地の意だが、「松」はおそらく瑞祥《ずいしょう》地名と思われるので、平松の村名は平坦な地に由来するものであろう。

○猿山新田《さるやましんでん》

田川《たがわ》左岸に位置し、田川が形成した田川沖積地に立地する平坦地で、北は下栗町《しもぐりまち》、東は下栗町（飛地《とびち》）・上桑島町《かみくわじままち》・瑞穂《みずほ》一丁目、南は下桑島《しもくわじま》町《まち》（飛地）・砂田町《すなたまち》、西は屋板町《やいたまち》に接し、東境を新国道四号線が南北に通っている。

猿山新田は、「元禄郷帳《げんろくごうちょう》」「天保《てんぽう》郷帳」に猿山村枝郷《えだごう》と見え、猿山村の新田として開発され、文禄《ぶんろく》年間（一五九二〜九六）ころに成立したと伝えられている。新田成立以来宇都宮藩領で、天保年間（一八三〇〜四四）の家数七軒。用水は夏防川《なつぼがわ》を利用した。

猿山村は、近世を通じて宇都宮藩領で、明暦《めいれき》元年（一六五五）に大塚《おおつか》村《むら》と合併して下栗村となったが、宝《ほう》永《えい》四年（一七〇七）再び分村してもとの二村となった。明治五年（一八七二）再度猿山村と大塚村が合併して「下栗村」となった。

猿山新田地内に菅原道真《すがわらのみちざね》を主祭神とする菅原神社がある。当新田は明治二二年（一八八九）に横川村の大字となり、昭和二九年（一九五四）宇都宮市さるやま町《まち》となる。同五二年（一九七七）、町の東部が瑞穂一丁目となる。

猿山新田の猿山（サルヤマ）は、「サル・ヤマ」という村名で、サルは「猿」ではなく「去《さる》」の意。ヤマは「山」ではなく、方言で耕地・畑のこと。従って、村名は豪雨などによって河川が氾濫し、浸食を受けた地に由来するものであろう。

○下栗《しもぐり》

下栗は、田川《たがわ》沖積地とこれに続く東側に広がる台地上に立地し、北は簗瀬町《やなせまち》・平松本町《ひらまつほんちょう》、東は石井町《いしいまち》、南は上桑島町《うわくわじままち》・さるやま町《まち》・屋板町《やいたまち》、西は川田町《かわだまち》に接している。夏防川《なつぼがわ》（江川《えがわ》）と御用川《ごようがわ》から引水する用水が地内の中央部を灌漑し、西部には田川から簗瀬用水が南流し、南部で合流している。西部を一般県道三二〇号線（二宮《にのみや》宇都宮線。通称砂田街《すなたかい》道《どう》）がほぼ南北に通り、東境あたり

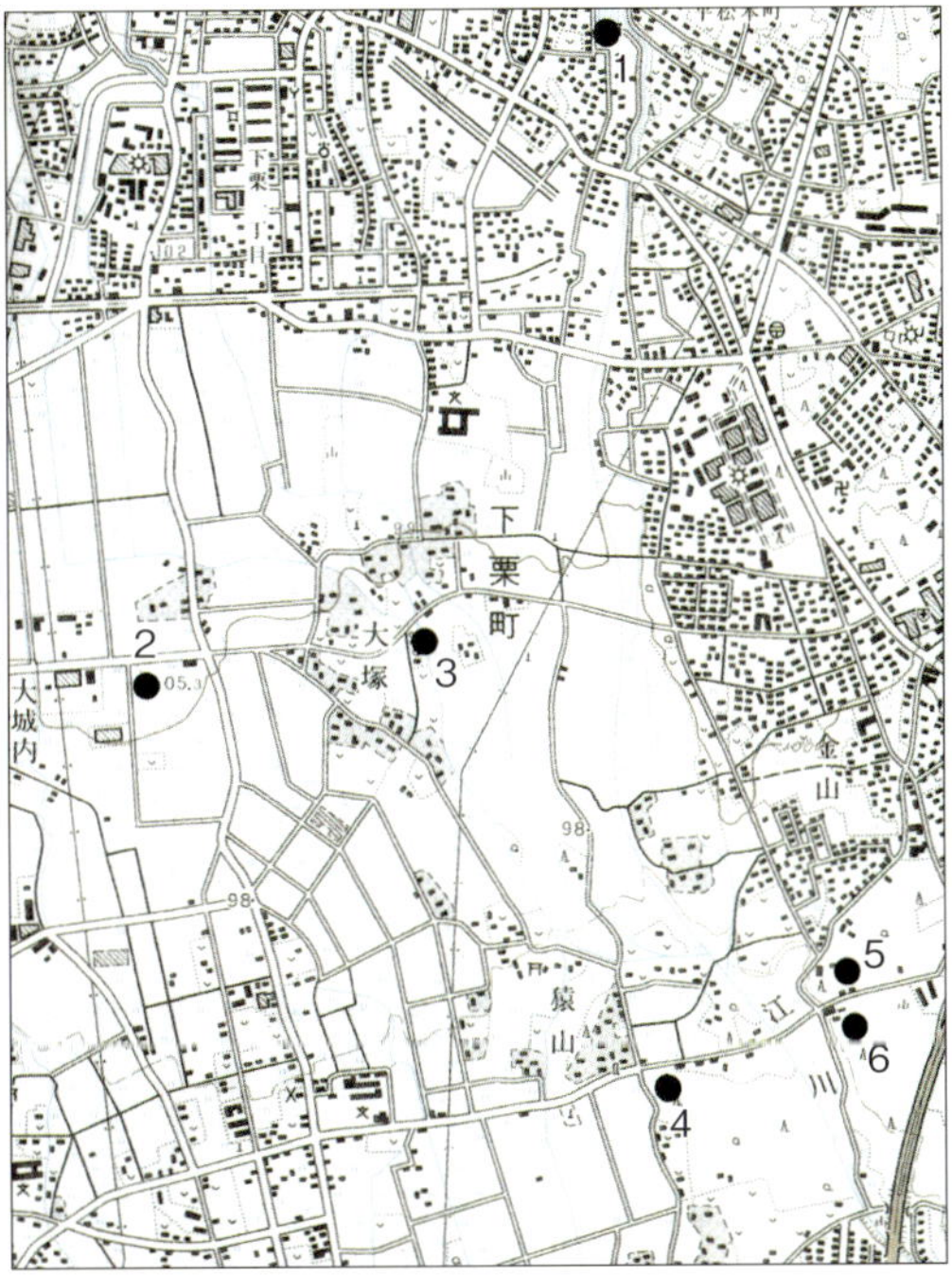

下栗町付近「宇都宮東部」2万5千分の1（平成14）。●印　1.平松神社（平松本町）　2.下栗大塚古墳（下栗町）　3.大塚神社古墳（下栗町）　4.猿山城跡・猿山城跡内古墳群（下栗町）　5.天王山古墳群（下栗町）　6.東原古墳（下栗町）

を北西から南東に向け主要地方道四六号線（宇都宮真岡線）が通り、南東端部で北東から南西に走る新国道四号線と立体交差している。

下栗村は、近世を通じて宇都宮藩領で、明暦《めいれき》元年（一六五五）に猿山《さるやま》村《むら》と大塚村《おおつかむら》が合併して成立したが、宝永《ほうえい》四年（一七〇七）下栗村を分けてもとの二村となった。天保《てんぽう》年間（一八三〇～四四）の家数は猿山二五軒・大塚二七軒。明治五年（一八七二）再び猿山・大塚両村が合併して下栗村となる。明治二二年（一八八九）に横川村の大字となり、昭和二九年（一九五四）、宇都宮市下栗《しもぐり》町《まち》となる。

地内には**天王山古墳群**《てんのうやまこふんぐん》（下栗町七三四ほか）がある。主墳《しゅふん》は墳頂《ふんちょう》に八《や》坂《さか》神社を祀った天王山古墳で、径約二七メートル・高さ約六メートルの円墳である。この古墳群と道を挟んだ南側には、**東原古墳**《ひがしはらこふん》とよんでいる全長約三〇メートルの前方後円墳がある。また、この古墳の西方には、前方後円墳一基と円墳《えんぷん》一〇基ほどからなる**猿山城跡内古墳群**《さるやまじょうせきないこふんぐん》がある。主墳は埴輪《はにわ》をともなう前方後円墳の本郷山古墳《ほんごうやまこふん》だが、墳丘は盗掘などによって荒らされ原形を留めていない。この古墳群一帯は猿山城跡である。

猿山城跡は、東西約三五〇メートル・南北約三〇〇メートルの規模で、東と西側に堀・土塁が遺っている。中世に築かれた平城《ひらじろ》だが詳細は不明である。伝承では猿山大学《さるやまだいがく》の居城といい、大永《たいえい》六年（一五二六）、猿山城の東方で宇都宮忠綱《ただつな》（一八代城主）と結城政朝《ゆうきまさとも》が合戦した後、廃城になったという。『宇都宮興廃記《こうはいき》』によれば、政朝は忠綱の妹婿《いもうとむこ》であったが、忠綱は政朝と不和の間柄であったので、密かに政朝を滅ぼそうと謀っていた。これを知った政朝は、大永六年一二月六日、猿山の地まで押し寄せたので、忠綱は抗戦したが敗退し、鹿沼に逃れて壬生綱雄《つなたけ》に助けを求めた。忠綱の叔父芳賀興《おき》綱《つな》は前から忠綱を恨《うら》んでいたので、これを機に忠綱不在の宇都宮城を急襲して占拠し、政朝は興綱を立てて宇都宮城主（一九代）にしたという。

　猿山城跡の北北西方に**大塚神社古《おおつかじんじゃこ》墳《ふん》**がある。径約一六メートル・高さ二・五メートルほどの円墳で、墳頂に旧村社大塚神社を祀っているので、墳丘は削平されて原形を保っていない。この古墳の真西方に**下栗大《しもぐりおお》塚古墳《つかこふん》**（市史跡）がある。径約四三・五メートル・高さ約六・五メートルの比較的大きな円墳で、墳丘は二段に築成《ちくせい》され、墳頂に倉稲魂《うかのみたまの》命《みこと》を主祭神とする丸山稲荷大明神《まるやまいなりだいみょうじん》を祀っている。築造時期は不明だが、古墳時代後期ころのものであろう。

大塚神社古墳（下栗町）

　下栗は（シモグリ）は、小河川の多い沖積低地であるので、「シモ・グリ」という村名であろう。シモは動詞シモル（沈る）の語幹で、水が沁《し》み込むの意、グリはクリの濁音化で、クリは動詞クル（刳る）から、抉《えぐ》られた地を意味する。下栗は水利に恵まれているが、今でも豪雨・長雨が続くと田畑が冠水しやすいので、村名は出水による浸食地に由来すると思われる。

下栗大塚古墳（下栗町）

○砂田《すなた》

　砂田は田川《たがわ》左岸の沖積地に位置し、北東部はやや低い台地となっている。北は上横田町《かみよこたまち》・屋板町《やいたまち》・さるやま町《まち》、東は下桑島町《しもくわじままち》、南は磯岡《いそおか》（上三川町）、西は東谷町《とうやちょう》・中島町《なかじまちょう》に接する南北に細長い地域である。北西から南東へ向け一般県道三二〇号線（二宮《にのみや》宇都宮線。通称砂田街道《すなたかいどう》）が通っている。地内を夏防川《なつぼがわ》（江川《えがわ》）が南流し、下流で九十九瀬川《つくもせがわ》が曲流している。屋板方面から砂田に流入する川は、砂田地内で各方面に幾度も流れを変えるので、九十九瀬川とよばれている。

『宇都宮興廃記《こうはいき》』に、天正《てんしょう》一四年（一五八六）一〇月、常陸《ひたち》の水谷出《みずたにで》羽入道蟠龍《わにゅうどうばんりゅう》（下館《しもだて》城主）は上三川《かみのかわ》の制圧を画策して千余騎で侵攻し、防戦する芳賀・今泉・横田諸氏らの宇都宮勢と砂田で対峙《たいじ》したが、結城《ゆうき》晴朝《はるとも》（結城城主）の仲裁で和睦したことが記されている。

砂田村は、近世を通じて宇都宮藩領で、「元禄郷帳《げんろくごうちょう》」「天保郷帳《てんぽうごうちょう》」に東横田村《ひがしよこたむら》の枝郷《えだごう》と見える。天保年間（一八三〇～四四）の家数五軒。村内の中央に旧村社稲荷神社《いなりじんじゃ》がある。社伝によると伏見稲荷大社《ふしみいなりたいしゃ》（京都市伏見区。旧官幣大社《かんぺいたいしゃ》）より分霊を勧請《かんじょう》し、承暦《じょうりゃく》元年（一〇七七）に創祀したという。主祭神は倉稲《うかの》魂命《みたまのみこと》である。当村は明治二二年（一八八九）に横川村の大字となり、昭和二九年（一九五四）宇都宮市砂《すな》田町《たまち》となる。

砂田の村名は、「慶長《けいちょう》年間（一五九六～一六一五）の村設立時に、痩《やせ》地《ち》で良田がなかったので、村民が一致協力して砂混じりの良土を運び、痩田を良田に改良したことによる」（『地誌編輯材料取調書』）というが、こじつけた由来である。当地は洪水の氾濫がおこるたびごとに、河川の流れを変える九十九瀬川が土砂を運んで耕地に堆積したので、村名はこれに由来するものである。

稲荷神社（砂田町）

○屋板《やいた》

屋板は、蛇行して南流する田川《たがわ》左岸の沖積地に位置する。中央部に東川田《ひがしかわだ》（現川田町《かわだまち》）で田川から引水した川田用水が南流している。北は川田町・下栗町《しもぐりまち》、東はさるやま町《まち》、南は東横田町《ひがしよこたまち》、西は上横田町《かみよこたまち》に接し、地内の西部を主要地方道三五号

新町名「インターパーク」

平成二〇年（二〇〇八）、東谷町《とうやちょう》・中《なか》島町《じまちょう》・砂田町《すなたまち》・平塚町《ひらつかまち》・屋板町《やいたまち》・上横《かみよこ》田町《たまち》の六町にまたがる地区（「東谷・中島地区」）、約一三七・五ヘクタール（東西約一キロ・南北約二・五キロ）に及ぶ地域が、テクノポリス（高度技術集積都市）

「インターパーク」内を縦貫していた東山道跡（道幅約14m）（栃木県教育委員会提供）

開発によって、新しく「インターパーク」（一丁目～六丁目）という町が誕生した。町名は北関東自動車道の出入路「宇都宮上三川ＩＣ」近くに位置し、緑の多いパーク（公園）をイメージして付された。そのシンボルとして町域北端に**インターパーク中央公園**が整備されている。

インターパーク中央公園（インターパーク１丁目）

この「東谷・中島地区」は、宇都宮市南部で上三川町北部に接し、田畑を中心としたなだらかに広がる低台地と肥沃な沖積地に恵まれた地であった。このため原始・古代の大きな集落跡（砂田遺跡・立野《たての》遺跡・笹塚《ささづか》遺跡など）や古墳群（笹塚古墳群・琴平塚《ことひらつか》古墳群・磯岡北《いそおかきた》古墳群など）が群在し、「東谷・中島地区遺跡群」として知られている所であったので、区画整理事業に先立ち、平成六年（一九九四）から長期にわたって発掘調査が行われ、特に東谷町の杉村《すぎむら》・権現山《ごんげんやま》両遺跡や中島町の磯岡北遺跡などからは、京《みやこ》と東北地方を結ぶ奈良・平安時代の官道東山道跡《とうさんどうあと》が発掘され、全国的に脚光を浴びた地域であった。

宇都宮市域を通っていた東山道は、田《た》部《べ》駅家《うまや》（宇都宮市茂原町《もばらちょう》と上《かみ》三川町上神主《こうぬし》との境付近）方面から北東進して、東谷町《とうやちょう》（杉村遺跡）から西刑部町《にしおさかべまち》（西原遺跡）へと進み、ここから石井町《いしいまち》の久《きゅう》部《ぶ》・岡新田《おかしんでん》近くの台地東端部を北上していた。

線（宇都宮結城《ゆうき》線。通称上三川街道《かみのかわかいどう》）がほぼ南北に通り、東部を一般県道三二〇号線（二宮《にのみや》宇都宮線。通称砂《すな》田街道《たかいどう》）が北西から南東に向け通っている。中心集落は北西部の三五号線沿いである。

屋板村は、もと台新田《だいしんでん》とともに上《かみ》横田村《よこたむら》の内で、近世を通じて村役人を置かず、上横田村役人が兼帯《けんたい》した。宇都宮藩領で、天保《てんぽう》年間（一八三〇～四四）の家数一二軒。助郷《すけごう》は日光街道 雀宮宿《すずめのみやしゅく》に出役《しゅつやく》した。幕末期に屋板村の荒廃は著しかったので、文政《ぶんせい》九年（一八二六）には上横田・屋板両村で家数四一軒・人数一二九人となり、文政三年（一八二〇）から天保七年（一八三六）まで助郷役の半高休役《はんだかきゅうやく》を許されている。屋《や》板本町《いたほんちょう》公民館の近くに、江戸時代後期ころ（天明《てんめい》三＝一七八三年）に創祀されたという**星宮神社**《ほしのみやじんじゃ》がある。

星宮神社（屋板町）

神社境内の供養塔に「天明三 癸《みずのと》卯《う》」という年号がみられるので、天明三年という創祀年代は、これを裏づけるものといえよう。主祭神は磐《いわ》裂神《さくのかみ》・根裂神《ねさくのかみ》で、新開地のさい産《うぶ》土神《すながみ》として勧請《かんじょう》されたのであろう。

明治二二年（一八八九）に横川村の大字となり、昭和二九年（一九五四）、宇都宮市屋板町《やいたまち》となる。

屋板は田川左岸に位置しているので、「ヤ・イタ」という村名であろう。矢板市《やいたし》矢板と同じく、ヤはヤツ（谷津）・ヤチ（谷地）の下略で、低湿地の意。イタは動詞イタム（傷・損）の語幹で、崩壊・浸食地の意。従って、屋板の村名は、田川の洪水によって浸食・崩壊した地に由来するものであろう。

○東横田《ひがしよこた》

東横田は、田川《たがわ》右岸の台地（宇都宮西部台地とか宝木台地《たからぎだいち》という）と田川の沖積地上に位置し、中央部を田川が南東流している。北は上横田《かみよこた》町《まち》・屋板町《やいたまち》、東は屋板町、南は中島《なかじま》町《ちょう》・上御田町《かみみたちょう》、西は宮の内《みやのうち》一丁目に接し、東部を主要地方道三五号線（宇都宮結城《ゆうき》線。通称上三川街道）が南北に通っている。

東横田村は、中世に横田郷《よこたごう》の内で、南北朝時代の建武《けんむ》四年（一三三四）一二月の茂木知貞軍忠状《ともさだぐんちゅうじょう》に

「九月廿一日宇都宮横田原合戦」と見える。軍忠状とは武士が参加した合戦で、討ち取った敵の人数、生け捕りにした人数、自身と一族郎党《ろうとう》などの戦死・負傷の状況を記して報告した文書のこと。当村は近世を通じて宇都宮藩領で、天保《てんぽう》年間（一八三〇～四四）の家数一二軒。助郷《すけごう》は日光街道 雀宮宿《すずめのみやしゅく》に出役《しゅつやく》する。村内の台地上に山を支配する大山祇神《おおやまつみのかみ》を主祭神とする旧村社湯殿神社《ゆどのじんじゃ》がある。村名の由来は「上横田」の項で既述した。

明治二二年（一八八九）に横川村の大字となり、昭和二九年（一九五四）、宇都宮市 東横田町《ひがしよこたまち》となる。同四一年（一九六六）に一部が宮の内一丁目となり、人口の急増にともない、西部の台地部は横田新町《よこたしんまち》・城《じょう》南《なん》三丁目となる。

(11) 雀宮《すずめのみや》地区（旧雀宮村）

雀宮地区（旧雀宮村）は、田川《たがわ》と姿川《すがたがわ》に挟まれた台地（宇都宮西部台地とか宝木台地《たからぎだいち》という）上に位置し、おおむね平坦地である。明治二二年（一八八九）年に雀《すずめ》宮《みや》・針谷《はりがや》・茂原《もばら》・御田長島《みたながしま》・下横田《しもよこた》・東谷《とうや》・羽牛田《はぎゅうだ》・下《しも》反町《そりまち》・中島《なかじま》・上御田《かみみた》の一〇か村が合併して、「雀宮村《すずめのみやむら》」が成立する。北は旧横川《よこかわ》村《むら》東《ひがし》横田《よこた》・台新《だいしん》田《でん》、東は田川を挟んで旧横川村屋板《やいた》、南は旧姿村《すがたむら》（旧石橋町）上古山《かみこやま》・上三川町上神主《かみこうぬし》、西は旧姿川村兵庫塚《すがたがわむらひょうごづか》・幕田《まくた》・壬生《みぶ》町安《やす》塚《づか》に接している。

雀宮の村名は、某書に「豊城入《とよきいり》彦命《ひこのみこと》が東国《とうごく》平定のため両毛《りょうもう》（上毛《かみつけ》野《ぬ》・下毛野《しもつけぬ》）の地を訪れ、たまたま

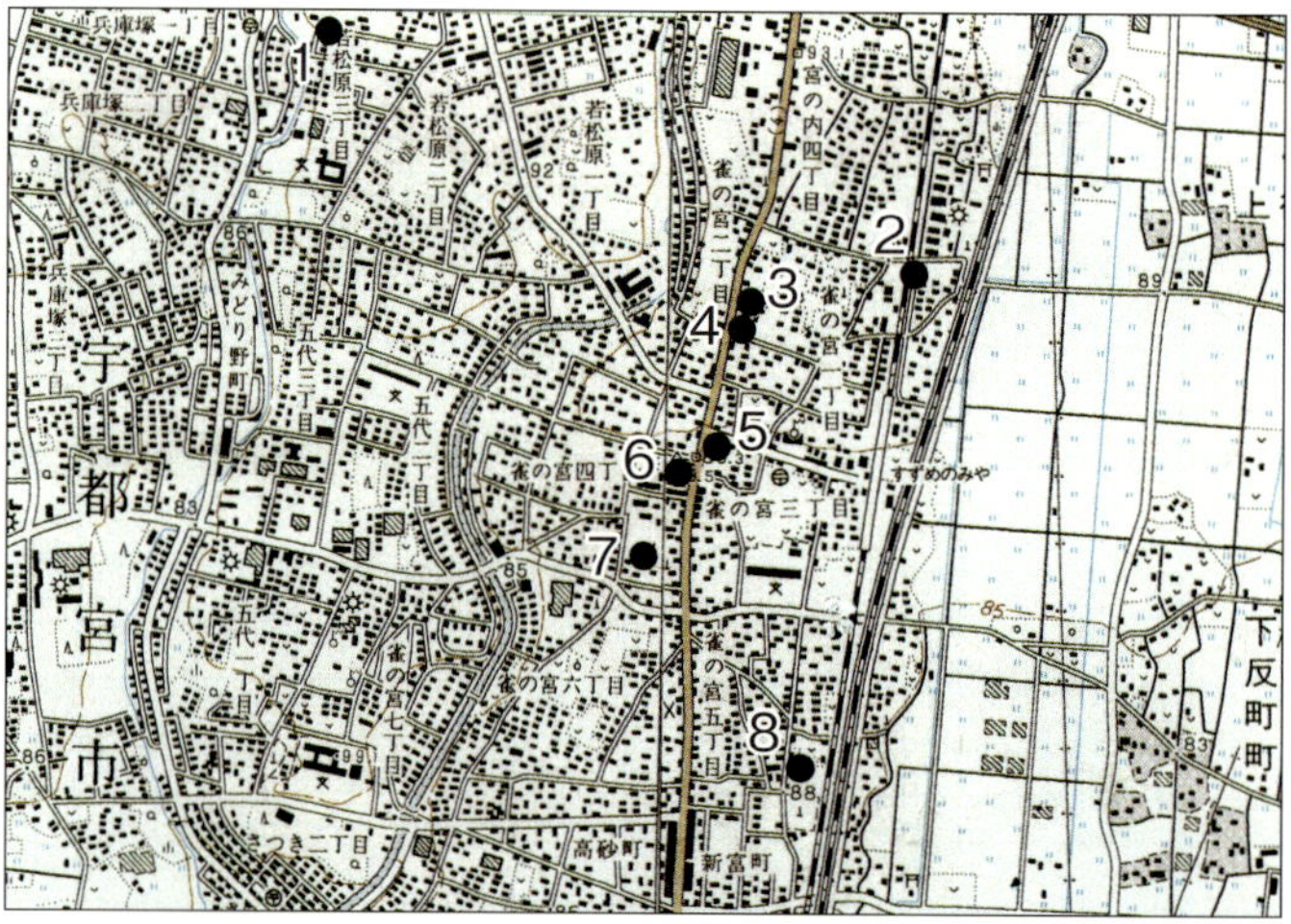

雀の宮・若松原・みどり野・五代付近、2万5千分の1「上三川」（平成15）・「壬生」（平成14）。●印　1.二軒屋遺跡（若松原3丁目）　2.綾女塚古墳（雀宮町）　3.雀宮神社（雀の宮1丁目）　4.馬頭観音（雀の宮1丁目）　5.仮本陣跡（雀の宮3丁目）　6.本陣跡（雀の宮4丁目）　7.正光寺（雀の宮4丁目）　8.雀宮牛塚古墳（新富町）

雀宮で薨《こう》ぜられたのでここにお祀りし、後に宇都宮へ移し奉ったので雀宮を［しずめの宮］といい、宇都宮を［うつしの宮］と呼んだものであるが、後に転訛して今の地名になったという」と記し、さらに「命の後《こう》裔《えい》が住んでいたともいわれ、牛塚《うしづか》（後述したい）はその墳墓であるともいう」と付記している。また同書は「茂原の古寺跡から出土した古瓦に雀部《ささきべ》という豪族の姓の文字があったので、この［雀部の宮］が雀宮となったという説もある」としている。

しかし、雀宮の村名は、鎮守 雀《すずめの》宮神社《みやじんじゃ》（雀宮一丁目）の社名に由来するものである。それではなぜ社名を「雀宮」と付したのであろうか。

雀は人家の近くに棲んで、人との関わりが深い小鳥である。このため古くから『宇治拾遺物語《うじしゅういものがたり》』の「舌切り雀」の話、「雀孝行」の話、「雀の仇討《あだう》ち」という猿蟹《さるかに》合戦系統の話など、雀に関わる伝説は数多く残っている。雀宮神社については、次のような雀大明神《すずめだいみようじん》の伝説がある。

その伝説とは、「ある男が間男《まおとこ》した妻と密夫《みつぷ》の企みによって、針の入った餅《もち》を食べさせられて苦しんでいると、庭先で同じように苦しんでいる一羽の雀がいた。そこへ別の雀が飛んできて韮《にら》を食べさせると、雀の尻から針が出た。それを見た男は真似して韮を食べると針が出たので、一命を救われた。男は雀に感謝し、雀を大明神として祀った」というものである。

雀は雛《ひな》を育てる間は主に昆虫などを捕らえるが、秋冬には田畑に群れて穀物を害するので、農民は雀の害を除くため、「雀大明神」を祀ったのが神社の創祀であり、この神社名をとって村名を「雀宮」としたのではなかろうか。ちなみに秋田県大仙《だいせん》市《し》には俗称「雀の神様」という、雀の害避けの神社がある。

明治二二年（一八八九）四月 雀宮・針谷・茂原・御田長島・下横田・東谷・羽牛田・下反町・中島・上御田の一〇か村が合併して、雀宮村が成立する。

昭和二四年（一九四九）四月 姿川村西川田の一部が雀宮村に編入する。

昭和二五年（一九五〇）五月 下都賀郡姿村の一部が雀宮村に編入する。

昭和二八年（一九五三）一一月 河内郡雀宮町となる。

昭和三〇年（一九五五）四月 宇都宮市に編入し、宇都宮市雀宮町となる。

○雀宮《すずめのみや》

雀宮は雀の宮一～六丁目などを挟んで、西部地域と東部地域に分かれ、かつては東部地域は水田地帯、西部地域は雑木林であったが、今では急激な宅地化にともない、そうした景観は微塵もみられない。地内を国道四号線が南北に通り、北部を国道一二一号線（宇都宮環状道路）、南部を一般県道一九三号線（安塚《やすづか》雀宮線）がそれぞれ東西に通っている。

現在の雀宮の街並み（雀の宮３丁目から以北）

江戸時代から明治二二年（一八八九）まで雀宮村、同年に雀宮村雀宮となり、昭和二八年（一九五三）に町制施行、同三〇年（一九五五）、宇都宮市雀宮町となる。そして現在は雀宮町《すずめのみやちょう》・雀の宮一～七丁目・新《しん》富町《とみちょう》・末広《すえひろ》一～二丁目・高砂町《たかさごちょう》・南高砂町《みなみたかさごちょう》・南町《みなみまち》・富士見町《ふじみちょう》・茂《も》原《ばら》一～二丁目・五代《ごだい》一～三丁目・さつき一～三丁目・若松原《わかまつばら》一～三丁目・みどり野町《のまち》・宮《みや》の内《うち》一～四丁目などになっている。

「日光道中略記《にっこうどうちゅうりゃっき》」（天保《てんぽう》一四＝一八四三年ころ成立か）に、「当宿（雀宮宿《すずめのみやしゅく》）は下横《しもよこ》田《た》村《むら》よりの分村にて、本郷《ほんごう》より土地高きを以て台横《だいよこ》田村《たむら》と号し、東のかた奥州古道《おうしゅうこどう》の辺《あたり》より人民住せしが、元和《げんな》年中（一六一五～二四）日光街道がひらけしより往還《おうかん》の左右に移り、鎮守雀宮《すずめのみや》明神《みょうじん》（雀宮神社）の社に近きを以て雀宮村と改め、宿駅となりてより雀宮宿と唱ふ」とある。

これによると、雀宮宿ははじめから集落を形成していたわけではなく、元和年間に日光街道が造成されてから道筋に人家が集まり、新しく宿が形成されたという。元和三年（一六一七）日光廟《にっこうびょう》（徳川家康《いえやす》の廟《びょう》所《しょ》）が造営され、同年四月、将軍秀《ひで》忠《ただ》によってはじめて日光社参《にっこうしゃさん》が行われ、同五年（一六一九）・同八年（一六二二）にも行われているので、これによって日光街道が整備され、このころ雀宮宿が形成されたのであろう。当宿は日光街道（日光道中《どうちゅう》）一六番目の宿場《しゅくば》（雀宮宿《すずめのみやしゅく》）で、江戸まで二五里一一町（約一〇一キロ）、石橋宿《いしばししゅく》まで一里半五町、宇都宮宿まで二里一町であった。

雀宮宿ははじめ宇都宮藩領であったが、延享《えんきょう》元年（一七四四）より幕府領となり幕末に至ったのは、幕府が当宿駅を重視したからであろう。宿の長さは五町二〇間（約五八〇メートル）で、横町や裏町はなく、南北に細長い街並みが続き、天保《てんぽう》年間（一八三〇〜四四）の家数七二軒（うち本陣《ほんじん》一軒・脇本陣《わきほんじん》一軒・旅籠《はたご》屋《や》三八軒）であった。家数に対し旅籠屋の割合が半数以上を占めているので、旅籠屋稼業の多かったことがわかる。

雀宮宿は上町《かみまち》（雀の宮一・二丁目）・中《なか》町（雀の宮三・四丁目）・下《しも》町（五・六丁目）の三町に分かれていたが、その中心は中町で本陣・脇本陣や大きな旅籠屋があった。本陣は街道西側（四丁目）の大和田《おおわだ》内科胃腸科病院辺りにあり、数年前まで病院の北東隅に「雀宮本陣跡」の石柱があったが、今は撤去されたのか見当たらない。本陣跡の南西方近くに正光寺《しょうこうじ》（天台宗。雀の宮四丁目）がある。雀宮宿の形成にともない寛《かん》永《えい》二年（一六二五）に創建されたが、堂宇《どうう》は明治三五年（一九〇二）の大暴風雨で全壊し、現在のものはその後に再建されたものだ。本陣跡北方の街道東側（雀の宮三丁目。バス停雀宮駅入口）近くに芦谷《あしや》家がつとめた仮本陣《かりほんじん》があった。

正光寺（雀の宮４丁目）

街道沿いの雀宮は、昭和三〇年（一九五五）前後ころまでは街村《がいそん》状の集落をなし、あちこちに宿駅（宿場）の面影を残していたが、この半世紀余の間にすっかり都市化し変貌してしまった。明治初期の『上野・下野道の記』（円朝《えんちょう》著。明治九年）に、「雀の宮駅（宿駅のこと）に入れ

雀宮宿の「仮本陣跡」（芦谷家。雀の宮３丁目）

ば、芝居《しばい》興行《こうぎょう》ありとて所々に番付け張出せし故、立止りて見れば、名の知らざる俳優なり。安泊りの二階に役者七、八人居ると見るに、奥山に出たる豆蔵《まめぞう》の類《たぐい》なり」と記し、結構賑やかな宿であったようだ。豆蔵とは手品・曲芸・物真似などを行う大道芸人のことである。

雀宮一丁目に鎮守雀宮神社がある。神社に南接した街道沿いに、安《あん》政《せい》五年（一八五八）三月銘の高さ二メートル余の石塔馬頭観音《ばとうかんのん》（文字碑）が覆堂の中に祀られている。この辺りが雀宮宿の出口である。神社の祭神は素戔鳴尊《すさのおのみこと》・藤原実方《さねかた》である。「小倉百人一首《おぐらひやくにんいっしゅ》」の歌人実方がなぜ祀られているのだろうか。次のような伝えがある。

雀宮神社（雀の宮１丁目）

「長徳《ちょうとく》元年（九九五）、陸奥守《むつのかみ》に任じられた藤原実方は、当地で休息して陸奥へ向かった。妻の綾女《あやめ》は実方を追って陸奥へ向かう途中、この地で病死した。遺言によって持っていた宝珠《ほうじゅ》を埋め、そこに社殿を建て、産土神《うぶすながみ》として祀った。同三年（九九七）九月、実方も陸奥で亡くなったが、その霊魂が〝雀〟となって飛来し、神祠《しんし》に入って奇瑞《きずい》を示したので雀宮神社とし、実方を合祀した」という。

雀の宮五丁目辺りに雀宮一里塚《すずめのみやいちりづか》があった。今では塚は湮滅して痕跡を留めていないが、「日光道中絵図」に一里塚が記され、ここは江戸日本橋から二五里の地点である。

ＪＲ雀宮駅の南方近くに雀宮牛塚古墳《すずめのみやうしづかこふん》（新富町。湮滅）が築かれていた。文政《ぶんせい》七年（一八二四）、明治一〇年（一八七七）、昭和四四年（一九六九）の三度、発掘調査が行われた。とくに明治一〇年には道路修復にともない大々的に行われ、貴重な

文字碑「馬頭観音」（雀の宮１丁目）

画文帯神獣鏡《がもんたいしんじゅうきょう》（漢式鏡《かんしききょう》という中国の鏡を模倣して鋳造したもの）や変《へん》形獣文鏡《けいじゅうもんきょう》・五鈴鏡《ごれいきょう》・四鈴鏡《よんれいきょう》などの鏡、直刀《ちょくとう》・鉄鏃《てつぞく》・短甲《たんこう》などの武器・武具、環鈴《かんれい》・鈴杏葉《すずぎょうよう》・轡《くつわ》などの馬具、鉄釧《てつくしろ》・勾玉《まがたま》・管玉《くだたま》・丸《まる》玉《だま》・耳飾《みみかざり》などの装身具が出土している（東京国立博物館蔵）。この古墳は、五世紀末～六世紀初めころに築造された全長約五七メートルの大きな帆立貝式《ほたてがいしき》の前方後円墳《ぜんぽうこうえんふん》であった。

またJR雀宮駅の北方には前方後円墳の綾女塚古墳《あやめづかこふん》（雀宮町。湮滅）もあった。墳丘は明治一七年（一八八四）の日本鉄道敷設工事と同二八年（一八九五）の雀宮駅開設で削られ、大正元年（一九一二）の複線工事で墳丘のすべてが削平された。明治一七年削平のさい、墳丘東側のくびれ部から女性人物埴輪二体が出土している。

若松原三丁目（旧雀宮町中原）に弥生時代後期の二軒屋遺跡《にけんやいせき》がある。北関東地方における後期弥生土器（二軒屋式土器）の標識遺跡として知られ、昭和三〇年（一九五五）代ころまでの遺跡は、畑地・山林が大半で、一部が宅地であったが、現在は宅地化されて遺跡の位置を確認するのは容易ではない。昭和一三年（一九三八）に発掘調査が行われ、弥生土器の出土する範囲が、当時、根本氏宅と倉井氏宅との間の畑地からであったので、二軒屋式土器という型式名が付された。土器の文様は斜縄文《しゃじょうもん》・羽状縄文《うじょうじょうぶん》・櫛描文《くしがきもん》・簾《れん》状文《じょうもん》などで、羽状縄文は異条斜《いじょうしゃ》縄文《じょうもん》ともいわれる特異なものである。

○針谷《はりがや》（針ヶ谷）

姿川《すがたがわ》左岸に位置し、北は幕田《まくた》町《まち》・兵庫塚町《ひょうごつかまち》、東は兵庫塚三丁目・みどり野町《のまち》・五代《ごだい》・さつき一～三丁目・富士見町《ふじみちょう》、南は下野市上《かみ》古山《こやま》、西は下野市上古山に接する南北に長い平坦地である。北部を一般県道一八四号線（安塚《やすづか》雀宮線。通称安塚街道）が東西に通っている。この街道を挟んで北側の上坪《かみつぼ》と南側の中坪《なかつぼ》・下坪《しもつぼ》に分かれている。当地はかつては農業地域であったが、中央部以東は埋め立てられて住宅地化が著しく、現在は針ヶ谷町《はりがやちょう》・針ヶ谷一丁目・さつき三丁目・南町《みなみまち》・富士見町などになっている。

針谷村は、はじめ宇都宮藩領であったが、「改革組合村《かいかくくみあいむら》」（近世における村連合。文政《ぶんせい》一〇＝一八二七年設置）には針ヶ谷村と見え、幕府領と下総関宿《しもうさせきやど》藩の相給《あいきゅう》（一村を複数の領主が分割して知行《ちぎょう》すること。ここでは二給《きゅう》）となる。天保《てんぽう》年間（一八三〇～四四）の家数三四軒。明治二二年（一八八九）に雀宮村の大字となり、昭和三〇年（一九五五）、宇都宮市針ヶ谷町《はりがやちょう》となる。

　地内の中坪《なかつぼ》に誉田別命《ほんだわけのみこと》を主祭神とする旧村社八幡神社《はちまんじんじゃ》がある。社伝によると、出羽《でわ》の清原武衡《たけひら》を討つため源義家《よしいえ》は当地に下ると、弟の義光《よしみつ》は兄を援けようと此処で出逢って計略を定めた。このときこの里の豪族針谷民部《はりがやみんぶ》もこれに加わって出羽国に向かった。清原氏平定後、民部は此処に三社を祀って武運長久の神として八幡大神《はちまんのおおかみ》を尊崇したという。これが当社の創祀と伝えている。

八幡神社（針ヶ谷町）

　針ヶ谷町の石川坪《いしかわつぼ》に、縄文時代中期～晩期にわたる石川坪遺跡（針ヶ谷遺跡ともいう）がある。遺跡からは石棒《せきぼう》・独鈷石《どっこいし》・石剣《せっけん》・土偶《どぐう》・土版《どばん》などの遺物や東北地方の亀ヶ岡式土《かめがおかしきど》器《き》などが出土し、明治時代以降、中央の学界から「針ヶ谷遺跡」として脚光を浴びてきた。針ヶ谷町には石川坪遺跡以外に上坪・中坪にも遺跡があるので、今では石川坪遺跡として整理されている。

　針谷（針ヶ谷）は「ハリ・ガ（格助詞）・ヤ」という村名であろう。ハリは「針」ではなく「墾《はり》」から開墾地の意。ガはカの濁音化で格助詞、現代語の「ノ」に相当する。ヤは一般にヤツ（萢《やつ》）の場合が多いが、当地の地勢から考えるとヤツの一字音化で、小さな谷地形を意味しよう。従って、針谷（針ヶ谷）の村名は、谷地が入り込んだ低台地を切り開いた畑地に由来するものであろう。県内には針谷と同じ畑作地に「針」の付いた地名が多く、例えば針《はり》生《う》（矢板市）・針貝《はりがい》（旧今市市）がある。

○茂原《もばら》

　茂原は南流する田川《たがわ》右岸に位置し、北は羽牛田町《はぎゅうだちょう》・御田長島町《みたながしまちょう》、東は御田長島町・上三川町石田《いした》、南は上三川町上神主《かみこうぬし》、西は東北新幹線・東北本線（宇都宮線）を挟んで末広《すえひろ》二丁目・茂原二～三丁目と下野市上古山《かみこやま》に接している。田川が南東端部を南流し、西部を国道四号線（日光街道）が南北に通り、西部から住宅地化が進み、現在は茂原《もばら》町《ちょう》・茂原一～三丁目・末広二丁目などになっている。

茂原の地名は南北朝時代から見え、毛原《もばら》・裳原《もばら》とも書いた。建武《けんむ》三年（一三三六）一二月の茂木知貞軍《もてぎともさだぐん》忠状《ちゅうじょう》に「宇都宮毛原《もばら》合戦」と見える。軍忠状とは合戦で討ち取った敵の人数、生け捕りにした人数、自身と一族郎等の戦死・負傷の状況を記して報告した文書のこと。康暦《こうりゃく》二年（一三八〇）五月、境界争いに端を発した小山義政《よしまさ》と宇都宮基綱《もとつな》（一一代城主）の争いで、「裳原《もばら》」で合戦が行われ、宇都宮軍が敗北し、基綱が戦死したことが「宇都宮系図」などに見える。ここでは「裳原」と書いている。また、年未詳九月の宇都宮成綱《しげつな》（一七代城主）感状写《かんじょううつし》に「茂原《もばら》」と見え、成綱が当地で合戦したとき、中里伊予守《なかざといよのかみ》の城がよく持ち堪《こた》えたことを称している。感状とは武将が戦功のあった将士《しょうし》を賞するために与える文書のことである。

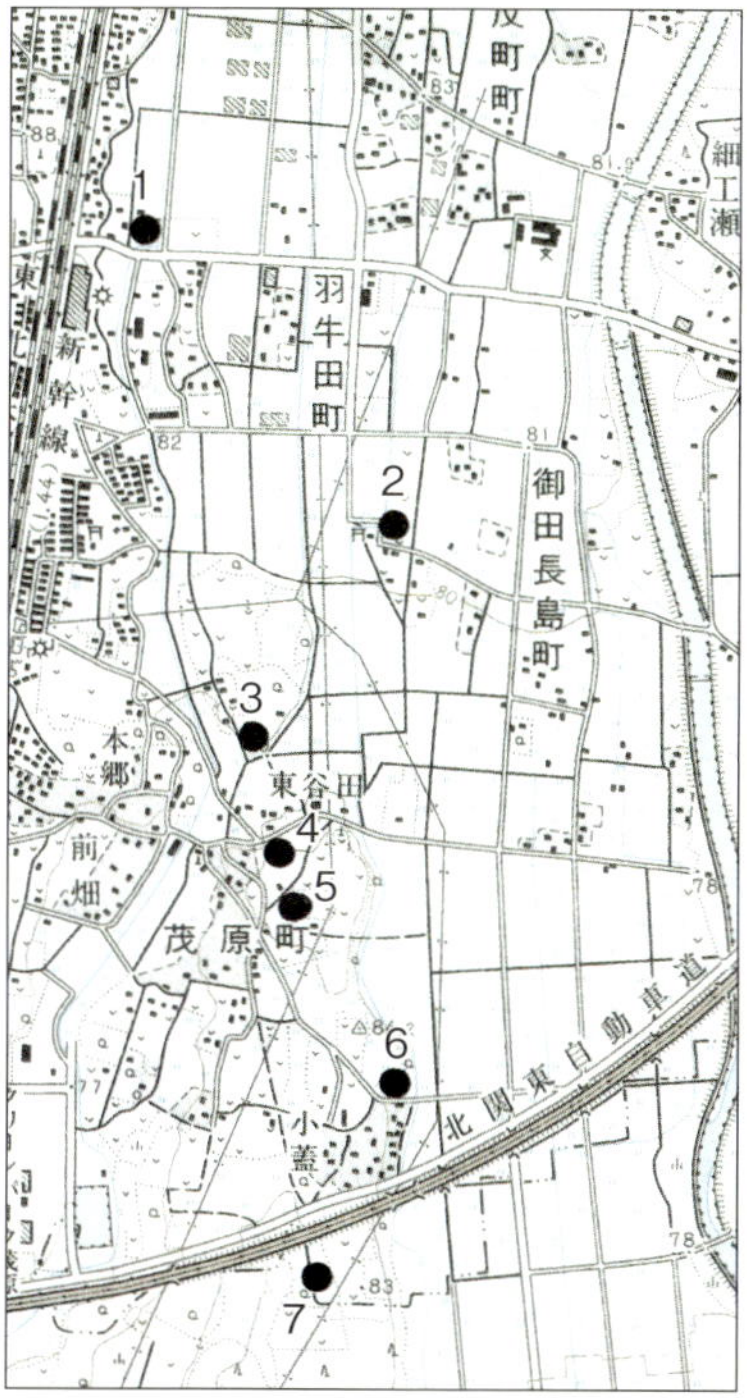

羽牛田町・御田長島町・茂原町付近「上三川」2万5千分の1（平成15）。●印 1.高龗神社（羽牛田町） 2.鈴木源之丞供養塔（御田長島町） 3.権現山古墳（茂原町） 4.大日塚古墳（茂原町） 5.茂原愛宕塚古墳（茂原町） 6.茂原観音堂（茂原町） 7.上神主・茂原官衙遺跡（茂原町）

茂原村は、近世初期は宇都宮藩領であったが、享保《きょうほう》九年（一七二四）に下総関宿《しもうさせきやど》藩領となり、明和《めいわ》元年（一七六四）幕府領、天明《てんめい》元年（一七八一）再び関宿藩領となり、幕末に至った。天保《てんぽう》年間（一八三〇～四四）の家数は御田茂原村《みたもばらむら》と合わせて三八軒。御田茂原村は「慶安郷帳《けいあんごうちょう》」では三田《みた》茂原村と見え、明治初年ころ茂原村の一部となっている。当村は明治二二年（一八八九）に雀宮村の大字となり、昭和三〇年（一九五五）、宇都宮市茂原町《もばらちょう》となる。

茂原地内には、古墳時代前期（四世紀代）の前方後方墳《ぜんぽうこうほうふん》の大日塚古墳《だいにちづかこふん》・茂原愛宕塚古墳《もばらあたごづかこふん》・権現山古墳《ごんげんやまこふん》が築かれ、**茂原古墳群《もばらこふんぐん》**を形成している。

大日塚古墳は、昭和五八年（一九八三）～同六〇年（一九八五）に発掘調査が行われた。前方部を南西西に向けた全長三五・八メートルの比較的小さい前方後方墳だが、埋葬施設は土壙《どこう》に箱式木棺《はこしきもっかん》を据《す》えたようで、ここから小型の青銅製素文鏡《そもんきょう》が出土し、墳丘《ふんきゅう》や周湟《しゅうこう》（溝）内からは古式《こしき》土師器《はじき》（甕・壺・坩《かん》・高坏《たかつき》・甑《こしき》）が出土している。四世紀初めころに築かれた古墳である。この古墳の南方近くに茂原愛宕塚古墳がある。昭和五二年（一九七七）に発掘調査され、前方部を南に向けた全長約五〇メートルの前方後方墳で、埋葬施設は土壙に割竹形木棺《わりたけがたもっかん》を据えた形跡がみられる。副葬品に小型仿製《ぼうせい》鏡《きょう》（中国の鏡を模倣した日本製鏡）・玉類（管玉《くだたま》・ガラス製小玉）・刀子《とうす》・竪櫛《たてぐし》などがあり、周湟内から有段口縁壺《ゆうだんこうえんつぼ》や古式土師器類が出土している。大日塚古墳より一世代後の四世紀前半に築かれた古墳である。

茂原集落の北端に四世紀後半に築かれた権現山古墳がある。前方部を南に向けた全長約六三メートルの大型の前方後方墳で未調査だが、墳形《ふんけい》から四世紀後半ころに築かれた古墳であろう。

茂原町と上三川町上神主《かみこうぬし》にまたがるところに、古代の河内郡衙跡《かわちぐんがあと》（役所跡）である上神主《かみこうぬし》・茂原官衙遺跡《もばらかんがいせき》（国史跡）がある。平成七年（一九九五）以降の発掘調査によって、官衙跡の全貌が明らかになった。遺跡の範囲は東西約二五〇メートル、南北推定三九〇メートルで、東辺の崖縁以外の三辺は溝《みぞ》で画し、掘立柱塀《ほったてばしらべい》をともなっている。区画内は中央部の政庁《せいちょう》域、南部の正倉《しょうそう》域、北部の北方建物群《ほっぽうたてものぐん》域の三地区に分かれている。

政庁（郡庁《ぐんちょう》）跡は、南面する正殿《せいでん》を中心に、広場を挟んで東と西側に脇殿《わきでん》（東脇殿・西脇殿）を左右対称に配している。政庁域南部の正倉域で確認された建物跡は五〇棟で、整然と」字型に並んで建てられ、総柱《そうばしら》式《しき》掘立柱建物跡四五棟、側柱式《そくばしらしき》建

上神主・茂原官衙遺跡（茂原町）政庁跡（正殿跡・東脇殿跡・西脇殿跡）（宇都宮市教育委員会提供）

物跡四棟、礎石瓦葺《そせきかわらぶき》建物跡一棟である。とくに礎石瓦葺建物跡からは約一二〇〇点の人名文字瓦が出土し、酒部《さかべ》・雀部《ささきべ》・神主部《かむぬしべ》など一九姓、姓不明約一〇〇人分が確認されている。河内郡内に住む戸主《へぬし》（一家の長）たちが、特別の正倉を造営するというので、すすんで瓦に自分の名を記し負担したのであろうか。

なお、この郡衙跡近くから古代の官道東山道跡《とうさんどうあと》が見つかっている。下野国内を通っていた東山道には七つの駅家《うまや》があり、その一つに田部駅家《たべうまや》があった。この駅家は距離的に郡衙跡辺りであるので、ひょっとすると駅家はこの郡衙に併置されていたのかも知れない。

茂原地内に茂原観音堂《もばらかんのんどう》がある。伝承によれば、この地に住んでいた宇都宮氏の家臣裳原遠江守家次《もばらとおとうみのかみいえつぐ》が、西国《さいごく》二一番札所《ふだしょ》の丹波《たんば》国穴太寺《あなおでら》（亀《かめ》岡《おか》市）の本尊自在菩薩《じざいぼさつ》の分身を迎えて堂宇《どうう》を建立したという。堂内に安置されている木造聖観音《しょうかんのん》菩薩立像《ぼさつりゅうぞう》（市指定）は、六〇年に一度開帳される秘仏で、室町時代の造像である。像高一・八八メートルの大きな仏像は、茂原観音の名で知られ、今でも安産・子育ての観音様として信仰されている。

茂原（モバラ）は、「モ・バラ」という村名。モは接頭語のモ（最）で、マ（真）とほぼ同じ意。バラはハラの濁音化で、ハリ・ハル（墾）と同意語から、開墾とか新しく土地を開くの意。従って、村名は新しく耕地として開かれた地に由来するものと解される。

（左）茂原観音堂（右）木造聖観世音菩薩立像（茂原町）（茂原観音堂の仏像説明板より複写）

〇御田長島《みたながしま》

当地は田川《たがわ》右岸の田川低地に位置し、北は下反町《しもそりまち》町《ちょう》、東は下横田《しもよこた》町《ちょう》、南は茂原《もばら》町《ちょう》、西は羽牛田《はぎゅうだ》町《ちょう》・茂原町に接している。東端の一部を田川が南流している。
御田長島村は、「慶安郷帳《けいあんごうちょう》」に三《み》田長島村《たながしまむら》と見える。近世初期は宇都宮藩領であったが、享保《きょうほう》元年（一七一六）から宇都宮藩と旗本《はたもと》大久保氏の相給《あいきゅう》となる。慶応《けいおう》二年（一八六六）に宇都宮藩領は高徳《たかとく》（旧藤原町高徳）藩領となる。天保《てんぽう》年間（一八三〇～四四）の家数一二軒。明治二二年（一八八九）に雀宮村の大字となり、昭和三〇年（一九五五）、宇都宮市御田長島町《みたながしまちょう》となる。

御田長島は、明和《めいわ》元年（一七六四）九月、宇都宮藩領内で起こった籾摺《もみすり》騒動《そうどう》の頭取《とうどり》鈴木源之丞《げんのじょう》の出身地である。高尾神社《たかおじんじゃ》に接した東農道脇に**鈴木源之丞《げんのじょう》供養塔《くようとう》**がある。

騒動の起こった年代について異説があり、「宇都宮義農伝《ぎのうでん》」（明治三六＝一九〇三年以降成立）は宝暦《ほうれき》三年（一七五三）としている。

この騒動については伝承にくい違いはあるが、おおよそ次のようである。

寛延《かんえん》二年（一七四九）七月、戸田忠盈《とだただみつ》は宇都宮から肥前国島原《ひぜんしまばら》（長崎県）へ国《くに》替《が》えとなり、かわって島原から松平忠祇《まつだいらただまさ》が宇都宮藩主として入部した。宇都宮藩の財源は豊かでなかったので、宝暦三年、藩は戸田時代の年貢米を「六合摺《ろくごうす》り」（一升の籾を六合の玄米に摺ること）で上納《じょうのう》する定めを、「五合摺り」という年貢米収納法に改めた。ところが宝暦一三年（一七六三）、藩主松平忠恕《ただひろ》は突如もとの「六合摺り」に戻す増徴策をとろうとした。そこで明和元年九月、宇都宮藩内の百姓数百人は二荒山神社《ふたあらやまじんじゃ》前の馬場《ばば》に集まって、年貢負担の軽減を求めて騒動を起こし、藩と結ぶ村役人や宇都宮城下の豪商宅を打《う》ち毀《こわ》す行動に発展した。騒動は藩兵《はんぺい》の出動によって鎮圧された。一般にこの百姓一揆《いっき》を「籾摺騒動」といっている。

鈴木源之丞供養塔（御田長島町）

騒動から一か月余過ぎた一〇月半ば、御田長島村の庄屋《しょうや》鈴木源之丞、今《いま》上平出村《かみひらいでむら》の庄屋後見亀右衛門《こうけんかめえもん》、今泉村《いずみむら》の庄屋丸太吉左衛門《まるたきちざえもん》、今泉新《いまいずみしん》田村《でんむら》の庄屋増渕六平《ろくべい》ら一九人が捕えられ、うちこれら四人は土堂原《どどうはら》刑場（岩曽村《いわぞ》）で処刑された。源之丞は、のち御田長島の高尾神社境内に**喜国大明神《きこくだいみょうじん》**として祀られた。

御田長島（ミタナガシマ）は、「ミ

タ・ナガシマ」という村名。ミタは「ミ（水）・タ（処）」から湿地のようにも思われるが、雀宮村には御田長島・上御田《かみみた》のほかに、下反町《しもそりまち》と針谷《はりがや》（針ヶ谷）に御供田《ごくうでん》（ごくでん）という地名が見られるので、ミタ（御田）は字義通り、神社領の田地の意で、おそらく式内社《しきないしゃ》「二荒山神社」の神《しん》田《でん》であろう。下反町・針谷の「御供田」とは、御供料《ごくうりょう》を収穫するための田地で、神社に供える米を作った田のことである。ナガシマは長い島状の地形のようにも解されるが、当地は田川の氾濫を受けた所であるので、「ナガ・シマ」という地名であろう。ナガは動詞ナガル（流）の語幹で、洪水による氾濫によって浸食を受けた地の意。シマ（島）は川沿い低地にできた耕地の意。従って田川の氾濫によって流失した耕地に由来する村名と思われる。

○下横田《しもよこた》

下横田は、田川《たがわ》左岸の田川低地に位置し、北は中島町《なかじまちょう》、東は東谷《とうや》町《ちょう》、南は上三川町石田《いした》、西は御田長《みたなが》島町《しまちょう》に接している南北に長い地域である。北部を一般県道一九三号線（雀宮真岡線）がほぼ東西に通っている。

下横田村は、はじめ宇都宮藩領であったが、天明《てんめい》二年（一七八二）から同八年（一七八八）まで幕府預《あずかり》地《ち》、その後再び宇都宮藩領となり、慶応《けいおう》二年（一八六六）に高徳《たかとく》藩領となる。天保《てんぽう》年間（一八三〇〜四四）の家数九軒。明治二二年（一八八九）に雀宮村の大字となり、昭和三〇年（一九五五）、宇都宮市下横田町《しもよこたちょう》となる。旧村社高尾神社《たかおじんじゃ》は創祀年代などは不詳だが、主祭神は高龗神《たかおかみのかみ》で、境内神社に宇賀魂命《うがのみたまのみこと》（倉稲《うかの》魂命《みたまのかみ》）を祭神とする稲荷神社《いなりじんじゃ》がある。

下横田（シモヨコタ）は上横田《かみよこた》（旧横川村《よこかわむら》）に対する村名で、ヨコ（横）は南北の方向に対する東西の方向をいい、タは田圃の「田」ではなく、場所・位置を示す接尾語である。従って、村名は田川左岸の地に由来するものである。

○東谷《とうや》

東谷は、田川《たがわ》左岸の田川低地に位置し、北は中島町《なかじまちょう》、東は上三川町磯《いそ》岡《おか》、南は上三川町石田《いした》、西は下横田《しもよこた》町《ちょう》に接する平坦地で、西部を主要地方道三五号線（宇都宮結城《ゆうき》線。通称上三川街道）が南北に、南部を一般県道一九三号線（雀宮真岡線）が東西に通っている。

東谷村は、はじめ宇都宮藩領であったが、天明《てんめい》二年（一七八二）から同八年（一七八八）まで幕府預《あずかり》地《ち》、その後宇都宮藩領に戻り、慶応《けいおう》二年（一八六六）に高徳《たかとく》藩領となる。「慶安郷帳《けいあんごうちょう》」に東屋村《とうやむら》と見える。天保《てんぽう》年間（一八三〇〜四四）の家数一七軒。明治二二年（一八八九）に雀宮村の大字となり、昭和三〇年（一九五五）、宇都宮市東谷町《とうやちょう》となる。

東谷地内の「東谷町」交差点の南方近くの三五号線沿いに、大型の**笹《ささ》塚古墳《づかこふん》**（県史跡）が築かれている。前方部を西に向けた全長約一〇〇メートルの前方後円墳《ぜんぽうこうえんふん》で、後円部は三段に築成され、墳丘《ふんきゅう》に葺石《ふきいし》がみられ、これまでに円筒埴輪《えんとうはにわ》・朝顔形《あさがおがた》埴輪が出土している。墳丘を取りまく周湟《しゅうこう》（溝）は、水田下に埋もれているが、盾《たて》の形をした田圃の畦畔《けいはん》として遺っている。出土した埴輪の特徴や墳形《ふんけい》などから、古墳時代中期（五世紀半ば）に築かれたもので、本県では早い時期に築かれた前方後円墳として注目されている。後円部の墳《ふん》頂《ちょう》は削平されて薬師堂が西向きに建っている。

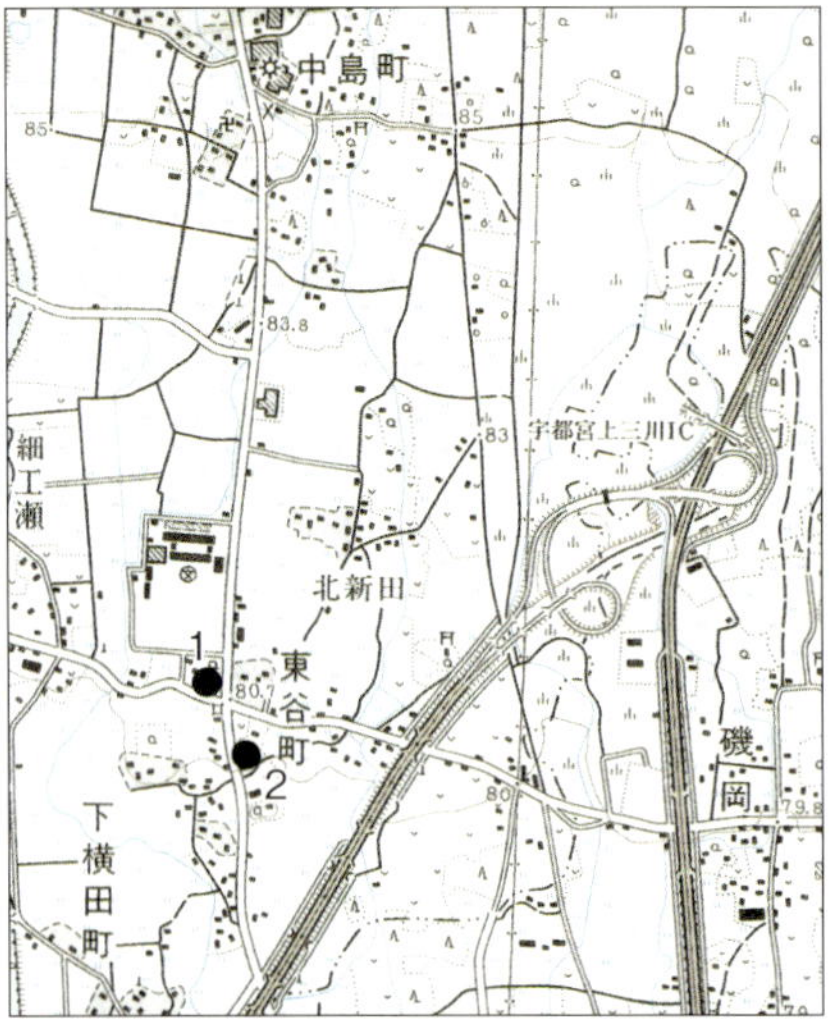

東谷町付近「上三川」2万5千分の1（平成15）。●印　1.双子塚古墳（東谷町）　2.笹塚古墳（東谷町）

「東谷町」交差点の北西角近くに**双子塚《ふたごづか》古墳《こふん》**がある。前方後円墳であったが、明治二四年（一八九一）、小学校の建設工事によって前方部が削り取られ、後円部があたかも円墳のように遺っている。全長推定六〇メートルという比較的大きな古墳であったようだ。また、笹塚古墳の南方近くには**鶴舞塚古墳《つるまいづかこふん》**という円墳《えんぷん》があったが、今は墳丘がすっかり削り取られ残っていない。さらにこの古墳の南東方には**松の塚古墳《まつのつかこふん》**が築かれていた。

笹塚古墳（東谷町）

東谷町内の権現山《ごんげんやま》遺跡と杉村《すぎむら》遺跡

からは、古代の官道東山道跡《とうさんどうあと》が発掘されている。東山道は田部駅家《たべうまや》（上《かみ》神主《こうぬし》・茂原官衙遺跡《もばらかんがいせき》辺りか）方面から北東進し、東谷町（杉村遺跡）から上三川町磯岡《いそおか》（杉村北遺跡）―西《にし》刑部《おさかべ》町（西原遺跡）へと進み、ここから石井《いしい》町の久部《きゅうぶ》・岡新田《おかしんでん》近くの台地東端を北上して衣川駅家《きぬかわうまや》（平出《ひらいで》町上野《うわの》遺跡付近か）へと向かっていた。

東谷（トウヤ）は、「トウ（接頭語）・ヤ」という村名か。トウはトの長音化で、接尾語トと同じく、場所などを示すトコロ（処・所）の意。ヤはヤツ（萢）の略で湿地の意。東谷は田川左岸の田川低地に立地しているので、田川沿岸の低湿地に由来する村名と思われる。

○羽牛田《はぎゅうだ》

田川《たがわ》右岸に位置する平坦地で、北は下反町町《しもそりまちちょう》、東は下反町町・御田《みた》長島町《ながしまちょう》、南は茂原町《もばらちょう》、北西は雀《すずめの》宮町《みやちょう》に接している。中央部を一般県道一九三号線（雀宮真岡線）が東西に通っている。

羽牛田村は、はじめ宇都宮藩領であったが、天明《てんめい》二年（一七八二）から同八年（一七八八）まで幕府預《あずかり》地《ち》、その後宇都宮藩領に戻ったが、慶応《けいおう》二年（一八六六）に高徳《たかとく》藩領となる。天保《てんぽう》年間（一八三〇～四四）の家数一一軒。明治二二年（一八八九）に雀宮村の大字となり、昭和三〇年（一九五五）、宇都宮市羽牛田《はぎゅうだ》町《ちょう》となる。旧村社高龗神社《たかおじんじゃ》は、社伝によると建暦《けんりゃく》元年（一二一一）の創祀といい、主祭神は雨之水分神《あめのみくまりのかみ》。境内神社に八坂《やさか》神社・八幡《はちまん》神社・稲《いな》荷《り》神社がある。

羽牛田（ハギュウダ）は、「ハギ・ウダ」という村名であろう。ハギは動詞ハグ（剝ぐ）の連用形の名詞化で、浸食・崩壊した地の意。ウダはウタ・ムタと同じく泥地・湿地の意。当地は田川の洪水による氾濫によって、浸食を受けた低湿地に由来する村名と思われる。

○下反町《しもそりまち》

田川《たがわ》右岸の田川低地に位置し、北は上御田町《かみみたちょう》、東は中島町《なかじまちょう》・下横田《しもよこた》町《ちょう》、南は御田長島町《みたながしまちょう》、西は雀宮《すずめのみや》町《ちょう》・羽牛田町《はぎゅうだちょう》に接している。南部を一般県道一九三号線（雀宮真岡線）が東西に通っている。

下反町村は、古く宇都宮大明神《だいみょうじん》（二荒山神社《ふたあらやまじんじゃ》）の采田《さいでん》があったので御田《みた》と称し、上御田《かみみた》に対して下御田《しもみた》といったが、天治《てんじ》年間（一一二四～一一二六）に下反町村に改めたという（「地誌編輯《へんしゅう》材料取調書」）。当村ははじめ宇都宮藩領であったが、天明《てんめい》二年（一七八二）から同八年（一七八八）まで幕府預地《あずかりち》、その後宇都宮藩領に戻ったが、慶応《けいおう》二年（一八六六）に高徳《たかとく》藩領となる。天保《てんぽう》年間（一八三〇～四四）の家数一〇軒。明治二二年（一八八九）に雀宮村の大字となり、昭和三〇年（一九五五）、宇都宮市下反町町《しもそりまちちょう》となる。地内に通称鎮守様という旧村社高龗《たかお》（高尾）神社がある。

下反町（シモソリマチ）は、「シモ（下）・ソリ・マチ」という村名。シモ（下）は上《かみ》・下《しも》の別を示す。ソリは動詞ソル（剃る）の連用形で、「剃り落とされたような地形」の意。マチは集落地の意。当地は田川低地に位置するので、洪水によって浸食を受けた地に由来する村名であろう。当地には浸食地に関わる字名として、東河原・東浦・北浦・長島浦などがある。「浦《うら》」は洪水によって「海の浦」のような様になった情景を示す地名である。

○中島《なかじま》

中島は、田川《たがわ》左岸の田川低地に位置し、北は東横田町《ひがしよこたまち》、東は砂田町《すなたまち》、南は東谷町《とうやちょう》、西は上御田町《かみみたちょう》・下反《しもそり》町町《まちちょう》に接している。地内を主要地方道三五号線（宇都宮結城《ゆうき》線。通称上三川街道）が南北に通っている。

中島村は、近世を通じて宇都宮藩領で、天保《てんぽう》年間（一八三〇～四四）の家数一二軒。明治二二年（一八八九）に雀宮村の大字となり、昭和三〇年（一九五五）、宇都宮市中島町《なかじまちょう》となる。鎮守に旧村社中嶋神社《なかじまじんじゃ》がある。創祀年代は不詳だが、主祭神は大山祇神《おおやまつみのかみ》。境内神社に浅間《せんげん》神社・三峯《みつみね》神社・八坂《やさか》神社・大杉《おおすぎ》神社などがある。寺院に西光寺《さいこうじ》（天台宗）がある。宝蔵寺《ほうぞうじ》（宇都宮市大通り四丁目）の末寺で、寛永《かんえい》二年（一六二五）、権大僧都《ごんのだいそうず》祐弁《ゆうべん》の開基という。寺伝によると、文化四年（一八〇七）から五〇余年間、無住であったが、明治初年に大破損していた堂宇《どうう》を大《だい》律師円道《りつしえんどう》が旧に復した。しかし、明治三五年（一九〇二）九月の大暴風雨によって全壊したので、その後、再建して現在に至っているという。

中島（ナカジマ）は、田川左岸に位置しているので、河川の氾濫によって土砂が積もって島状になった地勢に由来する村名であろう。地内

中嶋神社（中島町）

には東浦・中河原という字名が見られる。

○上御田《かみみた》

田川《たがわ》右岸の田川低地に位置し、北は東横田町《ひがしよこたまち》、東は東横田町・中島《なかじま》町《ちょう》、南は下反町町《しもそりまちちょう》、西は雀宮町《すずめのみやちょう》と宮《みや》の内《うち》一・三丁目に接している。

古くは御田長島《みたながしま》村と一郷で、宇都宮大明神《だいみょうじん》（二荒山神社《ふたあらやまじんじゃ》）の采田《さいでん》があったため、御田《みた》と称し、下（南）の御田長島村に対して上御田村といった。当村ははじめ宇都宮藩領であったが、天明二年（一七八二）から同八年（一七八八）まで幕府預《あずかり》地《ち》、以後宇都宮藩領となる。「慶安《けいあん》郷帳《ごうちょう》」に上三田村《かみみたむら》と見える。天保《てんぽう》年間（一八三〇～四四）の家数一二軒。明治二二年（一八八九）に雀宮村の大字となり、昭和三〇年（一九五五）、宇都宮市上御田町《かみみたちょう》となる。鎮守に旧村社御田神社《みたじんじゃ》がある。創祀年代は不詳だが、主祭神は大山祇《おおやまつみの》神《かみ》。境内神社に大山《おおやま》神社・二荒《ふたあら》神社・猿田彦《さるたひこ》神社がある。

(12) 姿川《すがたがわ》地区（姿川村）

姿川地区（旧姿川村）は、東西に狭く、南北に長い村域で、中央部より西寄りに曲流しながら姿川《すがたがわ》が南流している。村域は田川《たがわ》右岸の台地（宝木《たからぎ》台地とか宇都宮西部台地という）と、姿川流域の沖積地・丘陵部に位置し、北は旧城山村《しろやまむら》、東は宇都宮市・旧横川村《よこかわむら》、南は旧 雀宮村《すずめのみやむら》・下都賀郡旧 南犬飼村《みなみいぬかいむら》（壬生町）、西は上都賀郡旧北犬飼村《きたいぬかいむら》（鹿沼市）に接し、北犬飼村との境を武子川《たけしがわ》が流れている。

姿川は市北西部の半蔵山地《はんぞうさんち》（五〇二メートル）に源を発し、古賀志山《こがしやま》（五八三メートル）からの赤川《あかがわ》を下《しも》荒針町《あらはりまち》で合わせ、さらに鹿沼扇状地からの武子川を上欠町《かみかけまち》内で合流させて南流し、上欠町から下欠町《しもかけまち》・幕田《まくた》町《まち》にかけての沿岸に沖積低地（姿川低地）を形成して水田を潤している。このため姿川の村名は、この河川名を付したことによる。明治二二年（一八八九）、鶴田《つるた》・西川田《にしかわた》・上《かみ》欠下《かけした》・上砥上《かみとかみ》・下砥上《しもとかみ》・鷺谷《さぎのや》・下欠《しもかけ》下《した》・兵庫塚《ひょうごつか》・幕田《まくた》の九か村が合併し、「姿川村《すがたがわむら》」が成立する。当村は

上欠町内を流れる姿川

昭和三〇年（一九五五）宇都宮市に編入し、上欠下は上欠町《かみかけまち》、上砥上は砥上町《とかみちょう》、鷺谷は鷺《さぎ》の谷町《やまち》、下欠下は下欠町《しもかけまち》となる。

明治二三年（一八九〇）、日本鉄道によって日光線（現JR日光線）が開通すると、姿川村内に砥上駅《とかみえき》が設置された。駅は現在の鶴田駅《つるたえき》とは違って、鶴田駅の西方で今は存在しないが、西川田―大谷《おおや》石材鉄道と日光線が交錯する少し西に位置する現日光線の北側にあった。しかし、三年後の同二六年（一八九三）七月、宇都宮中学校（現宇都宮高校）が鶴田の滝《たき》の原《はら》の現在地に移転して来ると、栃木街道の交通量が少しずつ増えて、人の動きの流れが砥上駅付近より東へ移ったので、駅の鶴田移転への運動が奏功して、一〇余年続いた砥上駅は廃されて、同三六年（一九〇三）鶴田駅が開業した。宇都宮中学校が滝の原に移転したとき、現在、宇都宮高校記念館として使われている宇都宮高校旧本館（国登録有形文化財）は、このとき建てられた本県では最古の木造学校建築物である。なお、昭和六年（一九三一）、東武宇都宮線の開通によって西川田駅《にしかわたえき》が開業し、大谷《おおや》から軽便鉄道《けいべんてつどう》を鶴田から西川田駅まで延長し、大谷の石材輸送が行われた。

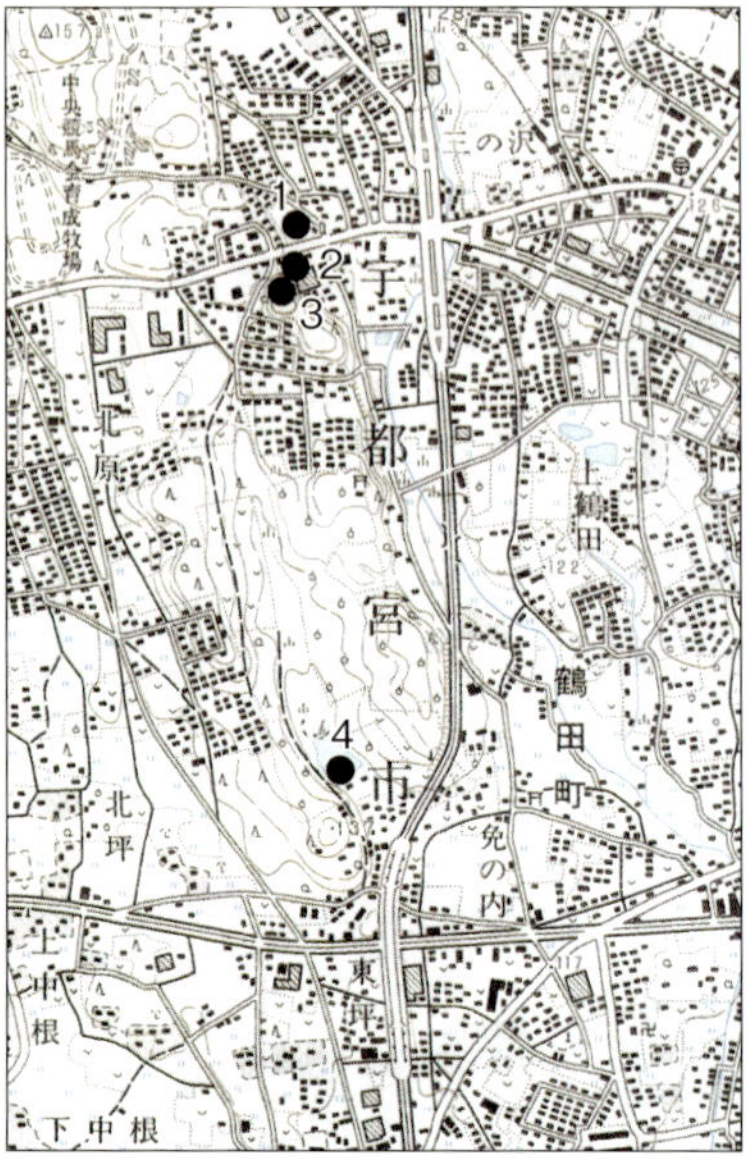

鶴田町付近「宇都宮西部」2万5千分の1（平成15）。●印　1.「あの町この町」詩碑（鶴田町）　2.野口雨情の旧居（鶴田町）　3.羽黒山神社　4.鶴田沼（鶴田町）

明治二二年（一八八九）四月　鶴田・西川田・上欠下・上砥上・下砥上・鷺谷・下欠下・兵庫塚・幕田の九か村が合併して、姿川村が成立する。

昭和二七年（一九五二）四月　城《しろ》山村駒生《やまむらこまにゅう》の一部が姿川村に編入。

昭和三〇年（一九五五）四月　姿川村が宇都宮市に編入し、上欠下が上欠町、上砥上が砥上町、鷺谷が鷺の谷町、下欠下が下欠町となる。

昭和二七年（一九五二）四月　城《しろ》山村駒生《やまむらこまにゅう》の一部が姿川村に編入。

昭和三〇年（一九五五）四月　姿川村が宇都宮市に編入し、上欠下が上欠町、上砥上が砥上町、鷺谷が鷺の谷町、下欠下が下欠町となる。

○鶴田《つるた》

鶴田は、北西部に低い丘陵が南北に延び、その東側は鶴田川《つるたがわ》が形成した低湿地が帯状に連なり、東部の台地上は旧市内の延長で、今ではすっかり住宅地化されている。北は駒《こま》生町《にゅうまち》、北西は西《にし》の宮町《みやまち》、東は旧市街地、南は西川田町《にしかわたまち》、西は下荒針《しもあらはり》町《まち》・砥上町《とかみちょう》・下砥上町《しもとかみちょう》に接し、北部を主要地方道四号線（宇都宮鹿沼線。通称鹿沼街道）がほぼ東西に通り、西部寄りに主要地方道三号線（宇都宮環状線。宇都宮亀和田《かめわだ》栃木線）が南北に通っている。東部には主要地方道二号線（宇都宮栃木線。通称栃木街道）が南西方向に通り、これに「宮環《みやかん》鶴田陸橋」で交差して主要地方道六号線（宇都宮楡木《にれぎ》線。通称楡木街道）が西へ向かい、南端部を一般県道一五五号線（羽生田《はにゅうだ》鶴田線）が南西に向かって通っている。

鶴田村は、近世初期から宇都宮藩領であったが、天保《てんぽう》年間（一八三〇～四四）までに鶴田村持添《もちぞえ》の鶴田新《つるたしん》田《でん》が成立し幕府領となる。「旧高《きゅうだか》旧領取調帳《きゅうりょうとりしらべちょう》」に幕府領五八石余・宇都宮藩領一五八〇石余とある。持添は切添《きりそえ》ともいい、従来からある田畑の延長に、新たに田畑を造成することをいう。天保年間の家数三三軒。明治二二年（一八八九）に姿川村の大字となり、昭和三〇年（一九五五）、宇都宮市鶴田町《つるたまち》となる。現在、鶴田町・南一《みなみいち》の沢町《さわまち》・西一《にしいち》の沢町《さわまち》・滝谷町《たきやちょう》・明保野町《あけぼのちょう》・西《にし》の宮《みや》町《まち》・滝《たき》の原《はら》一～三丁目・大和《やまと》三丁目・睦町《むつみちょう》などになっている。

地内の社寺に高龗神社《たかおじんじゃ》・羽黒山神《はぐろさんじん》社《じゃ》・能満寺別院《のうまんじべついん》（真言宗）などがある。羽黒山神社は羽黒山頂に鎮座するが、創祀年代は不詳。祭神は農産物を守護《しゅご》する倉稲魂命《うかのみたまのみこと》である。境内に昭和五七年（一九八二）に建てられた「蜀黍畑《もろこしばたけ》」の詩碑がある。この詩は大正九年（一九二〇）『金の船』に発表した童謡・民謡詩人として著名な野口雨情《のぐちうじょう》（一八八二～一

羽黒山神社（鶴田町）

九四五）の代表作の一つであり、羽黒山北麓の鹿沼街道沿いには、野口雨情の旧居《きゅうきょ》（茶屋離れ＝国登録有形文化財）がある。

雨情は、昭和一五年（一九四〇）ころから体調を崩していたが、同一八年（一九四三）二月、突然軽い脳出血におかされ、さらに米軍機による空襲が激しくなったので、武蔵野市吉祥寺《きちじょうじ》の家を他人に譲って、翌一九年一月、姿川村鶴田に転居して療養に努めた。しかし、雨情の病は回復することなく、同二〇年（一九四五）一月二七日、この鶴田の地で六二歳の生涯を閉じた。わずか一年間の住処であったが、雨情終焉《しゅうえん》の地となった。旧居の庭に「詩人野口雨情ここにて眠る」と刻んだ石碑が建てられ、碑の台座の中に雨情愛用の筆・硯《すずり》が納められたので、この碑を別名筆塚《ふでづか》とよんでいる。近くの街道北側に、昭和三三年（一九五八）四月二七日に建碑された「あの町この町」の詩碑がある。

野口雨情の旧居（鶴田町）

羽黒山神社の南方約一キロの地に、わが国最小のハッチョウトンボの生息地（市指定）で知られる鶴田《つるた》沼《ぬま》がある。

鶴田の村名について、「開村のころ、飛来した四羽の鶴のうち一羽を田圃で捕らえたので、鶴田と称した」という伝承が信じられている。「鶴」と「田」にとらわれてこじつけた村名の由来となっている。

鶴田（ツルタ）は、「ツル・タ（接尾語）」という村名である。ツルは鳥のツル（鶴）、植物のツル（蔓）から、細長く屈曲した状態（連なった状態）の意。また、ツルは「水流《つる》」から川流に沿った低湿地の意味もある。タは場所・位置を示す接尾語

鶴田沼（鶴田町）

で、「田（田圃）」を示すものではない。これらを踏まえて「鶴田」の村名を考えると、細長く屈曲しながら南流する鶴田川沿いの低湿地に由来するものであろう。低湿地の両側の台地上は安全だが、川沿いの低湿地帯は豪雨や長雨などによって水害を受けやすいので、細心の注意が必要である。

○西川田《にしかわた》

当地は、姿川《すがたがわ》左岸の沖積低地であるが、それに続く東側の大半は低台地上に位置し、南北に細長く、北は鶴田町《つるたまち》、東は江曽島本町《えそじまほんちょう》・春日《かすが》町《ちょう》・宮本町《みやもとちょう》・江曽島《えそじま》一〜五丁目・今宮《いまみや》一〜二丁目・北若松原《きたわかまつばら》一〜二丁目など、南は幕田町《まくたまち》・兵庫塚町《ひょうごつかまち》、西は下砥上町《しもとかみちょう》・下欠町《しもかけまち》に接している。地内を主要地方道二号線（宇都宮栃木線。通称栃木街道）が北東から南西に向かって進み、また主要地方道三号線（宇都宮亀和田《かめわだ》栃木線）から分岐する国道一二一号線（宇都宮環状道路）が南部で向きを変えて南東に進んでいる。東武宇都宮線西川田駅前から一般県道三三五号線（西川田停車場運動公園線）が東進し、**栃木県総合運動公園**に至っている。

この運動公園は、昭和二三年（一九四八）、県民の要望によって、失業対策事業を適用して建設工事に着手し、同二八年（一九五三）に完成した。同三五年（一九六〇）に都市公園法によって運動公園として指定をうけ、同四九年（一九七四）総合運動公園と名称を改めた。

西川田村は、おおむね近世を通じて宇都宮藩領であったが、延享《えんきょう》三年（一七四六）から幕府領となり、安永《あんえい》三年（一七七四）に再び宇都宮藩領となる。天保《てんぽう》年間（一八三〇〜四四）の家数四二軒。明治二二年（一八八九）に姿川村の大字となり、昭和一八年（一九四三）、江曽島《えそじま》地内に中島飛行機宇都宮製作所が設立されると、西川田の北東部の山林に工員住宅・社宅が建てられ、第二次世界大戦後の昭和二七年（一九五二）、社宅地区は宇都宮市大塚町《おおつかちょう》・八千代《やちよ》一〜二丁目・東原町《ひがしはらまち》・東浦《ひがしうら》町《まち》となった。昭和三〇年（一九五五）、西川田は宇都宮市西川田町《にしかわたまち》となり、現在は上記の町名と西川田町・西川田本町《ほんちょう》・西川田東町《ひがしまち》・大和《やまと》一〜三丁目・緑《みどり》四〜五丁目・今宮《いまみや》三〜四丁目・双葉《ふたば》三丁目・みどり野町《のまち》・西川田南《にしかわたみなみ》などになっている。

栃木県総合運動公園の南東方近くに、古く兵庫塚古墳群《ひょうごつかこふんぐん》と呼ばれていた**塚山古墳群**《つかやまこふんぐん》（県史跡）がある。古墳群は前方後円墳《ぜんぽうこうえんふん》の塚山古墳一基と帆立貝形《ほたてがいがた》前方後円墳の塚山西古墳《つかやまにしこふん》・

塚山《つかやま》南《みなみ》古墳《こふん》二基からなっているが、運動公園建設工事前には二〇余基からなる大古墳群であった。
　古墳群の主墳《しゅふん》をなす**塚山古墳**は、前方部を西に向けて築かれた全長九八メートルの前方後円墳で、墳丘《ふんきゅう》は三段に築かれ、部分的に葺石《ふきいし》がみられる。全体的に後円部より前方部の造りが大きい。墳丘を取りまく周《しゅう》湟《こう》（溝）の幅を含めると、全長約一二〇メートルという大きな古墳となる。出土している埴輪《はにわ》・土師器《はじき》・須《す》恵器《えき》などの年代から、笹塚古墳《ささづかこふん》（県史跡。東谷町《とうやちょう》）よりやや新しい五世紀後半ころに築かれものである。
　この古墳に次いで**塚山西古墳**が築かれた。塚山古墳の南西に位置する帆立貝形の前方後円墳で、前方部を南東に向けた全長六五・五メートルの大きさで、円筒《えんとう》埴輪・形象《けいしょう》埴輪（鳥形埴輪）・土師器・須恵器などが出土している。築かれた時期は五世紀後半でも塚山古墳より新しい。塚山西古墳の南側近くに**塚山南古墳**が築かれている。前方部を南に向けた帆立貝形の前方後円墳で、全長約五

塚山古墳（西川田７丁目）

塚山西古墳（西川田７丁目）

塚山南古墳（西川田７丁目）

六メートルである。出土している円筒埴輪の年代から、五世紀末～六世紀初めころに築かれた古墳と推定されている。

これらの三基の古墳は、塚山古墳→塚山西古墳→塚山南古墳の順に、およそ半世紀にわたって、同一系譜の首長《しゅちょう》三代の墓が築かれたことになる。塚山西古墳と南古墳との間の地下に、国道一二一号線（宇都宮環状道路）が東西に走っている。

西川田本町の幕田町《まくたまち》寄りに、旧村社**星宮神社**《ほしのみやじんじゃ》がある。社伝によると、建武《けんむ》二年（一三三五）、下総《しもうさ》国の香《か》取神宮《とりじんぐう》（佐原市《さわらし》）より分霊《ぶんれい》を勧請《かんじょう》して創祀したといい、主祭神は磐裂《いわさくの》神《かみ》・根裂神《ねさくのかみ》で、境内神社に稲荷神《いなりじん》社《じゃ》（倉稲魂命《うかのみたまのみこと》）・八坂神社《やさかじんじゃ》（素戔《すさの》嗚尊《おのみこと》）・神明宮《しんめいぐう》（天照大神《あまてらすおおみかみ》）がある。寺院に明暦《めいれき》年間（一六五五～五八）に付近の持宝院《じほういん》などを併合して創建されたと伝える**光音寺**《こうおんじ》（天台宗）があり、西川田の村民を檀家《だんか》としていた。当村は戊辰戦争《ぼしんせんそう》の安塚《やすづか》（壬生町）の戦いに戦場となったので、この寺院の境内には「戊辰戦死無縁《むえん》塔《とう》」の碑がある。

光音寺（西川田本町）

西川田の村名は、北東方の東川《ひがしかわ》田《だ》（旧横川村。現川田町《かわだまち》）に対して付されたというが、誤っている。確かに隣村の村名と区別するためかも知れないが、西川田の西端に姿川が南流しているので、村名は西の「カワ（川）・ハタ（端）」から、西の姿川沿いに開けた地に由来するものと思われる。

○上欠下《かみかけした》

南流する姿川《すがたがわ》と南東流する武子《たけし》川《がわ》の間に位置し、南北に長く東西に短い地域で、北は下荒針町《しもあらはりまち》、東は砥《と》上町《かみちょう》・下砥上町《しもとかみちょう》、南は下欠町《しもかけまち》、西は鹿沼市白桑田《しらくわだ》・深津《ふかづ》に接している。中央部を旧市内と東北自動車道鹿沼ICを結ぶ主要地方道六号線（宇都宮楡木《にれぎ》線）が通っている。六号線の北部に上欠団地《かみかけだんち》が開け、六号線の南方には旧楡木街道が東西に通り、同街道沿いの南側に聖山公園《せいざんこうえん》（市第二墓園）がある。

上欠下村は、近世初期は欠下村《かけしたむら》または欠之下村《かけのしたむら》と称し、「元禄郷帳《げんろくごうちょう》」「天保《てんぽう》郷帳」に下欠下村《しもかけしたむら》と一村で、欠之下村と見える。天保年間（一八三〇～四四）ころ、上・下二か村に分かれたようである。近世初期は宇都宮藩領であったが、享保《きょうほう》七年（一七二二）から幕府領、同一一年（一七二六）から伊勢《いせ》西条藩《さいじょう》（三重県鈴鹿市《すずかし》）と旗本《はたもと》大久保氏の相給《あいきゅう》（一村を複数の領主が分割して知行《ちぎょう》すること）となる。西条藩は天明《てんめい》元年（一七八一）、上総《かずさ》国五井《ごい》藩（千葉県市原市《いちはらし》）をへて、天保一三年（一八四二）から吹上《ふきあげ》藩（栃木市吹上町）となる。天保年間の家数二二軒。明治二二年（一八八九）に姿川村の大字となり、昭和三〇年（一九五五）、宇都宮市上欠町《かみかけまち》となる。

聖山公園に南接して平成三年（一九九一）、**根古谷台遺跡《ねごやだいいせき》**（国史跡）が史跡公園として開園された「**うつのみや遺跡の広場**」がある。広場入口の資料館（入館無料）に、遺跡の土《ど》壙《こう》（墓穴）から出土した石製の玦状《けつじょう》耳飾《みみかざ》り・小玉《こだま》・丸玉《まるだま》・管玉《くだたま》などの副葬品（国重文）や遺物などが展示されている。遺跡の広場には竪穴住《たてあなじゅう》居跡《きょあと》や長方形大型建物跡《おおがたたてものあと》が復元されている。

この遺跡は、姿川と武子川に挟まれた鹿沼台地《かぬまだいち》の南東端にあって、東

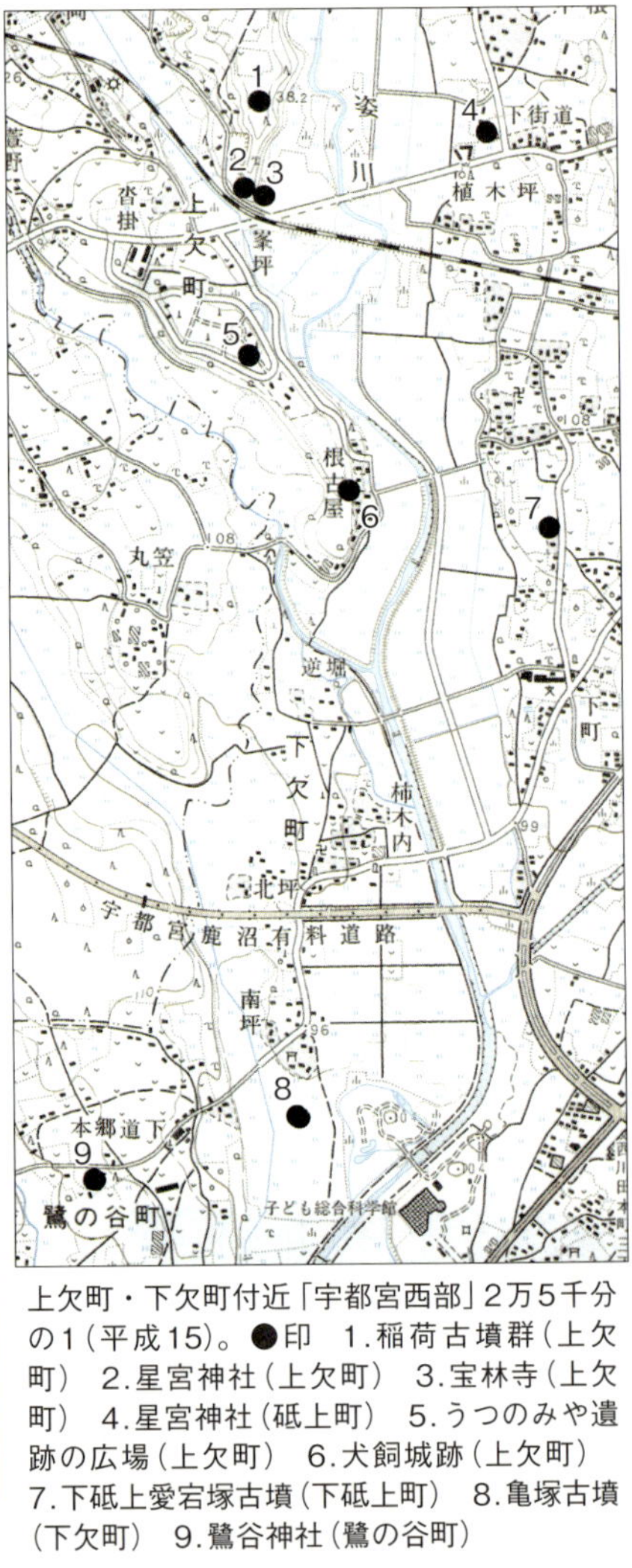

上欠町・下欠町付近「宇都宮西部」2万5千分の1（平成15）。●印　1.稲荷古墳群（上欠町）　2.星宮神社（上欠町）　3.宝林寺（上欠町）　4.星宮神社（砥上町）　5.うつのみや遺跡の広場（上欠町）　6.犬飼城跡（上欠町）　7.下砥上愛宕塚古墳（下砥上町）　8.亀塚古墳（下欠町）　9.鷺谷神社（鷺の谷町）

うつのみや遺跡の広場（上欠町）

西約九〇メートル・南北約一五〇メートルに及ぶ広さで、縄文時代前期半ばの大集落跡であるが、通常の集落跡とは異なり、東西・南北とも径約六〇メートルの広場（中央広場）を囲むように営まれた環状集《かんじょうしゅう》落跡《らくあと》である。広場内には三二〇余基の土壙が群在し、この墓域を囲むようにして竪穴住居跡二七軒、長方形大型建物跡一五棟、方形建物跡一〇棟、掘立柱《ほったてばしら》建物跡一七棟など、合わせて六九棟（軒）が発掘されている。大型建物跡は建替えが行われており、年に幾度か近隣の複数集落の人たちが、ここに集まって共同で祖《そ》霊《れい》を祀る儀式を行った祭祀《さいし》の場であり、また時には遺体を本葬するまでの間、一時的に安置した殯《もがり》の建物でもあったろう。

　資料館の東方近くの駐車場に接して将軍塚古墳《しょうぐんづかこふん》がある。直径三七・五メートル・高さ約三メートルほどの円墳《えんぷん》だが、出土遺物などから七世紀前半ころに築かれたものである。かつてこの台地上には幾つかの古墳があったが、その中で最も大きな古墳であったので、将軍塚古墳と呼ばれていたようである。

　JR日光線と旧楡木街道が交差する上欠陸橋北側の丘陵南端に、磐《いわ》裂神《さくのかみ》・根裂神《ねさくのかみ》を主祭神とする旧村社星宮神社《ほしのみやじんじゃ》がある。創祀年代は不詳だが、境内神社に琴平神社《ことひらじんじゃ》（大物《おおもの》主神《ぬしのかみ》）・湯殿神社《ゆどのじんじゃ》（大山祇神《おおやまつみのかみ》）・猿《さる》田彦神社《たひこじんじゃ》（猿田彦神）がある。星宮神社の東隣りに粉河寺《こかわでら》（廃寺。宇都宮市）の末寺であった宝林寺《ほうりんじ》（天台宗）がある。伝承によれば永禄《えいろく》年間（一五五八〜七〇）、慈泉《じせん》和尚の開山といい、小石に経文《きょうもん》を墨書《ぼくしょ》した経《きょう》石《せき》を多数納めた経石櫃堂《ひつどう》がある。

　星宮神社西側の道を北上すると、右側の丘陵尾根上に稲荷古墳群《いなりこふんぐん》（市史跡）がある。

　ここは「悠久《ゆうきゅう》の丘《おか》」（宇都宮斎場）の真南近くに位置する。古墳群は六世紀後半から七世紀にかけて築かれた主墳の前方後円墳《ぜんぽうこうえんふん》一基と円墳《えんぷん》三基からなっている。前方後円墳は前方部を南西に向けて築かれた全長三二・五メートルで、墳丘《ふんきゅう》を取りまく周湟《しゅうこう》（溝）や墳丘斜面に葺石《ふきいし》が見られる。円筒埴輪《えんとうはにわ》（朝顔形《あさがおがた》埴輪を含む）・形象《けいしょう》埴輪（楯《たて》・鞆《とも》・家・人物・馬など）が出土している。

　聖山公園に接した東側の道を南下すると、道の右側の姿川と武子川に挟まれた舌状台地の南端に犬飼城《いぬかいじょう》跡《せき》がある。自然の地形をうまく活かして築かれた平山城《ひらやまじろ》で、現在、山林・農地などになっているが、本丸・二の丸跡がよく遺っている。本丸跡の東側は姿川に面して比高約一五メートルの険峻《けんしゅん》な急崖を呈している。

『姿川村誌』（明治四〇年編）に、犬飼城は康暦《こうりやく》元年（一三七九）、小山義政《よしまさ》によって祇園城《ぎおんじょう》（国史跡。小山市）の支城として築城されたとあり、元亀《げんき》年間（一五七〇～七三）初めには、北条氏政《うじまさ》に攻められたため、小山秀綱《ひでつな》は父政長《まさなが》を助けて奮戦したが敗北したといい、元亀四年（天正元《てんしょう》＝一五七三）、犬飼康吉《やすよし》が城主となって犬飼一二郷を領したが、宇都宮氏に攻められて滅び廃城になったと伝えている。しかし、宇都宮氏と敵対関係にあった小山氏が、宇都宮氏領内に単独で築城するはずはない。しかも康暦二年（一三八〇）には、境界争いに端を発した宇都宮基綱《もとつな》と小山義政の争いにより、裳原《もばら》（裳原町《もばらちょう》）で合戦が行われており、両氏の関係はこのころ最悪であった。だから、もし小山氏の支城として築城したとすれば、それは自滅行為に等しいであろう。従って、犬飼城は複雑な構築から考えて、康暦年間の築城ではなく、戦国時代に宇都宮氏の軍事的防御の一拠点として築かれたものと思われる。

犬飼城の堀・土塁跡（上欠町）

当城の本丸東辺は、姿川に面した急崖を活かし、一部土塁《どるい》を設け、一段低くなったところに堀切《ほりきり》（尾根の方向に直交して設けた堀）と武者走《むしゃばし》り（馬踏《ばふみ》上の塀や柵の内側。馬踏は土塁の塁線《るいせん》上の平地）を設けている。本丸の北辺と西辺には土塁と空堀をめぐらし、さらに本丸・二の丸を合わせた外側の四方にも空堀・土塁を築いて堅固な構えとしている。また、二の丸の北西部に張り出し部を設け、これに沿って空堀・土塁で屈曲させている。本丸と二の丸内には井戸の跡が凹みとして見られる。全体的に本丸・二の丸跡を中心にして保存状態の良好な城跡で、地権者の同意が得られれば史跡として指定したいものである。

上欠下は、近世初期に「欠下村」「欠之下村」といっていたので、「カケ・ノ（助詞）・シタ」という村名である。カケ（欠・歓）は動詞カケル（欠ける）の連用形の名詞化で、物の一部が壊（毀）れるとか欠けるの意から、姿川・武子川の浸食によって崩壊した所、あるいはカケはガケ（崖）に通じるので、崩崖地を意味する。シタは「下」で崖下の意か。従って、村名は後述の「下欠下《しもかけした》」とともに、姿川などの氾濫によって浸食された崩壊・崩崖した地に由来するものである。当地は古くから洪水によって自然堤防が決壊し、付近は水害をうけた歴史をもっている。

○上砥上《かみとかみ》

上砥上は、地内の西端を蛇行しながら南流する姿川《すがたがわ》の左岸低地とその東の低台地上に位置し、北は下荒《しもあら》針町《はりまち》、東は鶴田町《つるたまち》、南は下砥上町《しもとかみちょう》、西は上欠町《かみかけまち》に接している。地内は南北に長い長方形を呈し、中央部を主要地方道六号線（宇都宮楡木《にれぎ》線）がほぼ東西に通り、旧市内と東北自動車道鹿沼ＩＣを結ぶ要路として交通量が多い。南端部を旧楡木街道が南西方向に走っている。地内の北部は砥上団地として開け、ここを旧村道で砥上通《とかみどお》りと呼んでいる道路が南北に通り、六号線に接続している。

上砥上村は、中世の応永《おうえい》九年（一四〇二）宇都宮満綱《みちつな》（一二代城主）寄進状に「砥上郷《とかみごう》」と見え、興禅寺《こうぜんじ》（臨済宗。宇都宮市今泉《いまいずみ》三丁目）法《ほう》堂《どう》を新造する費用として、七年間、当郷の料足《りょうそく》（銭の別称）一一貫文などを、宇都宮基綱《もとつな》（一一代城主）菩《ぼ》提《だい》料として寄進されている。

元禄《げんろく》一三年（一七〇〇）に砥上村は上砥上村と下砥上村に分かれたというが、「元禄郷帳《げんろくごうちょう》」「天保《てんぽう》郷帳」には砥上村一村として見える。近世初期は宇都宮藩領であったが、天明《てんめい》八年（一七八八）の「輪王寺《りんのうじ》文書」に「戸上村《とかみむら》」とあり、元禄一三年、宇都宮藩領から日光神領となり今に続いているとある。「改革組合村」「旧高旧領取調帳」では、砥上村は上下に分かれ、いずれも幕府領と見える。天保年間（一八三〇～四四）の家数三五軒。用水は姿川から引水した東堀・西堀による。明治二二年（一八八九）に姿川村の大字となり、昭和三〇年（一九五五）、宇都宮市砥上《とかみ》町《ちょう》となる。

砥上南部公民館の近くに旧村社星宮神社《ほしのみやじんじゃ》がある。社伝によれば延《えん》

星宮神社（砥上町）

長《ちょう》二年（九二四）の創祀といい、主祭神は磐裂神《いわさくのかみ》・根裂神《ねさくのかみ》で、境内神社に雷電神社《らいでん》（鳴雷神《なるいかずちのかみ》）・稲荷神《いなり》社（宇迦魂命《うかのみたまのみこと》）・大杉神社《おおすぎ》（大山祇神《おおやまつみのかみ》）・八坂神社《やさか》（素戔嗚尊《すさのおのみこと》）・水《すい》神社（美波女命《みずはのめのみこと》）・鶏神社《にわとり》（猿田彦神《さるたひこのかみ》）・琴平神社《ことひら》（天照大神《あまてらすおおみかみ》）・神明宮《しんめいぐう》（大物主神《おおものぬしのかみ》）・生駒神社《いこま》（保食神《うけもちのかみ》）・疱瘡神社《ほうそう》（大己貴命《おおなむちのみこと》）などがある。

上砥上の村名について、『姿川村史』（昭和三四年刊）に「古くは十神・戸上とも書いた。それは十の神を祀ったからという」と記し、「地誌編輯材料取調書」は「古く戸上と称したのは、かつて五〇戸を一里としたことから、その戸をとり、上の字は人民敬好《けいこう》の文字としてとったが、元禄一三年（一七〇〇）、代官《だいかん》から戸は江戸の戸と同じなので、砥に改めるよう命ぜられて砥上になったという」と記している。いずれも村名の由来としては不可解である。

砥上（トカミ）は、「ト（接頭語）・カミ」という村名であろう。当地は姿川左岸の低地に位置しているので、カミは動詞カム（噛む）の連用形で、水が土手などを激しく抉《えぐ》るの意。従って、村名は姿川の洪水によって、土手・堤防が決壊し、浸食を受けた地に由来するものであろう。

◯下砥上《しもとかみ》

姿川《すがたがわ》左岸の亀甲《きっこう》形に似た地形の平坦地だが、西部は姿川の沖積低地、東部は低台地で、北は砥上町《とかみちょう》、東は鶴田町《つるたまち》・西川田町《にしかわたまち》、南は西川田町、西は上欠町《かみかけまち》・下欠町《しもかけまち》に接している。西境を姿川が大きく蛇行しながら南流している。北部をJR日光線がほぼ東西に通り、東部を一般県道一五五号線（羽生田《はにゅうだ》鶴田線）が南西に向かって通っている。

下砥上村は、上砥上村《かみとかみむら》と同じく中世は砥上郷で、元禄《げんろく》一三年（一七〇〇）、砥上村は上砥上村と下砥上村に分かれたというが、「元禄郷帳《げんろくごうちょう》」「天保郷帳《てんぽう》」には砥上村一村と見える。近世初めは宇都宮藩領であったが、「輪王寺文書《りんのうじ》」に元禄一三年に宇都宮藩領から日光神領になったとある。「改革組合村」「旧高旧領取調帳」には幕府領と見える。天保年間（一八三〇～四四）の家数三四軒。明治二二年（一八八九）に姿川村の大字となり、昭和三〇年（一九五五）、宇都宮市下砥上町《しもとかみちょう》となる。

下砥上町公民館に接して**下砥上愛《しもとかみあた》宕塚古墳《ごづかこふん》**がある。墳丘《ふんきゅう》上に砥上神《とかみ》社が鎮座している。直径二四・五メートル、高さ五メートルほどの円《えん》墳《ふん》で、墳頂《ふんちょう》は神社の本殿を建立するため削平され、さらに墳丘の南裾部は削土して拝殿が建てられている。埋葬施設の石室《せきしつ》は墳丘の南側に開口しているが、土砂で埋まり中に入ることはできない。石室は切石積《きりいしづ》みの両袖型《りょうそでがた》の横穴式石室《よこあなしきせきしつ》で全長四・九五メートル。奥壁は大きな凝灰岩《ぎょうかいがん》の切石一枚、両側の壁は二段積みの大きな切石を用いている。天井石は一枚の切石で覆っている。羨道《せんどう》入口の羨門《せんもん》は拝殿建立のさいに壊されている。この古墳は古墳時代終末期（七世紀前半）の築造で、宇都宮市域では終末期の古墳として貴重である。

下砥上愛宕塚古墳（下砥上町）

この古墳の南方で、一五五号線沿いの姿川中央小学校を挟んだ南北に三基の円墳からなる**下砥上古墳群**がある。三基のうち、小学校の南方近くにある**鶴塚古墳**《つるづかこふん》は古くから知られているが、墳丘はかなり削土され、現状では直径一九メートル、高さ二・五メートルで、墳頂に稲荷大《いなりだい》明神《みょうじん》を祀っている。古墳時代後期ころの築造であろう。

○鷺谷《さぎのや》（鷺の谷）

姿川《すがたがわ》右岸の丘陵状の台地上に立地し、中央部に鷺川《さぎがわ》（現在は鷺谷用《さぎのやよう》水《すい》）のつくった低地帯がある。北は鹿沼市深津《ふかつ》、北西は同市上石川《かみいしかわ》、東は下欠町《しもかけまち》、南は壬生町上田《かみだ》、西は鹿沼市下石川《しもいしかわ》に接しているので、北・南・西の三方は、上都賀・下都賀両郡に突き出た格好になっている。中央部を南西に向かう一般県道一五五号線（羽生田《はにゅうだ》鶴田線）が、西部で向きを変えて南下し、上田境から下石川に抜けている。

鷺谷村は、近世を通じて宇都宮藩領で、天保《てんぽう》年間（一八三〇〜四四）の家数九軒。助郷《すけごう》は日光街道　雀宮《すずめのみや》宿に出役《しゅつやく》した。用水は上石川村に水源をもつ鷺川と中堀・東堀・鷺堀などから引水した。明治二二年（一

鶴塚古墳（下砥上町）

八八九）に姿川村の大字となり、昭和三〇年（一九五五）宇都宮市鷺《さぎ》の谷町《やまち》となる。

地内に旧村社鷺宮神社《さぎのみやじんじゃ》がある。伝承によると、建長《けんちょう》元年（一二四九）、宇都宮大明神《だいみょうじん》（二荒山神社《ふたあらやまじんじゃ》）の分霊《ぶんれい》を勧請《かんじょう》して創祀したといい、主祭神は豊城入彦命《とよきいりひこのみこと》である。また「鷺」の一字にとらわれて、白鷺神社《しらさぎじんじゃ》（上三川町）から分霊を勧請したと

羽生田鶴田線沿いの集落（鷺の谷町）

も伝えている。境内神社に稲荷《いなり》神社（倉稲魂命《うかのみたまのみこと》）・雷電《らいでん》神社（鳴雷神《なるいかずちのかみ》）・水《すい》神社（美津波乃米神《みずはのめのかみ》）・星宮《ほしのみや》神社（磐裂神《いわさくのかみ》・根裂神《ねさくのかみ》）・厳島《いつくしま》神社（市杵島姫命《いちきしまひめのみこと》）などがある。
鷺谷（鷺の宮）の村名由来について、（一）村創設のころ、草が茂る谷地に数万の白鷺《しらさぎ》が遊泳し、谷中に銀山が突起しているように見えたことによる説（「地誌編輯材料取調書」）、（二）吉田村《よしだむら》（旧南河内町）の坪山城《つぼやまじょう》が結城《ゆうき》軍に攻められたとき、当地に逃れてきた人たちが、彼らの氏神（白鷺神社。上三川町）の分霊を勧請《かんじょう》して鷺宮神社を創祀したことによる説、（三）鷺宮神社の使い姫白鷺が、近くの谷に舞い降りたことによる説（『姿川村史』）がある。いずれも不可解である。

鷺宮神社（鷺の谷町）

鷺谷（サギノヤ）は、「サギ・ノ（助詞）・ヤ」という村名。サギはサキの濁音化で、動詞サク（裂・割く）の連用形で、「裂かれたような地形」から谷間の意。ヤはヤチ（谷地）・ヤツ（谷津）・ヤタ（谷田）と同じで湿地の意。従って、村名は地内中央部を流れる鷺川《さぎがわ》沿いの低湿地に由来するものであろう。

○下欠下《しもかけした》

姿川《すがたがわ》右岸の低い丘陵と沖積低地上に位置し、北は上欠町《かみかけまち》、東は下砥《しもと》上町《かみちょう》・西川田本町《にしかわたほんちょう》、南は幕田町《まくたまち》、

西は鷺《さぎ》の谷町《やまち》・鹿沼市深津《ふかづ》に接している。中央部を西に向かう一般県道一五五号線（羽生《はにゅう》田《だ》鶴田線）が西部で向きを南西に変えて鷺の谷町へ抜けている。また、中央部を国道一二一号線（宇都宮鹿沼道路。通称「さつきロード」）が東西に走っている。一五五号線の南側は姿川の沖積低地だが、北側は低い丘陵地である。

　下欠下村は、近世初期は欠下村《かけしたむら》あるいは欠之下村《かけのしたむら》と称し、「元禄郷《げんろくごう》帳《ちょう》」「天保《てんぽう》郷帳」には上欠下村と一村で、欠之下村と見える。天保年間（一八三〇〜四四）ころ、上・下二か村に分かれたようである。当村ははじめ宇都宮藩と旗本《はたもと》須田氏の相《あい》給《きゅう》であったが、享保《きょうほう》七年（一七二二）から宇都宮藩領分は幕府領、さらに同一一年（一七二六）からは伊《い》勢西条《せさいじょう》藩（三重県鈴鹿市《すずかし》）と旗本大久保氏の相給となる。なお、西条藩は天明《てんめい》元年（一七八一）上総《かずさ》国五《ご》井《い》藩（千葉県市原市《いちはらし》）をへて、天保一三年（一八四二）から吹上《ふきあげ》藩（栃木市吹上町）となる。従って下欠下村は吹上藩領と旗本大久保・同須田両氏の三給となる。天保年間（一八三〇〜四四）の家数二六軒。明治二二年（一八八九）に姿川村の大字となり、昭和三〇年（一九五五）、宇都宮市下欠町《しもかけまち》となる。

　地内の権現山《ごんげんやま》に能満寺《のうまんじ》（真言宗。駒生町《こまにゅうまち》）末寺の日輪寺《にちりんじ》、南坪《みなみつぼ》に磐《いわ》裂神《さくのかみ》・根裂神《ねさくのかみ》を主祭神とする旧村社星宮神社《ほしのみやじんじゃ》がある。この神社の真南近くの田圃のなかに亀塚古墳《かめづかこふん》が築かれている。姿川右岸に位置する前《ぜん》方後円墳《ぽうこうえんふん》であったが、昭和二〇年（一九四五）代に河川改修工事にともない前方部が削土され、現在は後円部のみが遺っている。後円部の径約四〇メートル、高さ約六メートルで、墳頂《ふんちょう》に近いところに竪穴式石室《たてあなしきせきしつ》の一部が露出している。古墳は五世紀末〜六世紀初めころの築造と思われる。

亀塚古墳（下欠町）

　下欠下の村名由来は、「上欠下」に同じである。

○兵庫塚《ひょうごつか》

　兵庫塚は南北に細長い低台地上に位置し、幕田町《まくたまち》との境近くに西川田《にしかわた》川《がわ》が南流し、北は西川田南《にしかわたみなみ》、東は若《わか》松原《まつばら》、南は針ヶ谷町《はりがやちょう》、西は幕田町に接している。地内の南東端を一般県道一八四号線（安塚《やすづか》雀宮線）がかすめて通っている。兵庫塚は、中世は横田郷《よこたごう》のうちで、建武《けんむ》三年（一三三六）九月の茂木知貞軍忠状《もてぎともさだぐんちゅうじょう》に「横田原」と見える。軍忠状とは合戦で討ち取った敵の人数や生け捕りにした人数、自身と一族郎党の戦死・負傷の状況を記して報告した文書のことである。また『那須記』に天正《てんしょう》四年（一五七六）三月、宇都宮国綱《くにつな》（二二代城主）は鹿沼の壬生徳雪斎《みぶとくせつさい》（鹿沼城主）を攻めるため、横田城主下河辺《しもこうべ》ら二六三〇余騎を率いて多気《たげ》山城《さんじょう》に移ったとある。『下野国誌』には宇都宮頼綱《よりつな》（五代城主）の子頼《より》業《なり》は河内郡横田に居住して横田氏を称し、嘉禎《かてい》三年（一二三七）一〇月、横田郷兵庫塚に横田城を築き、また上三川氏の祖になっと記している。近世を通じて宇都宮藩領で、「元禄郷帳《げんろくごうちょう》」「天保郷帳《てんぽう》」に上横田村枝郷《えだごう》と見える。寛永《かんえい》年間（一六二四～四四）に新田開発がなされ、明治九年（一八七六）まで兵庫塚新田といい、天保年間（一八三〇～四四）の家数五軒。明治二二年（一八八九）に姿川村の大字となり、昭和三〇年（一九五五）、宇都宮市兵庫塚町《ひょうごつかまち》となる。現在は兵庫塚町・兵庫塚一～三丁目・みどり野町《のまち》・西川田東《にしかわたひがし》町《まち》・さつき一丁目・同三丁目となっている。

地内に旧村社稲荷神社《いなりじんじゃ》（通称安産稲荷神社《あんざんいなりじんじゃ》）がある。主祭神は倉稲魂《うかのみたまの》命《みこと》。社伝によると、天喜《てんぎ》元年（一〇五三）、伏見稲荷《ふしみいなり》大社《たいしゃ》（旧官幣大社《かんぺいたいしゃ》。京都市）の分霊を勧請《かんじょう》して創祀したといい、「稲荷神社修復趣意書」に本殿は文化《ぶんか》一四年（一八一七）に建立、明治七年（一八七四）に兵庫塚惣鎮守《そうちんじゅ》神社に昇格したとある。また、伝承によると、宇都宮貞綱《さだつな》（八代城主）の本妻が難産のおり、貞綱・家臣たちが当社に祈願したところ、無事男の子を出産したので、「安産の神」として庶民の信仰を高めたという。別の伝承では、宇都宮氏の崇敬をうけ、天正《てんしょう》年間（一五七三～九二）ころ、宇都宮国《くに》綱《つな》（二二代城主）の愛妾《あいしょう》が難産のとき、当社に祈願したところ女の子が

安産稲荷神社（兵庫塚町）

生まれたので、以後、安産の神として信仰を集めたともいい、このため当社は宇都宮氏末流の系統をひく今《いま》泉《いずみ》氏が、代々祭祀をつかさどってきたという。

兵庫塚の村名について、「横田兵《ひょう》庫頭《ごのかみ》が地内に城を築き、隣接する西川田村地内に兵器を埋蔵する塚を築いたので、この塚にちなんで兵庫塚と称した」という。こじつけた由来である。「兵庫」の字にとらわれると、「武器を収めておく蔵」の意になってしまう。

兵庫塚付近の地勢を観察すると、兵庫塚（ヒョウゴツカ）は「ヒョウゴ・ツカ（塚）」という村名であろう。ヒョウゴは「ヒヨ・ゴ（接尾語）」という語源。ヒヨは動詞ヒヨルの語幹で、曲がる、撓《たわ》む、撓《しな》うの意（『日本国語大辞典』）、ゴはコの濁音化でココ（此処）・ソコ（其処）などの場所・位置を示す接尾語。従って、「兵庫」は撓《たわ》んだ（撓《しな》んだ）のような地勢に由来し、このような所に古墳（塚山古墳群）が築かれているので、「兵庫塚」という村名が付されたのであろう。塚山古墳群は古く「兵庫塚古墳群」と呼ばれていた。

○幕田《まくた》

姿川《すがたがわ》左岸の沖積低地とこれに続く東部の低台地上に位置し、北は下《しも》欠町《かけまち》・西川田本町《にしかわたほんちょう》・鷺《さぎ》の谷町《やまち》、東は西川田町《にしかわたまち》・針ヶ谷町《はりがやちょう》、南は針ヶ谷町・下野市上古山《かみこやま》、西は壬生町安《やす》塚《づか》に接している。地内の西部寄りに国道一二一号線（宇都宮栃木線。通称栃木街道）が南西方向に通っている。

地内北東の西川田に接したところに、「陣場ヶ原《じんばがはら》」という字名がある。確証はないが伝承によれば、天正《てんしょう》二年（一五七四）、甲斐《かい》（山梨県）の武田勝頼《かつより》の軍が宇都宮攻略のとき、迎え撃つ宇都宮勢と激突した古戦場跡地だという。

幕田村は、近世初め宇都宮藩領であったが、寛延《かんえん》二年（一七四九）に幕府領となり（延享《えんきょう》三＝一七四六年とも）、安永《あんえい》四年（一七七五）から再び宇都宮藩領となった（安永三＝一七七四年とも）。天保《てんぽう》年間（一八三〇～四四）の家数三四軒。助郷《すけごう》は日光街道 雀宮《すずめのみや》宿に出役《しゅつやく》した。寛《かん》政《せい》六年（一七九四）、姿川に幕田河《か》岸《し》が開設され、上流の村々の荷物・薪炭《しんたん》・木材などが、五里下流の半田《はんだ》河岸（小山市南半田《みなみはんだ》）まで運ばれるようになった。河岸には小ぶりの部《べ》賀舟《がぶね》が二〇隻がおかれた。幕田河岸の開設によって鹿沼《かぬま》宿からの荷物が幕田河岸へ回ったので、南の奈佐《なさ》原《はら》・楡木《にれぎ》（鹿沼市）両宿へ荷物が回らないため、文政《ぶんせい》五年（一八二二）、両宿と鹿沼宿との間で争論となった。この結果、鹿沼宿の荷物の半分が幕田河岸へ、残りの半分が奈佐原・楡木両宿の壬生通りへ回されることになった。鹿沼宿から幕田河岸へは薪炭・林産物・麻・干瓢《かんぴょう》などの特産物が運ばれ、宇都宮からは藩の廻米《かいまい》などが送られ、江戸からは肥料などが運ばれた。

現在市道になった旧栃木街道より兵庫塚へ向かうT字路角に、嘉永《かえい》二年（一八四九）造立の道標「安産稲《あんざんいな》荷道《りどう》」がある。表面の左側に「ひがし是より八丁《ちょう》」と安産稲荷神社への道程を陰刻《いんこく》し、道標の左右側面には神社の由来や功徳《くどく》を刻んでいる。また、表面の下半には次のような道案内も陰刻されている。

南　はりがひ　こやま　いしばし
　　上三川
東　すずめ　よこた　石井　のぶ
北　にしかわだ　おほや
　　うつのみや　たげ

これによれば、幕田から南へ進めば針ヶ谷・古山（下野市）・石橋・上三川、東は雀宮・横田・石井・延生《のぶ》（芳賀町下延生《しものぶ》）。「延生の地蔵様＝城興寺《じょうこうじ》。安産）、北は西川田・大谷（大谷寺《おおやじ》）・宇都宮（二荒山《ふたあらやま》神社《じんじゃ》）・多気《たげ》（多気不動尊）を案内している。

この道標脇に「戦士《せんし》死十七名霊」と刻んだ墓碑がある。姿川に架かる淀橋《よどばし》付近は明治元年（慶応《けいおう》四年＝一八六八）、戊辰戦争《ぼしんせんそう》の戦場となったところで、この墓碑は旧幕府軍の兵士の墓で、地域の住民一一人が明治一三年（一八八〇）に建碑したものである。

社寺に星宮神社《ほしのみやじんじゃ》・福智院《ふくちいん》（真言宗）などがある。旧村社星宮神社は、口碑によると嘉祥《かしょう》年間（八四八～五一）、宇都宮氏の一族横田頼業《よりなり》の創祀といい、戊辰戦争のさい大垣《おおがき》

道標「安産稲荷道」（幕田町）

『戦士死十七名霊」墓碑（幕田町）

姿川に架かる淀橋付近（幕田町）

藩士などが滞陣したので兵火にあって古記録を焼失したという。主祭神は磐裂神《いわさくのかみ》・根裂神《ねさくのかみ》である。

　幕田村は、明治二二年（一八八九）に姿川村の大字となり、昭和三〇年（一九五五）、宇都宮市幕田町《まくたまち》となる。町域は現在の幕田町・兵庫塚《ひようごつか》三丁目・針ヶ谷一丁目。

　幕田の村名について、（一）「もと古城跡ニシテ地勢正真《しょうしん》周囲水田ヲ以テ幕ヲ打タル如クノ状」をなしていたことによる（「地誌編輯《へんしゅう》材料取調書」）とか、（二）もと蒔田《まくた》といったが、晩秋の収穫にあたり、祭田《さいでん》に幕を張り、神楽《かぐら》神事を行ってから「幕田」に改めたという説がある。いずれもこじつけた説である。

　幕田（マクタ）は、「マク・タ（接尾語）」という村名である。マクはマグ（曲）の清音化で、ここでは姿川の屈曲した様をいう。タは田圃の「田」ではなく、ハタ（端）・ヘタ（辺）から、川沿いの意に解される接尾語である。従って、「幕田」は大きく蛇行して南流する姿川沿岸に開けた地に由来する村名であろう。

（13）城山《しろやま》地区（旧城山村）

　城山地区（旧城山村）の村域は、古賀志山《こがしやま》（五八三メートル）から姿《すがた》川《がわ》上流域・赤川《あかがわ》流域にかけて位置し、北西から南東に細長く横たわっている。北西端に古賀志山・赤岩山《あかいわやま》（五三五メートル）がそびえ、旧今市市岩崎《いわさき》の丘陵地に接している。古賀志山は大谷町《おおやまち》付近の丘陵地帯とこれに接続する多気山《たげさん》（三七七メートル）を含む山地・丘陵地とともに、宇都宮県立自然公園を形成している。この公園の中心をなす古賀志山は、宇都宮市森林公園の西側にある東西にノコギリ歯状に続く四〇〇～五〇〇メートルの高さの山地で、やせ尾根は岩登りの練習場ともなっている。

　明治二二年（一八八九）に飯田《いいだ》・荒針《あらはり》・駒生《こまにゅう》・田下《たげ》・田野《たの》・福岡《ふくおか》・古賀志《こがし》の七か村が合併して「城山《しろやま》村《むら》」が成立した。村名は「康平《こうへい》六年（一〇六三）、藤原宗円《そうえん》が多気山に城を築いた故事にちなむ」というが、宗円の築城とは関係なく、多気山城が築かれている山（城山《しろやま》）に由来するものである。

多気山城《たげさんじょう》（多気城《たげじょう》とも）は、険《けん》峻《しゅん》な多気山の地形を活かして築かれた典型的な山城で、山頂に御殿《ごてん》平《だいら》と呼んでいる本丸跡がよく遺っている。一般に宇都宮氏の祖とされる藤原宗円の築城と伝えられているが信じがたい。『宇都宮家臣記《かしんき》』は文明《ぶんめい》四年（一四七二）、多気兵庫守《ひょうごのかみ》が居住したと記し、『多気山構築出陣人名』には「天正《てんしょう》四年（一五七六）一二月二日に着手し、同月二五日に落成した」と見える。後者はあまりにも築城工期が短いので、これは従来から存した城を修築補強した工事と解すべきである。つまり、天正年間（一五七三〜九二）、東方には宇都宮氏と同盟を結んだ佐《さ》竹《たけ》氏の固めはあるが、南方からは北条氏側につく小山氏があり、西方には敵対する壬生《みぶ》氏があったので、宇都宮氏は平城の宇都宮城の防御では心もとないところがあった。そこで天正四年ころ、北条氏や壬生氏の侵攻に備えて、多気山城の突貫改修工

田下町・田野町・大谷町付近「大谷」2万5千分の1（平成14）。●印　1.多気不動尊（田下町）　2.多気山城跡（田下町）　3.小野口家住宅（田野町）　4.大谷資料館（大谷町）　5.大谷景観公園（大谷町）　6.大谷寺（大谷町）　7.平和観音（大谷町）

多気山（南東方より）

事が必要としたのであろう。

　こうして多気山城は、はじめ宇都宮城の支城として築かれたものを、戦国時代末期に宇都宮国綱《くにつな》（二二代城主）は、多気山城を本拠地として整備、宇都宮城を有力家臣玉生《たまにゅう》美《み》濃守《ののかみ》に任せ、自らは主だった武将を引き連れて多気山城に移って、ここを一大軍事拠点とした。このため多気山南麓の地（現田野町《たのまち》）には、宇都宮城下の町名や寺院名と同じ塙田《はなわだ》・下河原《しもがわら》・扇町《おうぎまち》・裏町《うらまち》（池上《いけがみ》裏町）・源石町《もとこくちょう》（元石町）・清願寺《せいがんじ》（清巌寺）・粉川内《こかわじ》（粉河寺《こかわでら》）などが残っている。これは宇都宮氏が本格的な町割《まちわり》（町の区画整理）を行った名残であろう。

　宇都宮氏は、天正一八年（一五九〇）の豊臣秀吉の天下統一まで、多気山城を本拠としたが、戦国の世が終わって平和が到来すると、国綱は宇都宮城に本拠を戻したのも束の間、慶長《けいちょう》二年（一五九七）一〇月、「不慮《ふりょ》の子細」があったとして、国綱は秀吉によって突如改易《かいえき》され、ここに宗円以来二二代続いた宇都宮氏は滅亡し、これにともない多気山城は廃城となった。

　城山村は古くから大谷石《おおやいし》の産地として知られている。大谷石は海底火山の爆発による堆積物で、火山灰や軽石・岩片などが固まってできたもので、白い岩肌の凝灰岩《ぎょうかいがん》がいろいろな姿で各所に奇岩・怪石として露呈しているので、「石の里」の名が定着している。切り出された大谷石を運搬するため、明治二九年（一八九六）に宇都宮軌道《きどう》運輸が創立され、のちに宇都宮石材軌道となり、大谷と宇都宮間の石材運輸に当たった。大正《たいしょう》四年（一九一五）に日光線鶴田《つるた》駅から荒針《あらはり》まで軽便《けいべん》鉄道が敷設され、さらに昭和六年（一九三一）に東武宇都宮線が開通すると、大谷石を運搬するため新鶴田と西川田への連絡線も開通した。

多気山城跡南麓の集落（田野町）

　城山地区にはあちこちに大谷石を用いた石造建築物が見られる。なかでも江戸時代に名主《なぬし》をつとめた旧家の小野口《おのぐち》家住宅（国登録有形文化財。田野町《たのまち》）、旧大谷公会堂《きゅうおおやこうかいどう》（国登録有形文化財。大谷町《おおやまち》）、渡辺家の屋敷内に建つ屏風岩石材石蔵《びょうぶいわせきざいいしぐら》（西《にし》蔵《ぐら》・東蔵《ひがしぐら》。県指定文化財）、江戸時代に名主をつとめた旧家の渡辺家住宅（市認定建造物。大谷町）などは著名である。屏風岩石材の石蔵は、渡辺家屋敷正面の冠木門《かぶきもん》（門柱に冠木を渡した門）の両脇にあるもので、左側の西蔵（明治四一＝一九一二年）は地下一階・地上二階建てで、内部は畳を敷いた座敷蔵、右側の東蔵（明治四五＝一九一二年）は倉庫（穀倉）として建てられたものである。屏風岩石材の東方近くにある渡辺家住宅は、母屋・西石蔵・表門（薬医門《やくいもん》）が認定建造物で、薬医門とは本柱の後方に控《ひか》え柱《ばしら》を立て、その上に女梁《めうつばり》・男梁《おうつばり》をかけ、切妻屋根をのせた門である。西石蔵は明和《めいわ》六年（一七六九）以前の建物と推定されており、母屋と薬医門には慶応《けいおう》四年（一八六八）の世直《よなお》し一揆《いっき》のさいに襲われた刀傷《とうしょう》が残っているので、歴史的にも貴重な建造物である。

屏風岩石材石蔵（渡辺家。大谷町）

渡辺家住宅（大谷町）

明治二二年（一八八九）四月　飯田・荒針・駒生・田下・田野・福岡・古賀志の七か村が合併して、城山村が成立する。

昭和一四年（一九三九）四月　城山村駒生の一部（一の沢）が、宇都宮市一の沢町となる。

昭和二四年（一九四九）四月　城山村古賀志の一部（高谷《こうや》）が、菊《きく》沢村《さわむら》に編入し大字高谷（現鹿沼市高谷）となる。

昭和二七年（一九五二）四月　城山村駒生の一部（開拓地＝旧軍用地）が、姿川村鶴田に編入する。

昭和二九年（一九五四）一一月城山村が宇都宮市に編入し、同村荒針の一部が大谷町《おおやまち》、同村荒針の一部が下荒針町《しもあらはりまち》となる。

○飯田《いいだ》

姿川《すがたがわ》と武子川《たけしがわ》に挟まれた中ほどに位置し、長坂丘陵《ながさかきゅうりょう》の西側に位置している。飯田の北は鹿沼市栃窪《とちくぼ》、東は下荒針町《しもあらはりまち》、南は鹿沼市白桑田《しらくわだ》、西は鹿沼市千渡《せんど》に接している。地内の南部に主要地方道四号線（宇都宮鹿沼線。通称鹿沼街道）が東西に通っている。かつて当地は南西に山林が多く、北東はやや高く山林であったが、近年、諸施設や宅地が増えて変貌している。

『那須記』に天正《てんしょう》四年（一五七六）、宇都宮国綱《くにつな》（二二代城主）に従う武士のうちに、大《たい》（太）鼓奉行《こぶぎょう》飯田城主飯田民部助《みんぶのすけ》の名が見えるが、飯田地内に飯田城跡は確認されていない。飯田村は「慶安郷帳《けいあんごうちょう》」に宇都宮藩領と見えるが、「元禄《げんろく》郷帳」には旗本《はたもと》北条・下枝《しもえだ》氏の相給《あいきゅう》（一村を複数の領主が分割して知行《ちぎょう》すること）と見える。天保《てんぽう》年間（一八三〇～四四）の家数四二軒。明治初年ころ、一時上《かみ》飯田村と下《しも》飯田村に分かれたと伝えている。明治二二年（一八八九）に城山村の大字となり、昭和二九年（一九五四）、宇都宮市飯田町《いいだまち》となる。地内に大石山《おおいしやま》神社・高靇《たかお》神社・湯殿《ゆどの》神社などがある。

飯田は、「イイ・ダ（タ）」という村名。イイ（飯）は「飯山《いいやま》」地名と同じように、飯を盛ったような小高い所の意。ダはタの濁音化で、コナタ（此方）・カナタ（彼方）・シタ（下）・ハタ（端）・ヘタ（辺）などのタと同じく、場所・位置などを示す接尾語。従って、飯田は長坂丘陵の西側に位置する小高い地に由来する村名である。県内には同名の佐野市飯田町・小山市北飯田・同市南飯田などがある。

○荒針《あらはり》

旧荒針村（現大谷町《おおやまち》・下荒針町《しもあらはりまち》・西《にし》の宮町《みやまち》）は、姿川《すがたがわ》・赤川《あかがわ》流域に位置し、南北に長い地域で、北部に台地や石山の起伏が目立っている。中世までは「大谷《おおや》」とよばれた地域で、室町時代の「仏厳禅師《ぶつげんぜんじ》行状《ぎょうじょう》」に「宇津宮《うつのみや》大谷有寺」（『続群書類《ぞくぐんしょるい》従《じゅう》』）と見える。ここに「寺」とは大谷寺のことである。下って天正《てんしょう》一四年（一五八六）五月の宇都宮国綱《くにつな》（二二代城主）官途状写《かんとじょううつし》に「太《おお》（大）谷口《やぐち》」と見える。「元禄郷帳《げんろくごうちょう》」「天保《てんぽう》郷帳」には荒針村一村として見えるが、「旧高旧領取調帳《きゅうだかきゅうりょうとりしらべちょう》」では荒針村のほかに、上荒針村・中荒針村・南（下）荒針村の三か村が見える。

明治七年（一八七四）に再び合併して荒針村一村となる。

近世初期は宇都宮藩領であったが、「元禄郷帳」では旗本下枝《はたもとしもえだ》・三《さえ》枝《ぐさ》・服部《はっとり》・谷《たに》・落合《おちあい》氏の相給《あいきゅう》、「改革組合」では幕府、旗本下枝・三枝・大久保氏の相給、「旧高旧領取調帳」では荒針村が幕府領、上荒針村が旗本三枝氏知行《ちぎょう》、中荒針村が旗本大久保氏知行、南荒針村が旗本下枝・落合氏の相給とある。天保年間（一八三〇～四四）の家五〇軒。明治二二年（一八八九）に城山村の大字となり、昭和二九年（一九五四）、宇都宮市大谷町《おおやまち》・下荒針《しもあらはり》町《まち》となる。

荒針は「アラ・ハリ」という村名。アラは新しい「新《あら》」、ハリは「墾《はり》」から開墾地の意。従って、村名は新しく切り開かれた山畑に由来するものであろう。

大谷町《おおやまち》は姿川流域に位置し、北は岩原町《いわはらまち》、東は駒《こま》生町《にゅうまち》、南は下荒針町、西は田野町《たのまち》・田下町《たげまち》に接し、南部を北西から南東へ主要地方道七〇号線（宇都宮今市線。通称大谷街道）が通り、姿川に架かる大谷橋のすぐ東で七〇号線から分岐した一般県道一八八号線（大谷観音《おおやかんのん》線）が姿川に沿って北上し、大谷寺《おおやじ》（天台宗）に至っている。

大谷町を流れる姿川

大谷寺付近一帯は宇都宮県立自然公園に指定され、平成一八年（二〇〇六）には大谷奇岩群のうち、御止《おとめ》山《やま》（大谷町）・越路岩《こしじいわ》（田下町）が国《くに》名勝《めいしょう》に指定されている。奇岩群には他に材木《ざいもく》岩・亀《かめ》岩・相撲《すもう》岩・三俵《さんびょう》岩・屏風《びょうぶ》岩・獅子《しし》岩・髭《ひげ》岩などがある。大谷寺北の御止山は、「日光御用《ごよう》の山」とよばれ、輪王寺宮《りんのうじのみや》が毎年秋に松茸《まつたけ》狩りを行うため、一般人の入山が許されなかったので、御止山の名が付された。

大谷寺の北部はほとんど丘陵や山地となっていて、寺院の北方近くに大谷景観公園、公園の東方近くに昭和五四年（一九七九）に開館した大谷資料館がある。大谷石の採掘・運搬・輸送の変遷を示し、手掘り時代から機械掘りまでの道具類が展示されているが、見所は地下採掘場跡で、その規模は約二万平方メートル、地上よりの深さ平均約三〇メートルの巨大な空洞は圧巻だ。第二次世界大戦中は軍の地下倉庫・軍需工場として使われ、大戦後は米軍の貯蔵庫としても使われ、今ではコンサート・演劇・展示会など、各種のイベント会場としても利用されている。

大谷寺（天台宗）は、**大谷観音**《おおやかんのん》の名で知られる坂東《ばんどう》三三観音霊場《かんのんれいじょう》第一九番札所《ふだしょ》で、南西に向けて開口している半球形状の凝灰岩洞《どう》穴《けつ》内に、観音堂・脇《わき》堂をもつ珍しい洞穴寺院《どうけつじいん》である。洞穴内の壁面に磨崖仏《まがいぶつ》が浮き彫りされ、西の臼杵《うすき》磨崖仏群（国特別史跡・国重文。大分県臼杵市）に対して、東の**大谷磨崖仏**《おおやまがいぶつ》（国特別史跡・国重文）として広く喧伝《けんでん》され、これに加えて磨崖仏が造像されるはるか以前の縄文時代草創期《そうそうき》（一万三〇〇〇〜九五〇〇年前）には、この洞穴は縄文人の住処となっていたことで、全国的に知られている遺跡でもある。

大谷景観公園（大谷町）

洞穴寺院の大谷寺（大谷町）

大谷寺の観音堂

寺伝によると、大谷寺は弘法大師《こうぼうだいし》（空海《くうかい》）が開いたという。開山は大師によるものでないにしても、奈良時代末から平安時代初めには、日光男《なん》体山《たいさん》を開いた勝道上人《しょうどうしょうにん》と最澄《さいちょう》の弟子慈覚大師《じかくだいし》（円仁《えんにん》）が活躍した時期であるから、大谷寺が弘法大師の開山という伝承も、下野仏教界の新たな動きの中で検討すべきものがあろう。それは天台・真言両宗の密《みつ》教《きょう》的要素が、勝道上人や慈覚大師によって布教された時期で、大谷磨崖仏のなかの薬師三尊《やくしさんぞん》・千手観音《せんじゅかんのん》両像が彫られた時期と一致するからである。おそらく両名僧とかかわりをもった中央から派遣された仏師《ぶっし》、あるいはその一派の仏師が造像に関与したのであろう。

大谷磨崖仏は、千手観音・釈迦三尊・薬師三尊・阿弥陀三尊の諸像からなり、千手観音像（千手観音菩薩《ぼさつ》立像《りゅうぞう》）は大谷寺の本尊で、寺伝では弘法大師一夜の作といわれ、これまで平安時代初期の造像と位置づけされていたが、力強く静寂な姿から、近年、奈良時代末期の作という説が浮上している。

千手観音像（大谷寺提供）

摩損の激しい薬師三尊像

釈迦三尊像（右）と阿弥陀三尊像（左）

大谷観音の御前立《おまえだち》として、大谷寺の南近くに巨大な平和観音《へいわかんのん》が聳え立っている。大谷町の上野波造《うえのなみぞう》が第二次世界大戦による戦没者の霊を弔い、あわせて世界平和を祈念して、昭和二三年（一九四八）九月に彫りはじめた。その後、彫刻家飛田朝次《とびたあさじ》郎《ろう》（東京芸大教授）が悲願成就の彫像を引き継ぎ、同二九年（一九五四）一二月、六年余の歳月を費やして完成した。像高二七メートル、胴まわり二〇メートル、顔の長さ五メートル、足幅一・五メートルの大きさで、同三一年（一九五六）五月四日、日光山輪王寺門跡《もんぜき》菅原《すがわら》栄海《えいかい》大僧正によって開眼《かいげん》供養がなされた。

　昭和二九年（一九五四）、荒針村の北半が大谷町となったが、この町名は中世に「大谷」とよばれていたことや、「大谷石」の産出地であったことによって付された。大谷（オオヤ）の地名は、「オオ（接頭語）・ヤ」に由来する。この地は姿川流域の低湿地沿いに位置するので、ヤは「ヤツ（萢）」の略で湿地の意。またはヤツ（谷津）の一字音化で、ヤ・ヤツ・ヤチと同じく低湿地の意。いずれにしても「大谷」は姿川沿いの低湿地に由来する地名である。

大谷観音の御前立「平和観音」

　荒針村の南半に位置する下荒針《しもあらはり》町は、東部に曲折して姿川が南流し、北西部から南東流している赤川が東部で姿川に合流している。北は田野《たの》町《まち》・大谷町、東は駒生町《こまにゅうまち》・西《にし》の宮《みや》町《まち》、南は砥上町《とかみちょう》・上欠町《かみかけまち》・鹿沼市白桑田《しらくわだ》、西は飯田町《いいだまち》に接し、南部を主要地方道四号線（宇都宮鹿沼線。通称鹿沼街道）が東西に通り、中央部を北東から南西に向かって東北自動車道が走っている。

　地内の羽下《はじた》集落の入口右側に小堂（薬師堂）がある。このお堂に接して大谷石で造られた収蔵庫の中に、木造薬師《やくし》如来立像《にょらいりゅうぞう》（市指定）が安置されている。像高約一メートルの一《いち》木造《ぼくづく》りで、脚部は朽《く》ちて消失し、両手首も破損しているが、全体的にみごとなみ仏で、平安時代半ばころの造像といわれている。

　大谷今市線と大谷観音線が分岐する真南に見える戸室山《とむろやま》の頂に、旧村社鳴雷《なるいかずち》神社が鎮座している。戸室山頂にあるので、一般に戸室神社と呼ばれている。社伝によると、源頼《より》義《よし》が奥州の安倍頼時《あべのよりとき》征討のさい、藤原宗円《そうえん》（宇都宮氏の祖）は調伏祈禱《ちょうぶくきとう》のためこれに随行したが、頼義の命によって鳴雷神《なるいかずちのかみ》を祭神とする神社を、戸室山に創祀したのが神社の起源という。宗円が神社を創祀したという根拠はないが、山の麓にある鳥居をくぐり、大谷石でつくられた長い石段を登りつめると、山頂の社殿前にたどり着く。左右に狛犬《こまいぬ》が奉納され、社殿のほかに神楽殿《かぐらでん》がある。山頂からの眺望は美しい。

　また、伝承では宗円が下野国へ下《げ》向《こう》して居住したところは下荒針字八《はっ》田《た》の地であったといい、地内の丘陵尾根上にある径約二〇メートル・高さ三メートルほどの塚は、宗円を埋葬した宗円塚《そうえんづか》であると伝え、塚近くの山麓に居を構える猪口《いぐち》家は、宗円を祖とする八田氏の後裔《こうえい》という。ただ宗円塚は古墳時代後期（六世紀後半）の群集墳《ぐんしゅうふん》の一基であるので、宗円の墓ではない。しかし、猪口家の屋号は「堀《ほり》の内《うち》」というので、猪口家の屋敷は中世豪族と関わりをもつものであろう。

　下荒針地内には鳴雷神社のほかいずれも創祀年代などは不詳だが、大《おお》物主神《ものぬしのかみ》を主祭神とする琴平《ことひら》神社（旧村社）、素戔嗚尊《すさのおのみこと》を主祭神とする八坂《やさか》神社（旧村社）などがある。

○駒生《こまにゅう》

　駒生は、姿川《すがたがわ》左岸の低台地上に位置している。当地は昭和三〇年（一九五五）代ころまで、雑木林や畑地が多く、ここには幾筋もの沢が入り込んでいたが、今ではその多くが埋め立てられてすっかり住宅地化され、往時の農村風景は微塵も残っていない。当地は北は宝木本町《たからぎほんちょう》、東は宝木町《たからぎちょう》・細谷町《ほそやちょう》、南は西《にし》の宮《みや》町《まち》・鶴田町《つるたまち》・下荒針町《しもあらはりまち》、西は大谷町《おおやまち》に接し、西部を姿川が南流している。南部を主要地方道七〇号線（宇都宮今市線。通称大谷街道）が北西から南東に向けて通り、東部を東北自動車道が北東から南西に走り、ここには大谷《おおや》ＰＡが設けられている。

　駒生村は、近世初期から宇都宮藩領であるが、「旧高旧領取調帳《きゅうだかきゅうりょうとりしらべちょう》」に能満寺《のうまんじ》領七石が見える。天保《てんぽう》年間（一八三〇～四四）の家数二五軒。明治二二年（一八八九）に城山村の大字となる。同四〇年（一九〇七）九月、軍令をもって第一四師団《しだん》の衛《えい》戍地《じゅち》として宇都宮が決定すると、同四一年（一九〇八）三月、まず歩兵第六六連隊が国本村《くにもとむら》の新兵営に入り、続いて同年一一月、城山村駒生の地（現一《いち》の沢《さわ》。作新学院校地）に、騎兵《きへい》第一八連隊・輜重兵《しちょうへい》第一四大隊が移駐したので、付近一帯は軍事色に大きく変容した。昭和一四年（一九三九）に城山村駒生の一部（一の沢）が宇都宮市一《いち》の沢町《さわまち》となり、同二七年（一九五二）四月、同村駒生の一部（開拓地＝旧軍用地）が姿川村鶴田に編入。同二九年（一九五四）、宇都宮市駒生町《こまにゅうまち》となる。同五〇年（一九七五）には駒生町の一部が西の宮町となる。なお、「一の沢」の町名は、作新学院の東方近くを流れる沢（一の沢）に由来する。昭和三〇年（一九五五）代ころまで、この沢に沿った一帯は蛙の声

整備されて流れる「一の沢」（西一の沢町）

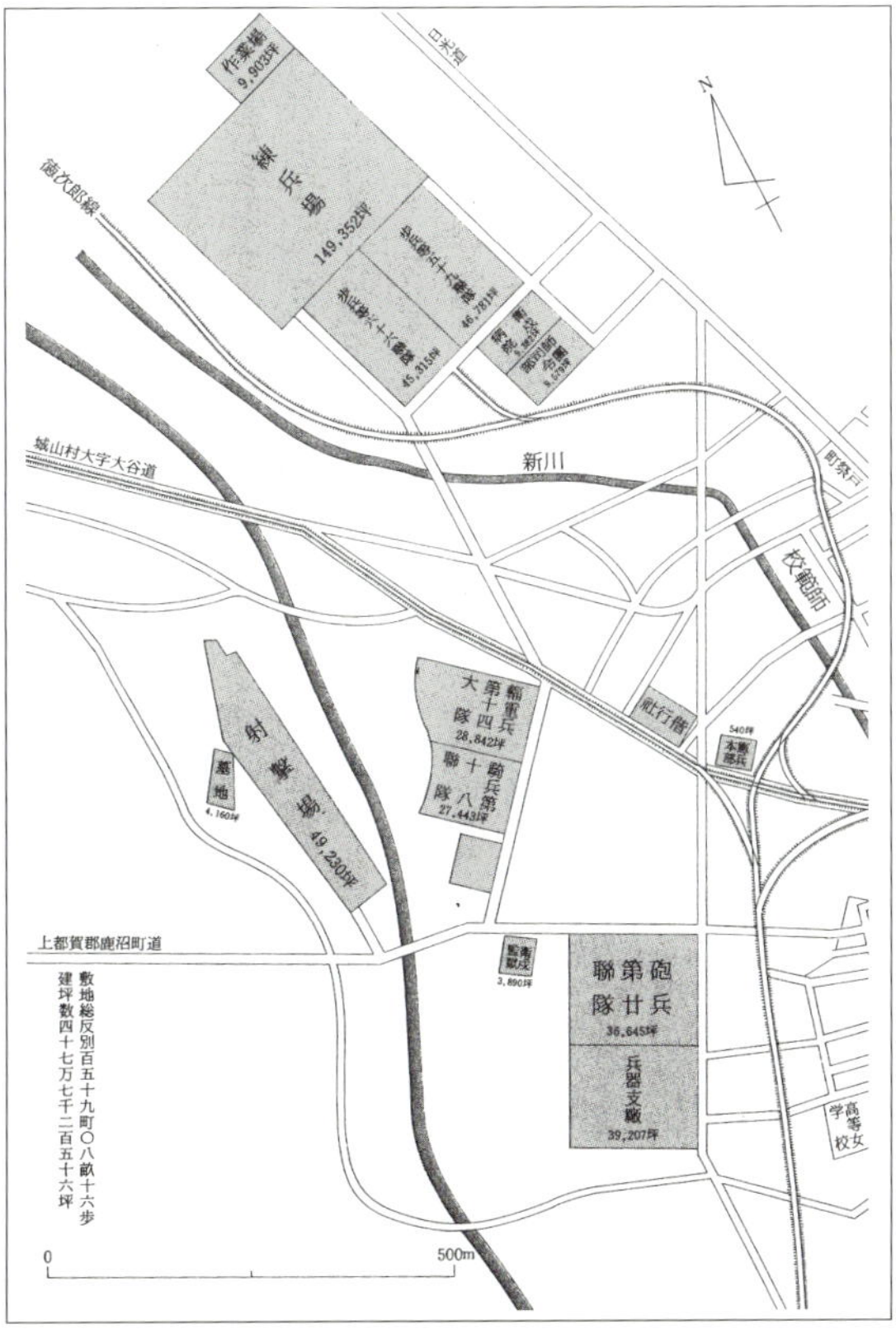

第14師団敷地略図（明治42年「第14師団全図」部分）（『改訂うつのみやの歴史』）

やかましい低湿地であった。現在は埋め立てられて宅地化されたが、地盤が軟弱であるので、豪雨・長雨には細心の注意が必要である。

駒生村は、現在、駒生町・西の宮町・北一《きたいち》の沢町《さわまち》・陽西町《ようさいちょう》・桜《さくら》四丁目・中一《なかいち》の沢町《さわまち》・南一《みなみいち》の沢町《さわまち》・一の沢町・睦《むつみ》町《ちょう》などになっている。

陽西町（もと一の沢町の一部）に栃木県護国《ごこく》神社が鎮座する。大谷街道沿いの作新学院北側に位置し、主祭神は国家公共に尽くした人の神霊《しんれい》で、例祭は四月二八日、新嘗祭《にいなめさい》が一一月二三日、祈年祭が二月一七日に行われている。当社の前身は、明治

栃木県護国神社（陽西町）

五年（一八七二）、宇都宮藩知事戸《と》田忠友《だただとも》と旧藩士が発起人となって宇都宮市民有志と諮《はか》り、二荒山《ふたあらやま》神社南方の荒尾崎《あらおざき》丘陵上に招魂社《しょうこんしゃ》を創建したもので、このときの祭神は、旧宇都宮藩主戸田忠恕《ただゆき》と戊辰《ぼしん》戦争で戦死した藩士九六人であった。

招魂社は、明治九年（一八七六）に宇都宮招魂社と改称し、翌一〇年には西南《せいなん》戦争の戦死者を合祀《ごうし》した。以後、日清・日露両戦争をはじめとする戦死者で、靖国《やすくに》神社（東京都九《く》段坂上《だんざかうえ》）に祀られた栃木県に本籍をもつ人たちを合祀した。昭和一四年（一九三九）四月、内務省令《ないむしょうれい》によって栃木県護国神社と改称した。これに先立つ前年（一九三八）、荒尾崎から現在地へ境内地を移して社殿を新築し、同一五年（一九四〇）四月に遷座《せんざ》した。第二次世界大戦後のGHQ占領下の昭和二二年（一九四七）一一月、彰徳《しょうとく》神社に改称させられたが、同二八年（一九五三）四月、再び栃木県護国神社となって今に至っている。

駒生地内には創祀年代などは不詳だが、貴船《きぶね》神社（京都市左京区。旧官幣中社《かんぺいちゅうしゃ》）より神霊を勧請《かんじょう》したという高龗神《たかおかみのかみ》を主祭神とする高龗《たかお》神社、素戔嗚尊《すさのおのみこと》を主祭神とする八坂《やさか》神社、大山祇命《おおやまつみのみこと》を主祭神とする湯《ゆ》殿《どの》神社などがある。また、下駒生に能満寺《のうまんじ》（真言宗）がある。応永《おうえい》二三年（一四一六）の開基で、瑞穂野《みずほの》村桑島《くわじま》（現上桑島町《かみくわじままち》）の名刹金剛定《こんごうじょう》寺《じ》（真言宗）の末寺《まつじ》で、祐承《ゆうしょう》和尚の開山という。寺領として朱印地《しゅいんち》七石を領し、ほかに年貢所田畑合わせて五石七斗七升余があった。檀徒《だんと》は城山村の駒生・荒針・上飯田の一部、国本《くにもと》村宝木《たからぎ》の一部、姿川《すがたがわ》村上砥《かみと》上《かみ》・鶴田の大部分、下砥上《しもとかみ》・下欠下《しもかけした》の一部に及んだ。正徳《しょうとく》年間（一七一一～一六）の覚書《おぼえがき》に、「末寺一一か寺、この付近の小寺を支配し、小本《しょうほん》山《ざん》と称した」とある。

下駒生の能満寺（駒生町）

〇田下《たげ》

姿川《すがたがわ》上流右岸の多気山《たげさん》（三七七メートル）南東麓に位置し、北は新《にっ》里町《さとまち》、東は岩原町《いわはらまち》、南東は大谷町《おおやまち》、南は田野町《たのまち》、西は福岡町《ふくおかまち》に接している。大谷町との境を姿川が南流し、東部を国道二九三号線（西根《にしね》バイパス）が北東から南西に向け通っている。地内の北・南・西の三方は山地、東方だけが平坦で耕地が開けている。

多気山の地形を活かして多気山《たげさん》城《じょう》が築かれたことは既述したので省略したい。田下は古く田気《たげ》・多気《たげ》とも書いた。田下は多気山の麓に位置するので、村名はこれに由来する。蛇足だが、多気（田気）のタゲ（嶽・岳・嵩）はタケの濁音化で、語源はタケル（長ける）の語幹から高所・高山の意である。

田下村は、「慶安郷帳《けいあんごうちょう》」では宇都宮藩領、「元禄《げんろく》郷帳」では日光神領、「改革組合村」「旧高旧領《きゅうだかきゅうりょう》取調帳」では幕府領とある。天保《てんぽう》年間（一八三〇～四四）の家数一六軒。明治二二年（一八八九）に城山村の大字となり、昭和二九年（一九五四）、宇都宮市田下町《たげまち》となる。

多気山の中腹に多気不動尊《たげふどうそん》の名で知られる持宝院不動寺《じほういんふどうじ》（真言宗）がある。通称「多気さん（山）」とよばれている。寺伝によると、弘仁《こうにん》一三年（八二二）、勝道《しょうどう》上人の門弟尊鎮《そんちん》が馬頭観世音《ばとうかんぜおん》を本尊として開山したという。その後の寺歴は不詳だが、長治《ちょうじ》二年（一一〇五）、宇都宮宗綱《むねつな》（二代城主）が氏家郷勝山《かつやま》（旧氏家町氏家）の明王堂《みょうおうどう》に安置してあった不動明王像《ふどうみょうおうぞう》を当寺に移して本尊にしたという。一説にこの仏像を移したのは、建武《けんむ》二年（一三三五）、宇都宮公綱《きんつな》（九代城主）のときともいう。

伝承によれば、この仏像は宇都宮氏の祖という藤原宗円《そうえん》が、前九年《ぜんくねん》の役《えき》（一〇五一～六二）のさい、源頼《より》義《よし》に従って陸奥《むつ》の豪族安倍頼時《よりとき》・貞任《さだとう》らを征討するため下向したとき捧持し、勝山に壇《だん》を構えて戦勝祈願

不動寺（多気不動尊）の山門

多気不動尊が安置されている不動堂

をしたものという。これが不動堂（本堂）に安置されている多気不動尊といわれている像高一・七三メートルの寄木造《よせぎづく》りの不動明王坐像《ふどうみょうおうざぞう》（市指定）で、胎内《たいない》に「康応《こうおう》元年（一三八九）己巳《つちのとみ》十月廿六日」に修復された墨書銘《ぼくしょめい》がある。

不動寺周辺の山林は、宇都宮県立自然公園に含まれるが、なかでも不動堂左手の祭神殿《さいしんでん》裏側一帯は、多気《たげ》山持宝院社叢《さんじほういんしゃそう》（市指定）として特別に保護されている。この社叢はわが国暖帯林《だんたいりん》の北縁に位置する樹林として学術的に価値が高く、アラカシ・ウラジロガシ・ツクバネガシなどのカシ類や、ヤブツバキ・ヒサカキ・ヤマザクラ・ヤマモミジ・イタビカズラなどが茂っている。

多気不動尊（持宝院不動寺提供）

地内に鎮座する高龗《たかお》神社（旧村社）は詳細は不明だが、伝承によれば宇都宮氏が多気山城を築いたとき、北東方の守護として創祀したという。主祭神は高龗神《たかおかみのかみ》で、境内神社に雷《いかづち》神社（雷神《いかづちのかみ》）・伊王《いおう》神社（伊王神《いおうのかみ》）がある。

○田野《たの》

多気山《たげさん》の南麓に位置し、北は田下町《たげまち》、東は大谷町《おおやまち》、南は下荒針町《しもあらはりまち》・鹿沼市栃《とち》窪《くぼ》、西は福岡町《ふくおかまち》に接し、多気山南麓の丘陵地で、北東から南西に通る国道二九三号線が東西に通る主要地方道七〇号線（宇都宮今市線）と合流して西進し、地内西部の「森林公園入口」で七〇号線を西へ分岐して二九三号線は南西へ向け抜けている。福岡町との境付近を赤川《あかがわ》が南流している。地内の北西は山がめぐり、南東は平坦で耕地が開けている。

北端の多気山頂から地内の南麓一帯は、戦国時代末期の宇都宮氏の「詰《つめ》の城《しろ》」（詰城《つめじろ》・爪城とも）としての多気山城の主要部であった。日常生活を営むには、城館は平地の方がいいが、戦時には平地より要害堅固な山上の方がよい。だから「詰の城」とは戦時の本拠となる山城のことである。既述したように、宇都宮国綱《くにつな》（二二代城主）は小田原北条氏の下野侵攻に備えて本拠を多気山城へ移したので、山城南麓には「塙田《はなわだ》・下河原・扇町・裏町（池上《いけがみ》裏町）・源《もと》石町《こくちょう》（元石町）・清願寺《せいがんじ》（清巌寺）・

粉川内《こかわじ》（粉河寺）」など、宇都宮城下と同じ町名や寺院名が残っている。これは城の本拠移転は城下の人たちや寺院までもが多気山麓に移った名残の地名である。

田野村は、近世初期は宇都宮藩領であったが、元禄《げんろく》一三年（一七〇〇）に宇都宮藩領から日光神領となり、「改革組合村」「旧高旧領取調帳」では幕府領と見える。天保《てんぽう》年間（一八三〇～四四）の家数三一軒。享保《きょうほう》九年（一七二四）の「助郷帳《すけごうちょう》」に、当村は日光街道壬生《みぶ》通り板橋《いたばし》・文挟《ふばさみ》両宿（ともに旧今市市《いまいちし》）の助郷村と見える。明治二二年（一八八九）に城山村の大字となり、昭和二九年（一九五四）、宇都宮市田野町《たのまち》となる。

田野町には国登録有形文化財の「小野口家住宅《おのぐちけじゅうたく》」がある。小野口家は、江戸時代に名主《なぬし》をつとめた旧家で、多気山南西麓の屋敷地に母屋《おもや》を囲むように長屋門（明治九年）・前の蔵（江戸後期）・旧乾燥小屋（大正後期）・堆肥舎（明治後期）・裏の蔵（文政《ぶんせい》八＝一八二五年）・旧酒蔵（明治五＝一八七二年）の六棟の石造建築が建ち並んでいる。文政八年から明治初期の四棟は、当初貼石《はりいし》で石屋根であり、明治後期から大正後期の二棟は、積石《つみいし》で瓦屋根である。宇都宮近辺における典型的な豪農の屋敷構えを今に伝えている。

「小野口家住宅」の長屋門（田野町）

田野は地勢から考えると、「タ・ノ」という村名かも知れない。タは『日本国語大辞典』（小学館）に、動詞・形容詞・副詞などの上に付けて、「た謀《ばか》る」「た易《やす》い」などのように、語調をととのえるものとある。また同書は、ノは山に対する「野」で、低木などの繁った山裾、高原、台地状のやや起伏に富む平坦地をさしたものか、とある。従って、田野は山（多気山）の南麓に開けた地に由来する村名であろう。

○福岡《ふくおか》

福岡は赤川《あかがわ》の上流域で、多気山《たげさん》（三七七メートル）の西麓と古賀志《こがし》山《やま》（五八三メートル）の東麓にまたがる地に位置し、北は旧今市市猪《い》倉《くら》、東は新里町《にっさとまち》・田下町《たげまち》・田野町《たのまち》、南・西は鹿沼市栃窪《とちくぼ》に接している。南部を北西から南東に向け主要地方道七〇号線（宇都宮今市線）が通っている。北東に山を負い、南西方に平坦地が見られ、北部から東境へかけて赤川が南流し、北部の赤川上流には細野《ほその》ダム、中央部には赤川ダムがある。

　赤川ダム周辺の北部一帯の丘陵地は、昭和五四年（一九七九）、市制施行八〇周年を記念して整備された宇都宮市森林公園で、公園の中心をなす赤川ダムは農耕地灌漑《かんがい》用の人造湖である。湖畔には少年自然の家、宇都宮サイクリングターミナルなどがある。また、細野ダム下流付近は、生きた化石といわれるムカシトンボの生息地（市天然記念物）として知られ保護されている。

赤川ダム湖（福岡町）

　福岡村は、近世初期は宇都宮藩領であったが、「元禄郷帳《げんろくごうちょう》」では甲斐《かい》谷村《やむら》藩領（現山梨県都留《つる》市。譜代《ふだい》小藩）、「改革組合村」では下総多古《しもうさたこ》藩領（現千葉県多古町。譜代《ふだい》小藩）と見える。天保《てんぽう》年間（一八三〇～四四）の家数三八軒。明治二二年（一八八九）に城山村の大字となり、昭和二九年（一九五四）、宇都宮市福岡町《ふくおかまち》となる。

　地内の日枝《ひえ》神社（旧村社）は社伝によると、大同《だいどう》二年（八〇七）、近江《おうみ》国の日吉《ひえ》（日枝）神社（全国日吉山《ひえさん》王《のう》の本祠《ほんし》）より山王権現《さんのうごんげん》を勧請《かんじょう》して創祀したという。主祭神は大山咋《おおやまくいの》神《かみ》であるが、地縁《ちえん》の神々と結合し、産土神《うぶすながみ》・守護神《しゅごしん》の性格をもった。神《しん》仏習合《ぶつしゅうごう》の長期にあっては、天台宗と習合し「山王」（日吉山王・山王権現）と称された。

日枝神社（福岡町）

　福岡は「フク・オカ」という村名で、フクは動詞フクル（脹る）の語幹から、山裾などの脹らんだ所の意。オカは「岡・丘」の意。従って、福岡は多気山麓の脹らんだ丘に由来する村名である。

○古賀志《こがし》

古賀志山《こがしやま》（五八三メートル）の南麓で武子川《たけしがわ》左岸に位置し、北は旧今市市岩崎《いわざき》、東は福岡町《ふくおかまち》、南は鹿沼市高谷《こうや》、南東は鹿沼市古賀志町《こがしまち》、西は鹿沼市武子《たけし》に接している。地内の西部から南部を主要地方道七〇号線（宇都宮今市線）が通っている。中部以北は丘陵地であるが、古賀志山南麓の南部に集落が見られる。

古賀志山麓の集落（古賀志町）

古賀志山は、石の町大谷町《おおやまち》や多気《たげ》山《さん》（三七七メートル）・鞍掛山《くらかけさん》（四九二メートル）などとともに、宇都宮県立自然公園を形成し、北に鞍掛山、東に雲雀鳥屋《ひばりがとや》（三六二メートル）、南東に多気山がある。古賀志山には西方へ幾つかの峰（御岳山《おんたけさん》・赤岩山《あかいわやま》など）が続き、御岳山の山頂には岩の上に祠《ほこら》があり、ここからの展望は低山とは思えない素晴らしいもので、北方に那須から日光連山、南方には関東平野が広がり、宇都宮市街地から遠く筑波山《つくばさん》や八溝《やみぞ》山地の眺望がみごとである。御岳山から南へ下ると、水量の少ない不動《ふどう》の滝《たき》があり、その脇に男滝明神《おだきみょうじん》の祠がある。滝の周辺は岩登りのゲレンデとして知られている。

「古賀志」の地名は、すでに戦国時代に見える。日光男体山頂《なんたいさんちょう》遺跡出土の天文《てんぶん》二年（一五三三）銘《めい》の経筒《きょうづつ》（経典を納めた筒）に「故賀志《こがし》」と見え、天正《てんしょう》一〇年（一五八二）の宇都宮国綱《くにつな》（二二代城主）感状《かんじょう》に「古賀《こが》志《し》表」と見える。感状とは武将が戦功のあった将士《しょうし》を賞するために与える文書のことである。

古賀志村は、近世初期は宇都宮藩領であったが、「元禄郷帳《げんろくごうちょう》」では幕府領と壬生《みぶ》藩領、「改革組合村」「旧高旧領取調帳」では幕府領と旗本領の相給《あいきゅう》であった。「改革組合村」とは、領主の違いに関係なく、近隣の数十か村を組み合わせた村の連合組織のことであり、「相給」とは、一村を複数の領主が分割して知行《ちぎょう》すること。天保《てんぽう》年間（一八三〇～四四）の家数六四軒。明治二二年（一八八九）に城山村の大字となり、昭和二四年（一九四九）に古賀志字高谷《こうや》が菊沢村《きくさわむら》（現鹿沼市高谷）に編入し、同二九年（一九五四）、残りが宇都宮市古賀志町《こがしまち》となるが、同三二年（一九五七）に古賀志町の一部が鹿沼市に編入して鹿沼市古賀志町となる。

旧村社日吉《ひえ》神社は、社伝によると長元《ちょうげん》元年（一〇二八）、近江国《おうみ》坂本《さかもと》（現大津《おおつ》市坂本）の日吉《ひえ》大社《たいしゃ》（山王《さんのう》社《しゃ》。近江国の一《いち》の宮《みや》）より神霊《しんれい》を勧《かん》請《じょう》して創祀したという。主祭神は大《おお》山咋神《やまくいのかみ》で、境内神社に粟津《あわつ》神社（粟津大神《あわつのおおかみ》）・八坂《やさか》神社（素戔嗚《すさのおの》尊《みこと》）・祓戸《はらえと》神社（祓戸大神《はらえとのおおかみ》）などがある。

日吉神社（古賀志町）

城山西《しろやまにし》小学校の校庭内に、樹高約八メートルの樹齢約四五〇年という城山のシダレザクラ（市指定）がある。通称「孝子桜《こうしざくら》」とよばれ、地域のシンボルとして親しまれている。伝承によれば、昔、この村に住む孝行息子が、「死ぬ前に一度桜の花を見たい」という病身の父親の願いを叶《かな》えるため、古賀志山中の大日如来《だいにちにょらい》に懸命に祈願したところ、翌朝、この桜の花が咲き、父親はこれをみて満足し往生した。これを知った里人は孝行息子の桜という意味をこめて、「孝子桜」とよぶようになったという。校庭を囲む南と西側には、孝子桜の子櫻《こざくら》（樹齢約一〇〇年）も春四月、親桜とともに見事な花を咲かせている。平成一五年（二〇〇三）、手塚英男《ひでお》氏（当時城山西小学校長。現県連合教育会文化部長）の発案で、地域最大のイベント「孝子桜まつり」が開かれ、今では由緒ある孝子桜を地域の方たちと一緒に観賞しようと、遠近から大勢の人たちが押し寄せ、大変な賑わいを呈している。

城山のシダレザクラ（城山西小学校。古賀志町）

この城山西小学校地には、芭蕉《ばしょう》

句碑と曽良《そら》句碑がある。松尾芭蕉《まつおばしょう》（一六四四～九四）は河合曽良《かわいそら》（一六四九～一七一〇）を伴った「奥の細道」の旅で、下野国をへて奥州へ下ったが、宇都宮の地には訪れていない。しかし、市域には芭蕉・曽良を敬慕する人たちによって建てられた句碑が幾つかある。この小学校内の句碑はその一つで、芭蕉が元禄《げんろく》二年（一六八九）、旅中、出羽《でわ》三山の一つ湯殿山詣《ゆどのさんもうで》で詠んだ「語られぬ　湯殿にぬらす　袂《たもと》かな」である。曽良の句碑は『奥の細道』に芭蕉の句と並んで記してある「湯殿山銭《ぜに》踏む道の　泪《なみだ》かな」で、芭蕉と同じ時の作である。

芭蕉の句碑（城山西小学校。古賀志町）

この二つの句碑は、安政四年（一八五七）、弘蔵院《こうぞういん》（廃寺）の三四世實應《じつおう》和尚が建立したものである。廃寺となっている寺域には、今も實應和尚の墓が遺っている。

實應和尚の墓（古賀志町）

古賀志の村名について、古賀志山麓にある日吉神社の「古い樫《かし》の大木」に由来するという説があるが、「古《こ》」と「樫《かし》」を無理に合わせたもので賛成できない。「古賀志」は古賀志山の山名から付したものである。だから村名の由来は、この古賀志山に求めなければならない。古賀志山（コガシヤマ）は、「コガシ・ヤマ（山）」という山名である。コガシは動詞コガス（草木などを「引き抜く。根こそぎにする」）の連用形から、崩崖などの崩壊地形を意味しよう。また、「コカス（転・倒す）」の転と考えても、倒す・転がすという意から、崩崖・崩落地形と解される。従って、古賀志山は崩崖・崩落する山に由来する山名であるので、家族連れのハイキングを楽しめる山ではあるが、岩山が多く、切り立った岩場もあるので、細心の注意を払って登山して欲しいものである。

参考文献

『篠井村郷土誌』教育会　昭和六年
『栃木県市町村誌』栃木県市町村誌刊行会　昭和三〇年
『栃木県神社誌』栃木県神社庁　昭和三九年
『校訂増補下野国誌』河野守弘著・佐藤行哉校訂　下野新聞社　昭和四三年
『宇都宮の歴史』徳田浩淳　下野史料保存会　昭和四四年
『和名類聚抄郷名考證』池邊彌　吉川弘文館　昭和四五年
『大日本地名辞書（坂東）』（復刻）　吉田東伍　冨山房　昭和四九年
『栃木県史』（史料編「中世五」）　栃木県　昭和五一年
『日本国語大辞典（縮刷版）』（全一〇巻）　小学館　昭和五四〜五六年
『宇都宮市史』（全八巻）　宇都宮市　昭和五四〜五七年
『栃木県大百科事典』栃木県大百科事典刊行会　昭和五五年
『河内町誌』河内町教育委員会　昭和五七年
『角川日本地名大辞典（栃木県）』角川書店　昭和五九年
『宇都宮の祭りと芸能』宇都宮市教育委員会　昭和五九年
『全国方言辞典』東條操編　東京堂出版　昭和六〇年
『宇都宮の古道』宇都宮市教育委員会　昭和六〇年
『上河内村史』（上・下巻）　上河内村　昭和六一年

『ふるさと栃木県の歩み』栃木県教育委員会　昭和六一年
『関東甲豆郷帳』近藤出版社　昭和六三年
『栃木県の地名』（「日本歴史地名大系九」）　平凡社　昭和六三年
『とちぎの地名』塙静夫　落合書店　平成元年
『宇都宮二荒山神社誌』雨宮義人・石川速夫・増渕徹　宇都宮二荒山神社　平成二年
『改訂うつのみやの歴史』雨宮義人・石川速夫・塙静夫　宇都宮市　平成四年
『鬼怒川・小貝川―自然・文化・歴史―』下館工事事務所　平成五年
『図説栃木県の歴史』阿部昭・永村眞編　河出書房新社　平成五年
『とちぎの地名を探る』塙静夫　随想舎　平成八年
『復刻版宇都宮郷土史』徳田浩淳　ヨークベニマル　平成八年
『宇都宮氏歴代の足跡』石川速夫　地域イベント実行委員会　平成九年
『栃木県の歴史』阿部昭・橋本澄朗・千田孝明・大嶽浩良　山川出版社　平成一〇年
『宇都宮の軌跡』宇都宮市教育委員会　平成一一年
『宇都宮の空襲』宇都宮市教育委員会　平成一三年
『下野古代への誘い』塙静夫　下野新聞社　平成一四年
『篠井ガイドブック』篠井ガイドブック編さん委員会　平成一四年
『とちぎの社寺散歩』塙静夫　下野新聞社　平成一五年
『栃木の日光街道』日光街道ルネッサンス二一推進委員会　平成一五年
『下野の戊辰戦争』大嶽浩良　下野新聞社　平成一六年
『とちぎの歴史街道』栃木県立博物館　平成一七年
『知られざる下野の中世』橋本澄朗・千田孝明編　随想舎　平成一七年

『とちぎの古城を歩く』塙静夫　下野新聞社　平成一八年
『名城　宇都宮城』栃木県立博物館　平成一八年
『栃木県の歴史散歩』江田郁夫・川田純之編　山川出版社　平成一九年
「城下町うつのみやを訪ねて」（宇都宮文化財マップ）　宇都宮市教育委員会　平成一九年
『宇都宮城物語』福田三男　下野新聞社　平成一九年
『うつのみや歴史探訪』塙静夫　随想舎　平成二〇年
『宇都宮の神社』作新学院高校社会研究部　作新学院　平成二〇年
『東国の中世遺跡』橋本澄朗・荒川善夫編　随想舎　平成二一年
『下野の中世を旅する』江田郁夫　随想舎　平成二一年
『知れば楽しい宇都宮の歴史』石井皐　正栄社印刷所　平成二五年
『中世宇都宮氏の世界』市村高男編　彩流社　平成二五年
『戦国大名宇都宮氏と家中』江田郁夫　岩田書院　平成二六年

あとがき

☆この拙著は、平成二〇年度「宇都宮市民大学講座（前期）」で、「地図・地名から宇都宮の自然と歴史を探る」と題して講義した配付資料を基に、今回その内容を吟味・検討し、大幅に加筆して一本にしたものである。相変わらず稚拙な写真を多く載せ、さらに国土地理院発行（平成一四・一五年）の二万五〇〇〇分の一地形図を適宜用いて、これに地名探訪のさいの参考にしていただくため、必要に応じて遺跡・社寺・城館跡などを●印で示してみた。

☆拙著収載の地名は、江戸時代から明治二二年（一八八九）の市制町村制施行までの「村名・新田名」を取りあげた。この村名・新田名の多くは今日まで「大字名《おおあざ》」として残っているので、その歴史的変遷とそこに散在する主な社寺・史跡などを略記し、特に大字地名の由来を自説として付記したので、ご批正いただければ幸甚である。

☆旧村の篠井・富屋・国本・豊郷・平石・清原・瑞穂野・横川・城山の九地区は昭和二九年（一九五四）に、雀宮・姿川の二地区は同三〇年に、そして平成の大合併によって平成一九年（二〇〇七）に、旧上河内町・河内町の二町が、それぞれ宇都宮市に編入したので、一部本文中の記述に統一を欠くところがあるが、ご容赦いただきたい。また、従来の複数の大字（町）にわたって、新しく平成二〇年（二〇〇八）に「インターパーク」、同二五年（二〇一三）に「ゆいの杜」の二町が誕生したので、これは別枠で略記した。

☆昭和三七年（一九六二）の住居表示法制定によって、身近な地名から歴史を感じとり、さらに遙か遠い先人たちが幾度となく遭遇した自然災害を基にして付した危険地名は失われ、「地名は郵便物を届けるための便宜的な符号」と化してしまった。その行政の貧困なツケが、今、水害・土砂災害などを頻発させている。地震・津波・火山活動や竜巻などによる災害は、事前の策によって少なくすることは可能であっても、人力では防ぎようのない「自然災害」であるが、近年起こった広島県での土石流・崩崖などの災害は、「自然災害」の範疇に含めることはできない。あの山地形の麓はいつ災害が起こっても不思議でない地勢であるのに、其処を開発して宅地化を認めた行政側と開発業者側には猛省を促したい。あの災害は「自然災害」ではなく、所謂「人災」であったといえる。

☆地名には、先人たちが危険な箇所や地域などを特に災害地名として後世に残したものが少なくない。先人たちは悠久の先史時代から生活圏内の地勢の欠点やクセを熟知し、危険な場所は避けて集落を営むよう、地名として子々孫々に残したのである。その意味で地名は貴重な無形の文化遺産であるから、これを勝手に改変することは、有形文化財の破壊と何ら異なるものではない。

私たちの足下には地名がある。どんなに踏んづけ、蹴飛ばしても地名は無くなるものではない。だから地名は物言わぬ大地の顔であり、身近な地名から多くの歴史を教えてくれる教科書でもある。再度「地名は恣意的に改変すべきではないし、古くから親しまれてきた由緒のある町名や地名を安易に消してはならない」ことを申し上げておきたい。

☆明治二二年（一八八九）、江戸時代から続いた村々が合併して新しい村名が誕生した。しかし、これまでの村名はそのまま「大字」名として残し、新しく生まれた村名は、村民のさらなる生活の豊かさを求め願う気持ちから「豊郷村」「富屋村」「瑞穂野村」などとし、歴史的に由緒のある地にあっては「清原村」「城山村」「雀宮村」、そして地勢の特性を考えて「姿川村」などとした。また、議論百出して容易に村名が決まらないときは、学識者の意見に耳を傾けて「国本村」という村名を誕生させた。

一方、明治初年（七〜八年ころ）、江戸時代に拓かれた幾つかの新田が合併して付された村名に、宝井村（のち田原村宝井）・宝木村（のち国本村宝木）などがある。ここに「宝」という漢字の一字を村名に用いたのは、「宝の井戸」や「宝の木」とは全く関係のない瑞祥村名である。「井」や「木」

の字にとらわれて、村名の由来を今なお信じている人たちの多いことに驚かされる。これは田圃の中で鶴を捕らえたので、地名を「鶴田」といったと信じ込んでいることに等しい。「宝」とか一種の聖樹（松竹梅、正月の松飾り）としての「松」を、村名の一字に用いることは決して少なくない。ここに敢えて無知を曝けだしてお粗末な拙著を世に出した一因は、余りにもこのような当て字の漢字にとらわれた説が流布しているので、何とか従来の固定的ともいえる子供騙しのような地名由来を見直す一石になればという想いからの執筆であった。

とは言え、私は在野の一介の考古学徒であり、地名の研究は全くの門外漢であるので、独り善がりの勝手な解釈に走ったところが少なくないことは充分承知している。ただ半世紀余、地形・地勢などを眺めながら、各地を歩きまわって得た土地勘を唯一の頼りとし、これに語源的な解釈は小学館の『日本国語大辞典』（全一〇巻）を参考にして地名の由来については考案したので、些かなりともその研究に資するところがあれば望外の喜びであり、至らない諸点は大方のご批正を俟って、後日補訂を試みたいと願っている。

☆拙著の執筆にあたっては、先学諸氏の研究成果や著作物、特に『角川日本地名大辞典（栃木県）』や平凡社の『栃木県の地名』、宇都宮市教委の『宇都宮の軌跡』などは、大いに参考にさせていただき、本文中に逐一著者名を明記できなかったことをご容赦いただきたい。また、栃木県教育委員会、県埋文センターの藤田典夫・進藤敏雄・亀田幸久・片根義幸の諸氏、宇都宮市教育委員会（文化課）並びに同課の今平利幸・仲沢隼両氏からは、資料提供やご教示をいただき改めて感謝申し上げたい。終わりに、拙著の執筆をお勧め下さった下野新聞社事業出版部の齋藤晴彦氏には、何時もながら編集上の細部にわたってのご助言を賜り、ここに記して深甚の謝意を表したい。

平成二七年六月吉日

塙　静夫

［著者略歴］

塙　静夫（はなわ　しずお）

1932年11月　栃木県祖母井町（芳賀町）生まれ
真岡高校・宇都宮大学学芸学部文科（史学専攻）卒業
元　作新学院高等部（英進部）部長・作新学院大学女子短期大学部講師
栃木県文化財保護審議会委員・栃木県立博物館専門委員会委員・栃木県自然環境保全審議会委員・とちぎ生涯学習文化財団理事・栃木県考古学会会長・宇都宮市文化財保護審議委員会委員長ほか
現在　栃木県考古学会顧問・栃木県歴史文化研究会顧問ほか

〈主要編著書〉
『栃木県の考古学』（共著／吉川弘文館／1972）、『栃木県の歴史』（共著／山川出版社／1974）、『下野国の古代文化』（第一法規／1981）、『うつのみやの歴史再発見』（随想舎／1994）、『探訪とちぎの古墳』（随想舎／2000）、『古代下野への誘い』（下野新聞社／2002）、『とちぎの社寺散歩』（下野新聞社／2003）、『うつのみやの歴史探訪』（随想舎／2008）、『（増補版）とちぎの古城を歩く』（下野新聞社／2015）ほか

うつのみやの地名と歴史散歩

2015年9月11日発行
著　者／塙　静夫
発　行／下野新聞社
　　　〒320-8686　栃木県宇都宮市昭和1-8-11
　　　TEL 028（625）1111（代表）
印　刷／株式会社シナノ パブリッシング プレス
装　丁／栄舞工房

本書内の地図は、国土地理院発行の2万5千分の1地形図を使用しました（使用地図は各掲載頁に明記）。

ISBN978-4-88286-594-0　C0025